The Constitution of Society
Outline of the Theory of Structuration

社会的构成

结构化理论纲要

[英] 安东尼·吉登斯（Anthony Giddens）著
李康 李猛 译

中国人民大学出版社
·北京·

自 序

一段时期以来，我通过一系列刊行著述，始终致力于创立一种社会科学研究的崭新思路，相比于社会思想的既有传统，有实质性的差异。本书是对以往那些著述的总结，希望深入而缜密地对它们进行系统的阐述。所谓社会科学研究的“思路”，这个词虽然有些含糊，但确实很好地体现了我对结构化理论的方法论意涵的看法。在社会科学里，“理论”的内涵与目的很大程度上乃在于一些特定的概念框架，它们安排并贯穿着考察社会生活的各个步骤，本书正文将详尽论述这样讲的理由。我之所以这么说，当然并不是认为社会理论的目的不在于对人的行为的实质特征给予描绘、解释和说明，而是说建立并验证普遍概括（generalizations）——我不想提什么“法则”（laws）——的任务只是一个方面，社会理论还有其他许多要务或目标。构建一系列稳固确立的普遍概括，这一任务（或许）是自然科学事业的关键所在，但这种雄心勃勃的企图并不十分适用于社会科学。这大致就是我的主张。 ix

承蒙许多人士不吝赐教，评阅了本书的初稿，或为其成稿直接助力。我尤其想要感谢下述诸位：D.M. 巴里夫人（D.M.Barry），约翰·福里斯特（John Forrester），迭戈·甘贝塔（Diego Gambetta），海伦·吉布森（Helen Gibson），德雷克·格雷戈里（Derek Gregory），戴维·赫尔德（David Held），萨姆·霍利克（Sam Hollick），杰弗里·英厄姆（Geoffrey Ingham），罗伯特·K·默顿（Robert K.Merton），马克·

波斯特（Mark Poster），W.G. 朗西曼（W.G.Runciman），昆廷・斯金纳（Quentin Skinner），约翰・B・汤普森（John B.Thompson）以及乔纳森・蔡特林（Jonathan Zeitlin）。

安东尼・吉登斯

1984年1月

目　录

引言

在过去十五年间，社会科学领域发生了一系列重大变化，本书即以此为背景。在这些变化发展中，有很大一部分集中于社会理论，尤其是针对社会学。在社会科学各门学科中，社会学最富争议，也最受指摘。社会学的性质是什么，本身就众说纷纭。虽然如此，在第二次世界大战以后相当长的一段时期里，特别是在英语世界，有关社会学乃至作为整体的社会科学的本质与任务方面，还是存在着广泛的共识。可以这么说，在其他方面彼此对抗的各种视角共享着某块中间地带，知识争斗得以在这块地带上展开乃至解决。在这段时期里，虽说社会学在许多群体中显然并不流行，但这块学术领域仍呈增长态势，其学科声名蒸蒸日上。整个世界的社会学都为美国社会学所主宰，社会理论里深深刻下了塔尔科特·帕森斯（Talcott Parsons）的印记。[①] 日后再看，帕森斯思想 xiii

① 当然，我们不能认为帕森斯的影响仅限于过去，不能以为像他告诉我们曾发生在斯宾塞（Spencer）身上的那样，他身后不久就为人所忘却。相反，今日社会理论最显著的趋势之一，便是那些多少直接受到帕森斯启发的观点大行其道。我们可以举出德国的卢曼（Luhmann）和哈贝马斯（Habermas）、法国的布里科（Bourricauld）和美国的亚历山大（Jeffrey Alexander）等人。我不打算详细探讨这些文献，但或许有必要说说，为什么我不太赞同他们著述里与帕森斯的观念渊源颇深的那些方面。这里提到的作者都对帕森斯的功能主义偏向明确抱持批评态度，或许卢曼在其中算是比较温和一些。我在这一点上和他们一致，本书会非常明确地体现这一点。但在其他方面，出于某些也将在本书中较详尽地论述的原因，我认为我们必须与帕森斯的原理彻底分道扬镳。这里重要的一点，在于帕森斯著作对韦伯影响的过滤。某些批评者时常称我为“韦伯主义者”，他们认为这是某种无法弥补的缺陷。虽说我并不像他们那样觉得这是个贬称，可我也不认为它

享有的声望未免过高，他那种抽象含混的风格引起许多人的厌烦，也理所当然地招来许多批评与贬毁。话说回来，他那本《社会行动的结构》初版于1930年代后期，但直到战后方广为人知。不过，从好几个方面来看，它在现代社会学的形成过程中都是一部关键之作。在那本书中，帕森斯以对19世纪和20世纪早期欧洲思想的阐释为基础，系统追溯了社会理论的历史源流，充分展现了涂尔干（Durkheim）、马克斯·韦伯（Max Weber）和帕累托（Pareto）的著作，而马克思在书中其实只是个微不足道的角色。帕森斯认为，1890—1920年这一代人的著作对马克

能准确概括我的观点。即便说我从韦伯那里汲取了养料，其角度也不同于上述各位作者。目前看来，哈贝马斯笔下的韦伯很像是帕森斯式的韦伯（这或许很让人诧异），他首先关注的是价值的“理性化”和被描述为普遍发展进程的“社会分化”。在这里，描述社会生活的切入点并不同于我愿从韦伯处借鉴的，即定位于具体情境中的行动者纷繁多样的实践与争斗，集团利益的摩擦与冲突，政治形态或国家的界域性和暴力。

帕森斯自视为一位“行动理论家”，将自己的社会科学论述称为“行动参照框架”（action frame of reference）。但我在他的书里找不到令我满意的行动概念（以及其他相关概念，特别是意图和理由）。这一点我另有详论〔参见 *New Rules of Sociological Method*（London：Hutchinson/New York：Basic Books，1976），第三章〕。有些评论者认为，之所以如此，原因在于帕森斯后期对功能主义和系统理论的强调掩盖了他自己早期对“唯意志论”的关注，其实这是因为唯意志论的观念从一开始就有缺陷。在帕森斯的思想里，唯意志论始终是与对“秩序问题”的解决联系在一起的，他把“秩序问题”理解为如何协调具有潜在破坏性的个人意志，要解决这一问题，有赖于行动者把社会统合（social cohesion）所仰赖的共享价值观内化为动机。他倡导对行动进行描述，但这种主张掺入了将有关动机激发的某种“心理学”理论和有关社会系统结构性特征的“社会学”解释这两者打通的需要。我强调作为社会实践构成因素的社会行动者所具有的认知能力（knowledgeability），可这里并没有为这种认知能力的概念留出多少进一步发展的余地。在我看来，所有深受帕森斯影响的观点，都未能令人满意地处理这一问题，而它正是本书中我所理解的社会理论的关注核心。

今天还颇多受惠于帕森斯的人，即便不把自己看作功能主义者，在不同程度上拒绝帕森斯思想中的功能主义倾向，也依然继承了绝大多数功能主义讲法中的其他观念，比如迷恋“价值共识”或符号秩序，却忽略了社会活动里那些更为凡俗、实际的方面；往往认为社会就像生物有机体一样，是可以轻易辨别出来的统一体；以及偏好具有进化论倾向的理论。我认为，这些强调都会严重误导人们，我们应对其持有充分保留的态度。诚然，有一些学者目前正致力于推陈出新地发展帕森斯的工作，尤其是卢曼和哈贝马斯，他们的著述的成熟程度与内在意义不容置疑。然而我认为，发展更早确立的那些非帕森斯式结构社会学，摒弃帕森斯主义的新近翻版，都很有必要。

思去芜存精，已在各个重要方面超越了他。

《社会行动的结构》还开创新路，将经过完善的功能主义与自然主义观照的社会学融合起来，明确指示了社会理论所应具有的形态。帕森斯在后续著作中进一步详尽阐发了这些观点。他强调，虽然人的行动具有非常独特的性质，但社会科学与自然科学的逻辑框架还是大体相同的。由于帕森斯是在美国治学立说，所以，虽说他总想表明自己的思想以欧洲社会理论为源泉，却只是巩固了美国社会学的主宰地位。因为涂尔干、韦伯和帕累托都只是被视作“行动参照框架”概念发展进程的先驱，有待帕森斯及其同事们充分阐释这一概念。社会学理论的源泉也许主要是在欧洲，但该学科进一步的深入完善则已在很大程度上转为大洋彼岸的使命。令人费解的是，在抬高自身的同时，代价却是忽视美国早期本土思想对社会理论的重要意义：帕森斯自己日后也承认，在《社会行动的结构》一书中，G.H. 米德（G.H.Mead）只是匆匆带过。无论如何，时至今日，出自美国的社会理论或“社会学理论”的教科书，虽然仍是以经典的欧洲思想家起笔，但随即都力图告诉人们，社会理论此后在欧洲便陷入了停滞，任何后续进展都纯属美国人的功劳了。 xiv

然而，即使在由帕森斯著作直接引发的争论范围之内，一部分最重要的参与者也来自欧洲。马克思主义在那里的影响，一向要比它在美国思想文化中的地位重要得多，而批评帕森斯学说的人当中最富洞察力的那些学者，他们获取灵感的来源除了韦伯（尽管他们对韦伯的解读与帕森斯大不相同），更有马克思。达伦多夫（Dahrendorf）、洛克伍德（Lockwood）、雷克斯（Rex），以及持有类似立场的其他一些学者，他们对帕森斯著作中的理论意涵所持的态度，比起美国本土那些对帕森斯持激进批评态度的学者（C• 赖特 • 米尔斯［C.Wright Mills］和稍后的古尔德纳［Gouldner］）来说，要严肃得多。前面这些人认为，帕森斯的著作的确有它的重大价值，但却忽视了那些在他们看来正是构成马克思理论基本范畴的现象（如阶级分化、冲突和权力），因而带有片面色彩。他们自己并不是马克思主义者，但期望在帕森斯式的和马克思主义的概念之间能达成某种融合。而这一时期的马克思主义内部也有许多重大创新，比如有的学者重新开始关注“青年马克思”，有的学者力图融 xv

合马克思主义和现象学，后来又有些学者尝试将马克思主义与结构主义结合起来。不过，就那些自称“社会学家”的学者而言，即使有些就身在欧洲，也并不熟悉这些进展。那些自视兼具社会学家与马克思主义者两种身份的人，往往会接受功能主义和自然主义的基本假设，这正是争论之所以能建立起相当的共识基础的原因之一。

到了1960年代末1970年代初，这一共识基础突然产生了明显裂痕，并且迅速发展成一道鸿沟。这些知识上的分歧无疑也含有同样多的政治成分在内。但无论它们源出何方，都极大地消解了一切有关应该如何探索社会理论的既存共识。取而代之的是一大堆彼此对立而令人无所适从的理论视角，没有一种能够重新牢固地确立所谓“正统共识”（orthodox consensus）曾经享有的显要地位。那些社会学工作者们开始意识到，在社会理论的实质方面，其实从来就不存在许多人意想中的那种程度的共识。像符号互动论这样的一些思想传统，虽说并未动摇正统共识的牢固地位，但一向拥有广泛的支持；在这一时期里，人们开始认真地对待其他一些在很大程度上独立发端于社会科学主体之外的思想流派，包括现象学和法兰克福学派哲学家们的批判理论；而一些已显颓朽之态的传统则又重获生机。虽说韦伯曾受解释学传统影响，并将该传统的主要概念“理解”（verstehen）纳入自己的著作，可绝大多数与社会学有所关联的学者绝不会将“解释学”（hermeneutics）纳入自己的术语体系。但不管怎样，社会思想中的解释学传统在一定程度上通过与现象学的结合，重归理论前沿。最后，其他还有一些思想类型，比如日常语言哲学，也以各种方式汇入了社会理论。

凭借着这些发展，欧洲又重新成为对社会理论作出创新贡献的中心（亦见第1页注①）。显然，大量更有意思的理论工作正在那里展开，其
xvi 中绝大部分的工作语言还不是英语。欧洲的社会理论不仅富于生机，而且素有斗志。但上述这些变动又带来些什么呢？在昔日的正统共识丧失它曾享有的中心根基之后，社会理论似乎已陷入无可救药的混乱之中。不过，透过对立理论争相发言的一片吵嚷，我们仍然能够透过表面的混乱，辨别出某些共同主题：其一，绝大多数介入讨论的思想流派都强调，人的行为具有主动性和反思性（但也有些值得注意的例外，比如结

构主义和“后结构主义”)。这就意味着，它们一致舍弃了正统共识的某种倾向，不再将人的行为视作行动者既无法控制也无法领会的力量的产物。其二，它们还认为，在阐明社会生活的过程中，认知能力和语言的角色至关重要（在这一点上结构主义和“后结构主义”也不例外)。语言的使用嵌入日常生活的具体活动，从某种意义上说，也在一定程度上构成了这些活动。其三，人们认识到，经验主义哲学在自然科学中的地位正不断削弱，这种趋势对社会科学也产生了深刻的影响。这不仅仅意味着社会科学与自然科学之间的差异比正统共识的倡护者们所深信的更为巨大，而且，就我们现在看来，有关自然科学的哲学也必须将社会理论新兴学派所关注的那些现象（尤其是语言和意义的阐释）纳入考察范围。

本书所阐发的结构化理论，关注的正是这三组核心问题及其相互关系。“结构化”(structuration）这个术语虽然在它的法语源语境中并不是那么别扭，但它怎么说也不太可爱。我始终未能想出一个更招人喜欢的字眼来表达自己想要陈述的观点。在发展和完善结构化理论概念体系的同时，我并不打算提出一种潜在的新正统来取代旧的正统。不过，对于正统共识的缺陷，对于上述各种相互融汇中的理论发展的意义，结构化理论都给予了敏锐的关注。

为避免对这里所用的术语产生什么疑惑，我想强调指出，“社会理论”这个词涵括了我认为各门社会科学所共同关注的那些论题。这些论 xvii 题的宗旨是探讨人的行动与行动中的自我的性质，研究应该如何从概念上理解互动及其与制度的关系，努力把握社会研究的实践意涵。另一方面，我所理解的“社会学”并不是有关人类社会整体研究的一门通用学科，而只是社会科学的一门分支，只关注“发达的”或现代的社会。从学科门类上作这种概括区分，只是表明知识上的分工，别无他意。诚然，是有些原理和概念专门面向工业化社会，但这并不等于说，我们能够建立某种在概念和关注点方面与更具普遍性的社会理论截然分别的所谓“社会学理论”。换句话说，我们充其量可以把“社会学理论”看作更为普遍的社会理论的一门分支，但它不能保有充分独立的身份。本书的行文的确具有明确的社会学倾向，但这只是因为我试图集中讨论与现代社会有关的专门材料。但作为一本有关结构化理论的导论性著作，本书相当程度上也旨在勾勒一般意义上的社会理论，也正是在这个意义上，它才成其为“理论”。也就是说，它主要关注的是对人的能动作用（agency）和社会制度的理解。

“社会理论”这一用语虽说谈不上什么精确具体，但毕竟非常有效。如我所示，“社会理论”虽然包括对涉及哲学的论题的研究，但它却并不主要是一种哲学的探求。如果实际研究社会科学的人不直接引入哲学问题，那么社会科学将丧失自己的方向。然而，我们固然要求社会科学家对哲学论题保持敏锐的关注，但这并不等于说将社会科学托付给或许会声称它本质上是纯思辨而非经验性事业的人。社会理论的任务之一，就是对人的社会活动和人类行动者（“agent”——译者按：以下为行文简便起见，“agent”一般与“actor”通译为“行动者”，详见译后记）的性质作出理论概括，而且这样的理论概括是能有助于经验研究的。就主要的关注点而言，社会理论与广义上的社会科学一样，都是阐明社会生活的具体过程。诚然，哲学论争会有助于这一关注，但这并不等于假定，在这些论争盖棺论定之前，我们就不能开展具有切实意义的社会研究。正相反，从原则上说，社会研究的展开理应对哲学讨论有所启迪，
xviii 反之亦然。我认为，有一种倾向尤其错误，即过于坚决地将社会理论引向高度概括的抽象认识论问题，似乎社会科学中要取得任何有价值的进展，都必须先明确解答这些问题。

我们还有必要就社会理论中的“理论”再说几点。我想与人们经常赋予社会科学中“理论”的某些意义保持相当的距离。有一种观念受自然科学里逻辑实证主义哲学的某些讲法的影响，认为只有能够表述为通过演绎而相互关联的一系列法则或概括的“理论”，才是名副其实的“理论”形式。这种观念曾在某些认同正统共识的学者中盛行一时，不过今天已经不再得到广泛的支持。人们业已证明，即使是在自然科学中，这种观念的适用范围也是极其有限的，充其量也就是能在自然科学的一些特定领域里得到证实。任何想要将这种观念运用于社会科学的学者都必须认识到，（迄今为止）根本就没有什么理论；理论的建构只是一项有待遥远的未来实现的远大抱负，而不是社会科学目前实际所能追

求的事业。

虽说即使现在也仍有人恪守这种观念，但它与我眼中社会科学可以追求或理应追求的东西相去甚远，本书正文将充分展现个中缘由。然而，这一观念尚有种不那么强硬的说法，仍能博取相当多人的追随，所以即便在这篇引言的背景下，我们也须给予它比较详尽的讨论。这种较为温和的说法认为，社会理论中的“理论”本质上必须由概括判断组成，才能具备说明性的要旨。由此观之，大多数被认为是“社会理论”的东西只不过是些概念框架，而不是（如理想中的那样）由某种普遍化的“说明性命题”（explanatory propositions）构成。

这里必须区分两种问题。一种关系到社会科学中的说明的性质。我认为，说明无疑具有情境性，是对追问的澄清。那么，**也许**人们会认为，社会科学中唯一合适的追问就是非常普遍化的那种，因此也只能通过诉诸抽象的概括予以解答。可是，这样的观点并不值得称赏，因为它 xix
无助于澄清社会科学家（就此处而言，或许兼及自然科学家）所做大多数工作的说明性意义。要解答有关“为什么”的问题，大多数并不需要某种概括，逻辑上也并不必然意味着非得诉诸某些概括来支撑。这类看法在哲学文献中已近老生常谈，我无意继续深究。至于我将为之辩护、并将在本书中详尽阐发的第二项主张，所引出的争论则要多得多。它认为，给出概括归纳并不是社会理论的根本目的。倘若那些倡导“理论即说明性概括”（theory as explanatory generalization）的人过分狭隘地限定“说明”的实质，就不能充分深入地探求社会科学中的概括实际如何，又应当怎样，从而错上加错。

概括容易走向两个极端，当然，其间可能会有形形色色的细微差别。有一些概括之所以有效，是因为行动者在实践其所为时，自己就以某种形式知晓并采用了它们。事实上，虽说社会科学观察者或许真的赋予这些东西新的话语形式，但并不是非得去“发现”这些概括。其他还有一些针对具体情境或情境中的某些方面的概括，行动者自己对此并不清楚，却也有效地依照这些概括来“行动”，而与行动者可能相信自己在依循的内容无关。我称有些人为“结构社会学家”，他们似乎只对第二种意义上的概括感兴趣：有些人宣称社会理论中的“理论”理应由说明性概括构成，其实说的就是这个意思。然而，对于社会科学而言，这两种意义上的概括的重要性不相上下，并且彼此由于对方的存在而显得不那么站得住脚。有些概括是关于行动者“碰到”了些什么，它们所适用的具体情境并不是一成不变的，因为行动者们具有认知能力，可以学会“让”什么“发生”，其结果是社会科学对于它的“研究主题对象”产生转换性的影响（这从逻辑上来讲是完全可以的）。但由此也同样可以推出，事实上，发现“法则”，即第二种类型的概括，只是许多种关注中的一种，社会科学还有其他许多同样重要的理论要旨，首先是提供一些概念手段，用以分析行动者行事时在多大程度上了解自己为何如
xx 此，尤其是当他们没有自觉地意识到（即可以借助话语形式给出）自己对行事缘由的了解，或是在其他情境下缺乏这样的自觉意识时，情况就更是如此。这些工作基本上是阐释性的，但却是社会理论的题中应有之义。“社会理论”中所说的“理论”，并不只是——甚至也可以说主要不是——系统地阐述（第二种类型的）概括；至于在“社会理论”名下发展起来的概念，也并非个个都能纳入这样的概括。恰恰相反，我们在考虑这些概念的时候，必须联系其他那些有关行动者认知能力的概念，因为它们之间有着不可回避的关联。

社会理论中所谓的“语言学转向”，以及后经验主义科学哲学的兴起，所激起的绝大多数争论都显著表现出认识论偏向，换言之，都执迷于相对主义、证实、证伪之类的问题。诚然，对认识论问题的关注或许的确有它的重大意义，但这会转移我们的注意力，忽略社会理论更为“本体性”的关怀，而后者正是结构化理论的主要关注点。我认为，社会理论的探求者们首先应该关注的，是重新构造有关人的存在与行为、社会再生产与社会转型的概念，而不是愈益沉溺于认识论争论，在究竟是否能系统地阐述历来被视作“认识论”的东西这种问题上纠缠不清。从这一角度来说，社会理论中根深蒂固的客体主义（objectivism）和主体主义（subjectivism）这一二元区分，就具有极其重要的意涵。客体主义是标志正统共识的第三种“主义”，另两种是自然主义和功能主义。帕森斯虽说用了“行动参照框架”这一术语，但在他的理论框架中，客体（即社会）无疑支配着主体（即具有认知能力的行动者）。至于其他

那些观点可以归入正统共识的人，在这方面则还远不如帕森斯来得完善精细。受解释学或现象学影响的那些人通过攻击客体主义以及结构社会学，可以彻底揭露那些观点中的重大缺陷。可是他们自己却反过来一头扎进了主体主义，而主体和社会客体之间的概念区分的裂痕还依然如故。

我们必须从概念上把这种二元论（dualism）重新构建为某种二重性 xxi
（duality），即结构的二重性，这一假设正是结构化理论的基础。虽说结构化理论承认"语言学转向"的重要意义，但它并不是解释学或解释社会学的某种翻版。尽管它承认社会并不是主体个人的创造物，但和结构社会学的任何观念都相去甚远。话说回来，在概念阐述中要协调考虑到人的能动作用和结构的要求，这绝不是一件轻松的事情。本书第一章将略述这些观点，并在其后的行文中作进一步的阐发。这种阐发将直接引向其他一些重大主题，尤其是对时空关系的探究。各种形式的社会行为不断地经由时空两个向度再生产出来，我们只是在这个意义上，才说社会系统存在着结构性特征（structural properties）。我们可以考察社会活动如何开始在时空的广袤范围内"伸展"开来，从这一角度出发，来理解制度的结构化。如果将时空观融入社会理论的核心，就意味着重新思考隔断社会学与历史学、地理学的某些学科分野，这其中历史学的概念与分析方法尤其关乎宏旨。确切地说，本书其实是对马克思那里时常被引用的一段名言的深切反省。他指出，"人们（或让我们直接用'人类'这个词）创造历史，但不是在他们自己选定的条件下创造"①。这话说得不错，他们就是这样创造着的。可当我们把这表面上没什么毛病的见解

① 这段以论战姿态出现的话可见《路易·波拿巴的雾月十八日》起首段落。马克思认为，对历史茫然无知的人，会不由自主地、有时甚至是以闹剧的形式重复它。以下是原文的确切表述："人们自己创造自己的历史，但是他们并不是随心所欲地创造，并不是在他们自己选定的条件下创造，而是在直接碰到的、既定的、从过去承继下来的条件下创造。一切已死的先辈们的传统，像梦魔一样纠缠着活人的头脑。当人们好像刚好在忙于改造自己和周围的事物并创造前所未闻的事物时，恰好在这种革命危机时代，他们战战兢兢地请出亡灵来为他们效劳，借用它们的名字、战斗口号和衣服，以便穿着这种久受崇敬的服装，用这种借来的语言，演出世界历史的新的一幕"。（中译文据《马克思恩格斯选集》，2版，第1卷，585页，北京，人民出版社，1995。——中译注）

运用到社会研究中去时，引发出的问题又是多么纷繁复杂！

xxii 在如此阐发结构化理论时，我毫不迟疑地从五花八门的源泉汲取想法。在某些人看来，这种做法表现出一种令人无法接受的折中主义，但我从未发现这样的异议有什么力量。在地位业已确立的思想传统里展开工作，当然是轻松自在；考虑到那些超脱于任何一种单一传统的人，目前会面临的途径是如此繁杂，或许就更能这么说了。然而，既定观点所带来的自如感很容易成为怠于思索的遁词。如果观念确实具有重大的启迪，那么，更重要的任务不是穷究它们的根源，而是进一步磨砺这些观念，展示它广泛的用途，哪怕所应用的框架可能迥异于原先孕育它们的那种。例如，我承认对主体的去中心化（decentring of the subject）是结构化理论的基本诉求，但并不认为这意味着主体性将消逝在符号的虚空之中。恰恰相反，在我眼里，无论是主体的构建，还是社会客体的构建，其根基都在于紧密渗入时空中的社会实践。我也承认，“语言学转向”，尤其是由解释现象学和日常语言哲学所带动的那种“语言学转向”，具有重大意义，但同时认为这一术语有一定的误导作用。对于社会理论而言，最重要的进展与其说是转向语言自身，不如说是对言说过程（saying）（或表意过程［signifying］）与行为之间的相互关联有新的认识，从而有了一种新颖的实践（praxis）观。这条新的途径有两点主要标志，一点是由海德格尔激发的解释学和现象学的重大转变，另一点则是后期维特根斯坦的创新。但是，我们要想遵循这条途径作进一步的深入，恰恰需要彻底摆脱诱惑，切忌盲目追随这其中任何一位思想大师。

在此我谨简要概括本书的脉络。我在第一章中勾勒了结构化理论所牵涉的主要概念，从第二章开始较具体地展开本书的论述。我在这一章中讨论了意识、无意识和日常生活的构成。作为能动者或行动者——我交替使用这两个术语——的人在行事时有能力理解他们之所为，这正
xxiii 是他们之所为的内在特征。社会活动的具体情境有一个特点，就是人类行动者的反思能力始终贯穿于日常行为流中。但这种反思性只在一定程度上体现于话语层次。行动者对自己的所作所为及其缘由的了解，即他们**作为**行动者所具有的认知能力，大抵止于实践意识（practical

consciousness）。所谓实践意识，指的是行动者在社会生活的具体情境中，无须明言就知道如何“进行”的那些意识。对于这些意识，行动者并不能给出直接的话语表达。贯穿本书的一个主题便是实践意识的重要意涵，必须把它与意识（话语意识［discursive consciousness］）和无意识区分开来。我承认，认知和动机激发过程中的无意识特征是很重要，但我并不认为我们可以满足于这些因袭成见。我采纳了经过改造的自我心理学（ego psychology），但力图把它与**例行化**概念（routinization）直接联系起来，我认为它是结构化理论的核心概念之一。

惯例（routine）（依习惯而为的任何事情）是日常社会生活的一项基本要素。我在使用“日常社会生活”这个词的时候，是严格依照它的字面意义，而不是那种经现象学普及的较为复杂——我认为也较为含糊——的意涵。“日常”这个词所涵括的，恰恰是社会生活经由时空延展时所具有的例行化特征。各种活动日复一日地以相似方式进行，它所体现出的单调重复的特点，正是我所说社会生活循环往复的特征的实质根基。（我想通过这种循环往复特征揭示的，是社会活动结构化了的特征经由结构二重性，持续不断地从建构它们的那些资源中再生产出来。）社会生活日常活动中的某些心理机制维持着某种信任或本体性安全（ontological security）的感觉，而这些机制的关键正是例行化。惯例主要体现在实践意识的层次上，将蓄势待发的无意识成分和行动者表现出的对行动的反思性监控（reflexive monitoring of action）分隔开来。加芬克尔（Garfinkel）的“信任实验”（experiments with trust）来自琐碎的背景，但它在所涉及的那些人身上激起的焦虑反应却是异乎寻常的强烈。我想，原因正是在于：那些表面上微不足道的社会生活日常习俗，恰恰主导着对无意识紧张本源的制约，以免让它过多地困扰我们清醒的生活。

定位在时空之中的行动的情境性特征，活动的例行化，以及日常生 xxiv
活的重复性，以上这些现象把对无意识的探讨与戈夫曼（Goffman）有关共同在场（co-presence）的分析联系在了一起。戈夫曼的著作虽说是才华毕现，但人们却往往认为其中的理论意旨也许有些无关痛痒。原因在于，人们首先是把他看作社会学的某类**叙事者**（raconteur），其行文无非是一种社会学化的闲谈，见解失之肤浅，只是博人一笑，本质上不甚大气；或者是因为他所描绘的只适于现代社会的中产阶级社会生活：在这个冷漠猜忌的社会里，充斥着不关心道德问题的角色扮演者。这些批评都有几分道理。面对这些攻击，戈夫曼确实有些难以招架，因为他不愿充分系统地阐发自己观点的深意。而当他真正展开详细的论述时，又总是把日常社会生活中的仪式与对高等动物行为学式的描述扯在一块儿，并借用后者的术语来阐明这些仪式。这样做或许的确能给人以启示，但却不是把自己的工作与社会理论问题联系起来的最有用的手段，因为他并没有对自己所叙说的内容加以理论上的解释。他的工作缺乏对动机的论述，这是与社会理论问题之间的一点差距，上述第二种批评意见根据的主要便是这一点。而我将力图揭示出，通过联系例行化与无意识来分析动机，便可以更充分地挖掘戈夫曼著作中系统性的一面。戈夫曼对信任与交往技巧（tact）的强调显然回应了自我心理学中的某些主题，为我们理解日常生活中，人们对日常接触流（flux of encounters）的反思性监控，提供了强有力的分析手段。

人们在日常社会接触中，存在一种对身体的定位过程（positioning），这是社会生活里的一项关键因素。“定位过程”这一术语在这里的意涵是很丰富的。身体定位于与他人的共同在场的无中介背景：戈夫曼极其精细但又不失力度地向我们展示了社会生活的持续过程中固有的脸面功夫（face work）、姿态（gesture），以及对身体动作的反思性控制。当然，我们还可以联系日常接触在时空向度上的序列性（seriality）来理解定位过程。任何一个个体都既定位于日常生活流中，又定位于他的整
xxv 个生存时段即寿命中，同时还定位于“制度性时间”的绵延，即社会制度“超个人”的结构化过程中。最后一点，每个人都以“多重”方式定位于由各种特定社会身份所赋予的社会关系之中，这是社会角色概念主要适用的范围。共同在场的多种手段直接以身体的感性特质为中介，明显不同于与时空中不在场的他人之间建立的社会纽带（social ties）和社会互动形式。

彼此之间互相“定位”的不仅是个人，还有社会互动的情境。以赫格斯特兰德（Hägerstrand）为代表发展起来的时间地理学（time-geography），其中的技术与途径在考察这些关联，探求社会互动的情境特性方面极富洞察力。时间地理学也将个体在时空中的定位作为其主要关注点，但尤其强调源于身体的生理特征以及行动者活动环境的物理特性对活动的制约。这里提到的只是地理学家的作品能够给予社会学启迪的一个方面，另一方面则是对都市风格的解释。我认为后一方面对社会理论也具有重大意义。当然，更为重要的是时间地理学对空间和位置总体上保持的敏锐把握。

戈夫曼相当重视日常接触的区域化（regionalization）现象，我也认为区域化概念对社会理论而言十分重要。它历来就是地理学家著述中的主要关注点，但我认为，他们在运用这一概念的时候，一般过于偏重纯粹的空间向度。我们可以联系不同的场所（locales）来有效地考察社会互动的情境定位特征。正是通过这些不同的场所，个体的日常活动得以协调在一起。所谓场所，不是简单意义上的地点（place），而是活动的**场景**（setting）。加芬克尔极其令人信服地告诉我们，社会行动者循环不断地，并且往往是以无须明言的方式，采用场景来维系沟通行为中的意义。但场景区域化的方式与日常接触的序列性特征彼此之间也多有影响。一般而言，时空的"固定性"（fixity）也就意味着社会的固定性，日常生活物理**环境**（milieux）实质上的"既定"特征与惯例彼此交织，深切地影响着制度再生产的形貌。在区域化里，某些类型的活动与人是被"封闭"（enclosure）起来的，而另一些类型的活动与人则是被"暴露"（disclosure）的，所以说区域化在心理和社会层面上也都有着很强 xxvi
的影响。在此我们再次发现，从表面上看，戈夫曼与福柯这两位思想家彼此之间似乎并没有什么特别的关系，但他们都非常强调，封闭与暴露之间，禁闭与展示之间，其界限在社会角度和历史角度上都是变动不定的。正是在这一点上，我们说这两位思想家有着重大的关联。

我不认为可以将共同在场情境下的日常接触看作某种基础，在它之上，可以通过某种方式建构起较大的或者说"宏观结构性"的社会特征。比起所谓"宏观社会学"研究所关注的那种现实来，"微观社会学"研究所探讨的现实也并不就更具体实在一些。另一方面，我们也不能说，共同在场情境下的互动就是转瞬即逝的，而大规模的或长久确立的制度就一定是稳固可靠的。每一种见解都有各自的支持者，但在我看来，这种意见分歧并没有什么切实的意义，无非是更加具体地反映出我谈到过的社会理论中的二元论。我们最好是重新理解“宏观”与“微观”之间的对立，关注共同在场情境下的互动如何在结构上融入具有广泛时空伸延（time-space distanciation）的系统，即关注这类系统如何在大规模的时空范围中伸展开来。也就是说，要将问题探讨清楚，最好是按照我对社会整合（social integration）与系统整合（system integration）这两个术语的界定，考察这两种整合之间的关联。但我们还必须添上至关重要的一点：不能纯粹停留在抽象的层面上来把握社会整合与系统整合的关系，而是必须返回到实质研究中去，都市风格理论就是题中应有之义。之所以这么说，是因为只有在城市出现（在现代则是“人造环境”[created environment] 中的都市风格）之后，系统整合才有可能获得显著的发展。

在谈论“社会系统”的概念以及与它相关的“社会”观念时，我们实在是得非常小心。表面上来看，这两个词似乎没有什么毛病，如果使用时把握分寸，或许还是不可或缺的概念。“社会”具有双重意涵，一是指有具体界限的系统，一是指一般性的社会交往。我也对这种双重意涵有所利用。但是，对区域化的强调会有助于我们认识到，社会系统中的“系统性”程度可能千差万别，所谓的“社会”，很少能轻易地指明它们的界限。至少在我们进入由民族国家构成的现代世界以前，情况就是这样的。功能主义与自然主义往往诱使人不假思索地承认，社会是明
xxvii 确限定的实体，而社会系统是内在高度整合的统一体。因为这类视角即便表面拒弃直接的有机体比拟，也往往与生物学概念关联紧密。而我们之所以会作如是观，通常也只是因为诉诸某种实体观，认为存在一些明确脱离于周围世界的实体，并显然具有内在的统一性。然而，在绝大多数情况下，所谓的“社会”根本就不是这副样子。我引入了“跨社会系统”（intersocietal systems）和“时空边缘”（time-space edges）这两个术语，以便更清楚地阐述实际状况。它们指的是区域化的某些特点，即其范围跨越了那些足够独特、可辨识为社会的社会系统。我在本书后文将广泛运用以上观念来评估有关社会变迁的各种解释。

我期望自己在构建结构化理论的时候，不要陷入客体主义和主体主义的二元论中去。然而，有些学者已经批评我未能充分重视客体主义所强调的那些因素，尤其是未能充分认识到社会系统结构性特征的制约性一面。我认为这种批评并不妥当，为此我比较详细地挖掘了“制约”在社会理论中的丰富意涵，并辨析了结构化理论中对这一术语的好几种理解。我并不怀疑结构性制约的实质与重要性，但这并不等于说就只能投向结构社会学的怀抱。当然，我也努力表明自己并不想过分地贴近方法论个人主义。结构化理论中对“结构”这一概念的表述，与它在社会科学中的一般用法是有些差异的。为此我还引入了其他一些以“结构”为核心的概念，并尽力说明它们的必要性。其中最重要的就是“结构性原则”（structural principles），指的是各个社会或社会总体（societal totalities）在结构上的属性。我还想指明，正是通过结构性原则的概念，我们可以最有效地挖掘矛盾（contradiction）这一概念对于社会分析的具体价值。当然，我们也不能以纯粹抽象的形式表述这些概念，我会结合人类历史中可以区分出的三种主要社会类型来考察。这三种社会是：部落文化，阶级分化社会（class-divided societies），以及伴随工业资本主义的兴起而产生的现代民族国家。

论及历史，势必使我们回想起那句著名的论断：人类创造历史。可是，人们所创造的究竟是什么？也就是说，这里的“历史”到底指的是什么？我们无法用像最初那句格言那样简洁有力的语言来回答这个问题。事件流逝的历史与它的书写史之间当然是有所差别的， xxviii
但我们不能夸大这种差异的程度。第一种意义上的历史是时间意识（temporality）的历史，是绵延中的事件。我们总是把时间意识看作某种线性序列，以这种方式思考的历史就成了具有明确方向的运动。但这种时间观很可能只是某种文化局限下的思维方式，即便不是，我们也必须避免将“历史”等同于社会变迁。所以说，我们有必要挑明“历史意识”（historicity）的特定意涵：它是置身于始终面临变迁的社会世界中的一种特定感觉。在这样的社会里，马克思的原理属于某种普遍的文化自觉，而不是独属于专业社会思想家的理论。以书写史形态出现的历史也自有其困境与疑点。我之所以说这些，只是想表明这两种历史并非截然不同，所以我们不能截然区分历史与社会科学。包括历史学在内的所有社会科学，在精确描述纷繁的生活形式，解释文本，阐明行动、制度与社会转型等等工作中，都会遇到解释学方面的问题。

既然如此，我们又应该如何来研究社会变迁呢？我认为，苦苦寻求某种社会变迁理论，注定不会有什么好结果（倘若这里所说的“理论”是指单用一套机制——比如以往进化论者偏好的适应［adaptation］和分化选择［differential selection］——来说明社会变迁）。同样的逻辑谬误，会使人更广泛地假设社会科学可以揭示人的行为的普遍法则。人类对他们自己的“历史”所抱持的理解或知识，在一定程度上构成了历史的内涵与改变历史的力量，虽然如此，我们仍然应该特别警惕进化论，因为这种思想及其各种翻版在社会科学各个不同领域里都曾有非常深远的影响。当我在社会科学语境中使用“进化论”时，是指在具备下述特征的特定框架中阐发社会变迁：其一，各社会都以一系列不可逆转的阶段为发展道路，哪怕我们同时承认，并非每个社会都须历经每一个阶段才能达到更高水平；其二，与生物学进化论有某些概念上的联系；其三，根
xxix 据某种或某些既定的准则，比如复杂性的增长或生产力的扩张，来确定各阶段发展显示出的方向性。针对这些观念，可以提出一系列反对意见，要么论其内在缺陷，要么论其引申意涵，而进化论与它们即使不具有逻辑关系，也势必会导向这些意涵。“历史唯物主义”是一个富有争议的用语，对它有好几种主要的理解方式；但根据这些标准，至少有一种使我认为它正是进化论的某种翻版。如果这么理解，那么历史唯物主义就只不过是体现着更具普遍意义的进化论本身及其所引发后果的某些局限，故此也同样应该摒弃。

在我看来，硬把“历史”塞进一般意义上的进化论或是更为具体的历史唯物主义所偏好的那些框架图式之中，是没有什么希望的。所以我要探讨解构历史而不是重构历史，也就是说，要以截然不同于进化论的方式来描述社会变迁；想只作局部修补并不可取。在这方面，除了已介绍的概念，我还采用了另外两个，即“情节片断”（episode）和“世界时间”（world time）（前者出于盖尔纳［Gellner］，后者源自艾博

华［Eberhard］①）。所有的社会生活都可以说是体现为一系列的情节片断。共同在场情境下的日常接触当然是具有情节性结构的，但我之所以引用这一概念，主要是针对表现出特定类型制度重组的大规模变迁过程，比如农业社会中城市的形成，或是早期国家的形成。如果我们对各个情节片断进行比较，很可能会有所收获，但我们不能完全脱离孕育它们的具体背景。而“世界时间”能有多大效力，恰恰在于它们事实上可供比较的程度。“世界时间”关注的是历史中那些纷繁变动的局势（conjunctures），这些局势有可能影响表面上相仿的情节片断的状态和结果，也可能改变其中的行动者对这些状态和结果的**了解**。我将探讨几种有关国家形成的理论，以展现这些观念的分析力。

结构化理论如果无助于阐明经验研究中遇到的问题，其价值就不过尔尔了。我在最后一章探讨了这一论题。我想这必然牵涉到结构化理论 xxx
作为一种批判形式又意味着什么。我不想在方法论问题上大作修补，也就是说，我并不认为在结构化理论的逻辑或实质内容中，会有什么东西以某种方式限制运用特定研究技术，比如调查测量手段、问卷之类。我们在这里需要考虑的，是针对具体的研究问题，应该采取哪些具体的技术手段，应该如何解释结果，但这和上面所说的完全是两码事。结构化理论如果要和经验研究挂钩，关键在于如何看待研究者已经置身于他的研究“主题”这一事实的逻辑意涵，在于如何阐发行动与结构这类核心观念的实质蕴涵。我在抽象理论层次上业已提出的某些观点可以直接用于经验研究层次。许多社会理论，尤其是与结构社会学有关的社会理论，都过于贬低行动者实际拥有的认知能力，其后果在经验研究成果中昭然可见。它们至少在以下两个方面未能提供线索，以使我们充分认识行动者的认知能力：首先，社会行动者自身极有可能十分关注许多话语现象中的潜在意义，但社会研究却常常轻易忽略了这些潜在的意义。倘若研究者不能注意到它们，就会贬低行动者就其自身及他人行动的状况所能给出的解释。具有这些特征的话语形式很难体现为对命题式信念（propositional belief）的陈述，而是像幽默和反讽那样，更多地从风格、表达方式或具体言说情境而不是所说内容来展现自身的意义。不过，话

① 这位德国汉学家的中文名亦多见艾伯华的译法。——中译注

说到这里，我们就得添上更重要的第二个方面，即有必要认识到实践意识的重要性。要是行动者对自己之所为的了解仅限于他们可以用不管什么风格的话语就其说上两句，那我们就看不到相当一部分认知能力。我们必须在经验研究工作中融入对实践意识的考察，而不应该断言：在经验研究里，考察意识中的非话语成分肯定要难过话语成分，哪怕从定义
xxxi 上说，行动者自身不能直接评述前者。另一方面，无意识范畴之下汇集了完全不同的另一些问题，这就必然要求我们在追问时，采用完全不同于描述性社会研究的手段。

功能主义在社会科学中一度相当重要，这不仅体现在它作为一种理论阐述类型曾经显赫一时，也在于它大大推动了经验研究。在人类学中，田野调查的兴起多少与功能主义的影响紧密相随；而在社会学中，功能主义思想也激发了一大批经验研究。我想这就是我们理解功能主义之所以富有魅力的关键。但我依然认为，它在概念上的影响极其有害。功能主义十分强调行动的意外后果（unintended consequences），尤其是认为这些意外后果会有规律地发生，从而牵涉到社会系统制度化特征的再生产。功能主义者当然有理由对此大加铺陈，可是，我们即使不用功能主义的概念，也完全能够考察意外后果。况且，只有在界定出行动的合意图特性之后，我们才能在经验层面充分把握，如何在行动后果里划定非意图成分。这就又一次要求我们更充分地解释能动作用，而不限于那些乐意接受功能主义前提假设的人通常的认识。

结构化理论中的“结构”，指的是社会再生产过程里反复涉及的规则与资源；我们说社会系统的制度化特性具有结构性特征，就是指各种关系已经在时空向度上稳定下来。我们可以抽象地把“结构”概念理解为规则的两种性质，即规范性要素（normative elements）和表意性符码（codes of signification）。而资源也具有两种类型：权威性资源（authoritative resources）和配置性资源（allocative resources）。前者源于对人类行动者活动的协调，后者则出自对物质产品或物质世界各个方面的控制。以下两点对于开展具体的研究工作尤其有用：一是考察作为结构性关系之“转换关键”（transformation points）的各种实践是如何在日常惯例中相互交织在一起；二是考察制度化实践有哪些类型的方式连

接社会整合与系统整合。关于第一个方面，比如说我们可以分析私有财产，即一组所有权，如何可以被“转换”成产业权威或者说是维持经营控制的方式；至于第二个方面，我们必须在经验层面上确定：在既定具体情境下考察的业已定位的实践，在多大程度上以特定方式汇聚在一起，从而直接参与系统再生产。这里的关键是不能忽视作为互动场景的场所的重要性。要研究这些东西，社会学家没有理由不采纳地理学家摸索出的一些研究手段，包括时间地理学的图示手法。 xxxii

如果我们还是站在正统共识主宰期间的立场上来理解社会科学，那它们所取得的成就就不会给人留下什么深刻的印象，社会研究之于实践议题似乎也是隔靴搔痒。而自然科学，至少是那些较为完善的部分，则已经建立起严格限定且为人们普遍接受的法则，可以用来阐明许多不会引起什么争议的经验观察。和自然科学齐头共进的技术能力兼具建设性与破坏性，令人敬畏交加。有些人想直接按照自然科学的模式来塑造社会科学，在他们看来，社会科学当然与自然科学相差甚远，在认知角度和实践角度两方面都远远落后于自然科学。但是，倘若我们认识到社会科学不应该成为自然科学的某种翻版，并且从某些方面来看，还是完全不同的一项事业，那就会全面重估它们之间的相对成就及影响。社会科学中现在没有、将来也不会有什么普遍法则，这里最主要的原因并不在于经验检验和证明的方法不甚完备，而是因为如上所述，鉴于行动者关于其自身行动背景所拥有的知识（或信念），要概括人的社会行为，所牵涉的因果条件本质上并不是一成不变的。默顿（Merton）等人已论述过所谓“自证预言”（self-fulfilling prophecy）的问题，这一特例其实反映了社会科学中非常普遍的现象。在社会科学与自己的活动构成社会科学研究主题的人之间，存在着交互解释的作用，即“双重诠释”（double hermeneutic）。我们无法将社会科学的理论和结论与它们所探讨的意义及行动世界截然分开；另一方面，常人行动者（lay actors）也是社会理 xxxiii
论家，他们的理论参与构成了作为专业社会观察者或社会科学家的研究对象的那些活动和制度。常人行动者作出有见识的社会学思考，专家作出与此类似的努力，两者之间并非泾渭分明。诚然，我并不想否认这两者之间**确实有所**区别，只是说它们必然会模糊互渗。无论是创新的理论，还是经验的调查，社会科学家对于他们所研究的主题，都没有绝对的垄断权。

上面这些或许说的都不错，但如果仅仅基于这些看法，我们仍然不能肯定，应该重估社会科学的上述成就与影响。我们如何能够严肃认真地提出，社会科学对社会世界的影响毫不逊色于自然科学对物质世界的影响，甚至尤有甚之？尽管说如果考虑到各种具体情况千差万别，这样的比较当然不可能精确，不过我认为，这一看法其实也还是站得住脚的。问题的关键在于，有关社会过程的思考（理论及对这些过程的观察）会持续不断地介入、脱离、再介入它们所描述的事件世界。一个没有生灵的世界，一个无视人类对它可能提出的任何看法的世界，不可能存在这样的现象。以 17 世纪欧洲思想家提出的主权理论为例，这些理论来自对社会趋势的反思与研究，又反过来卷入这些社会趋势。不借助以话语形式阐述的现代主权国家理论，就不可能产生现代主权国家。西方现代性的一个总体特征，就是国家政权在政治上的“自我监督”明显趋向于不断扩张。这种趋势孕育出的社会气候与知识氛围，正是产生社会科学专业化、“职业化”话语的源泉，而后者又反过来表述前者，推动前者的发展。人们肯定能找到一些根据，证明社会科学集中参与的这些变迁至关紧要。与之相比，自然科学对自然界的改变似乎并未如此深远。

xxxiv 如果我们更进一步地思考这些见解，就不仅可以了解到，社会科学不太可能产生大量的原创性知识，也可认识到，似乎有些悖谬的是，过去提出的那些理论和观点，今天看来仍然有其可取之处，这是自然科学里的陈旧观念所无法比拟的。社会科学中最为出色、最吸引人的观念，一是参与酝酿孕育它们的舆论气候和社会过程，二是不同程度地与人们用来推动构成这些社会过程的理论应用融合在一起，三是从而不太可能与常人行动者的某些思考结论截然分开，在这些经过思考得出的结论里，常人行动者可以在话语层次上明确阐述甚至改进人们用来构成社会过程的理论应用。这些事实有着深远的影响，对于社会学（对其而言，这些事实的相关性最为明确）就尤其如此，既影响经验研究的开展，也影响理论的阐述与接受。就经验研究来讲，这些事实意味着，社会科学要想在探索恰当的理论检验方式的同时，“维持”对理论的认可，要比自然科学困难得多。社会生活是变动不居的，有魅力或有实践潜力的理论、假设与结论一旦被应用于社会生活，可以检验它们的原初根据已经发生了某种变化。这里的交互“反馈”（mutual“feed-in”）可能会有许多复杂的变化，另外还附带着一些固有的困难，体现在社会科学自身可能面临的变量的控制、观察的重复及其他一些方法论困境中。常人行动者和职业科学家对自然科学所指涉的客体对象或事件持有成见。就自然科学针对这些成见提出质疑的程度而言，它的理论具有新颖性、创新性等特点。但社会科学里的理论不得不多少以理论所探讨的行动者业已抱持的观念（尽管他们不一定在话语层次上阐述它们）为基础。一旦这些社会科学理论重新融入行动，或许就会丧失其原创性，乃至成了老生常谈。主权观念及其相关的国家理论在最初提出的时候宛如石破天惊，但今日看来，它们多少已经成了它们参与确立的那种社会实在的一部分。

可是，为什么还有一些社会理论，在孕育它们的背景条件已经消逝之后，仍然能够保持自身的青春活力呢？既然我们已经非常熟悉国家主权的概念和现实，为什么 17 世纪的国家理论对今日的社会思考或政治 xxxv 思考仍能有所借鉴呢？这当然正是因为它们参与构成了我们今天所置身的世界。这些理论是对社会实在的反映，同时，它们实际上既促进了这种社会实在的构成，又与我们注目的社会世界保持着一种若即若离的关系。而对于自然科学的当前实践来说，理论若是被更出色地完成同样任务的其他理论所取代，就已然毫无价值。有些理论本身推动构成了它们所解释或阐明的对象，对这些理论而言，就不可能有此遭遇。从事实际工作的自然科学家或许完全有理由认为“观念史”可有可无，但对社会科学来说，它就远不止是附带性的了。

以上思考倘若正确，会直接让我们思考社会科学作为一种批判，就像社会生活中实际进行的那样。我们不能满足于正统共识提出的“技术”批评观，它是根据自然科学模式提出的。技术批评观假定，社会科学的“内部批判”（internal critique），即社会科学工作者针对彼此观点所作的评价，可以径直产生对于常人信念的“外向批判”（external critique），这是介入社会实践生活的基础。然而，若是考虑到“双重诠释”的重要性，事情就要复杂得多。构建批判理论并不是某种**选择**；社会科学中的理论和结论很容易产生实践后果（和政治后果），而不论社会学观察者或政策制定者是否决定将其“用于”特定的实际问题。

这本书写起来不太容易，有些地方证明写作难以遵循常规性的章节布局。结构化理论的构建在相当程度上须借助它自身的“内部批判”，即批判性地评估目前彼此对抗的诸多社会思想流派。我把这些对立意见作为附论，放在与它们最为相关的章节后面，以免与文章主体相抵牾。
xxxvi （附论的有关注释也同样附于相关章节注释之后。）读者若想流畅地捕捉论述主线，可将其略过。不过，它们会有助于读者了解我的观点与别人的差异，或进一步阐发在各章主体里简略论述的主题。由于本书使用了大量新术语，因此我在书末附上了术语表。

第一章
结构化理论要点

要想初步阐述结构化理论的主要概念[1]，较为有效的办法是从某 1
些分野谈起。这些分野的一面是功能主义（包括系统理论）和结构主义，另一面则是解释学以及各种形式的“解释社会学”。功能主义和结构主义之间尽管存在其他一些明显差异，但仍然具有某些显著的相似之处，即都倾向于自然主义和客体主义的立场。孔德（Comte）以降的功能主义思想一向特别注重生物学，认为这种科学能向社会科学提供最为切近、最为适合的参照模式，并且以生物学为指导，从概念上阐述社会系统的结构和功能机制，分析经由适应机制实现的进化过程。而结构主义思想则历来拒斥进化论，避免采用生物学类比，这种倾向在列维-斯特劳斯（Lévi-Strauss）的著作里尤其明显。在结构主义者眼里，社会科学与自然科学都旨在展现心智总体构成（the overall constitution of mind）的某些类似特征，所以说，它们之间的契合之处基本上是认知性的。结构主义与功能主义都特别强调，社会整体相对其个体组成部分（即那些构成它的行动者，人类主体）而言，具有至高无上的地位。

当然，在解释学思想传统看来，社会科学与自然科学有着根本的差异。解释学集中体现了结构主义者所一贯强烈反对的那种“人本主义”。
在解释学的思想观念中，比如在狄尔泰（Dilthey）那里，主体与社会客 2
体对象之间的鸿沟被强化到了极致。主体性是文化历史体验的既构核心（preconstituted centre），就此成为社会科学或人的科学（human sciences）

的根基。在主体经验范围之外，是与之相疏离的物质世界，接受与人无关的因果关系的支配。在那些倾向于自然主义的思想流派看来，主体性这东西说不清道不明，要不然就几乎成了某种剩余现象。而在解释学看来，模糊不清的恰恰是物质世界，它不同于人的活动，只能从外部加以把握。在各种解释社会学里，对于阐明人的行为来说，具有首要地位的是行动与意义，而有关结构的概念则不那么显要，对制约问题也谈得不多。相反，在功能主义和结构主义看来，结构（就此概念被赋予的多种不同意涵而言）凌驾于行动之上，它的制约性特征更是受到特别的强调。

人们通常把这些看待社会科学的视角彼此之间的差异归为认识论的问题，但它们实质上也是本体论的问题。这里的关键在于，如何确定行动、意义和主体性的概念，确定它们与结构、制约等观念之间可能存在的关联。如果说，各种解释社会学的确以主体的某种霸主地位作为自身的基础，那么功能主义和结构主义所提倡的则是社会客体的某种霸主地位。我之所以要提出结构化理论，基本目标之一就在于终结这些建立霸主体制的努力。在结构化理论看来，社会科学研究的基本领域既不是个体行动者的经验，也不是任何形式的社会总体的存在，而是在时空向度上得到有序安排的各种社会实践。人类的社会活动与自然界里某些自我再生的物种一样，都具有循环往复的特性，也就是说，它们虽然不是由社会行动者一手塑成，但却持续不断地由他们一再创造出来。社会行动者正是通过这种反复创造社会实践的途径，来表现**作为**行动者的自身；同时，行动者们还借助这些活动，在活动过程中再生产出使它们得以发生的前提条件。当然，自然界里展现出来的那种编码程序式的“认知能力”，并不同于人类行动者体现出的认知技能。我试图从解释社会学中借鉴的几项重要贡献，正在于如何从概念上理解人的认知能力及其与行
3 动的关联。我们要想描述人的活动，前提是必须通晓这些活动中显现出的各种生活形式，认识到这一点，我们就能接受结构化理论在解释学方面的出发点。

人类行动者认知能力所特有的反思性特征，是社会实践循环往复的安排过程中根深蒂固的要素。实践的连续性是以反思性为假设前提的，

但反过来，实践之所以可能具有反思性，又恰恰是由于它存在连续性，使得实践在时空向度上体现出独特的“类同性”（the same）。因此，我们应该把“反思性”理解为持续发生的社会生活流受到监控的特征，而不仅仅是“自我意识”。所谓成为人类中的一员，就是成为一个有目的的行动者，他们的活动自有其理由，如果被问及，也都能在话语层次上阐述这些理由（包括对此撒谎）。然而，像“目的”（purpose）或“意图”（intention）、“理由”（reason）、“动机”（motive）之类的术语，我们用起来都得小心，因为哲学文献里在使用它们的时候，大多渗透着解释学的唯意志论，都完全剥离了人的行动在时空中的情境关联。要知道，人的行动是作为一种绵延（durée）而发生的，是一种持续不断的行为流，正如认知一样。有目的的行动并不是由一堆或一系列单个分离的意图、理由或动机组成的。因此，最好把反思性看作根植于人们所展现、并期待他人也如此展现的对行动的持续监控过程。这种对行动的反思性监控是以理性化为基础的。而这里所说的理性化，是指一种动态过程而不是静止状态，它内在地体现于行动者的资格能力（competence）之中。将时空视为社会实践的构成部分，这一本体论的看法是结构化观念的基础，它的**出发点**是时间意识，从某种意义上来说，也就是“历史”。

绝大多数当代英美学者通常所给出的那种“行动”观，即有关行动的分析性哲学，对我这一思路的借鉴意义很有限。“行动”（action）并不是一些“行为”（acts）的组合：只有在我们对已经历过的经验的绵延给予话语层次上的关注的时刻，所谓的“行为”方得以构成。另一方面，我们也不能脱离身体来探讨“行动”，因为身体正是“行动”与它的周围世界的中介，是行动中的自我的统合体（coherence）。我所说的行动中自我的**分层模式**（stratification model），就是将对行动的反思性监控、理性化及动机激发过程视作根植于行动中的一系列过程。[2] 行动 4
的理性化是指作为过程的“意向性”（intentionality），它与其他两个维度一样，都是人的行为的例行特征，人们以理所当然的方式在行动中完成它。在日常接触、情节片断等互动情境里，对行动的反思性监控一般都例行化地与对这种互动场景的监控融合在一起。我在下文将指出，对于行动纳入我称为共同在场的这种时空关联来说，这一现象是非常关键的。考虑到互动情境纷繁多样，行动的理性化就构成了他人评价行动者一般化的“资格能力”的主要依据。不过得说清楚，应当抵制有些哲学家的倾向，即把理由等同于“规范承诺”（normative commitments），因为这种承诺只是行动理性化的一部分。不理解这一点，我们就无法领会规范只是社会生活“事实上”的界限，可以有许多种不同的态度来对待它。在日常观察中，我们会注意到这些态度具有某种虽说略显老生常谈的特性，即行动者就其所为以话语形式给出的理由，可能不同于真正体现在这些行动者行为流中的行动的理性化。

对于哲学家和社会场景观察者来说，这种背景状况时常令人困扰：我们如何得以确知人们并未掩饰自己活动的理由？这还不算严重，更令人困扰的是，在两个行动过程层次之间，尚存在着广阔的“灰色地带”，是行动者的话语意识觉察不到的。在日常接触中包含了大量舒茨所说的“知识库存”（stocks of knowledge），我更乐意把它称为**共同知识**（mutual knowledge），是行动者的意识无法直接觉察到的。这样的知识绝大多数是实践性的，人们要想在社会生活中“持续”完成各种例行活动，它们也不可或缺。无论是在个体行动者的经验里，还是考虑到社会活动不同情境下行动者的差异，话语意识和实践意识之间都没有什么固定的区分，而是彼此有所渗透。不管怎么说，在它们之间，不存在像无
5 意识与话语意识之间那样的鸿沟。无意识包括某些类型的认知和冲动，它们要么完全被抑制在意识之外，要么只是以被扭曲的形式显现在意识中。精神分析理论告诉我们，行动中无意识的动机成分自有其内在等级秩序，体现着个体行动者生活史的“深度”。我这么讲，并不是说对弗洛伊德学说的基本原理毫无异议，而是必须摒弃那些著述中蕴含或者助长的两种还原论：一种是制度还原论，它企图将无意识作为制度的根基，却未能充分重视自主社会力量的运作；另一种则是意识还原论，它力图表明社会生活是多么严重地被行动者自觉意识之外的暗流所主宰，但不能充分把握行动者特有的对自己行为的反思性控制程度。

1. 行动者与能动作用

有关行动者的分层模式可用图 1 来表示。活动的反思性监控是日常行动的惯有特性，不仅涉及个体自身的行为，还涉及他人的行为。也就是说，行动者不仅始终监控着自己的活动流，还期望他人也如此监控着自身。他们还以例行方式监控着所进入情境的社会特性与物理特性。行动的理性化是指行动者对自身活动的根据始终保持“理论性的理解”，这同样是例行性的，一般也都不必大惊小怪。我已说过，即使说行动者拥有这样的理解，也并不意味着他们能对行为的具体部分以话语形式给出理由，更不等于以话语形式详细阐明这类理由的能力。不过，其他有 6
资格能力的行动者还是期望，倘若他们问及行动者，后者一般总能对自己的大部分所为作出说明，这一点也是根据日常行为评判一个人是否具备资格能力的主要标准。哲学家们经常追问关于意图和理由的问题，而常人行动者则一般不会这样问，除非行为的某些方面很明显令人费解，或者是资格能力中出现“疏忽”或破裂，而这些“疏忽”或破裂事实上可能是行动者有意而为的。因此，如果其他个体所从事的活动，对于他作为成员所从属的群体和文化而言，不过是循例而行的话，那我们通常就不会询问他为何如此。同样，假使行动者似乎不太可能承担“疏忽”的责任，譬如身体控制方面的闪失（参见边码第 81~83 页对“哎哟！”的讨论）或是失言，我们一般也不会要求他对此作出说明。当然，假如弗洛伊德说的不错，那这样的现象也属事出有因，虽说不管是犯这些闪失的人，还是现场目睹者，都很少意识到这一点（参见边码第 94 至 104 页）。

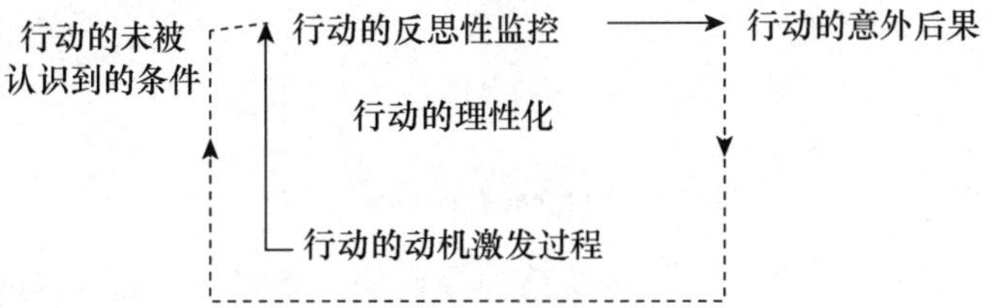

图 1

我把行动的反思性监控和理性化与行动的动机激发过程区分开来。

如果说理由指的是行动的根据，那么动机指的则是激发这一行动的需要。不过，与行动的反思性监控和理性化不同的是，动机激发过程并不与行动的连续过程直接联系在一起。它所指涉的与其说是行动者惯常的行动样式，不如说是行动的潜在可能。只有在较不寻常的背景中，在以某种形式偏离于惯例的情境下，动机才可能直接作用于行动。而在绝大多数情况下，动机提供的是通盘的计划或方案，即舒茨所谓的“筹划”（project）。并在这种“筹划”中逐步完成一系列行为。至于我们的日常行为，则很少出自动机的直接激发。

尽管说具有资格能力的行动者几乎总是可以用话语的形式，就自己之所为给出自己的意图和理由，但他们并不总是能够说清楚动机。无意识层次上的动机激发过程是人的行为的一项重要特征，当然，下文我将针对弗洛伊德有关无意识本质的解释，提出自己的一些保留意见。对于结构化理论而言，实践意识的观念至关重要。对于人类行动者或人类主体的这一特性，结构主义显然视而不见[3]，而其他类型的客体主义思潮
7 也有同样缺陷。在社会学的各种思想传统中，我们只有在现象学和常人方法学（ethnomethodology）里，才能找到对实践意识本质详尽而透彻的分析。事实上，正是在这些思想流派和日常语言哲学的共同努力下，才揭示出那些正统的社会科学理论在这方面的缺陷。我并不想把话语意识和实践意识搞得泾渭分明，相反，鉴于行动者的社会化过程与习得经验在许多方面都有所不同，这两者之间的区分也可能随之发生变化。话语意识和实践意识之间不存在什么固定界限，两者之间的区别不过是在于，什么是可以被言说的，什么又是只管去做的。不过，在话语意识和无意识之间，还是存在着主要以压抑为核心的障碍。

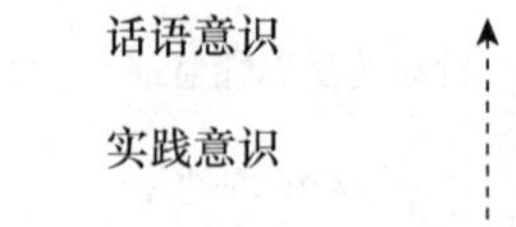

我用这些概念来取代传统精神分析的三维概念：自我（ego）、超我（super-ego）和本我（id）。对此本书将另行说明。弗洛伊德对自我和本我的区分无法很好地用于分析实践意识，因为精神分析理论与我们

前面所说的其他类型的社会思潮一样，都未能在理论上为实践意识提供容身之处。在精神分析的概念库中，“前意识”（pre-conscious）与实践意识或许最为贴近，但在通常用法上显然还是有些不同。我宁可用“主我”（I）来代替“自我”（这正是弗洛伊德在德语原文里所用的）。自我被描述成某种缩微了的行动者，而我的新用语虽未能避免这种拟人论（anthropomorphism），但总算是迈出了解决问题的第一步。“主我”这个词的使用，来源于行动者在日常社会接触中的定位过程，并因此和后者有着紧密的联系。“主我”作为某种指称性的术语，与“宾我”（me）蕴含的行动者对自身的丰富描述相比，在实质内容上是“空洞”的。行动者在谈话中反思性地熟练掌握“主我”“宾我”和“你”的关系，是他在语言习得过程中逐渐产生出资格能力的关键。既然我不采用“自我”这一术语，显然最好也不要采用“超我”，不管怎么说，它都是个蹩脚 8
的术语，用“道德良知”（moral conscience）来代替它肯定要好得多。

以上这些概念探讨的都是行动者，那么，能动作用的实质又是什么呢？我们可以进一步联系另一项话题来讨论。日常生活的绵延固然是作为意图行动流发生的，但行动还产生了意外后果。而且，如图 1 所示，这些意外后果可以系统地反馈回来，成为下一步行动未被认识到的条件。所以，如果我用恰当的方式说、写英语，一般就会有助于整个英语语言的再生产。诚然，我用恰当的方式说英语这一行为是有意的，但我却并非有意促进这种语言的再生产。那么，我们又如何来概括意外后果的内涵呢？

人们经常假定，只能通过意图来界定人的能动作用。也就是说，对于被作为行动考虑的某个行为部分来说，无论其实施者是谁，他肯定是有意为之的，如若不然，这里的行为就只是针对外界刺激的反应。事实上，除非行动者有意为之，有些行为的确不可能发生，或许从这一点看来，以上观点似乎有些道理。自杀就是一个适当的例子。尽管涂尔干的理论探索使我们看到了自杀的相反一面，但除非的确有某种实施自我毁灭的意图，我们仍然不能够说发生了“自杀”。某人走出人行道，被迎面而来的汽车撞倒，如果这是一个偶然的事件，就不能说是“自杀”。它只是个人遭遇到的事，而不是他所做的事。不过，就意图而言，自杀并不能代表绝大多数人类行为，因为只有当实施者有意采取该行为，才能说发生了“自杀”，但是绝大多数行为都不具备这一特性。

不过，有些哲学家业已提出，如果一桩涉及某人的事件可以作为能动作用的例证，那么至少会有某种描述表现出其所为乃属有意，哪怕他误解了这种描述。比如说俾斯麦号潜水艇的船长。他拉起操纵杆，想要改变航向，但却弄错了杆，导致俾斯麦号的沉没。他的确是有意做了些事，在他的能动作用之下，俾斯麦号就此沉没，哪怕他所设想的并非如
9 此。再举一例。如果有个人错把咖啡当成茶，有意洒掉了它，那么即使他并非有意洒掉咖啡，但这本身毕竟就是这个人的行为；但如果说换种描述方法，比如说“洒掉茶”，那可就是有意的了。[4]（在绝大多数情况下，“洒掉”什么东西往往意味着该行为是行动者出于无意，是某种闪失。行动者原本想做的是一件完全不同的事，譬如给别人递杯咖啡，但在行动过程中，被这一闪失插了进来。弗洛伊德认为，几乎所有像这样的行为闪失，比如失言，实际上都是无意识动机在起作用。当然，如果换个角度来说，也能将它描述成是有意的。）

但是，我们也不能就此认为，在那些可以视作能动作用实例的事件里，它也只能是在**某种**描述下才是有意图的。因为这种判定混淆了确定能动作用与给出行为描述这两种过程[5]；对于个体实施的行动，我们不能误以为，个体对它持续的监控过程，就是使之成其为行动的规定性特征。能动作用不仅仅指人们在做事情时所具有的意图，而是首先指他们做这些事情的能力（能动作用之所以意味着权力，原因即在于此，参见《牛津英语词典》[*the Oxford English Dictionary*] 中对“agent”词条的释义：“行使权力或造成某种效果的人”）。能动作用涉及个人充当实施者的那些事件，即在行为既有顺序的任一阶段，个人都可以用不同的方式来行事。倘若这个人不曾介入，所发生的事或许就不会发生。行动是一个持续不断的过程，是一种流。在这个过程里，行动者维持着对自己的反思性监控，而这种监控对于行动者在他们整个日常生活中习以为常地维续着的对身体的控制而言，又是至关重要的。个体所维持的反思性监控至为重要。许多事情并不是我有意去做的，或者也并不是我想要这么做的，可却都是由我造成的，不管怎么说，我**的确是做了**。相反，还有

些情况是我想要完成某事，也的确完成了它，但却并非直接借助于我的能动作用。以洒掉咖啡为例。假设某甲恶作剧，故意把托盘上的杯子放得不稳，让别人端起来时很容易泼洒出来。某乙端起咖啡，果然不出所料，把它洒了出来。也许应该说是甲造成了这一事故，或至少是促成了它的发生。可洒掉咖啡的是乙而不是甲。并不曾想洒掉咖啡的乙洒掉了它，而想要让咖啡洒掉的甲却并没有去泼洒它。

可是，无意之间做了某事，指的又是什么呢？它是否不同于带来非 *10*
如所愿的后果呢？试考虑所谓行动的“接续效应”（accordion effect）。[6]某人“啪”的一声打开了开关，照亮了房间，虽说这是有意的，但打开开关惊走了窃贼，其实并非出于有意。设想窃贼夺路而逃，被某个警察抓住，因盗窃罪受到指控，经过合法审判，在监狱里关了一年。所有这些，都能算是打开开关的意外后果吗？什么事能算是这个人“所做的”？再以族群隔离学说为例。[7]即使没有一个相关人员心向往之，某种族群隔离的模式也会按照如下方式发展下去。我们可以类比说明。设想有一副棋盘，有两组棋子，一组每枚五分钱，另一组每枚则为一毛钱。这些棋子随意分布在棋盘上。个体在都市里的分布也与此相仿。我们可以假定，各个群体的成员都不想在自己所住的街区中成为少数族群，哪怕他们心中对其他群体并无敌意。我们在棋盘上尽可能移动每一枚棋子，直到它们周围的棋子至少一半以上是和自己属于同一类为止。其结果就是极端的隔离。在一大堆五分棋子中间的一毛的棋子，最终就成了像都市中的贫民窟一样的东西。所谓的“复合效应”（composition effect），指的是一系列行为组合起来的后果。不管这一系列行为是在棋盘上移动棋子，还是行动者在住房市场上选择居住地①，都属于有意而为，可最终的后果并不符合哪一个人的意图或欲求。情况似乎是这样：人人为之，可又无人为之。

要想理解什么叫作无意之间做了某事，我们首先得搞清楚应该如何理解“有意的”。如果行为的实施者知道或相信该行为将具有某种特定的性质或后果，并且还利用了这些知识以达成这样的性质与后果，那我

① 可以参见吉登斯的 *The Class Structure of the Advanced Societies*，修订版（London：Hutchinson/New York：Basic Books，1976）。——中译注

们就说这一行为是“有意的”。[8] 如果说对能动作用的上述概括并无不当之处，那我们还得把对行动者“所做”内容的考察与行动者“所欲”的或者说所行之事的意图特征区分开来。能动作用指的是“做”的本身。打开灯是行动者所做的事，惊走窃贼也是他所做的事。如果行动者不知道房间里有窃贼，如果他出于某种原因，尽管知道也不愿借此吓跑
11 这个闯进来的人，那么惊走窃贼这件事就是无意所为。从概念上来讲，我们可以区分无意所为之事与所为之事的意外后果。当然，只要我们关注的重点在于有意和无意的关系，这种区分就不会有多大意义。不管是有意还是无意，所谓行动者所做之事的后果，指的就是这样的事件：如果行动者换一种方式行事，这事件或许将不会发生，但这类事件的发生却并非行动者力所能及（不管他有着怎样的意图）。

我想可以这么说，考虑到这里所说的这个人并不知道房间里有个窃贼，因此无意之间引发了之后一系列事情，那么，在此人打开开关之后，窃贼碰上的一切就都属于该行为的意外后果。如果说这里的情形较为复杂，那么复杂就复杂在一件看起来微不足道的行为，如何能够引发出一系列在时间和地点上远远脱离它的原初情境的事件，而不是在最初行为的实施者的意图中是否包含有这些后果。一般来说，行为的后果在时间和地点上越是远离它的原初情境，这些后果就越不可能符合最初的意图，当然，这也得看行动者具有怎样的认知能力（参见边码第 90~92 页），以及他们可以调动的力量。我们考察行动者之“所为”，一般是根据多少属于他控制范围之内的迹象，而不是在他的活动之后接续产生的各种后果。在绝大多数的生活领域和活动形式中，行动者的控制范围仅限于行动或互动的当下情境。所以我们说，打开灯这件事确属行动者所为，惊走窃贼或许也是如此，但不能说导致窃贼被警察抓获及最终蹲了一年监狱也属于这种情况。尽管说彼时彼刻要没有打开开关这一行为，这些事件也许都不会发生，但它们的发生取决于这么多的其他偶然性后果，以至于我们很难认为它们是最初那位行动者之“所为”。

为了分析意图活动的实质，哲学家们业已耗费了大量笔墨。然而，
12 站在社会科学的立场上来看，无论我们怎样强调有意图行为的意外后果，都不会夸大其词。默顿以往对这个问题的分析堪称经典。[9] 他明确

提出，对意外后果的考察是社会学探索的重要组成部分。这种判断完全正确。特定的活动组成部分的后果要么不具有重要意义，要么具有重要意义；要么是简单重要后果，要么则是复合重要后果。而评判何谓“重要”的标准，则在于所进行的考察或所探求的理论的性质。[10]然而，默顿随即便将意外后果与功能分析掺合在一起。尽管这种概念运用的尝试在社会学文献里屡见不鲜，我却并不愿意接受这种做法。具体而言，我们必须认识到，对意外后果的考察并不（像默顿所主张的那样）是要理解表面上不符理性的社会行为形态或模式。在默顿那里，有意的活动（显功能 [manifest functions]）和它的意外后果（隐功能 [latent functions]）两相对立。他提出隐功能的目的之一，就是要表明表面上非理性的社会活动也许根本就不是那么非理性的，尤其是那些持续存在的活动或实践，而我们却通常视其为“迷信”“非理性”“纯属传统惰性”之类的东西而不屑一顾。但默顿认为，如果我们发现它们具有隐功能，即具有某种或某些意外后果，有助于维持所探讨的实践的持续再生产，那么我们就可以宣称，它们根本就不像人们所说的那么非理性。

试以仪式为例。某个仪式“或可通过提供周期性的场合，让某群体散居的各成员聚集在一起参加某项共同活动，以实现增进群体认同这一隐功能”[11]。但我们不能就此认定，通过揭示某种实践具备一项功能关系，就可以用后者来解释前者的存在理由。这里多少有些不明不白地掺和进一种思路，即基于被强行赋予的一些社会需要，塑造出所谓“社会的理由”（society's reasons）。也就是说，倘若我们认识到群体“需要”这一仪式来维续自身，那就不应该再把仪式的维持看成非理性的。然而，如果我们说，甲社会状况需要在乙社会实践的协助下，才能以相当一致的形式维持下去，就又引出一个必须回答的问题，而这又是功能分析本身不能答复的。甲和乙之间的关系不同于个体行动者的欲求、需要 13
及意图之间的关系。就个体行动者而言，动机激发与意向性之间的动力关系产生于那些构成行动者动机推力的欲求。而社会系统的情况则不是这样，除非行动者在行事之时，认识到他们所做的正是社会的需要。[12]

默顿强调，如果我们在探讨行动的意外后果时，把它与那些深深嵌入时空之中的制度化实践联系起来，会很有意义。我们业已指出，这一看法无可辩驳。对意外后果影响的分析主要有三种情况，不过它们之间的区别只是分析意义上的。而其中最为重要的是从制度化实践入手。第一种情况如打开灯，窃贼受到惊吓，夺路而逃。研究者在考察这种情况时，关注的是由某一触发情境（initiating circumstance）引发的一系列事件的累积，若没有这一情境，或许就不会有这些事件累积而成的结果。韦伯分析了马拉松平原之战如何影响了希腊文明此后的发展，并进而影响了整个欧洲文化的形塑过程；他还分析了在萨拉热窝发生的射杀斐迪南大公事件的一系列后果，这些例子都很到位。[13] 此处问题的关键，在于从反事实的角度（counterfactually），追溯考察这一系列事件。研究者会追问："如果事件甲未曾发生，那么事件乙、丙、丁、戊等等是否还会发生？"并力求由此把握事件甲在该因果链或者说因果序列中的作用。

社会研究者或许会关注的第二种情况，不是由单个事件引发的意外后果，而是由一系列个体活动复合而成的模式，比如上文讨论的族群隔离。在这种情况下，有待说明的现象是某种确定的"最终结果"，它被看作由有意图的行为一步步的过程累积而成的意外后果。这里又一次凸显了有关理性的主题，不过这一次并不存在任何逻辑上的辩驳。博弈论学者令人信服地指出，即使不同的个体行动者分别实施一系列合乎理性的行动，其后果对于个体行动者总体而言也有可能是非理性的。[14] 产生这种"偏离效应"（perverse effects）的情况无疑具有特殊的研究价值，但这种效应也只不过是意外后果的类型之一而已。[15]

14 默顿指明了可以考察意外后果的第三种情况。在这种情况下，研究者的兴趣在于制度化实践的再生产机制。在这里，行动的意外后果以某种非反思性的反馈圈（non-reflexive feedback cycle）（即因果循环［causal loops］）的形式，构成了后续行动的被认识到的条件。我已经说过，要想说明发生这种反馈的原因，不能只是满足于搞清各种功能关系。那么，意外后果的反馈圈又是如何循环反复，促进跨越长时间的社会再生产的呢？这一点大体说来并不难分析。定位在某一时空情境里的重复性活动，会在多少有些"遥远"的时空情境中产生常规化的后果，而这并不在参与那些活动的人意图之中。这些在次生情境系列中发生的事件，又会直接或间接地影响原初情境下的行动后续所面临的条件。要想弄清楚事态的发展进程，只需了解这样一些说明变量：个体为什么会受到推动，去从事各种在时空向度上伸展开来的常规化社会实践，又会导致怎样的后果。意外后果是常规化行为的附带结果，以常规化的方式被“分播”（distributed）开来，而参与者在反思性地维持着这些行为的时候，也就是这样看待它们的。

2. 能动作用与权力

行动与权力之间的逻辑关联有着怎样的性质？这个问题虽说枝节蔓生，但我们还是不难指出其中包含的根本关系。我们说有能力“换一种方式行事”，就是说能够干预这个世界，或是能够摆脱这种干预，同时产生影响事件的特定过程或事态的效果。这就假定，要成为行动者，就要能够（在日常生活流中周而复始地）实施一系列具有因果效力的权力，包括那些影响他人所实施之权力的权力。个体“改变”既存事态或事件进程的能力，就奠立了行动。如果一个人丧失了这种“改变”能力，即实施某种权力的能力，那么他就不再成其为一个行动者。社会分析里许多令人感兴趣的案例都关注介于足以称为行动与不足以称为行动边缘的现象。在此区域里，个体权力受到一系列可以 *15*
确定的具体境况的限制。[16] 但最重要的是要认识到，我们在考察个体在其间“别无选择”的那些社会制约的具体情况时，不能将它们径直理解为行动本身的终结。“别无选择”并不等于说行动已经被反应替代（就像当一个人眼前有某物快速移过时，他不禁会眨眼一样）。这一点看起来或许过于显见，无须赘言，可是一些颇为盛行的社会理论流派，主要是与客体主义和“结构社会学”有关的流派，却不承认这一差别。它们假定制约的作用方式类似于自然界中的力，“别无选择”就此仿佛成了被机械的压力所驱动，既不可抗拒，又无从领会（参见边码第211~213页）。

我们可以换种说法来表达以上观点：行动中包含的权力逻辑上指的就是转换能力。从这个角度上说，最广义的“权力”在逻辑上先于主体性，先于行为的反思性监控的构成。我们有必要强调这一点，因为社会科学中有关权力的观念总是不折不扣地体现着上文所说的主客两分的二元论，这样一来，人们在界定“权力”时，就总是借助于意图或意愿这样的术语，把权力看作实现所欲求的、合乎意图的后果的能力。另一方面，包括帕森斯和福柯在内的其他一些学者，则首先把权力看成社会或社会共同体的某种特性。

这里我并不是想在这些类型的观念之间作一番取舍，而是想把它们之间的关系说成结构二重性的某种特性。我赞同巴克拉克（Bachrach）和巴拉兹（Baratz）在对权力的著名探讨中提出的观点，即权力具有两副“面孔”（faces）（而不是像卢克斯［Lukes］所说的三副）[17]，一副是行动者实施合乎自己心意的决策的能力，另一副则是融塑在制度中的“偏向的动员”（mobilization of bias）。这种表述并不完全令人满意，因为它仍然体现出一种零和（zero-sum）的权力观。其实，我们即使不采用他们的术语，也可以通过以下方式来表述权力关系中的结构二重性。（通过表意过程和合法化过程集中起来的）资源是社会系统的结构化特性，具有认知能力的行动者在互动过程中利用并再生产出这些资源。权力与局部利益的实现并不具有本质上的联系。在这种权力观里，权力的运用并不是特定类型行为的特征，而是所有行动的普遍特征。权力本身
16 并不是一种资源。资源是权力得以实施的媒介，是行为在社会再生产中具体体现的例行要素。我们在考察被塑造于社会制度中的支配结构时，不能把它理解为以某种方式塑造出像机器人一般活动的“驯服的身体”（docile bodies），就像客体主义社会科学所主张的那样。社会系统里的权力具有一定的时空连续性，它的前提是行动者或集合体在社会互动的具体情境中，彼此之间具备常规化的自主与依附关系。不过，所有的依附形式都提供了某些资源，臣属者可以借助它们来影响上位者的活动。这就是我所说的社会系统里的**控制的辩证关系**（dialectic of control）。

3. 结构与结构化

现在我们来探讨结构化理论的核心，即“结构”“系统”“结构二重性”等概念。当然，在绝大多数功能主义论家笔下，结构（或“社会结构”）的观念都十分显要，而“结构主义”思想传统的名目也是借用了这一术语。但它们对这一概念的阐明方式都没能最好地适应社会理论的需要。功能主义论家及其批评者耗费在“功能”观念上的精力远比花在“结构”观念上的要多，“结构”就此仿佛成了约定俗成的概念。然而可以肯定的是，在功能主义者眼里，其实也是绝大多数社会研究者眼里，通常是把“结构”理解为社会关系或社会现象的某种“模式化”（patterning）。他们经常幼稚地借助视觉图像来理解结构，认为结构类似于某种有机体的骨骼系统或曰形态，或是某个建筑物的构架。主体和社会客体对象的二元论与这种观念有着紧密的联系：这里的“结构”似乎“外在于”人的行动，成了不依赖其他力量而构成的主体的自由创造所遭受的制约的来源。另一方面，在结构主义和后结构主义的概念阐述中，结构观则要有意思得多。结构的特性在这里并不是在场的某种模式化，而是在场与不在场的相互交织；得从表面的呈现形式中推断出潜在的符码。

乍看起来，这两种结构观似乎互不相关，但它们实际上却都牵涉 *17*
到社会关系结构化过程的一些重要特性。而在结构化理论中，我们是通过认识到“结构”与“系统”概念之间存在的差异来把握这些特性的。在考察社会关系的时候，我们不得不同时考虑到横向的组合向度（syntagmatic dimension）和纵向的聚合向度（paradigmatic dimension）：前者即社会关系在时空里的模式化，它包含了处于具体情境中的实践的再生产；后者则是指不断重复体现在这种再生产中的某种“结构化方式”的虚拟秩序（virtual order）。结构究竟指的是在某一固定范围内一系列可以允许的转换的生成框架（matrix），还是指左右这一生成框架的转换规则，这个问题在结构主义思想传统中总是含糊不清。我把结构看作这种转换的规则（和资源），至少它最基本的意思是这样。不过，由于所有的规则本质上都是转换性的，所以“转换规则”这种用语容易产生误导。因此我们说，在社会研究里，结构指的是使社会系统中的时空“束集”（binding）在一起的那些结构化特性，正是这些特性，使得千差万别的时空跨度中存在着相当类似的社会实践，并赋予它们以“系统性”的形式。我们说结构是转换性关系的某种“虚拟秩序”，是说社会系统作为被再生产出来的社会实践，并不具有什么“结构”，只不过体现着“结构性特征”（structural properties），同时，作为时空在场的结构只是具体落实于这类实践，并作为记忆痕迹，导引着具有认知能力的人类行动者的行为。这么说并不妨碍我们从结构性特征循环往复组织起来的实践活动的时空伸延入手，将结构性特征理解为这方面的等级组织体系。我把在社会总体再生产中包含的最根深蒂固的结构性特征称为**结构性原则**（structural principles）。至于在这些总体中时空伸延程度最大的那些实践活动，则可称为**制度**（institutions）。

由于“规则”一词在哲学文献里有着某些特定的习惯用法，所以，把结构（structure）称为“规则”和资源，或将结构丛（structures）称为可以孤立把握的系列规则与资源，特别容易导致错误的阐释。

18 （1）人们经常把规则与游戏联系起来考虑，将规则视为某些形式化的规定。但社会系统再生产中包含的规则一般并非如此。即使是那些已经编纂成法律的规则，争议点也比游戏规则多得多。维特根斯坦经常以国际象棋之类游戏里规则的使用作为原型，来比拟社会系统受规则主宰的那些特性，但我们更关注的是他如何用孩童的玩耍作为范例，来阐述社会生活里的例行常规。

（2）人们还经常把规则看作单称的（singular），好像各条规则可以分别对应于不同的特定情况或行为片断。然而，如果我们认为社会生活的运作过程也与此相似，那可就完全错了。在社会生活的运作过程中，实践是通过多少松散地组织在一起的集合形式得以维续的。

（3）不能脱离资源来概括规则。这里所谓的资源，指的是这样一些模式，转换关系可以借助它们真正地融入社会实践的生产和再生产。结构性特征也通过这些模式体现出各种形式的**支配**与**权力**。

（4）规则体现着社会互动中的“方法性程序”（methodical procedures），加芬克尔就特别强调过这一点。规则一般都会在具体情境下的日常接触中与实践紧密交织：他所给出的“此时此地”可供考虑的范围，一般总是与规则的具体落实联系在一起，并从根本上左右了这些规则的形式。还须指出，每一位具有资格能力的社会行动者，在话语意识层面上其实都算得上是社会理论家，而在话语意识和实践意识层面上，也都可以说是“方法论专家”。

（5）规则有着两方面特性，鉴于有些哲学家（比如温奇 [Peter Winch]）往往将它们混为一谈，所以从概念上区分这两个方面至为关键。规则在一方面涉及**意义**（meaning）的构成，另一方面则牵涉到对各类社会行为的**制约**（sanctioning）。

以上我引入这些“结构”的用法，以有助于克服正统社会学在使用这一术语时往往表现出的刻板或机械的缺陷。系统和结构化的概念所发挥的作用，大致与人们一般要求“结构”概念完成的解释任务相当。乍 19
看起来，我这种“结构”用法似乎迥异于对它约定俗成的解释，但我并不想将那些不那么死板的用法也一概抛弃。“社会”“文化”及其他一系列形式各异的社会学术语，在使用上可能有些模棱两可，但只是在采用它们进行各种论述会产生实质差异的情况下，才会令我们感到困惑。同样，只要“阶级结构”“工业化社会的结构”之类的术语大致上是被用来揭示某一或某些社会中相关制度的特性，那我也并不完全反对使用这些术语。

结构化理论的主要立场之一，是认为以社会行动的生产和再生产为根基的规则和资源同时也是系统再生产的媒介（即结构二重性）。然而，我们又应该如何解释这一主张呢？我在从事自己的日常事务的时候，在什么样的意义上可以说，我的活动既体现了现代资本主义方方面面的制度，又再生产着这一制度？不管怎样，这里采用的是什么规则？试看有关规则意涵的以下几种可能情况：

（1）国际象棋中将死的规则（rule）如下……

（2）公式（formula）：$a_n=n^2+n-1$

（3）张三照例（as a rule）每天清晨 6 点起床

（4）全体工人必须照章（rule）于上午 8 时上班

我们当然还能另外举出许多例子，但目前这些已经足以说明问题。在第（3）种情况里，“规则”多少相当于习惯或例行活动。此处“规则”的意涵相当模糊，因为它并不总是以某种个人必须遵从的潜在规定或任何用来支撑这些规定的制约为前提；它只不过是些个人依照习惯而行的东西。习惯是例行活动的一部分，而我认为社会生活中的例行活动有着特别重要的意义。我所理解的“规则”当然影响着例行实践活动的方方面面，但例行活动本身并不就是规则。

在许多人看来，第（1）种与第（4）种情况分别代表了两类规则，前者是构成性的（constitutive），后者是管制性的（regulative）。我们要想说明决定国际象棋中将死的规则，就是要说明究竟是什么东西把国际象棋打造成一种游戏。而与此不同的是，工人们必须在某一特定时点报到上班，这种规则并不有助于我们了解什么是工作，它所规定的只是工
20 作如何得到执行。诚如瑟尔（Searle）所言，一般可将管制性规则转述为“做某事”或“如果甲情况发生，则做某事”这样的形式。有些构成性规则也有这样的特点，但它们绝大多数的形式则是“可以将事件甲视为事件乙”，或者，“在情境丙中，可以将事件甲视为事件乙”。[18] 从词源学角度来说，“管制性规则”这一术语很累赘，说明这样区分两类规则尚可推敲。“管制性”这个词毕竟已经包含了“规则”的意思：在字典里，前者的释义就是“受规则控制”。我认为，第（1）种和第（4）种情况代表的是规则的两方面特性，而不是规则的两种不同类型。第（1）种情况当然是国际象棋实质内容的组成部分，但对于那些下棋的人来说，它也具有制约性或“管制性”的特征，包含着弈者必须遵从的游戏规则。另一方面，第（4）种情况也具有构成性的特征。也许它并未融入何为“工作”的定义，但确实融入了“工业科层制”这样的概念。这两种情况使我们关注到规则的两方面特性，即在意义构成方面的作用及与制约的密切联系。

作为某种概括“规则”这一概念的方式，“规则”与“结构”的关联最小的似乎是第（2）种情况。但我认为，它其实是四种情况中最为适当的一种。我并不是说可以把社会生活还原为一系列数学原理，这

和我的原意大相径庭。我的意思是说，正是在这个公式的本质中，我们可以最透彻地揭示“规则”概念在社会理论中最具分析效力的意涵。“$a_n=n^2+n-1$”这个公式，取自维特根斯坦有关数字游戏的例子。[19] 先由一个人写下一串数字，然后由第二个人根据这些顺次排列的数字推出公式。这种公式究竟是什么？当我们说理解这一公式时，又是意味着什么？表述一个公式并不等于说理解了它。某些人能将这一数字序列表述出来，却不能理解它；也有些人或许能理解这一序列，可却无法将这一公式用言辞表述出来。理解并不是与破解数字序列所提出的难题相伴随的心智过程，至少不是听见一个音调或一句话这种意义上的心智过程。所谓理解，只不过是在正确的情境和方式下，有能力运用这一公式，将这一数字序列接着写下去而已。

公式是某种可加以一般化的程序。之所以说它可加以一般化，是因为它适用于一系列情境和场合；而说它是某种程序，则是因为它提供了一种将既有序列接续的方法。语言规则是否与此类似呢？我认为的确如此。比起乔姆斯基（Chomsky）所说的那些规则类型来，语言规则与公式的相似程度要大得多。这一点与维特根斯坦的论述似乎也很契合，至少符合对后者的某种可能有的阐释。维特根斯坦指出，“要理解一种语言，就意味着掌握一种技术”[20]。我们可以这样解读这句话：语言的使用基本上是方法性的，语言的规则是可以根据一套方法加以运用的程序，体现在日常生活的实践活动中。虽说在维特根斯坦的绝大多数追随者笔下，语言的这一特性并不总能得到充分的重视，但它还是非常重要的。就像上面第（1）种和第（4）种情况所揭示的，那些被“明确规定”的规则在指向特定活动类型的同时，也对这些活动做出了解释：所有法则化的规则都采用这一形式，因为它们用言语表述了假定人们会去做的事情。但规则同时还是行动的程序，是实践的特征。维特根斯坦正是诉诸这一点，解决了他起先提出的所谓在规则和遵从规则之间存在的“悖论”。这里的关键在于，没有什么行动的过程可以被说成由某一规则所指引的，因为人们可以使行动的每一步都符合这一规则。不过，如果上述观点不错的话，那我们也同样可以说，人们可以使行动的每一步都不符合该规则。这里存在着某种误解，即把对某项规则的解释或言辞表

21

述与对该规则的遵从混为一谈。[21]

我们不妨将社会生活中的规则看作在社会实践的实施及再生产活动中运用的技术或可加以一般化的程序。所以说，那些以法律条令、科层规章、游戏规则等言辞表述形式出现的形式化规则并不是规则本身，而只是对规则的法则化解释。我们不应把它们看作一般规则的范例，而应视其为形式化规则的特定类型，凭借它们外在的表述形式，负载着多种特定性质。[22]

这些考察至此只是初步探讨了问题。公式如何与社会行动者从事的实践活动联系在一起？就社会研究的一般目的而言，我们最感兴趣的又是哪种公式呢？考察前一问题，我们可以说，对社会规则的自觉意识
22 （它首先体现为实践意识）恰恰是“认知能力”的核心，后者正是人类行动者的显著特征。作为社会行动者，所有的人类就其所掌握的知识而言都是“学者”，并在日常社会接触的生产和再生产中运用着这些知识；诸如此类的大量知识本质上与其说是理论性的，不如说是实践性的。舒茨及其他许多人已经指出，行动者在他的日常活动过程中采取的是类型化图式（typified schemes）即公式，从而以例行方式协调着与社会生活具体情境的关系。有关程序的知识，或者对“实施”社会活动的技术的掌握，本质上都是方法性的。也就是说，这样的知识并没有明确规定行动者可能遇到的所有具体情境，它也不可能做到这一点。正相反，它所提供的是就范围不确定的社会情境做出反应和施加影响的一般化能力。

对社会研究来说最重要的那些规则类型，是与制度化实践的再生产紧密交织的，而所谓制度化实践，就是在时空中根深蒂固地积淀下来的那些实践活动。[23] 与社会研究的总体问题相关的规则，其主要特点可用如下图式表示：

深层的　　默契的　　非正式的　　制约力弱的

：　　：　　：

浅层的　　话语的　　形式化的　　制约力强的

所谓具有深层特性的规则，我指的是那些日常活动过程中不断被运用的公式，是那些介入日常生活大部分构架的结构化过程的公式。语言规则就具有这一特性。不过其他一些规则同样也具有这种特性，譬如行

动者在互动或谈话中安排轮次交替（turn-taking）时运用的程序。可以拿它们与另一些规则加以对比，后者的运用范围尽管可能相当广泛，但对于社会生活的大部分构架来说，却只具有浅层的影响。社会研究者们总是想当然地认为，像法典化的法律这样更为抽象的规则，对社会活动的结构化过程也最具影响力。即使仅考虑这一点，上面所作的对比也是很重要的。不过我想指出，日常生活中遵循的许多似乎很琐碎的程序，却对社会行为总体上有着颇为深刻的影响。另外几对范畴多少可以从字面上来理解。行动者只是以默契的方式来把握社会实践的生产与再生产中包含的绝大多数规则，他们知道怎样去“进行”。**在话语层次上对一项规则进行形式化概括，就已经是对该规则的解释了**。同时，我已指出过，形式化的话语概括过程本身就可能改变运用规则的方式。有些规则不仅在话语层次上得以形式化，而且还被正式系统汇编，法律的法典化就是一种典型的情况。法律当然属于社会规则中最具制约力的类型，在现代社会里，它还具有正式的、事先规定的惩罚等级。不过，考虑到凡俗的日常实践活动千姿百态，要是低估以非正式方式运用的制约的力量，可谓大错特错。不管我们认为加芬克尔的“信任实验”有着怎样的意涵，它们的确揭示了谈话反应那看似琐细的特性所具有的强大迫力。[24] 23

我们可以首先从日常接触的形成、维续、终结和改换等方面着手，来考察规则的结构化特性。在日常接触的构成与再构成中，行动者运用的程序和技巧纷繁多样，令人眼花缭乱，但在这里面，为着维续本体性安全而采取的程序和技巧或许更为重要。这方面加芬克尔的“实验”其实非常重要。它们表明，我们通常在遵循日常互动结构化过程中包含的各种规定时感受到的轻松自在只是相对的，其实它们要刻板和有制约力得多。这当然是因为加芬克尔指示他的“实验者”实施偏离常规的反应或行为，从而破坏了谈话的可理解性，进而扰乱了“受试者”的本体性安全感。当然，要考察在深层被采用的规则的构成性与制约性特点，破坏规则或漠视规则并不是唯一的途径。但可以肯定的是，加芬克尔帮助我们开启了极其丰富的研究领域，即实施所谓“社会学家的炼金术”，“将日常社会活动的任一部分转换成启迪心智的文字晓之于众”[25]。

我把作为类属性术语的“结构”与“结构丛”区分开来，并且把它们与“社会系统的结构性特征”区分开来。[26]“结构”不仅仅指社会系统生产和再生产中包含的规则，还指其中包含的资源（我至此尚未详细探讨有关资源的问题，但稍后便会论述它）。在社会科学里，我们
24 一般用“结构”来表示所考虑的社会系统较持久的特征，而我也并不想丢掉这一意涵。结构最重要的特性就是制度中循环反复采用的规则与资源。从定义上来说，制度是社会生活中较持久的特性。我用社会系统的结构性特征来指系统中制度化了的特征，它们赋予了跨越较大时空范围的“坚固性”（solidity）。而我通过“结构丛”探讨的则是各种转换和中介关系，即系统再生产各种可观察到的状况之下潜在的“切换开关”。

现在来解答我最初提出的问题：用什么样的方式，我们才可以说个体行动者的行为再生产出了较大规模的集合体的结构性特征？在进行以上讨论之后再来解答这个问题，很难说是比初看时更加容易还是愈发棘手。单就逻辑而言，对这一问题的解答无非是老生常谈。也就是说，较大规模的集合体或社会持续性的存在，显然并不取决于任一单个的人的活动，然而，如果其中所有的行动者都销声匿迹，那么诸如此类的集合体或社会显然也就不复存在了。但是，我们要想对这一问题作出实质性的解答，须取决于一些尚待进一步讨论的议题，即有关不同类型的社会总体的整合机制问题。社会行动者的日常活动总是以较大的社会系统的结构性特征为依据，并通过自己的活动再生产着后者。但是“社会”并不必然是浑然一体的集合体，这一点我下文还将予以说明。我们不应把“社会再生产”等同于社会统合的不断巩固。在范围更广泛的社会系统的不同部分或区域中，各个行动者和集合体具有不同的位置，这种差异深深影响着他（它）们哪怕是习惯性的行为对社会总体的整合所起到的作用。在此我们遇上的，正是用语言方面的例子来说明结构二重性概念时面临的局限。通过考察言语和语言的循环生成性，我们可以在相当的深度上分析社会研究里的许多问题。我在给出一个符合语法的说法时，依据的正是这一说法推动生成的那些句法规则。可我与和我同属一个语言共同体的其他言说者所说的是“同一种”语言，我们分享同样的规则，进行同样的语言实践活动，而给予他人或自己所采取的变异的范围

则相对较小。但以上说法对于社会系统的结构性特征而言，并不是普遍必然的。不过，问题的实质并不在于结构二重性概念本身，而在于应该 25
如何从概念上把握社会系统，尤其是把握所谓的“社会”。

4. 结构二重性

结构（丛）	**系统（丛）**	**结构化**
作为社会系统的特性组织起来的规则与资源，或一系列转换关系	作为常规社会实践组织起来的、多个行动者或集合体之间再生产出来的关系	支配结构维续或转换的条件，从而也构成了支配社会系统再生产的条件

让我总结一下迄今为止的论点。结构作为被循环反复组织起来的一系列规则或资源，除了作为记忆痕迹的具体体现和具有协调作用之外，还超越了时空的限制，其特点就是“主体的不在场”。相反，循环反复纳入结构的社会系统则包含了人类行动者在具体情境中的实践活动，这些实践活动被跨越时空再生产出来。考察社会系统的结构化过程，意味着探讨诸如此类的系统在互动中被生产和再生产出来的方式。这些系统的基础，是处于具体情境中的行动者可认知的活动。而这些行动者在行动时，又是利用了丰富多样的行动情境中的规则与资源。结构二重性原理是结构化理念的关键，前者的逻辑在上文论点中已经有所体现。行动者和结构二者的构成过程并不是彼此独立的两套既定现象，即某种二元论，而是体现着一种二重性。在结构二重性观点看来，社会系统的结构性特征对于它们循环反复组织起来的实践来说，既是后者的中介，又是它的结果。结构并不“外在于”个人：从某种特定的意义上来说，结构作为记忆痕迹，具体体现在各种社会实践中，“内在于”人的活动，而不像涂尔干所说的是“外在”的。不应将结构等同于约束。相反，结构总是同时具有约束性与使动性。这一点当然不妨碍社会系统的结构化特征在时空向度上延伸开去，超出任何个体行动者的控制范围。它也不排除以下可能性，即行动者自己有关社会系统的理论会使这些系统物化，

而这些社会系统的构成与再构成却正是得益于这些行动者自身的活动。
26 社会关系的物化（reification），或者说人的行动中具有历史偶然性的环境与产物在话语层次上的“自然化”，是社会生活中意识形态的主要面向之一。[27]

然而，即使是最粗糙的物化思想，也未能看到人类行动者认知能力的根本意义，因为认知能力依据的主要是实践意识而不是话语意识。有关自身及其他人群社会习俗的知识，须以“应付”社会生活纷繁复杂的各种具体情境的能力为前提，而这种知识巨细靡遗，令人眩惑。在社会活动的实践操作方面，所有具备资格能力的社会成员都掌握了娴熟的技能，堪称专业“社会学家”。对于社会生活持久性的模式化而言，他们所具有的知识绝非无关紧要，而是不可或缺。强调这一点无疑有着根本意义，否则我们免不了要重蹈功能主义和结构主义的覆辙，即在这些行动者对其一无所知的现象中探寻他们活动的根源，从而扼杀或贬低行动者的理性，也就是扼杀或贬低在社会实践结构化过程中反复涉及的行动的理性化。[28] 不过，我们也应避免陷入相反方向的错误，即解释学视角和各式现象学里视社会为任人类主体随意而为的创造物的倾向，强调这一点也是同样重要的。上述这些做法皆属非法化约形式，其根源在于未能充分把握结构二重性的概念。结构化理论认为，在社会生活日常展开的具体情境中，行动在其生产的一刻，也就同时被再生产出来。即使是在极为动荡不安的时代，或者说在非常激烈的社会变迁中，情况也是如此。认为社会系统的结构性特征是“社会产物”并不恰切，因为它容易使我们误以为真有那么一些预先构成的行动者，以某种方式聚在一起，创造出所谓的“社会产物”。[29] 沿用上文的说法，行动者在再生产结构性特征的同时，也再生产出促成这种行动的条件。行动者对自己在日常活动中的所作所为具有一定的知识，脱离了这些知识，结构并没有什么独立的存在。在特定描述下，人类行动中总能在话语意识的层面上了解自身的所作所为。不过，在其他描述下，他们所做的事也许会很不同寻常，而对于他们从事的活动进一步可能会产生什么后果，他们也可能不甚了了。

27 结构二重性始终是社会再生产跨越时空的连续性的主要根基；反过

来，它又需要以行动者身处日常社会活动绵延并构成这种绵延的反思性监控过程为前提。不过，人的认知能力始终是有限的。行动流持续不断地产生出行动者意图之外的后果，这些意外后果又可能以某种反馈的方式，形成行动的未被认识到的条件。人类的历史是由人的有意图的活动创造的，但它并不是某种合乎意图的筹划；它总是顽固地躲开人们将其置于自觉意识指引之下的努力。虽说如此，人类还是始终不断地作着这样的尝试。环境告诉人们，人类是唯一能认识到自己在创造自己的“历史”的造物。这样的境况下，威胁与希望并存。人类正是面对这种威胁和希望，进行着他们的尝试。

人类对自己行动作出理论概括的意义，正在于社会理论不是职业社会理论家的什么创造，因此，由那些理论家想出来的观念也势必将反馈回社会生活本身。理论概括的特点之一，就在于试图监督并借此控制系统再生产高度一般化的条件，这是当今世界一种极其重要的现象。为从概念上把握这种受到监控的再生产过程，我们应该根据社会系统作为互动场景中被再生产出来的实践的具体“内涵”，作出一定的区分。当然，就其“松散性”和可渗透性的程度而言，社会系统所包含的或在其中得以实现的各种关系之间千差万别。不过，接受这一点之后，我们就能够认识到，“系统性”的某些要素在互动中借以实现自身的方式有两个层次。上文我们业已提及其中之一。功能主义一般都很重视这一层次，将相互依赖看作与单个有机体中运作的自我调控机制相类似的某种自均衡（homeostatic）过程。只要我们承认，由于绝大多数社会系统比较“松散”，这种有机体比拟很不贴切，并且认识到，那种相对“机械化”的系统再生产方式并不是人类社会里唯一可以发现的方式，那我们对于以上观点就不会有什么异议。我们可以将人类社会中自均衡方式的系统再生产看作包含一系列因果循环的运作过程，在这种运作中，行动的一系列意外后果反馈回来，重新构成了促发下一步行动的环境。然而，在大多数社会生活情境下发生的是有选择性的“信息过滤”过程，借助这样的过程，具有战略性位置的行动者努力以反思的方式，调控系统再生产 28
的总体条件，要么维持原状，要么改变它们。[30]

以上我们区分了系统再生产中的自均衡因果循环与反思性自我调

控，还得再补充另一项也是最后一项区分：社会整合与系统整合。[31]我们可以把“整合”理解为不同行动者或集合体之间（自主与依赖）实践的交互关系。[32]这样，社会整合就意味着面对面互动层次上的系统性；而所谓系统整合，指的则是与那些在时间或空间上身体不在场的人之间的关联。系统整合的机制无疑是以社会整合的机制为前提的，但在某些关键方面，前者与共同在场关系里包含的那些机制也会有所差异。

社会整合	**系统整合**
共同在场情境下行动者之间的交互关系	跨越广泛时空范围的不同行动者或集合体之间的交互关系

5. 制度的各种形式

把规则区分为表意性或曰意义构成型与规范制约型，以及资源的概念（这对从概念上把握权力至关重要），这两点都具有丰富的意涵，需要详加说明。[33]我用结构化“手段”（modalities）来阐明互动中结构二重性的一些主要特征，将行动者的认知能力和结构性特征联系起来。行动者在互动系统的再生产中利用了结构化手段，并借助同样的手段再构成系统的结构性特征。应该强调一点，互动中的意义沟通与规范制约的运作之间只是在分析上可以相互分离。我们只需以语言的使用为例，体会它在使用中如何受到它的“公共”性的制约，就能清楚地认识到这一点。[34]界定行为或互动特征，即精确地表述它们（这种表述在解释学意义上根植于观察者在某种生活形式中“应付下去”的能力），包含着意
29 义、规范性要素和权力的相互交织。这一点非常明显地体现在某些其实并不罕见的社会生活情境中，人们在那些情境下对社会现象的“内涵”和表述这些现象的贴切方式提出质疑。所谓“知晓某种生活形式”，题中应有之义就在于清楚地意识到这种质疑，意识到对活动的概括表述方式是错综复杂的。当然，在像温奇之类的作者笔下，这一点并未得到充

分的阐明。在他们看来，各种生活形式是内在统一的，并且人们对它们存有共识。[35]

图 2 描述了结构二重性的各个方面。[36] 人类行动者不仅能在日常行为的常规状态下监控自己及他人的活动，还有能力在话语意识层面上“对这种监控过程本身进行监控”。所谓“解释图式”，就是指被纳入行动者知识库存的类型化模式，行动者在维续沟通过程时反思性地使用它们。行动者在互动的生产与再生产过程中利用的知识库存，与他们在提供说法、给出理由等活动中借助的大体一致。[37] 意义的沟通并不一定只能被视为时空“之内”发生的过程，行动具体情境的各个方面皆是如此。行动者在意义构成的过程中，以例行方式融入日常接触的时间性与空间性特征。沟通是互动的一项普遍要素，其概念内涵比沟通意图（即行动者“想”说或“想”做的东西）要来得广泛。这里，我们再次需要注意避免两类还原论。有些哲学家试图以沟通意图为出发点，发展出有关意义或沟通的全部理论；另一些哲学家则与此相反，认为沟通意图充其量只不过是构成蕴含意义的互动特性的枝节因素，而互动的“意义” 30
则是由指号系统（sign systems）的结构性安排支配的。不管怎样，结构化理论对以上两种观点一视同仁，同样关注，它们体现的是二重性的两个方面，而不是相互排斥的二元论。

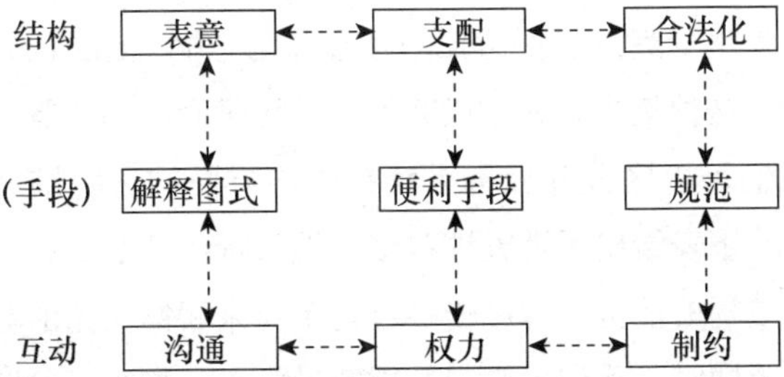

图 2

在日常英语里，“应答能力”（accountability）这个观念清晰有力地表达出解释图式与规范之间的交织。要想就某人的活动“给出说法”（accountable），既要阐明它们的理由，又要给出一些规范性的根据，借助这些根据可以使这些活动“站得住脚”（justified）。人们总是“预期”那些投入一系列具体互动情境的人完成一定的权利和义务，而互动的规范性要素则总是偏重这些权利和义务之间的关系。行为的正式守则（formal code）①，比如那些受到法律保护的法则（至少在现代社会里），在权利与义务之间通常体现出法律所宣称的某种对等，二者之间可以相互提供正当化证明（justification）。但实践活动中并不必然存在这样的对等。很有必要强调这一点，因为在帕森斯的“规范功能主义”和阿尔都塞的“结构主义马克思主义”那里，都过分强调了规范性义务被各社会成员“内化”的程度。[38] 这两种观点都未能吸收以下这种行动理论，即认识到人类作为具有认知能力的行动者而存在，反思性地监控着彼此之间的互动流。当我们主要从“社会客体”的角度来理解社会系统时，强调重点就移到了某种合法性秩序所具有的普遍影响。这种合法性秩序作为社会行为的某种总体限定物或“规划制定者”而存在，在规范方面取得了协调一致。在这种视角下，我们看不到，社会系统的规范性要素其实只是一些依赖于情境的权宜性（contingent）主张，只有通过在日常实际接触的具体情境中有效地调动各种制约，才能得到维持，“受到重视”。规范性制约体现出支配的结构性不对等，而那些名义上隶属于规范性制约的关系其实也是五花八门，不只是表现出人们想象中规范所引发的那些承诺。

必须强调，只有当我们认识到，所谓集中研究社会系统的结构性特征，只不过是将受到反思性监控的社会行为悬搁（epoché）起来，即暂时中止考虑，这种集中研究才成其为一种正确有效的步骤。在这样的悬搁之下，我们可以区分开社会系统在结构方面的三种维度：表意、支
31 配与合法化。下表给出了考察这些结构性特征的意涵。符码理论作为考察各种表意结构的前提，理应借鉴近几十年来崭露头角的符号学中的突出进展。与此同时，我们务必得警惕符号学与结构主义的联盟，以防符号学中混入结构主义在考察人的能动作用方面存在的缺陷。指号只是作为互动中沟通过程的中介与结果而“存在”着的。结构主义者在把握语言概念时与探讨合法化一样，都倾向于将指号看作言说和书写的既定特征，而不考察它们循环反复地植入意义沟通的过程。

① 若对应以下的符号学意义，则也可译为“形式化符码”。——中译注

结构（丛）	理论领域	制度秩序
表意	符码理论	符号秩序 / 话语型态
支配	资源权威化理论	政治制度
	资源配置理论	经济制度
合法化	规范调控理论	法律制度

各种表意结构也同样承受着权力在社会生活里无所不在的影响。因而，我们在把握表意结构的时候，始终应该注意结合支配和合法化的维度。这里，我们不得不谨慎地绕开某些立场。如此一来，哈贝马斯对伽达默尔的批评以及随后引发的争论便将一些相关的论题摆到了我们的面前。[39] 比如，哈贝马斯对伽达默尔的“传统”观念提出了批评，认为它充斥着语言学色彩，未能揭示出在意义框架里包含了权力的差异。这一批评意见当然已是相当正确，只不过哈贝马斯还要进一步努力，以展现各种“被系统地歪曲了的”沟通形式所具有的重要意义。可是他并未能够以此为基础，令人满意地将权力概念与某种制度理论结合起来。要知道，“支配”并不等同于“被系统地扭曲了的”表意结构，因为在我看来，支配正是表意符码存在的条件。[40] 我们不能单单从分配的不均衡性来考察“支配”与“权力”，而应该把它们看作社会交往（或者我 32
可以说人的行动本身）中的内在组成部分。因此，这里我们必须联系福柯著作的意涵来考虑，不把权力看成某种本质上令人厌惧的现象，因为它不仅仅只是“说不”的能力；我们也不能设想未来会有这么一个社会，完全“克服”了支配的现象，而这种渴望至少在某些社会主义思潮那里表现得很突出。

如果主张语义学（semantics）先于符号学（semiotics），而不是符号学先于语义学，意味着什么？我认为，要说清楚以上问题，可以将结构主义及后结构主义的意义观与我们能从后期维特根斯坦那里得出的意义观加以比较。[41] 索绪尔（Saussure）认为，在单独的语言单位中不存在任何“肯定确凿的价值”（positive value）。如果追随他的立场，建立从“差异”的角度来理解意义的理论，几乎不可避免地会强调符号学的先在性。指号领域与意义框架都产生于组成符码的有规则的差异。“回归符码”是结构主义与后结构主义学者采用的典型策略。但在这种策略下，我们很难甚至无法再切入活动和事件的世界。无论如何，如果我们认识到，产生意义的符码具有关系性特征，在于社会实践的秩序安排，在于人们“应对”社会活动纷繁复杂的情境的能力，那么这种所谓的“回归”就根本没有什么必要了。维特根斯坦本人在放弃早期著作中某些主要观点时，肯定也曾发现这一点，只不过他针对的是一种截然不同的哲学背景。他早期对语言和意义的分析最终虽说以自相矛盾的悖论告终，但这就像印第安人的攀绳把戏，攀上目标之后就撤梯子，他后期的观点终于牢牢把握住了例行社会实践这一基础。即使是最复杂的符号关联，也是以日常活动中受规则控制的特性所产生的语义学特性为基础的。

我们不应该把上表所示术语体系里的“表意”（signification）一词包含的“指号”（signs）等同于“符号”（symbols）。许多作者混用这两个术语，而我则认为，夹杂在符号秩序内的符号是制度“聚合”（clustering）的一个主要向度。[42] 指号的多义性（polyvalent）特征蕴含着“附加意义”（surpluses of meaning），而符号的作用就是将这些“附
33 加意义”凝结在一起，并融入纵横交错的符码，后者有着纷繁多样的意义关联形式，沿循隐喻（metaphor）和转喻（metonymy）两种轴线发挥作用。各种符号秩序和相关的话语型态是意识形态在制度方面的焦点。不过，在结构化理论里，意识形态并不是某种特定“类型”的符号秩序或话语形式，比如我们不能从“科学”中分离出所谓的“意识形态话语”。“意识形态”指的只不过是某些支配关系中的不对等，是它们将表意过程与局部利益合法化联系在一起。[43]

根据有关意识形态的讨论，我们可以看出，表意结构与支配结构和合法化结构的区分只是分析性的。支配依赖的是两种不同类型资源的调集。一是配置性资源，指对物体、商品或物质现象产生控制的能力，或者更准确地说，指各种形式的转换能力；二是权威性资源，指对人或者说行动者产生控制的各类转换能力。有些类型的配置性资源（例如原材料、土地等等）可能看起来像是具有某种“真实存在”，而结构性特征整体上并不具备这一特点，这我上文业已提到过。就具有某种时空向度上的“在场”而言，这些类型的配置性资源显然从某种角度上说的确具

有“真实存在”，但即使具有这种“物质性”（materiality），事实上，只有当诸如此类的现象融入结构化过程时，它们才成为我在此所用的那种意义上的资源。从逻辑上说，资源的转换性特征相当于符码和规范性制约的转换性特征，并与后两者的具体实现有着本质上的密切联系。

以上给出的制度秩序分类体系，其前提在于拒斥有时被称为“实体主义者”（substantivist）的“经济”“政治”及其他制度的观念。我们可以来看看下图所包含的各种关系：

S—D—L	符号秩序 / 话语型态
D（authoritative）—S—L	政治制度
D（allocative）—S—L	经济制度
L—D—S	法律制度

此处 S ＝表意结构，D ＝支配结构，L ＝合法化结构

“实体主义者”观念的前提，在于假定这些不同的秩序有着具体的 34
制度分化。也就是说，他们认为，以“政治”为例，这类现象就只能出现在具有自成一体的国家机器等形式的社会中。但人类学家的著作已经卓有成效地指出，所有社会中都存在着“政治”现象，即与权威关系的安排有关的现象。这样的结论同样适用于其他制度秩序。在从概念上把握“经济的”（economic）时尤其应该谨慎，哪怕我们已经肯定地指出，所谓“经济的”并不必以某种明确分化了的“经济”（economy）的存在为前提。某些经济学文献里存在一种强烈的倾向，即用只在市场经济语境中有意义的概念来“追溯”解读传统文化。至少在类属的意义上来说，将所谓“经济的”界定为围绕稀缺资源展开的争夺，并不恰当。[44] 这有几分类似于不能把权力仅仅看作局部利益的争斗。所谓“经济的”的主要特征并不在于资源的稀缺性本身，更不是针对分配的争斗或局部利益分化。正相反，所谓“经济的”的领域是由配置性资源在社会总体的结构化过程中固有的构成性作用所给定的。这里需要再提醒几点。如果我们主张，所有社会都受到发生物质稀缺的可能性的困扰，那么这与认为围绕稀缺资源的冲突构成了社会变迁根本动力的假设就只有一步之遥了。至少历史唯物主义的某些流派，以及许多非马克思主义的理论，都持有这种假设，但该假设不仅在逻辑上有所缺陷，通常需要借助某种似是而非的功能推理，而且在经验上也是站不住脚的。[45]

6. 时间、身体与日常接触

在这一简要的开场白的总结部分，我们可以回过头来，探讨有关时间和历史的主题。时间作为此在的限定性，作为“存在从‘无’中凸显而出的无限性”（the infinity of the emergence of being from nothingness），或许是人类生存体验中最为扑朔迷离的特性。海德格尔在把握这一问题时，竭力寻求一种最根本的方式。但这位哲学家被迫采用的术语体系艰
35 涩含混，令人望而生畏。这样做并不是没有道理的。然而，时间，或者说是经验在时空中的构成，同时也是人的日常生活的一项单调乏味的明显特征。我们能灵活自如地适应跨越时空的行为连续性，却无法在哲学层次上言明这一点，这两方面某种程度上缺乏“契合”，时间之所以令人困惑不解，根本要害正在于此。这就是“圣奥古斯丁的问题”[①]。对这一问题，我未作特别的澄清。但在我看来，社会理论中的根本问题，即“秩序问题”（我们理解这一问题的方式，与帕森斯塑造这一用语时的阐述已经大为不同），就是要说清楚，人们如何可以借助社会关系跨越时空的“伸延”，超越个体“在场”的局限性。

日常生活绵延的运作方式有些类似列维-斯特劳斯所说的“可逆时间”（reversible time），我这种说法可不是毫无根据。无论时间“本身”（不管这东西到底应该是什么）是否可逆，日常生活的事件和例行活动在时间中的流动都不是单向的。“社会再生产”“循环反复”等等用语，展示了日常生活的重复性，展示了以不断逝去（但又持续不断地流转回来）的季节时日的交错结合为基础而形成的例行惯例。日常生活具有某种持续性，具有某种流，但它并不具有方向性；所谓的“日常”（day-to-day）这一形容词及其同义语体现出，这里所说的时间只有在重复中才得以构成。相反，个体的生活不仅是有限的，而且是不可逆的，即“向死而生”（being towards death）。洛威尔（Lowell）在诗中写道，“此即死亡，至死方知；此即黑毒蛛，意味着死亡”。这里的时间是身体的时间，是在场的前沿边界，截然不同于日常活动的绵延中内在的时空消散

① 奥古斯丁对时间的探寻，可参见奥古斯丁《忏悔录》卷十一。——中译注

(evaporation)。我们的生活伴随着有机体生命的"逝去",在那不可逆转的时间中消逝而去。我们谈论着"生命周期",说明这里面也存在着某些重复的因素。但生命周期实际上是个专指世代继替的概念,也就是下图所展示的时间意识的第三种向度,即制度的长期存在,一种"超个体"绵延,或者说制度性时间的长时段(longue durée)。

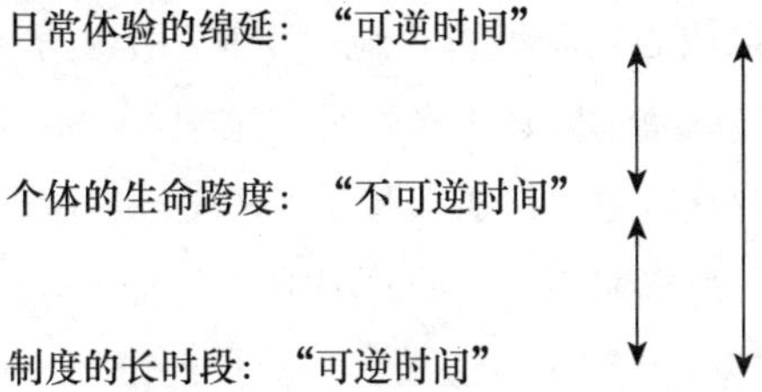

在日常生活连续性中组织起来的实践活动,是结构二重性主要的实 36
质形式。可逆的制度时间既是它的条件,又是它的结果。然而,我已经指出,不能把日常生活的例行常规说成某种"基础",认为社会组织的各种制度形式是以此为基础,在时空之中构建而成的。正相反,这两者彼此介入对方的构成过程,同时也都介入了行动中的自我的构成过程。所有的社会系统,无论其多么宏大,多么广泛,都体现着日常社会生活的例行常规,扮演着人的身体的物质特性与感官特性的中介,而这些例行常规又反过来体现着社会系统。

对于本书以下章节所展开的观点而言,以上这些看法都非常重要。身体是积极行动的自我的"所在"(locus),但自我显然不仅仅是作为其"载体"的有机体物质特征的延伸。要从理论上概括自我,意味着阐述一种分析动机激发过程的观念(我的主张大体如此),并结合行动者的无意识和意识两方面特征之间的关联来考察。我们要想理解自我,就不能脱离"历史",在这里,"历史"的意思就是人类实践活动的时间意识,体现在我业已区分的三种维度的相互交结中。

我在上文已经引入了共同在场的观念,并特别将它与社会整合相对应。对时空向度的"置括"(bracketing)既是人的社会联系的条件,又是它的结果,而考察共同在场情境里的互动则是这种"置括"的基本要素之一。在这里,"系统性"主要是通过基于实践意识对行为实施的例行反思性监控而实现的。戈夫曼敏锐地将各种共同在场条件下的关系称为**日常接触**，这些关系随着时间和空间的展开而逐渐淡化。在研究日常接触方面，戈夫曼可算是最富洞察力的一位，下文我将大量借鉴他的著作。戈夫曼的著作之所以重要，在相当程度上是因为他执着地思考社会活动在时空向度上的安排过程。绝大多数的社会学家都不把时空关联看作社会生活生产和再生产的关键，而是将它们视为塑造出社会活动“边界”的东西，可以放心大胆地留给地理学家和历史学家之类的“专家”去研究。而戈夫曼则属于为数不多的另一派学者。不过，在名义上自成
37 一体的地理学专业领域中工作的那些学者，也已经做出了他们独特的贡献。因此我认为，赫格斯特兰德的时间地理学为结构化理论提供了一些有价值的分析形式（当然尚须加以适当的批评修正），非但如此，其中有些观点还相当直接地补充了戈夫曼的观念。

我已指出，与那些在物质状态上不在场的他人之间发展出的关系，涉及一些特别的社会机制，与在共同在场情境下包含的有所不同。这里我们不得不探讨一下有关制度的结构化过程的一些基本问题。制度的结构化过程有其“横向生长”（lateral）的一面，考虑到社会活动的时空伸延程度在当今这个时代扩张迅猛，这一点就尤其如此。但对这些问题的思考又再一次引发有关“历史”的问题，因为我们所谓不在场的他人，还包括了过去各个世代的人，他们的“时间”或许截然不同于以某种方式受其活动残余影响的人的“时间”。这些问题将是我在本书最后几章里关注的焦点。

注　释

［1］读者若想查考对结构化理论基本概念更为详尽的讨论，须参见 *New Rules of Sociological Method*，特别是该书的第2章与第3章；*Central Problems in Social Theory*（London：Macmillan/Berkeley：University of California Press，1979）；以及 *A Contemporary Critique of Historical Materialism*（London：Macmillan/Berkeley：University of California Press，1981）的第1章与第2章。

［2］参见 *Central Problems in Social Theory*，56~57 页。

［3］参见 *Central Problems in Social Theory*，第 1 章。

［4］参见 Donald Davidson，“Agency”，收于 *Essays on Actions and Events*（Oxford：Clarendon Press，1980），45 页。

［5］参见 *New Rules of Sociological Method*，第 2 章。

［6］参见 Joel Feinberg，“Action and responsibility”，收入 Max Black 编的 *Philosophy in America*（Ithaca：Cornell University Press，1965）。关于何谓“后果”的问题，参见 Lars Bergström，*The Alternatives and Consequences of Actions*（Stockholm：Almqvist，1966）。

［7］参见 Thomas Schelling，“On the ecology of micromotives”，The Public Interest，卷 25，1971。“Dynamic models of segregation”，*Journal of Mathematical Sociology*，卷 4，1971。也可参见 Raymond Boudon，*The Unintended Consequences of Social Action*（London：Macmillan，1982）中的讨论，43 页以下诸页。

［8］参见 New Rules of Sociological Method，76 页。

［9］话说回来，默顿更喜欢用“非预期的”（unanticipated）这个词，而不是意外后果。在我的分析里，“意图”须以知晓行动的可能后果以及由此产生的预期为前提。当然，你可以预期某事将要发生，同时并不想让它发生；但你不可能一方面没有预期此事可能发生，另一方面在意图中却想让它发生。R.K.Merton，“The unanticipated consequences of purposive social action”，*America Sociological Review*，卷 1，1936;“Manifest and latent functions”，收于 *Social Theory and Social Structure*（Glencoe：Free Press，1963）。

［10］参见 Merton，“Manifest and latent functions”，51 页。

［11］同上书，64~65 页。

［12］更充分的讨论参见 *Central Problems in Social Theory*，第 6 章。

［13］参见 Max Weber，*The Methodology of the Social Sciences*（Glencoe：Free Press，1949）。

［14］参见 Mancur Olson，*The Logic of Collective Action*（Cambridge，Mass.：Harvard University Press，1965）；Boudon，*The Unintended Consequences of Social Action*；Jon Elster，*Logic and Society*，*Contradictions and Possible Worlds*（Chichester：Wiley，1978）；Jon *Elster*，*Ulysses and the Sirens*（Cambridge：Cambridge University Press，1979）。

［15］参见 Boudon，*The Unintended Consequences of Social Action*，第 2 章。

［16］有关该论点的进一步阐发，参见“Power，the dialectic of control and class structuration”，收入 Anthony Giddens 与 Gavin Mackenzie 编的 *Social Class and The Division of Labour*（Cambridge：Cambridge University Press，1982）。

［17］参见 Peter Bachrach 与 Morton S.Baratz，“The two faces of power”，*America Political Science Review*，卷 36，1962；Steven Lukes，*Power*，*a Radical View*（London：Macmillan，1974）。有关这些论点的进一步讨论，参见 *Central Problems in Social Theory*，88~94 页。

［18］参见 John R.Searle，*Speech Acts*（Cambridge：Cambridge University Press，1969），34~35 页。

［19］参见 Ludwig Wittgenstein，*Philosophical Investigations*（Oxford：Blackwell，1972），59 页。

［20］同上书，81 页。

［21］参见上书。

［22］参见上书。

［23］参见 *Central Problems in Social Theory*，80 页以下诸页。

［24］参见 Harold Garfinkel，“A conception of，and experiments with，‘trust’ as a condition of stable concerted actions”，收入 O.J.Harvey 编的 *Motivation and Social Interaction*（New York：Ronald Press，1963）。

［25］Erving Goffman，*Frame Analysis*（New York：Harper，1974），5 页。

［26］在 *New Rules of Sociological Method* 中，我并未看到有必要将“结构丛”与“结构”区别开来，而是过于随意地将两者作为同义语使用。

［27］参见 *Central Problems in Social Theory*，195~196 页。

［28］参见 Roy Bhaskar，*The Possibility of Naturalism*（Brighton：Harvester，1979），第 2 章。

［29］参见上书，48 页。

［30］参见上书，78~79 页。在那里，我区分了三层“系统性”，这里为简化起见，层次被简化至两个。（中译注：原文如此。注 32、33 所说同上书，实应为注 30 所引之书。注 31 或系后来插入，编校失察。）

［31］这种区分是由洛克伍德引入社会学文献的，不过他所采取的方式与我大为不同，见 David Lockwood，“Social integration and system integration”，收入 George Z.Zollschan 与 W.Hirsch 合编的 *Explorations in Social Change*（London：Routledge，1964）。

［32］在 *Central Problems in Social Theory* 第 77 页，我对“系统整合”概念作了阐述，但这一阐述不太清楚。我当时未能说明社会整合与系统整合的区分，其基础究竟是在于社会关系中共同在场与不在场的区别，还是在于联结行动者与联结集合体之间纽带的区别。我现在用社会整合与系统整合这一区分来指这两种区别的前一种。但这两种区别总是紧密交错，所以我的疏忽影响并不大。

［33］参见 *Central Problems in Social Theory*，第 2 章。

［34］参见 Paul Ziff，*Semantic Analysis*（Ithaca：Cornell University Press，1960）。

［35］参见 Hanna F.Pitkin，*Wittgenstein and Justice*（Berkeley：University of California Press，1972），241~264 页。

［36］我应该感谢 Derek Gregory，是他使我想到用这种方式揭示这些关系；参见他的 *Regional Transformation and Industrial Revolution*（London：Macmillan，1982），17 页。

［37］参见 Peter March 等编的 *The Rules of Disorder*（London：Routledge，1978），尤参 15 页。

［38］参见 *New Rules of Sociological Method*，108~110 页。

［39］参见 Jürgen Habermas，*Zur Logic der Sozialwissenschaften*（Tübingen：Siebeck & Mohr，1967）；“On systematically distorted communication”，*Inquiry*，卷 13，1970。

［40］参见我的“Habermas's critique of hermeneutics”一文，收入 *Studies in Social and Political Theory*（London：Hutchinson/New York：Basic Books，1977）。

［41］参见 *Central Problems in Social Theory*，33~38 页。

［42］参见 Paul Ricoeur, “Existence and hermeneutics”，收入 *The Conflict of Interpretations*（Evanston：Northwestern University Press，1974）。

［43］有关这一论点的进一步说明，参见 *Central Problems in Social Theory*，第 5 章。符号秩序和话语型态构成了社会系统“文化”方面的特征。但我在两种意义上使用“文化”这一术语，就像我使用“社会”和“历史”那样。也就是说，我在某种总体意义上使用复数的“文化”(cultures)，与复数的“社会”(societies）可相互替换。当然在某些情况下，还须对这些术语作进一步的精确限定。

［44］参见 Karl Polanyi 等编的 *Trade and Market in the Early Empires*（New York：Free Press，1957），尤其是 243~270 页，并参见全书各处的讨论。

［45］我之所以要提出这些主张，详细理由可参见 *A Contemporary Critique of Historical Materialism*，特别是导言和第 3 章。

第二章
意识、自我与日常社会接触

41 本章我将努力实现以下几个目标。首先，我将探讨由于联系对无意识本质的解释来谈结构化理论主要概念而引出的几个基本的概念问题。这又引出了另外的问题：应该如何最准确地把握自我，特别是作为反思性行动者的“主我”。然后，我将描述意识与无意识之间相互交织关系的心理学基础，并着重参考了埃里克松（Erikson）的著作。但这方面的描绘随即会引发以下问题，即某种社会性的本性（social nature）与日常生活例行化特征的关系，这也是我论述的要点之一。例行常规在“紧要情境”（critical situations）中往往遭到相当程度的破坏，我试图通过分析这些情境指明，对共同在场情境下日常接触的反思性监控，通常总能与人格中的无意识成分相互协调。这就直接使我们转向审视戈夫曼笔下某些有关共同在场的行动者之间互动的深刻见解。身体是行动中自我的中心，并且在时空之中有它的具体定位，对身体的这种关注，是贯穿我们分析和探讨的所有材料的关键主题。

1. 反思性、话语意识与实践意识

弗洛伊德把个体的心理组织系统区分为三个方面，在英语里用“本我”“自我”和“超我”这三个不能令人满意的术语来表达。我并不认为这些术语特别管用，宁可代之以分层模式里包含的三重部分，即基本安全系统（basic security system）、实践意识和话语意识。我这么说，并 42
不等于把它们与弗洛伊德的概念一一对应。行动者在他的行为的构成过程中，采用相互交织的多个层面的解释图式和规范，并根植于所有这三个人格维度中。但可以肯定的是，“主我”（das Ich）是话语意识所牵涉的东西的核心，需要我们在概念上予以充分关注。我们可通过分析弗洛伊德的人格划分所带来的某些困境，尤其是那些围绕能动作用问题而产生的难点，来探讨有关问题。[1]

弗洛伊德固然是把个体看成行动者（agent），但也常常将本我、自我和超我说成个体内部的动原/能动作用（agencies）。他在20世纪20年代以前的著作里，常用“主我”这个词来指整个人，同时也用来指称心智的某一部分。“超我”也存在类似的用语转换，有时区别于另一个概念，即“自我理想”（ego-ideal）。术语上的自相矛盾与前后不一，似乎表明这里存在某些极其严重的概念上的困境。假设“主我”的确是心智的一个组成部分，那么弗洛伊德又如何能够说像自我“决定抛弃与己不容的主意”这样的话？[2]难道自我的决定过程是行动者决定过程的某种缩微？这种说法肯定不太合乎情理。再举一例，弗洛伊德还写到过有关自我“想要睡觉的愿望”，尽管当真的入睡时，自我仍然“保持警惕”，“看管”着做梦者的睡眠，以防最糟糕的无意识成分释放出来。这就产生了类似的问题：自我所欲求的是谁的睡眠？是行动者的，还是自我本身的？“看管者”保卫的是谁的清醒？等等。最后我们来看看弗洛伊德对自我任务所作的最一般层面的概括。自我负有“自我维护”（self-preservation）的任务，并“通过学会将外在世界的变化引向利于自身的方向”，来贯彻这一任务。[3]可自我（ego）护卫的又是哪一个“自我”（self）？自我的利益是否也是我的利益？

弗洛伊德的解读者目前的一种传统做法，便是承认他著作中的用语的确存在拟人化倾向，容易引起误解。但他们同时声称，如果我们把本我、自我和超我所指的东西理解为某些“过程”或“迫力”（forces），

就可以消除这一倾向。然而，这种策略其实无济于事，因为我们无法通
43 过这种概念来较好地把握人的能动作用的实质。诚然，弗洛伊德本人的确谈论过液体的流动、能量的阻碍之类的话题，但这些又产生连锁反应，即伴之以最粗陋的客体主义形式，机械地理解人的行为的源泉。这里的问题部分在于自我、超我和本我概念（不管是它们原初的德语表述，还是英语中的转译）的用法，它们都有几分能动作用的意涵，都是处于行动者自身之中的缩微行动者。弃用“本我”和“超我”两个术语会有些帮助，但还必须认识到“主我”的独特性质才算完满。

或许我们可以把“主我”设定为行动者。然而，即使包括笛卡儿哲学和米德后期哲学在内的一众哲学思潮都把这看成核心假设或命题，这也肯定是一种误解。米德的著作当然有助于阐明导致“自我”凸显为“宾我”/“客我”（me）的过程。但在他的著作中，“主我”是作为能动作用的给定核心出现的，所以它的来源总是不太清楚。要想将“主我”与能动作用联系起来，必须再次踏上结构主义者指出的那条迂回之路，就是说将主体去中心化，但却不能得出结论，仅仅将主体视为某种表意结构中的指号。只有通过“他者话语”（discourse of the Other），即只有通过语言的获得，“主我”方得以构成。但它还得同作为行动领域的身体相联系。从语言学角度来说，“主我”这一术语是个“转换词”（shifter）：社会“定位过程”的具体情境决定了在任何一个谈话情境中，谁是这个“主我”。我们也许往往会认为，“主我”体现出我们经验中最丰富、最亲近的特征，尽管如此，从某种意义上讲，它仍是语言里最为空洞的用语之一。[4] 这是因为，“主我”指的只是正在说话的人，即某一句子或表达的“主语”/“主体”（subject）。诚如米德所言，行动者掌握了“主我”的使用方法，也掌握了“宾我”的用法，但这只是通过相应地掌握某种句法上有所差异的语言而实现的。比如，当我对“你”说话时，我必须明白我是个“主我”，但当你对“宾我”说话时，你又成了一个“主我”，而当你对我说话时，我则成了一个“你”，如此等等。问题的关键并不只是在于，这些用法是以某种极其复杂精细的语言技能为前提的，而且它们还伴随着对身体的繁复控制，并发展起一套有关如何“应付”不同社会生活情境的知识。

行动者在社会生活日复一日的连续过程中，对行为进行着反思性的 44
监控，这一点至关重要。但承认这一点并不表明我们忽视认知与动机的无意识源泉。不管怎么说，这的确迫使我们对“意识”与“无意识”之间的区分给予相当的关注。

对于这个问题，英语的日常用语至少能在大体上给我们某种指引。我们有时谈论起意识来，就像在探讨某种可被称作“感性”（sensibility）的东西一样。[5] 因此，当某人沉入睡梦之中或头部被猛击一拳时，我们就说他“陷入无意识之中”或“失去了知觉”。“无意识”在这里的意思与正统的弗洛伊德用法不尽相同，它所相对的“意识”内涵极其宽泛。这种意思上的所谓有“意识”，是指注意到周围环境中的一系列刺激。这种理解方式里绝不包含什么特别的对意识的反思性成分。人们所谓“失去”意识或“恢复”意识，其中包含的意思也可直接用于高等动物。这种意识观指的显然是身体的感觉机制及其“正常”的运作形态，至于作为它的前提的概念，则既有实践意识，又有话语意识。

我们有时也用“有意识”来指这样一些情境：人们关注周围发生的事件，将自己的活动与那些事件联系起来。换句话说，所谓“有意识”，是指人类行动者对行为的反思性监控，这里的意思大致属于我谈到过的实践意识。例如，某位老师对教室前排的孩子正在做什么可能会“有所意识”，但对已经开始交头接耳的其他靠近后排的孩子，她则可能“无所意识”。老师也许正有些走神，但并不是像某个已经“失去意识”的人那种意思上的没有意识。即使说这种意思上的“有意识”在动物中也能找到它的对应，它的界定也并不像上述更基本意思上的意识那样清晰。图尔明（Toulmin）的“表达的清晰性”（articulateness）这一说法，代表了第三种意思上的“有意识”，大体上对应于话语意识。[6] 图尔明曾举过一例：一位以欺诈方式从顾客那里骗取钱财的商人，可以说是参与了这场“有意识的、处心积虑的欺诈”；然而，如果由于他不经意的活动导致了类似后果，那他就“无意识地”成了导致他人亏本的手段。 45
所以说，行动者不得不“考虑”一下自己正在做的事，从而“有意识”地开展这一活动。这种意思上的“意识”，前提在于有能力合乎逻辑地表述自己的活动及理由。

2. 无意识、时间与记忆

精神分析里的“无意识”意涵，显然涉及它与上述第三种“有意识”的意思的区别，即与我称之为话语意识的东西的区别。话语意识意味着有能力将事情转化为言语，而精神分析理论里所谓的“无意识”，意思恰恰与此相反，即没有能力通过言辞表述推动行动。

要想进一步阐明上述意义上的“无意识”观念，就必然要谈谈记忆问题，因为记忆和语言显然有着紧密的关联。我认为，只有通过记忆才能理解所谓的“无意识”。这就意味着我们必须特别重视考察记忆究竟是什么。以往一直强调的对时间意识进行理论概括的所有问题，这里都再次涌现。

> （1）初看起来，人们或许会假设记忆指的仅仅是过去——过去的体验，以某种方式残留在有机体内的痕迹。因此，行动是发生在现在的空间性里的，一旦需要或有所欲求，便随时调用有关过去的记忆。但如果我们再仔细想一想，就能判断出这种看法并不完备。所谓的“现在”，在自身尚未逐渐逝入过去之前，是无法被言说或书写的。如果时间并非一系列“现在”的继替，而是海德格尔意义上的“存现”（presencing），那么记忆就是存现的某种特征。
>
> （2）人们也许首先会把记忆设想成一种唤回机制（recall device），是恢复信息或“回忆”（remembering）的一种型态。这种见解与以下看法极其吻合，即认为过去与现在泾渭分明，这样一来，就可以把记忆看成是指过去被重新唤回到现在。但一旦我们抛弃了这种立场，将记忆界定为对过去事情的回忆就
> 46 不再站得住脚了。我们完全可以将普鲁斯特小说的题目当成对这种简单观念的讽评。唤回与记忆当然有所关联，但它并不界定记忆的内涵。

这些看法表明，记忆与知觉之间有着很密切的关系。值得指出的是，各种有关知觉的理论总是依循主体主义和客体主义的区分各自站队。有一种立场总想以贴近康德的方式强调，感知者作为感知材料的加工者，发挥着重要作用，否则被感知的材料就只是一堆无形式的混

乱的东西[7]；另一种观点与此相对立，主张知觉是由对象世界的既定形式组织起来的。[8] 有些人试图超越这种区分，强调时间差异与空间差异在知觉中的重要性。与意图、理由等等相仿，知觉（perception）并不是单个分立的多个“知觉”（perceptions）的某种聚合，而是与时空中的身体运动结合起来的某种活动流。知觉通过预期图式（anticipatory schemata）组织起来，凭借这种预期图式，个人可以一边预想即将到来的新信息，一边在脑子里还消化着旧有的信息。在正常情况下，知觉包括眼睛——往往还包括头部——的主动持续运动，即使在身体处于休息状态时也是如此。由于所谓的图式是一些预期，正如某位作者所指出的，它们是“过去得以影响未来的中介”，“对应于潜在的记忆机制”[9]。触觉一般被人们看作最低级的感觉，当然，人们对它也最缺乏研究。但当我们在整体上把握知觉时，触觉却完全可以提供绝大部分线索。触觉不具有像眼睛那样的清晰限定的感知焦点，对纷至沓来的触觉信息的组织并不专属于神经系统中哪一种机制，触觉的使用当然是身体在其行动情境中的操纵性运动的组成部分。不过，绝大部分探讨知觉的文献都有一个显著的特点，就是把各种感觉的运作当成彼此独立的过程。我们已经注意到，几乎所有关于知觉的实验研究都只涉及一种感觉。[10] 哪怕我们最粗略地考察一下日常生活的实质，便会发现以上这种分离完全是人为的。在日常生活中，活动的持续过程始终融合着各式各样的感觉。

如此看来，知觉是以时间和空间上的连续性为基础，由感知者像上 47
面所说的那样积极组织起来的。它主要指的既不是单一的感觉，也不是沉思中的感知者，而是积极投身于物质世界和社会世界的身体。知觉图式是以神经为基础的框架图式，持续不断地塑造着经验的时间意识。我们可以就此把这种处理过程理解为内在包含了对整个行动的反思性监控。新生的婴儿具有先天知觉资质，这一点似乎不容否认。也就是说，在感觉器官与既有神经图式的综合作用下，婴儿能够对周围世界有选择地作出反应，虽说这种选择性还很粗糙，有待日后进一步发展完善。有大量证据表明，婴儿的确能够循着声源转动脑袋，眼睛盯着移动的物体，并想要抓住它。“循声望去”这种现象当然也已经包括了感觉的综合。[11] 新生儿已经会凭借两耳声觉反应之间的时间差，决定脑袋该转向哪一边。当然，随着心理机能和运动机能方面的进一步发展，诸如此类的反应会更精确些；孩子们需要很长一段时间才能学会在观念上把握视野以外的对象的技能。显然，对客体对象进行命名或识别，并不只是往我们已经知道其特性的现象上贴标签。要正确地说出某个对象的名字，等于要有能力正确地谈论它，要把它的特性分门归类：把它和一类相类似的、足以使它与其他类分别开来的对象联系起来。[12] 从这个角度上，我们可以说，吉布森（Gibson）的“呈献”（affordance）概念既有其长处，也有其局限。在他看来，客体对象所促成的——即它们呈献给人类行动者的——所有用途或活动，都可以被直接感知。这种观点的长处，在于强调了知觉活动的实践特征，但它未能阐明知觉活动与对客体对象的概念指称之间的关联，而这种指称会随文化不同而有所变异。

如果我们把知觉理解为一套瞬时性安排手段，与身体在其行为情境中的运动及定向（orientations）之间有着相互形塑的关系，就可以从
48 中体会到日常行为中选择性关注的重要意义。不管是在什么具体活动情境下，其中发生的事件或特性都远比行动者实际关注到的要多，有许多事件和特性不为后者所注意。这种现象缘何产生？通常的答案是：冗余的材料被滤去了。但这种看法极具误导性，因为它其实是假定行动者主动试图抛弃冗余的材料。然而，这里的选择过程是一种积极选取而非消极舍弃；它体现出行动者对周围环境的积极参与。我们不妨来看看下面这个引起很多争议的实验。[13] 实验者向受试者同时播放两段彼此互不相干的录音，两耳不同声道，音量大小一致。受试者被要求只听一段录音，并复述自己听到的东西。受试者毫无困难地完成了要求，总的说来，他们根本就没有“听到”另一段录音。这个实验情境挺有意思，因为它模拟出当行动者与他人共同在场，并且在所处情境中同时有几起对话时，行动者大部分时间会做的事情。人们往往从信息过滤的否定角度来解释实验结果。[14] 也就是说，人们假设冗余的信息受阻，不能到达大脑皮层中枢，即那些被认为控制这一过程的神经机制。但这种理论不仅把个人看作本质上被动的输入信息接收者，而且还以知觉与记忆之间无根无据的分离为依据。因为人们假设，虽说我们在任何确定时刻都对

周围环境中的一切有所感知，但大多数被感知的东西都被“阻挡在外”，并迅速被“遗忘”。[15] 内塞尔（Neisser）曾经指出，在注意到信息后仅仅几个毫秒的瞬间里，任何对信息的利用所依据的都不是知觉，而是记忆。这种假设既无理论魅力，经验上又缺乏说服力。如果把知觉看成行动者的行为，作为具体定位在时空之中的活动的组成部分，那就根本没有必要设定什么阻滞机制。

> 有机体是积极主动的：它们只做某些事情，而将另一些事情弃之一旁。从树上摘个苹果，你无须舍弃其他所有的苹果；你只不过是没去摘它们罢了。采摘苹果的理论尚有许多值得说明的地方（你如何决定想要哪个？手伸到哪儿算哪儿？抓住哪个摘哪个？），但这并不需设定某种机制，将不想要的苹果拒于双手之外。[16]

如果不把“现在”从行动流中分离出去，那么“记忆”就只不过 49
是描述人类行动者认知能力的方式之一而已。如果记忆并不指称“过去的经验”，那么（上述所有三种意思的）意识也不表述“现在”。一个人所“意识到”的东西不可能被限定在一个特定的时点上。因此，我们必须区分三种因素：一是作为感官觉知的意识（这是上述术语最宽泛的意思）；二是记忆，它被看作意识在时间维度上的构成；三是唤回机制，这种方式是要重新把握过去的经验，以将它们定位在行动的连续过程之中。假如记忆指的是人的经验中根深蒂固的这种时间维度上的把握，那么话语意识与实践意识指的就是行动情境中利用的**心理唤回机制**。话语意识蕴含了那些行动者有能力给出言辞表达的唤回形式。至于实践意识所包含的唤回形式，行动者在行动的绵延中可以把握到它们，但却不能明确表述他们对此“知晓”了些什么。而无意识指的则是这样一些唤回方式：行动者不能直接把握到它们，因为存在某种否定性的“障碍”，使这些唤回形式无法直接融入行为的反思性监控过程，尤其是无法融入话语意识。这里所说的“障碍”有两种彼此相关的起源：首先，婴儿最早期的经验塑造了基本安全系统，这一系统为焦虑（anxiety）找到了正常的疏解渠道，或者说是控制了焦虑。由于此时的婴儿尚未获得有所分化的语言能力，所以这些经验很有可能就此停留在话语意识的“界域之外”；其次，无意识包含了某些压抑，阻碍着话语构建。

以上这些探讨，在概念界定方面大致吻合了弗洛伊德对“意识”和“无意识”的典型用法。然而，绝大多数日常活动并不直接受动机激发，这就对弗洛伊德通常采用的动机激发模式提出了质疑。弗洛伊德认为，所有的人类活动，具体而言，包括失言现象之类似乎微不足道的细小事件或“失误”，都受到动机的激发。弗洛伊德孜孜不倦地力图指明，那些一般或许会被认为是“偶发性”的现象，实际上是有它的（无意识）
50 动机根源的。他在这些问题上的见解确有其透彻独到之处，我们没有什么理由对此表示怀疑。但他声称，每一个行为或姿势都受到动机的激发，也就是说，可以将某种确定的“动机”与之相联系，这并不比将行动看成一系列的意图或理由更能说明问题。这种简单化地看待人类行动性质的观点，自有其逻辑上的缺陷。我已多次指出，如果把行动看成一系列行为的聚合，这种概念梳理并不能令人满意。而弗洛伊德的著作关注的主要是行为中明确分界的“部分”（神经官能病征），所以他不可避免地倾向于用以上这种有缺陷的观念来把握行动概念。但我们不能假定每一个“行为”都有与它对应的“动机”，而应该用某种过程性的视角来理解“动机激发过程”。具体来说，无意识极少直接卷入对行为的反思性监控，其中涉及的关联也并非仅仅取决于个体行动者人格中的心理机制，而是以个体在它的日常生活例行实践活动中所维持的社会关系为中介的。

对这一点稍加细述，可以在本章此前和以下的论述之间起到某种过渡作用。我想要提出的主要原理是：普通日常生活中蕴含着某种**本体性安全**，这种安全体现出**可预见的例行活动**中行动者**在控制身体方面的自主性**，当然，这在一定程度上取决于具体情境和个体人格的差异。我们可以在基本的焦虑控制机制中找到本体性安全的心理根源（就像埃里克松所指出的那样，下面我会讨论他的观点），它们作为人格的组成部分，被安排得等级有序。产生对他人的信任感是基本安全体系最深层的要素，它实质上是依赖父母形象所带来的可以预见且充满关爱的例行常规。婴儿呱呱落地，就既是接受信任的一方，又是给予信任的一方。但孩子们随着自主性的增长，会认识到戈夫曼所说的“保护手段”（protective devices）的重要性。正是这种所谓的“保护手段”，借助交往技巧和其他维护他人脸面的交往习惯，维持着暗含在信任之中的交互性（mutuality）。本体性安全受着这些手段的保护，至于它的维持，则是在更为本质的意义上，由例行活动本身特有的可预见性实现的。在紧要情境下，这种可预见性会遭到很大的破坏。所谓紧要情境的一个鲜明特征，就是习惯性活动方式受到焦虑的全面扰乱，而基本安全系统无法充分地遏制焦虑。 51

就弗洛伊德有关能动作用和自我的术语用法所提出的这些批评，包含了以下几点意涵。“主我”是行动的反思性监控的本质特征之一，但它既不等同于行动者，和自我也不完全是一个意思。我所说的“行动者”（“agent” or “actor”），指的是作为整体存在的人类主体，定位在生命有机体肉身性的具体时空之中。“主我”并无固定形象，自我也是如此。但自我不是行动者身上某种微型的能动作用机制，而是某些唤回形式的总和。行动者可以通过这些形式的唤回，反思性地概括出在自己行动的起源中，“都包含了些什么”。也就是说，自我是由行动者概括出来的行动者。因此，自我、身体与记忆，这三者之间有着紧密的联系。

3. 埃里克松：焦虑与信任

强调人的行为中的无意识因素的那些理论，往往采取客体主义的视角，个中缘由不难得见。客体主义和其他许多对无意识的表述一样，都只是将对行动的反思性监控视为人的活动的表层浮沫，人的活动的真正源泉则另在他处。我在详细论述无意识和社会关系（的少数几个特征）时，不想照搬近几十年来颇为时髦的结构主义精神分析学者的那些学说，尤其是源于拉康（Lacan）理论的那些学说。尽管我们不能否认，拉康的著作里的确包含着某些极具潜力的观念，但我认为他的著作与“结构主义马克思主义”有着一样的毛病：其中的行动者概念都显得很是贫乏。[17] 在对精神分析里所谓“自我心理学家”的作品进行攻击的阵营里，拉康是冲得最前的几个人之一。这些诘难看来已经取得了相当的成功，因为现在的人们已对萨利文（Sullivan）、霍妮（Horney）、埃里克松、卡尔丁纳（Kardiner）等学者的学说产生了普遍的怀疑。不过，我认为，这些学者的学说在某些方面仍然具有非常重要的价值，有必要在此借鉴一二。

自20世纪初以来，精神分析理论就像马克思主义一样，其间各种
52 批判、“修正主义”和自封的“正统”层出不穷。不管怎样，自我心理学家沿循了围绕弗洛伊德著作里精神分析思想的“经典”阐述的两条发展主线。他们一方面采纳了由安娜·弗洛伊德（Anna Freud）发展起来的视角，即认为弗洛伊德过分关注压抑和无意识，从而未能充分挖掘行动者身上更具认知性和理性的因素；另一方面，他们也已经受到社会研究者（尤其是人类学家）著作的影响，后者证明了人类社会生活的形态纷繁多样。弗洛伊德讨论文化的那些著作虽说在某些方面仍相当重要，但它们本质上都受着19世纪人类学里进化论的束缚。认识到这种多样性，也就意味着同时承认存在丰富多样的家庭组织形式，从而承认存在丰富多样的早期社会化形式。如果承认这两方面的因素，并对它们作综合考察，就会在一些实质问题上抛弃精神分析理论中那些更为传统的观点，当然，这并不等于说我们想要采取一种极端的文化相对主义；在孩童的发展过程与成人人格方面，各个人类社会之间还是存在一些共同之处的。埃里克松在他的《童年与社会》一书中，对这一点作了如下阐述：

> 精神分析在今日仍贯彻着考察自我的任务……但它的注意力已从集中考察阻碍和扭曲个体自我的各种条件，转向研究自我在社会组织中的根源……漫长的童年期使孩子逐渐成长为技能上和心智上都堪称大师的成人，但这也使孩子终其一生都留有情感方面不成熟的残余。[18]

有些学者继续保持了弗洛伊德对性心理（psychosexual）发展阶段的原初论述中的某些总体要素，同时从社会科学文献里汲取营养，其中最杰出的或许可算是埃里克松与萨利文两人。下文我将借鉴他们的观点，虽说对它们我仍有许多保留与批评之处。埃里克松在他的病例分析报告和文化比较研究两者基础上，区分了从婴儿期到成年期人格发展的

一系列阶段。他对婴儿动机倾向和心智能力性质的分析尤其具有说服力。但在我看来，他以在句法上对语言的掌握为标准，来判明孩童发展过程中的关键性起点，这种做法并不充分。诚如乔姆斯基所言，在句法 53
上掌握语言确实是个体生活中的一次转折，我们很容易辨明它的各种后果，但其缘起却仍然模糊，令人可望而不可即。

在所有社会里，婴儿的初期养育都主要是由承担育儿角色的单个行动者（a single mothering agent）控制的，这一角色几乎总是由孩子生物学意义上的母亲来承担。诚然，人格发展的初期阶段可能会显著地伴随着有机体生理特征所产生的需要或紧张的缓解。但弗洛伊德硬要把这些东西塞进一个决定论色彩过于浓厚的框架图式里，而我们需要的则是一种更具弹性的框架，以领会不同社会之间及单个社会内部存在的种种差异。我们可以这样说，婴儿与母亲之间最初的互动会逐渐积淀下来，融入“无意识”的发展，而步入成年后的社会成员，在其“行动”中所包含的“身体运动”和“身体控制”也都不尽相同。如果我们接受埃里克松的看法，就可以围绕身体如何转化为一种在世上行动（acting-in-the-world）的工具，划分出三种顺次产生的两极对立。第一种，也是最早产生的一种，是“基本信任”（basic trust）与“基本怀疑”（basic mistrust）。新生儿汇集着一大堆冲动，从遗传学角度来讲，生存在一个陌生异己的环境中的他，已经具备了某些先天的自均衡调适机制；母亲的活动提供了关爱与保护。她的不在场并不意味着遗弃，这种感觉的最初产生促成了时空在心理上的“束集”，这就是我们所理解的“信任”（这里我们把它看作一种人格特征）。在场与不在场之间的交织关系背后的心理动力机制，根源在于身体，在于身体的需要及其满足与控制的形式。

正如埃里克松所言，“因此，婴儿的第一项社会成就，是他可以让母亲不在眼前，而不至于产生过分的焦虑或狂躁，因为她已经同时具备了外在的可预见性和内在的确定性”。可预见性、连续性、同一性（sameness），这些都提供了“某种基本的自我认同感，其基础……在于婴儿开始认识到，存在一些内在的感觉和影像，自己已经对它们有所记忆或预期，与之紧密相应的还有一类熟悉并且可以预见的外在的人与事”[19]。这里的“信任”相当于信心（confidence）。埃里克松指出，信任与信心之间从很早开始就具备了确定的交互性，即至少存在某种萌芽状态的“可信赖感”（feeling of“being trustworthy”），并伴随着信任感
54 普遍扩展到他人身上。这当然不是说信任在最初形成时没有产生冲突或张力。正相反，信任的产生是以普遍弥漫的焦虑感为背景的，而控制住这种焦虑感则是人的行为最普遍化的动机源泉。婴儿与母亲之间的互动为成长中的个体编织了一张网，不管它编织得怎样，个体从此以后就无法逃脱。母亲这个行动者（也是所谓“概化他人”[generalized other]①的一位代表）在给予婴儿关怀的过程中，向婴儿施加了社会性的要求，这预示了与日后社会关系的形塑联系在一起的规范性约束。这种共同在场的酬报缓解了不在场导致的焦虑，确立了参与（engagement）与疏离（disengagement）之间的辩证关系，而日常接触之所以丰富多样，基础正在于此。与此同时，婴儿基于对作为行动中介的身体的控制（伴随语言技能的掌握，对身体的控制也会发生很大的变化），自主性不断增长，也扩展并整合了这种辩证关系。每个个体都有权通过维护身体隐私和自我统一，与他人保持一定的距离，尽管这种权利的具体方式和内涵都会随着具体情境的不同而有所差异。然而，自我还不得不应对社会参与（social engagement），同时还必须适当考虑如何在符合交往技巧的前提下承认他人的需要。婴儿还不懂得这些，也不明白这种考虑与脸面之间的关系。贝克尔（Becker）认为，脸面是“一种积极外向以防他人审视和拆台的自我呵护（self-warmth）情感”[20]。

信任与怀疑这组两极对立是张力控制系统（tension-management system）的基础，是围绕着心力外投（projection）和心力内投（introjection）这两种人格机制之间的关系组织起来的。弗洛伊德认为，婴儿期的心力内投把外在的仁慈善良看作反映内在的确定性，而心力外投则把内在的伤害处理成外在的恶意。[21]这些机制基于认同过程，并被覆盖上多种更为成熟的心理形式。但当个人置身极端威胁或

① 这是米德的术语，指当人们在看待他人时，用一般的、非特定人格化的角色来归类，并以此控制自己的行为（反应）。给予个人以自我认同的有组织的社区或社会群体可以称作“概化他人”。——中译注

危机中时，这些机制会再次凸显。身体日后的生理成熟使个体有可能迈向一个新的发展阶段。埃里克松提出，按照弗洛伊德的主张，把这种发展理解为体表快感带的转移，并不是最恰当的思路，尽管说固恋现象（fixations）①或许的确以此为中心。“憋住”（holding on）和“排出”（letting go）这两种说法显然适用于对身体排泄物的控制，但却是通过双手双臂的“握住”和“松开”这种一般得多的方式来表述的。这一阶段的主要核心，是自主与怀疑（doubt）或羞耻（shame）这一两极 55
对立，而握住与松开则是对应于这一两极对立的关联行为。和前一个阶段一样，这一两极对立也能够承受普遍化的张力，同时也可能得到缓解，缓解的方式有时较为温和，有时则颇具破坏性。“憋住”/“抓住”是一种热切渴望留住某种东西的方式，它既可能体现出冷酷的自我专注（self-absorption），也可能是某种表达自主性的关注模式。与此类似，“排出”/“松开”可能意味着侵犯性冲动的某种满怀敌意的情感宣泄，要不然就是某种轻松得多的态度，只不过是“让它去吧”。我们似乎有必要强调，羞耻是一种与罪疚（guilt）相对的重要的心理动力。有许多精神分析学者遵从弗洛伊德的点拨，简单地联系对于暴露生殖器的恐惧（fear）来谈羞耻。这当然也有助于警示有关身体“显现”方面的焦虑，戈夫曼已经指出了它的重要性（我在下文也将提到这一点）。但弗洛伊德的说法肯定会使我们过于狭隘地理解羞耻现象。[22]

羞耻或自我怀疑的情感是普遍存在的，日常谈话中频繁出现“羞臊”（ashamed）及与此相当的用语（“羞辱”“丢脸”等等），就很能说明问题。有些学者认为，罪疚是“私人的”，而羞耻是“公共的”，这一观念似乎难以成立。羞耻蚕食着自尊的根基，并显然与相对温和得多的“尴尬”（embarrassment）体验有着密切的关系。无论羞耻还是尴尬，在心理角度上都定位于参与和疏离的交织关系，都意味着某种失败，即由于这样那样的“错失”，未能“完成”某些特定的行为表现。与“罪疚”不同的是，羞耻与尴尬都涉及日常接触中的双方，也就是说，个体可以用后两个术语来形容自己或对方的行为。我可以对自己和自己做的事感

① 心理机制的一种，指对某个对象（包括人、事、物或身体的某个部分）抱有“不正常”的偏执关注乃至爱恋。——中译注

到羞耻或尴尬，但我也可以对其他人的行为感到羞耻或尴尬。在此我们似乎察觉到在这两种情感之间有着细微的差别。替某人的行为感到羞耻，体现出自己与他人之间的某种纽带关系，标志着认可与他人的协作关系甚至是对他人的责任。替某人感到尴尬，而不是对他的行为漠不关心，则表明我们对不必要地“现眼”的人充满同情，以及彼此之间的默契合作。

56 埃里克松在谈婴儿的羞耻（成年人的安全系统中仍有它挥之不去的残留痕迹）时，联系了身体的姿态以及身体的“前台”“后台”区域。鉴于戈夫曼也执着关注类似现象，埃里克松的这种思路就特别值得注意。这里我们发现，可以用另一种更能体现社会因素的形式，来表述弗洛伊德的肛门记忆（anal retention）理论。“前台”与“后台”是日常接触发生的地方，是充当社会场合（occasion）活动舞台的具体情境，或许还直接关系到另一种更加基本的经验，即身体本身前台/后台的区域化。在社会生活中，维持“前台”就是要避免羞耻引起的焦虑，而丧失前台则肯定会引起羞耻或尴尬。对婴儿来说，“后台”（behind）就意味着“屁股”（the behind）：

> 这个小生命身体的那块区域，是一块尚待开发的大陆，那些想要侵夺它的自主权力的人可以在上面施展魔力，支配它并有效地侵入它……因此，爱与恨、合作与任性、自我表现的自由与压抑，这些对应关系何者将占上风，这一阶段具有决定性的作用。自制而不失自尊，以这种感觉为基础，可以发展出稳固的友善自信；丧失自制能力，过度遭受外来控制，就只能产生出挥之不去的怀疑与羞耻性情。[23]

第三个阶段的焦点，是进取心与罪疚感的两极对立。该阶段的对应表现是掌握了句法完备的语言，这也是它发展到顶点的标志。这一阶段是俄狄浦斯过渡期，不管它多么含混复杂，都是人的心理发展过程中一个普遍的危机阶段。这一阶段在身体方面的特点是能够站起来，直立行走运动，婴儿的生殖器官也逐渐成熟起来。这一阶段会深深影响日后的人格发展，这是由两方面因素综合在一起造成的：一方面是需要压抑早期对母亲的依恋（这一点男孩女孩都一样）；与此同时，随着语言技能方面的飞跃，婴儿本人也获得了参与这一压抑过程的能力。之所以说这是个进取的阶段，是因为俄狄浦斯过渡期的完成赋予孩子一定的内在控制能力，否则孩子就不能挣脱家庭的直接限制，敢于闯入同龄伙伴群体。但获得这种自制能力的代价是同时受到了压抑。在某些人身上，在 57
某些情境中，压抑会产生各种源于罪疚感的焦虑，后果极为有害。

> 孩子自身就此开始永久地分裂。以往增进其婴儿期身心成长的各种本能片断（fragments）如今一分为二，一套属于婴儿期，它使幼童始终保持旺盛的成长潜力，另一套则属于父母，它支撑并促进了自我审视、自我监督与自我惩罚。[24]

合而观之，这三个阶段体现出逐渐实现自主的进程，不妨理解为奠定对行为的反思性监控能力的基础。但这里所谓的“自主性”，并不是指摆脱引发焦虑的外来刺激，也不是指构成成年人格安全系统的各种应付焦虑的方式。婴儿人格与成年人格中的动机成分来源于某种普遍化的倾向，即避免焦虑，维护自尊，防止被羞耻与罪疚“浸没”。我们可以假定，由于安全系统的机制先于语言出现，所以它们一直停留在无意识层面上——尽管说恰恰是在俄狄浦斯阶段，孩子开始学会将自己构建为一个“主我”。

图 3 显示了几个相继发生的阶段。它们假设独立与依赖之间的比重可能会有变化，假设在身体形态与心理机制之间存在着密切的关联。 58
如果我们要考察不同个体之间的差异，那就意味着首先从空箱（empty boxes）开始思考。当婴儿期的固恋或各种形态的回归（regression）①开始普遍影响行为的动机激发过程时，这些所谓的空箱就会填满了东西。

深入考察孩童的发展过程，我们会非常清楚地看到，自主行动能力的形成与对他人作为行动者的理解密切交融。我们可以区分出孩童发展形成能动作用概念的三大步骤，它们分别对应于埃里克松所说的三个阶段。第一个阶段是对所谓“简单能动作用”（simple agency）的认识，即认识到他人可以介入事件系列，产生因果效应，从而改变这些事件。[25] 婴儿意识到它的身体是行动的核心，并同时赋予他人的身

① 回归或倒退，指当个人追求的愿望得不到满足或受到严重挫折时，即以与其年龄不相称的发展早期的某些行为来适应当前，由意识状态倒退回无意识状态。——中译注

三　运动 生殖器			进取心 对 罪疚感
二　肌肉 肛门		自主 对 羞耻，怀疑	
一　口腔 感觉	基本信任 对 怀疑		
	1	2	3

图 3

体类似的特性。虽说在婴儿眼里，作为反应对象的“类似能动力量”（agent-like）的他人，其行为的特征相对较为简单明确，但从很早开始，他们便会在与这类形象的互动中作出不同的反应。[26] 不过，婴儿仍是以某种工具性的态度来对待其他行动者，将他们作为环境中某种特定类型的客体对象，而不是作为与婴儿自我在物质上分离的生命，可以去而复返。认知上理解能动作用是独立生命的特征，与和信任相维系的情感方面的资格能力两者之间似乎有着密切的关联。但要说到明确的“人的”特征，即为全体人类行动者共有，而不仅限于父母这样的特殊形象的特征，则标志着向第三阶段的过渡。

维果茨基（Vygotsky）等人业已指出，在运动技能（对作为行动核心的身体的把握）与语言句法的掌握之间有着紧密的关系。虽说维果茨基在书中很少回答所谓的“乔姆斯基问题”，即孩子如何能够在相当短的时间内掌握协调句法结构的本领，但书里确实阐明了有关能动作用与言语关系的几个重要特征。千差万别的语言使用形式是以孩子们“实践智力”（practical intelligence）的增长为基础的，换句话说，是以实践意识的某些特定方面为基础的。[27] 可以这么说，从埃里克松理论图式中第三阶段的结束开始，“实践智力”就加快了它的发展步伐，因为孩子同时也在不断地探索作为某种行动中介的身体。然而，“实践智力”的产生一直可以追溯到很小的婴儿那些最初的摸索；在发展的关键阶段，学会合乎句法地开口言说与实践技能的增长这两个过程**重合在了一起**。维果茨基有关成年人的言说与行为之间如何“脱节”（dissociation）的 59
某些看法，与梅洛-庞蒂对脑损伤病人的讨论（参看边码第65~67页）有着惊人的相似。具体来说，一个孩子可能会完成一项相当复杂的任务，但前提是在任务的每一步都给出有关如何运动的言辞描述。孩子们就像许多“神经不正常”的人那样，在公共场合毫无顾忌地自言自语，当然，我们必须把这种现象与皮亚杰（Piaget）所界定的“自我中心言说”（egocentric speech）区别开来。

以上我们对埃里克松的讨论与借鉴已经很多了，我想应该在此说明一点：在采纳他的某些观点时，我是有严格的限制和鉴别的。我认为，埃里克松的著作中最平淡乏味的地方，或许正是那些替他赢得最大名声的东西，即有关“自我认同”（ego-identity）的发展形成的理论，以及从婴儿一直延伸到青春期乃至以后各个人格发展阶段的重要意义的学说。埃里克松之所以批评弗洛伊德有关“自我”及其与社会的关系的论述[28]，部分原因在于这些论述从社会学角度来看有所欠缺。弗洛伊德在自己著作里引证的社会学文献存在严重缺陷（比如当时有关群体心理的讨论）。同时，精神分析的方法是以考察个体病史为基础的，这样两者之间就存在巨大的鸿沟。无论是弗洛伊德本人，还是他那些忠实的追随者，都未能对某个已经分化的社会作出任何令人满意的描述；“有关社会**组织**的观念及其对个体自我所产生的影响，他们只是以一种恩赐的态度谈了一下所谓‘社会因素’的存在，就对付过去了”[29]。埃里克松指出，这样一来，弗洛伊德就从与群体的无规律本性和本我的原初本能的对立关系出发，来确立自我概念。他试图描述沦为战场的人的道德感知，并为此引进了超我或自我理想的概念，当然，他主要还是通过自我被迫承受的某种负担来考察这两个概念。埃里克松试图弥补这种一头重一头轻的倾向。我们在关注婴儿的哪些东西为社会组织所不容的同时，也应注意考察孩子如何能从社会组织那里获得好处，还应更多地将目光投向纷繁多样的社会组织类型的不同影响。而埃里克松的自我认同观念，就是想弥补传统因循的精神分析概念的局限。[30]

60 我在很大程度上同意埃里克松对弗洛伊德的批评意见。但“自我认同”这个术语并不令人满意。我说过，精神分析理论用“自我”这个概念用得太滥了。“自我认同”的概念往往只是加剧了已有的混淆，甚至连埃里克松本人也承认它至少有四种含义。它有时指的是对个体身份的某种“自觉意识”；也可以指“对个人性格延续性的无意识追求”；第三种含义是“暗自努力实现自我统合（ego synthesis）的某种准则”；第四种意思是“维持与群体理想和身份的内在连带（inner solidarity）”[31]。或许可以这么说，这些含义单个来看就没有一个特别清晰，更何况把它们统统搅和在一个概念里！

4. 例行化与动机激发过程

我在下文中将不使用自我认同这一概念，而是借鉴埃里克松对身体自主性的根源与实质的论述，以及有关信任的观念。我认为，个体行动者对客体世界连续性和社会活动的构造抱有信任感。这种信任感的基础，在于个体行动者与其在日常生活过程里进行活动的社会情境之间，存在着某些可以指明的关联。如果说，我们只有通过日常活动在社会实践中的反思性构成，才能把握主体，那我们脱离了身体所经历的、行动者生产和再生产出来的日常生活的例行常规，就无法理解人格机制。以实践意识为基础的**例行化**概念是结构化理论的关键所在。行动者在沿着日常生活路径前进的同时，还保持着人格的连续性；而社会制度只有在它的持续再生产中才**成其为**社会制度，对这两点来说，例行常规都是题中应有之义。我认为，考察例行化将给我们提供一种关键手段，以阐明一些独具特色的关系形式：一方是基本安全系统，另一方是日常接触的片断性质中固有的反思性构成的过程。

当人们习以为常的日常生活中的既有模式遭到剧烈破坏乃至崩溃时，会对具体情境产生什么样的后果？我们可以通过考察这个问题，即考察所谓的“紧要情境”（critical situations），来探究例行常规的心理性

质。这里的意思是说，个体的生命过程或者说“周期”，即活动的绵延，61
是与制度的长时段相互交织的。对于具体个人或人群来讲，正是这种交织关系的性质使紧要情境本身被纳入社会生活的规律性。个体自出生伊始，以死亡告终，其间不断经历的各种过渡仪礼（rites of passage）正是诸多危机的典型标志。不过，即使这些情境对个人来说是非连续性的，其实还是构成了社会生活连续性的内在组成部分，从而往往体现出明确的例行化特征。

我所说的“紧要情境”，意思是指发生不可预见的剧烈断裂的情境，影响到为数可观的个体，威胁乃至破坏了制度化例行常规的确定性。我在关注这一点时，并未将重点放在分析这类情境的社会根源上，而是着重考察它们的心理后果，探究这些后果对社会例行生活整体而言究竟意味着什么。考虑到我已在别的著作中较详细地探讨了紧要情境[32]，这里就只举贝特海姆（Bettelheim）在他的《有教养的心灵》中的讨论为例。这本名著记载了晚近历史上一段臭名昭著的情节，描述并分析了作者和其他人在达豪（Dachau）与布痕瓦尔德（Buchenwald）两个集中营里的经历。他写道，在集中营里，“我……目睹情况发生了迅速变化，不仅是人们的行为，也包括他们的人格；比起精神分析治疗可能达到的效果，这里的一切变化都迅速得令人难以置信，也总是剧烈得多”[33]。标志着集中营经历的不仅仅是囚禁本身，还包括习以为常的日常生活形式受到的巨大扰乱，这是猪狗一般的生存状态所造成的，集中营看守总是不停地威胁要（或真的）使用暴力，食物及其他维持生命的必需品也十分匮乏。

所有被拘禁在集中营里的囚犯在那些年里都经历了人格上的变化，在贝特海姆笔下，这些人格变化遵循着一系列特定的演变阶段。很显然，这是一个不断退化的过程。囚禁初期的日子给绝大多数犯人留下了严重的创伤。许多犯人往往是在几乎毫无警兆的情况下就被迫远离亲朋好友，在被押往集中营的路上饱受折磨。那些来自中产阶级或先前从事
专业工作的犯人，以往一般都不曾与警察或监狱系统打过什么交道，在 62
押送和“进入”集中营生活的最初阶段所经历的错位（dislocation）也最厉害。贝特海姆认为，监狱里和押送途中的自杀主要发生在这些人当

中。不过，大部分新犯人都会尽力使自己在心理上远离集中营生活那令人恐怖的压力，努力维持与他们过去生活相连的行为方式。但事实证明，这不可能办到。埃里克松认为处于人的行动自主性核心的所谓“进取心”，此刻已迅速消亡殆尽；盖世太保多少可说是蓄意地逼迫犯人们采取孩童般的行为。

> 犯人在集中营的日子里大多并未遭到当众鞭打，但在他们的耳边，一天到晚会有好几次回响着屁股挨二十五大板这样的疯狂叫嚣……像这样的叫嚣，以及党卫军和牢头宣泄在犯人身上的咒骂，几乎统统和肛门一带联系在一起。犯人普遍被唤作“蠢货”（“shit”[粪便]）和“笨蛋”（“asshole”[屁眼]），要是哪个犯人被冠以其他称呼，那倒稀奇了。[34]

看守们蓄意无常地对犯人的如厕和清洁卫生实施严格的控制，所有这些行为都必须当众进行。事实上，集中营抹杀了“前台”与“后台”之间的所有分别，“后台”在生理意义和社会意义上都成了集中营生活的关注焦点。

贝特海姆特别强调，集中营里的事件一般是不可预见的。在正常的社会情境下，个体在日常生活例行常规中拥有一种自主行动感，但在集中营里却几乎完全瓦解，甚至不敢肯定还能不能挨到明天，从而摧毁了社会生活正常绵延时蕴含的“未来”感。也就是说，犯人生活在彻底的本体性不安全（radical ontological insecurity）情境中：“由于集中营的政策朝三暮四，盘算将来变得毫无意义，个人既没有能力，又几乎没有属于自己的时间，正是这一点破坏深重”[35]。有些犯人成了“行尸走肉”，无论未来如何发展，他们都打定主意听天由命。虽说他们还是作为行
63 动者的人，但行为中已不再表现出这一点，避免与他人目光交接，身体举止迟缓，走路步姿机械。这些男男女女很快就死去了。有些人在日常生活中成功地维持了一小块属于自己控制的领域，他们可以称此为“自己的”日常生活。只有这些人得以幸存下来。正如贝特海姆所言，他们维护了“那大大减少但却依然体现的人性的原则”。话虽如此，他们仍不可避免地采取一系列孩童般的态度，无法遏制地急遽丧失了时间感和“盘算将来”的能力，些微小事也会引发情绪上的剧烈波动。

这里说的都是那些在集中营里待不满一年的犯人（包括贝特海姆本人）的行为。那些在集中营里幸存了几年的“老犯人”的行为表现则有所不同。他们已经完全丧失了对集中营以外世界的了解和兴趣，把自己纳入集中营的生活，参与作为新犯人时曾感到如此冒犯的种种羞辱人的仪式，仿佛以此能将自己重新构建成行动者。他们往往回想不起往昔生活中的人物、地点与事件。绝大多数但不是全部老犯人最终对压迫者即集中营看守本人产生了认同，并以此为基础，发展出一种经过重构的人格。贝特海姆认为，这些老犯人之所以模仿捕获他们的人的活动，不仅仅旨在曲意奉承后者，而且是因为将党卫军的价值规范投射到内心深处。

那么，我们又应该如何解释这些事件？阶段的顺序看来是相当清楚的（尽管贝特海姆本人并未这么划分）。生活中的例行常规被扰乱，并且遭到持续不断的蓄意攻击，从而引发了某种高度的焦虑，“剥离”了与身体控制的安全感和社会生活的某种可预期框架联系在一起的社会化反应。在行为模式的不断退化中体现出焦虑的突然高涨，基于对他人的信任的基本安全系统也就受到了威胁。有些人对这些压力缺乏应付能力，也就这么屈服并被淹没了。有些人则能够维持最低限度的控制与自尊，从而幸存了较长一段时期。但到最后，至少在大多数老犯人那里，发生了某种“再社会化”（resocialization）过程，重新建立起某种（有限且极其含混的）信任态度[36]，包括对权威形象的认同。首先是焦虑被强化，再是退化，然后是重新建构典型的行为模式，这种顺序也会出 64
现在其他方面颇有差异的紧要情境之中。比如在遥无止期的战场上置身炮火之下，在监狱里强遭讯问拷打，以及面临其他一些压力极大的情况。[37]

与此相反的是，日常社会生活在正常情况下包含着某种本体性安全，它的基础是可预见的例行常规以及日常接触中身体方面的自主控制，并随着具体情境变化和个体人格差异而在程度上有所不同。在日常生活的可逆时间中，个体遵循着例行化的活动路径，这种例行化特征的“发生”，须由个人在共同在场情境下维持的各种对行动的反思性监控来“引发”。基本安全系统无法充分地遏制焦虑，以防止焦虑“浸没”习惯性活动方式，这是紧要情境的一个鲜明特征。在普通的社会生活里，行动者在动机激发之下，乐意维持得体的交往，进行各种“修补”活动，戈夫曼对这些都曾敏锐地予以分析。戈夫曼曾经偶尔提及，之所以存在这些现象，是因为社会生活是某种个人自愿参加的相互保护契约。但这里的情况并非如此。行动者可以借助交往技巧这种机制，再生产出“信任”或本体性安全的状况。在这样的状况下，他们可将较为基本的张力纳入一定的渠道予以控制。之所以说日常接触的许多具体方面并非直接受动机激发，道理即在于此。话说回来，要将跨越时空的习惯性实践活动整合在一起，还是得有一般化的动机投入。

5. 在场、共同在场与社会整合

即使对于最复杂精致的社会组织形式，日常生活的例行常规也是不可或缺的。个体在日常活动过程中，在具体定位的互动情境下，与那些身体和自己共同在场的他人进行着日常接触。

共同在场的社会特征以身体的空间性为基础，同时面向他人及经验中的自我。戈夫曼倾注了大量精力来分析这一现象，特别是有关“脸
65 面”的问题。但对这一问题最有说服力的思考或许得算是梅洛-庞蒂了。以下我将考察他的有关论述，它们将直接把我们引向戈夫曼的观点。梅洛-庞蒂指出，身体并不完全像物质客体那样“占据”着时空，如其所言，“我身体的轮廓是某种无法被普通的空间关联跨越的边界”[38]。这是因为，身体及其运动的经验是各种形式的行动与自觉意识的核心，其实是这些行动和自觉意识确定了身体的整体统一。用梅洛-庞蒂的话来讲，这种以身体为核心的在场的时空关联，被纳入的是一种“情境空间性”（spatiality of situation）而不是“位置空间性”（spatiality of position）。对身体来说，它所谓的“这里”（here）指的不是某种确定的坐标体系，而是积极活动的身体面向其任务的情境定位。他用一种酷似海德格尔的风格写道：“如果我的身体可以成为某种‘形式’，前面存在

着一些重要形象，而对其背景漠不关心，这是因为身体被它的任务极化（polarized），以这些任务**为面向而存在**，能将自身聚集成一个整体来完成这些目标；身体意象最终成为陈明我的身体在世（in-the-world）的一种途径”[39]。

戈德茨坦（Goldstein）等人通过对脑损伤病人的考察，生动地刻画了上述具体过程。[40] 例如，有些病人没有能力进行脱离视觉可见情境的运动。一个人只有能够观察到自己所实施的运动，并真切地触及相关的身体部位，才能指明那一部位。这些观察表明，“触摸”（touching）与“指向”（pointing）尽管表面上都是“定位性”的现象，但两者显然有所不同。这种差异表明，身体空间作为各种习惯性行动的聚合领域，极其复杂，意义重大。我们若是要求脑损伤病人完成一项特定的身体运动，他的整个身体都会采取一种全面的姿态，参与实施这一任务，而不是像正常人一样尽可能分解为细小的姿态。譬如，要求他敬礼，病人会采取全身性的标准姿态，因为他只不过是接受了与运动相对应的一般化情境，才成功地作出这一姿态。而与此相反，正常人则会将这一情境看作某种测试或游戏。即如梅洛–庞蒂所言，他“将自己的身体用作表演的手段”[41]。病人的困境使我们得以深切了解日常情况下如何将身体纳 66
入活动的绵延，因为只有在具体行动情境中，身体才能进行各种动作，也才能被它的拥有者理解为“身体”。维特根斯坦提出过这样一个问题，“我举起我的手臂和我的手臂举了起来，这两者有什么不同？”不管他原本想让我们关注什么，这个问题在此引发了许多疑难，因为它像是把某种测试或游戏性的要求当成典型情况；这样一来，我们就有可能误把行动理论的关键当成“运动”与“行动”（一系列分离的动作）之间的显著差别，而不是日常行为流中身体活动的时空情境关联。

身体在行动流中的这种活动直接关系到本体性安全或“信任”态度，即相信日常生活绵延中包容的自我及世界的连续性。脑损伤病人面对某个对象，先得详尽考察它的物质特性，然后才能辨认出它是什么，比如说一把“钥匙”。正常人只是在特殊的情境下，比如在聚会上玩一种游戏，有确凿理由怀疑对象的表面不能反映其本质的时候，才会这样详尽地考察对象。倘若我们试图对所有对象都这么细致审查，那日常生活就不太可能保持其连续性了。据此我们可以发现，加芬克尔的“类推句”（etcetera clause）除了用于语言或谈话，还可用于与外界发生物质关联的身体活动。所有这些都进而与时间和时间感产生内在关联。让我再引一段梅洛–庞蒂的话：

> 对于正常人来说，涉及运动或触觉的每一件事，都会使他有意识地表现出一大堆针对身体或对象的意向，它们都来自作为潜在行动核心的身体本身；但病人的情况则与此不同，他们的触觉印象始终含糊不清，别人也琢磨不透……正常人可以**应付**各种可能发生的情况，所以不用移动他的位置，只要立足于可能性，就能产生某种现实感（actuality）。但对于病人来说，产生现实感的范围仅限于处在实际接触范围内的感觉材料，或者凭借某种明确的演绎过程就可以与上述感觉材料联系起来的东西。[42]

当然，身体并不是一个不存在分化的统一体。格伦（Arnold Gehlen）认为，直立并向世界“开放”是人类“特有”的姿态。然而，
67 这种姿态无疑是生物进化的结果。我们并不一定非得先将社会进化看作与生物进化类似的形式，才能看出对于共同在场情境下人的社会过程来讲，这一点意义何在。在人身上，脸面不仅仅只是最贴近言语的生理器官，还是体验、情感和意图复杂交错的主要身体区域。在人的社会关系中，脸面会通过某些方式影响个人在共同在场情境下彼此的空间安排，这些方式虽已司空见惯，但意义却非常重要。与绝大多数动物社会里的定位方式相比，采取“面向”正和自己说话的他人的定位尤其重要。在面对面的日常接触中，可以直接参与进来的人数受到固有的严格限制，除非是几个人面对人群或一群听众发表讲话的那些类型的情境。但即使是在这些情境里，人群或听众也得舍弃彼此之间的面对面接触。脸面作为表达与沟通媒介的首要地位具有道德方面的意涵，其中大部分已被戈夫曼极其敏锐地捕捉到了。当他人正在说话时背过身去，这种姿态在绝大多数（也许是所有？）社会里都表示漠视或轻蔑。而且，绝大多数（所有？）社会都倾向于承认，脸面这个词的语义既指面容（physiognomy），又牵涉到自尊的维护。不少文化，比如传统中国文化或其中某些方面，在绝大多数情境下无疑都特别强调维护脸面的重要

性。我们也完全有理由认为，这可能与本尼迪克特（Benedict）等人著名的“耻感”文化和“罪感”文化的区分有关。虽说现在看来，这种区分过于简单化了，但我们大致可以肯定，维护脸面与“找补”（saving）脸面普遍体现在不同文化的社会日常接触情境中。

戈夫曼的著作贯穿着两个相辅相成的关键主题，一是共同在场情况下对行动领域里的身体的控制，一是脸面的普遍影响。我们应该如何来理解“共同在场”这个术语呢？在此我采取戈夫曼的用法：共同在场是以身体在感知和沟通方面的各种手段为基础的。一旦行动者“感到他们 68
是如此接近，以至于自己正在做的一切，包括对他人的体验，都足以被他人感知到，他人也足以感知到自己这种被感知的感觉”，就具备了戈夫曼所谓的“共同在场的充足条件”[43]。虽说这种“共同在场的充足条件”只有发生在那些物质上在场的人之间的无中介接触，但到了现代社会，各种电子通信手段，尤其是电话，已经使得中介性接触也可以带有共同在场情形下的某些亲密性。[44]在当代社会中，在其他文化中的不同模式里，一间屋子里包含的空间通常限定了预期里的共同在场边界。当然也有例外，比如在派对的时候，整个屋子可能是“敞开”的。当然，在许多“公共场所”里，比如置身街上熙熙攘攘的人群中，共同在场并没有明确的物质边界限定。

6. 戈夫曼：日常接触与例行常规

由于戈夫曼孜孜不倦地考察日常生活中的例行常规，所以在他的著作里，关于社会整合的特征有许多富于启发的地方。我们首先必须指出，对戈夫曼的著作存在几点误解。只有撇除这些误解，我们才能最有效地利用这些洞见。在此必须把戈夫曼从他那些过于殷勤的追随者的包围中解救出来。人们经常把戈夫曼看成一位风格特异的社会生活观察者。他敏锐地把握到了我所谓实践意识和话语意识的许多内在精妙之处，这种敏锐的感受力更多地来自深刻悟性与游戏笔调两者的融合，而不是某种苦心安排的社会研究途径。[45]但这种看法极具误导性，戈夫曼之所以在一般人眼里算不上是个具有相当重要地位的社会理论家，这也算是原因之一。不管怎么说，我认为戈夫曼的著作非常系统，而且可以说正是这一点赋予其著作理智的力量。还有一种误解，戈夫曼本人生前并未太当回事儿，没有着力预防。这种观点认为他的著作只对某种“微观社会学”具备重大意义，而这种所谓的“微观社会学”可以截然脱离于“宏观社会学”的问题。在我看来，把勾勒社会互动中在场与不在场的相互交织关系理解为戈夫曼著作的关注焦点，这种解读方式要有
69 意思得多。我在此重申，社会整合和系统整合的机制必然彼此交合，而戈夫曼的著作显然对这两方面都有涉及，虽说他对长期性制度过程或发展的有关问题向来是敬而远之。

最后一点，人们时常认为戈夫曼的著作只适用于当代社会的情况，不仅如此，它们直接反映的只是那些具有独特的现代风格、甚至只是那些具有独特的美国做派的人的行为特征。因此，古尔德纳才会这样评论戈夫曼的著作：

> 它的取材限于零碎的生活片段，生活在它眼里成了非历史、非制度性的东西，就像只生活在狭隘的人际环境中，这是一种超出历史、超出社会的生存状态……（它）反映了一个新的世界。在这个新的世界里，新中产阶级已不再相信努力工作会有好报，也不相信勤勉专注是成功的前提。在这个新的世界里，人们精明地感觉到，个人的成就与丰厚的回报，实际的贡献与社会的调节，这些因素之间的关系并不符合理性。这是身价高昂的好莱坞明星的世界，是股票市场的世界，市价与应得收入之间并没有什么关系。[46]

古尔德纳明确将这种立场与他称之为“结构性”的思路对立起来，认为两者互不相容。戈夫曼所描绘的社会世界不仅仅在文化意义上是相当局限的，而且只限于探讨转瞬即逝的东西，却无视形塑人们生活的那些持续发挥作用的制度形式。我们不能说这样指责戈夫曼——姑且就算它是一种指责——纯属无中生有。但古尔德纳的批评也无非是再次表明，我在上文所指出的二元论在社会科学中的影响是多么普遍。制度形式的固定性并不能脱离或外在于日常生活接触而独自存在，而是**蕴含在**

那些日常接触本身之中。

日常接触具有转瞬即逝的特性，这体现了日常生活绵延的时间意识，体现了所有结构化过程的偶然性①。但戈夫曼通过极具说服力的具体案例证明，“消逝”（fading away）作为社会互动组合性安排（syntagmatic ordering）的内在组成部分，与社会再生产形式明显体现出来的固定性是协调一致的。虽然据我所知，他并没有在著作里明确指出这一点，但我仍认为，他的著作揭示了在所有社会里都能发现的共同在场的特性，虽说事实上这些著作更重要的价值或许是有助于我们辨析当 70
代社会的新颖特征。我们可以以戈夫曼的著作为镜，去透视许多世界，而不止是一个世界。不过，我在使用戈夫曼书中阐述的观念时，并不想全盘照搬他自己所强调的地方。

在探索日常接触情境下话语意识与实践意识之间的关系方面，戈夫曼的著作不失为一项重大贡献。但他却绝少谈论无意识。事实上，他可能根本就不认为像无意识这样的现象在社会生活里有什么重要意义。而且，戈夫曼对于日常接触的分析与其说是探究人的动机激发过程的源泉，不如说是以受动机激发的行动者为前提，这一点正是许多批评他的人的矛头所指。这种匮乏后果很严重，戈夫曼的著作之所以让人感到存在某种“空白”，这也是主要原因之一（另一个原因是缺乏研究制度转型的长期过程的兴趣）。戈夫曼如此精妙地刻画了行动者对行为的反思性监控，那么，他们又为什么会遵循例行常规做事呢？如果这些个体的确像戈夫曼所描绘的那样，玩世不恭，精打细算，富于交往技巧，刻意求适于给定的社会情境，那倒也多少可以回答这个问题。虽说许多人也这样阐释过戈夫曼，但这并非我想从他开创的研究领域中借鉴的主要意涵。日常社会接触中普遍存在的交往技巧，社会构造中对于紧张的修补，对于“信任”的维持，戈夫曼著作中的这些论述重点，恰恰反映了他念兹在兹的是如何维护社会连续性，是亲密关系中的社会再生产机制。

---

① 原文为contingence，可译为“偶然性”（突出结构作用及结果的不确定性）、“或然性”（突出统计学意义上的概率特征）、“权宜性”（突出行动者策略性的选择）。——中译注

戈夫曼把互动的大体结构划分出了以下几种类型，我将选用其中几个概念，但略有改动。这些概念表示如下：

〔共同在场〕(co-presence)

聚集（gatherings）

社会场合（social occasion）

无焦点式互动（unfocused interaction）

有焦点式互动（focused interaction）：

日常接触（encounters）（面对面交往）(face engagements)

例行常规（routines）（情节片段）(episodes)

71 聚集指的是在共同在场情境下由两个或两个以上的人组成的人群。我用“情境”(context)（戈夫曼更喜欢用“situation”）①来指发生聚集的时空“层”(bands) 或时空“带”(strips)。任何进入这种时空层带的人，都使自己“有条件”参与该聚集，如果它只包括两个人，那么参加的人其实就起到了构成聚集的作用。聚集意味着须在共同在场中，并通过共同在场，完成对行为**交互的**反思性监控。聚集中亲密无间、协调一致的情境特征对这种监控过程起到了决定性的作用。情境包括互动的物质环境，但不仅仅是指互动“在其中”发生的意思（参见边码第118页)。行动者在构成沟通的过程中，以例行常规的方式利用着情境的各方面特征，包含手势与谈话的时间安排。可以毫不夸张地说，这一点对于手势与谈话中系统阐述“意义”来说是不可或缺的，对此加芬克尔的阐述最为详尽。[47] 语言学家总想通过考察个体言说者“内在”的语言能力，或是考察分离开来的言语行为的特征，来研究语义学问题。然而，我们只有通过考察整个谈话过程的情境安排，才能把握日常语言用语意涵的多义性在会话过程中获得的“意义界限”(closure of meaning)。

聚集也可能非常松散，转瞬即逝，比如飞速交换“以示友好的一瞥”，或在大街上互相打打招呼。如果聚集发生在形式化程度更强些的情境中，我们就可以称其为社会场合。社会场合是包含了众多个体的聚集，一般具有相当明确的时空界限，采用特定形式的固定设施，比如有规可循的桌椅排放等等。社会场合提供了（戈夫曼所说的）“结构形成

① 对此本书中译未作严格区分，详见书末“初版译记”。——中译注

中的社会情境”（structuring social context），其中“很有可能”发生众多聚集，在这种情境中“形成，消散，又再次形成，而个中的行为模式又往往被视为合乎礼节的，（经常还是）官方正式或刻意而为的”[48]。日常生活中形形色色的例行常规都属于这一类，比如企事业单位里的上班时间。但还有许多远不是那么有规律的社会场合，包括派对、舞会、体育赛会及其他许多例子。当然，一块物质空间有可能同时充当好几个社会场合的发生地点（site）或场所（locale），其中每一个都包含好几起聚集。但在特定的时空区域内，多半有一个得到规范保证的“首要社会 72
场合”（overriding social occasion），其他的社会场合大抵受这一场合的辖制。

不管聚集是否发生在社会场合中，它的情境特征都可以分为两种主要形式。一是无焦点式互动。它包含了个体相互之间可以沟通的所有手势和信号，唯一的前提是他们在某一特定情境中的共同在场。这里存在的制约，主要就是身体的物质特性与有限的面部转动范围。行动者可以大致意识到他人在场，并以某种微妙的方式延伸到一个相当广泛的空间，甚至包括身后的那些人。但这种“身体感应”（cueings of the body）的集中程度远不及那些面对面互动中可能产生并不断利用的感知。当两个或更多的个体通过持续不断地交错利用面部表情和声音来协调他们的活动时，就产生了有焦点式互动。不管参与者多么留意更大范围内的聚集里正在发生的其他事情，有焦点式互动也给其中包含的人多少造成了某种封闭（enclosure），将他们与其他共同在场的人隔离开来。面部表情的一次交流，或是日常生活中的一次接触，都算是一个单位的有焦点式互动。日常接触是贯穿社会互动的主线，将一系列纷至沓来的与他人的相会安排进日常活动循环。尽管戈夫曼的概念框架中并未正式包括这些观念，但我认为很有必要强调，日常接触一般总是作为例行常规发生的。也就是说，转瞬即逝的交流或许显得短暂而琐屑，但一旦被看作社会生活重复性的内在要素，它的实质意涵就会大大丰富起来。日常接触的例行化过程具有重大意义，将转瞬即逝的日常接触与社会再生产相维系，并就此将前者与表面上具有“固定性”的制度相维系。

我已经把社会整合界定为共同在场情境下的系统性，有这么几种现象似乎与这种意义上的社会整合的构成过程关系最为直接。首先，为了把握日常接触与在时空向度上伸延开去的社会再生产之间的联系，我们必须着重分析日常接触是如何在日常生存状态的绵延中形成和再形成的。其次，我们还应该努力探明结构二重性的主要机制，正是借助这些机制，日常接触处于彼此交错的实践意识与话语意识中，并通过它们组
73 织在一起。这一点又必须从控制身体和维护规则或习俗的角度来阐明。第三，日常接触首先是通过**交谈**即日常会话来维续的。在分析互动过程中借助解释图式沟通意义的时候，必须非常重视考察谈话现象，把它看成日常接触中的构成性因素。最后一点，鉴于时空的调动是上述所有要素的“根基”，我们还必须考察日常接触的情境组织问题。我想通过几个基本观念，即“在场可得性”（presence-availability）、“场所”和“封闭与暴露”（enclosure and disclosure）这对关系，来完成这最后一项任务。不过本章我并不打算探讨这三个概念，而是留待后文阐述。

7. 序列性

日常接触是按着先后次序被纳入日常生活序列性中的现象，而且也正是它赋予日常生活序列性的形式。我们可以从日常接触的系统特性中提炼出两个主要特征：一是起始与终结（opening and closing），一是轮次（turn-taking）。我想简单谈谈这两点。每个人度过的日常生活绵延都是一种持续不断的活动流，只有睡眠这种相对消极被动的状态才能打断它（但这也是有规律的）。正如舒茨所言，主体产生反思性关注的这一刻，可以对活动的绵延造成“置括”或者说“理念上的隔断”（conceptually segmented）作用。当一个人被他人要求就其活动的某些方面给出“理由”或者作出澄清时，就会发生这种情况。但日常生活绵延同时也被日常接触的起始与终结“置括”。用戈夫曼的话来说，“这样就可以谈论时间性置括的起始与终结，谈论空间性置括的界限”[49]。戈夫曼热衷于他的拟剧论（dramaturgical）隐喻和类比，以戏剧舞台上场景

起始与终结所采用的手法为例。响铃、熄灯、启幕，表示一场戏将要开始；而结束时随着大幕的降下，观众席上的灯光再次打亮。绝大多数社会场合都采用某种形式化提示手段，以暗示其起始与终结，这一点是仪式性场合（ritual occasion）的共同特征，无论是传统文化，还是当代社会特有的各种较为世俗化的社会场合，在这方面殊无二致。例如，各种 74
加入仪式（initiation ceremonies）的置括，一般意味着在这一场合的框架中，行为方式将会发生巨大变化，其中的那些标志仿佛表示从凡俗转到了神圣。凯洛瓦（Caillois）据此指出：宗教与“游戏”这两个领域之间不仅有着直接的历史影响，还有许多相似之处。[50]

人们或许会大胆猜测，如果日常生活中的行动者在进行日常接触或者置身社会场合的时候，认为其中的活动迥异于日常生活的正常期待，往往会非常注重置括的标志。戈夫曼就此举例为证：在对裸露的身体进行医学检查，或是在某个美术班上进行裸体临摹时，被要求裸露身体的那个人一般不会在他人在场的情况下宽衣解带，在这种接触终结时也会避开他人穿上衣服。在私下脱衣穿衣以迅速暴露和隐藏身体，这两者都是活动片段的界限标志，表明该行动并无性爱或其他方面的意涵，否则可能遭此解读。这一点部分体现了戈夫曼所谓日常接触的“定调过程”（keying），与维特根斯坦有关多种生活形式交织的讨论似乎也有着密切的关联。日常接触的发生过程标志并确定了某种明确的社会“色彩”（hue）或“氛围”（ethos），将纷繁复杂的活动片断逐一归入不同的“类型”中去。

> 我们（以及相当多数的他们）都具有这样一种能力与倾向，以实际发生的、自有其意义的具体活动为原本，可以产生各式各样的转换，如玩笑、欺骗、实验、演练、梦想、幻觉、仪式、示威、分析或示惠。事件背后的这些细微色彩被纳入变动不居的世界的轨道，但与日常真切的活动的实质却并不完全相符。[51]

构成社会生活序列性的日常接触，大多要么发生在基于社会场合的聚集的（时空）背景之外，要么是针对这一背景。在多数这样的具体情境中，面对面交往并不意味着以明确的封闭切断与非参与者的互动。在这样的情境下，对身体、姿势、定位过程的反思性监控一般总是被用来 75

创造某种“合乎习俗的参与界限”（conventional engagement closure）[52]。这也就是说，某种受到规范制约的“障碍”将那些参与日常接触的人与其他共同在场的人分开。这是一项集体协作的工作，在这个过程中，面对面交往的参与者和旁观者（他们自己当然也时不时参加到其他人群中去）之间彼此维持着某种“礼貌的漠视”（civil inattention）。戈夫曼指出了实现这一过程的多种方式，以及在哪些情况下会使它陷于混乱。和所有需要交互监控的互动领域一样，单说“漠视”的表现也有着极其复杂的特性。因此，人们一般不仅期望旁观者不要利用邻近在场（proximity of presence）这一情境优势（他们可据此同时密切关注其他面对面交往中正在发生的事情），还期望他们主动表现出漠视。这也会产生麻烦，因为如果不关注显得过于做作，就会给人一种此人其实正在偷听的感觉。

上述这些现象都有可能包含各种复杂的情况。在许多情形下，个人或许的确有兴趣偷听其他日常接触的内容，也煞费苦心地想要装出漠然的样子来。但这也有风险，会被人注意到，要么是因为姿态上有些不自然，要么是其他什么蛛丝马迹泄露了真相。许多读解戈夫曼的人喜欢以上述现象为佐证，说互动中那些令人惊叹的精妙之处大多系人们蓄意做作或出于世故所为。我们可不能这样认为。事实恰好相反。行动者在日常接触的生产与再生产中表现出的互动技能是以实践意识为基础的，这才是令人惊叹的地方。构成日常接触结构化过程的与其说是愤世嫉俗，不如说是交往技巧。尽管说怎样的表现会被视为“富于交往技巧”是一个非常灵活的问题，但对于其他各方面都大相径庭的各个社会或文化而言，交往技巧具有重要意义这一点却是无可置疑的。交往技巧是互动情境参与者之间某种心照不宣的概念共识，对于在较长的时空跨度内维持“信任”或本体性安全来说，它似乎是主要的机制。一旦合乎习俗的参与界限面临破裂的威胁，维持这种参与界限方面的交往技巧就会凸显。因此，在像电梯这样极为受限的空间里，事实上不可能维持不听的姿
76 态。碰上这种情境，人们会暂时停止沟通，或者只是偶尔攀谈几句，以表明这次接触只是暂时停顿，而不是彻底终止，至少英美社会是如此。与此相似，如果有三个人在交谈，其中一个人被来找他的电话打断，另

两个就不可能假装对此毫不关心，而只可能会有一搭没一搭地把谈话继续下去。[53] 这种日常接触情境或许会直接体现出权力的不对等关系。例如，如果两个人在电梯里继续他们的交谈，对自己正置身与他人明显过于贴近的环境这一点不加理会，那很可能是因为他们想借此告诉在场的他人，你们是我们的下属，或者，你们低人一等，我们和你们在一起，无须费神维持礼貌的漠视。话说回来，他们还是会暴露出对违背一般得到遵从的规范的某种特定关注，可能把嗓门提得比其他情况下更高些。

日常接触包括“空间安排”（spacing），它一方面指各个身体在面对面交往区域内外彼此相对的位置安排，另一方面是体现在序列性或轮次方面的对日常接触的序列性空间安排。在场所中通过集体协作进行的空间安排，显然包括日常接触的置括（同时还受制于赫格斯特兰德所说的“结合性约束”［coupling constraints］和“容纳性约束”［packing constraints］，我稍后将予以说明）。在公共场所里左右个人彼此之间可被接受的贴近程度的一般性规范制约，会随文化的不同而有所差异，而左右人与人之间可被接受的身体接触程度的制约，也得视具体情境而定。[54] 但只有在“随意交谈”（easy talk）的范围内，才能有效地组织起空间安排。这里所说的“随意交谈”，是指参与者彼此之间隔得不是太远，无须高声喊叫，也不是贴得太近，否则无法注意到面部表情的正常暗示，这些暗示原本可以帮助参与者监督所说内容是否真实和诚挚。在有他人共同在场的面对面交往中，参与者几乎总得转过身去，背向那些不参与本次交往的人，各个身体之间的安排必须不存在物质障碍，可以自由地交换眼神或者进行视觉接触。在拥挤的情境里，比如在一场派对或拥挤的列车上，有着大量的人体移动，要实现以上目标或许不太容易。碰上这种情境，一般情况下控制肢体不做过多移动的那些约束会有所松动。若有人将身体摇来晃去，在这种情境下也会变得大可接受，只 77
要其他人同时认识到这是为了在这场参与中保持眼神接触，不这么晃动身体，其他人的位置就会阻挡视线。实际上，诸如此类的晃动有时也未免夸张，这也会向其他人表明，晃动身体的人自己也意识到，像这样移动身体通常是会被视为怪异之举的。

偏好常人方法学取向的学者已经对日常接触中的谈话轮次问题做了深入研究。[55] 虽说总有人指斥这些研究成果是盯住些鸡毛蒜皮不放，但这种评价不过是井蛙之见，因为谈话轮次是以最一般的人体属性为基础的，从而体现出互动的根本特征。况且，谈话轮次还是社会生活序列性的主要特点之一，从而关系到社会再生产的总体性质。谈话轮次是“结合性约束”的形式之一，其原因很简单，但也很根本，就是人们在共同在场情境下主要的沟通媒介，即谈话，是一种“单序”（single-order）媒介。谈话在互动的绵延流中是以纵向组合的方式展开的（unfolds syntagmatically）。由于要想顺利沟通，一段时间里就只能有一个人说话，所以参与日常接触势必具有序列性。必须指出，有关谈话的经验研究表明，谈话形式远不如人们所推想的那么均衡。人们在处理谈话轮次的时候，很少是以参与者把语句说完的方式进行的，而是存在各种各样的停顿、犹豫，说话的人插入另一个人的话。所以说，轮次继替之类的现象并无明确的区分。[56]

谈话轮次既适用于日常接触中行动者之间的互动，也适用于日常接触本身的序列性，或许还与权力的细微差异有着密切的关联。所有组织都包含互动在时空关系流中的协调过程，该过程通过常规化情境和场所进行“疏导”（参见边码第 119 页以下）。因此，日常生活中的法庭审判的组织过程就具有形式化的序列性。法庭上在听证某件案子的时候，就置括出一个特定的社会场合，此时，与下一个案子有关的各方便聚集在旁边的等候室里。在具有广泛时空伸延的社会里，与此类似的例子不胜枚举。这里看来，萨特对序列性的讨论就与看似琐屑的谈话轮次有直接
78 关联。他指出，我们可以举等公车的队伍这个被用滥了的序列性例子为例，证明在场与不在场之间相互结合在一起的时空关系：

> 这些零零落落的人组成了一个群体，**因为**他们都站到了同一条道上，这又使他们避开了穿越广场的车流，**因为**他们聚集在同一公车站下，如此等等。他们都是或几乎都是工人，是公交的常客；他们知晓公车的时刻与频次；因此他们等候的是**同一**班车：比如 7 点 49 分这一班。他们都依赖这个对象的表现（故障、疏漏、事故），就这一点而言，这个对象**是他们的当下利益**（present interest）。但

由于他们都居住在这一地区，这一当下利益又追溯到他们更全面、更深层的普遍利益结构：改善公交服务、冻结收费价格等等。他们等待的公交车把他们维系在一起，成为他们的利益所在，这里的他们，是**这天早上右行**的人们；是7点49分这一时刻**作为通勤乘客的利益**；每一件事都是时间化的：出行者认为自己是**常驻居民**（也就是说，五年或十年来他都是这么看待自己的），因此这公交车也就有了个特征，即日复一日永恒复归（它事实上是**同一辆**车，同样的司乘人员）。这个对象的结构淹没了它那全然没有生机的生存状态；它就此被赋予一个消极被动的未来和过去，这些又使它在乘客眼里成了他们命运的一块碎片（一块无足轻重的碎片）。[57]

8. 谈话与反思性

戈夫曼在理解日常接触的维持与再生产方面最具说服力的贡献，在于他对以下两方面问题之间关系的探讨：一方面是对身体的反思性控制，即对手势、身体运动和姿态的反思性自我监控；另一方面则是互动过程的相互协调，它是通过交往技巧和尊重他人的需要与要求来实现的。在互动的生产与再生产过程中，行动者施展出令人眩目的丰富技能，借此实现并维持了得体的交往、信任或本体性安全的普遍存在。身体运动和表情方面的细枝末节甚至比谈话轮次还要琐碎，但在规范的调节下对这些东西的控制正是上述技能的首要基础。“精神有毛病”的人 79
普遍缺乏或放弃了这种能力，身体与言辞方面偶尔的疏忽或闪失也体现出这一点，这些都可以清楚地验证上述判断。

对戈夫曼笔下的“精神病人”来说，即使是最严重的“精神混乱”，也首先表现为没有能力或不愿意接受各种监控身体运动和手势的细微（但绝非微不足道）的方式，而这正是日常互动体现出规范性的要害。所谓的癫狂，就是各种“情境失态”（situational improprieties）。[58] 人类通过身体及其中介，对时空关系进行公共性的安排，以便在共同在场情境下“顺利相处”，而精神病患者的行为表现则偏离于这种公共性的安排，甚至主动与它相冲突。“正常人”（始终得）一丝不苟地控制自己的身体，“精神不正常”的人不遵从这些，也不关心那些支配日常接触形成、维持、终结或悬置的规则的精妙之处，更表现不出维持“信任”所需的诸般交往技巧。[59] 几乎在所有情况下，聚集中的个人面临的要求都不“仅仅”是共同在场而已，他们在日常接触中，从来也不会被允许只是如此行事。在共同在场情境下，对行动的反思性监控需要某种“有控制的机警”（controlled alertness）。正如戈夫曼所言，行动者不得不“表现出在场”，而许多“精神病人”恰恰做不到这一点[60]，有些因为紧张症而显得痴痴呆呆，有些则仿佛被什么外力驱使着，只能作机械移动，而不像具有能动作用的正常行动者。

人们可以采取许多蓄意的方式来表现出在场，但这种表现无疑首先体现在实践意识中。以个人体现在服装和身体饰物上的外表及明显标志为例。一个人会结合他所参与的特定活动情境来选择与搭配衣着装饰，这方面的考虑正体现出人们对外表的关注。但我们绝不能就此推定，这种考虑是维持身体习语（bodily idiom）的典型形式。对身体习语更基本、更复杂的维持，是在他人在场情况下，结合身体姿态，时时监控自己的穿着打扮。因此，“精神病人”会懒懒散散地坐着，衣装乱搭，要不就皱皱巴巴；女病人有可能不遵守西方社会的习惯期待，穿裙子坐下时叉开两腿；等等。至于蔑视世俗成规的波希米亚人或浪子游民，他们
80 在穿着及其他行为方式上的特立独行，只是藐视社会广大人群的习俗，与这些病人有着根本区别。因此，作为身体控制和外表所依据的规范期待，关注的并不仅仅是穿着打扮或行为举止的大体特征，当然还有某种“时刻保持的控制”，它同时“承载”并呈现着能动作用。

要时刻保持自我监控并不是一件轻而易举的事：在所有社会里，各式情境下，“后台”都具有普遍的重要意义，这便是明证。在所谓的“后台”，对体态、手势和衣着的控制可以有一定程度的放松。但个人即使是在独处时，也会保持着体面 / 可呈现性（presentability），要是被别人发现处在漫不经心的“散漫”状态中，就会暴露出其他某些或许只能在这种时刻显露出来的自我特征。[61] 此处的关键在于，能动作用含有

维持“看上去像个有能力的行动者”的形象的内涵，这种关联是社会实践活动再生产的内在组成部分，而推动并强化这种关联的动机，**也正是**安排这种再生产本身的那些东西。下述观点深刻阐明了以上现象强烈的制约性：

> 所以说，身体习语是一种约定俗成的话语。我们还必须认识到它的规范性。也就是说，当有他人在场时，行动者总是受着某种义务的约束，要传递特定信息，不给别人留下其他印象……虽说他大可闭口不谈，但不可能停止通过身体习语进行沟通……矛盾的是，如果他想尽可能降低自己传递出的信息量，哪怕这还是会被人看出来，办法就是循规蹈矩地依照人们对他那类人所期待的方式行事。[62]

许多“精神病人”很难适应有关日常接触起始与终结的规范，要不就干脆置之不理。因此，在精神病院病房里的日常接触中，病人也许会抓住工作人员不放，而不管后者作出多少自己想要离开的表示。病人会紧追别人，不管后者走得有多快，护理要是走出病房，病人也会试图跟着一起走出已锁上的门。工作人员要是碰上这种情况，会采取强力手段摆脱病人的追随，也许会尽力挣脱病人的拉扯。这种事情在病房的日 81
常生活中屡见不鲜，往往与工作人员一般想与病人培养的同甘共苦感背道而驰。工作人员最终这种匆匆离去体现出的情境若是发生在病院外的世界里，就意味着离去的那个人试图以此表明，自己割断了追随者诉求的如爱恋一般牢固的道德纽带。当然，在医院病房里的病人身上，这样的意涵也不能说肯定没有。事实上，神智健全者与癫狂者之间的日常接触有许多看似怪异的成分，似乎代表癫狂者针对日常接触的常见框架所作的“实验”。莱恩（Laing）说过，我们完全可以认为“精神分裂”症患者在实践意识及其实际行为中，严肃地思考着哲学家在离群索居的沉思中假想出来的某些问题。他们的的确确为诸如“在怎样的意义上我是一个人？”“世界只是在我感知到它的时候才存在吗？”之类的问题而烦恼，其活动也旨在为这些问题寻求某种非同寻常的答案。[63] 但值得注意的是，绝大多数癫狂者的“实验活动”是有关行为暗示和规范制约的，这些都与日常接触直接范围内复杂的身体控制联系在一起。加芬克尔的“信任实验”再现了当日常生活的例行常规受到质疑时，“正常”人体验到的那种不安状态所带来的某些不快。[64]

上述考察有许多也适用于谈话，它在共同在场情境下充当了沟通意图的话语中介。讨论“失声喊叫”（response cries）（不属于谈话的言谈形式）不失为转向探讨谈话本身的一种适当方式。这种喊叫再次体现出，人们那些似乎是全然微不足道、纯属“自发”的行为特征，恰恰是受到了规范的严格安排。在公共场合里，规范制约着人们不能自言自语，而失声喊叫则逾越了这一点。比如“哎哟！”（Oops!）。[65] 人们或许会把“哎哟！”看作纯粹的反射作用或机械反应，就像某人突然将手挥向另一个人的脸时，后者会眨巴眼睛一样。这种反应表面看来不是人们蓄意作出的，但从能动作用和身体的角度来看，我们仍有必要对它进行详尽的分析。当某人摔落或弄翻了什么东西，发出“哎哟！”一声的
82 时候，这喊声乍一听像是让大家都知道他失去了控制，以此引来一个人原本希望避免的关注和干预，这也表明例行控制形式中出现了脱节，不再标志反思性监控的能动作用。但这一喊叫其实是向他人表明，现在发生的只不过是场事故，责任不在他自己。行动者用“哎哟！”来表示，这一闪失只是暂时、偶然的事件，不能证明自己在更普遍的范围内缺乏资格能力，或是有什么不可告人的意图。然而，上述分析仍掩盖了其他许多细微之处和可能情况。比如说，“哎哟！”只能用于不太重要的失误的情境，而不能用于严重的灾难性情境，人们也都知道该这么用。因此，虽然“哎哟！”一声可能是自发的，不假思索的，但它仍是向大家表明，自己已经关注到这起突发事件的含义，以此体现出自己总体上具有所要求的资格能力，这远比借此证明这只是起闪失来得重要。

事情还不那么简单。我们可以把“哎哟！”解释成对他人的警示：共同在场情境中存在某种危险，周围其他人最好多加小心。当某人遇上什么小麻烦时，“哎哟！”有时是由旁边的参与者而不是经历者本人喊出的。通过“哎哟！”一声，可以警示他人，同时安慰自己，旁观者不会因为这一闪失，怀疑自己不具备作为能负责的行动者的资格能力。“哎哟！”一般只是一声短促的叫喊，但在某些情境下，其中的“哎——”会拖得较长，有些人为了完成某项任务或计划，需要克

服某个特定的危险时刻，就会在这段过程中一直喊着这种声音。或者，父母在把孩子抛来抛去逗着玩时，在孩子可能会觉得失去平衡控制的这段时间里，会一直拉长声音喊着“哎——哟！”或“哎哟乖乖！”（Oopsadaisy!），以此安慰孩子，或许还在同时促进孩子尽快理解失声喊叫的实质。[66]

这样看来，“哎哟！”与谈话的关系要比我们最初设想的来得密切，因为它分享了沟通过程的公共性，与实践活动密切交织，这正是维特根斯坦眼中语言使用的基础。通过本章以上的讨论，我们应该清楚地认识到，无论对常人言说者，还是就哲学层次上的考察而言，日常语言的索引性（indexicality）都不是一个“疑难问题”，它指的是“情境性”（contextuality）：谈话的情境性与体态、手势和运动的情境性一样，都 83
是这些现象得以协调成为在时空中延展开来的日常接触的基础。谈话是几乎所有日常接触都具有的一项内在特征，在系统形式上也很类似。它一般表现为包含不止一人的“交谈”。交谈是某种情节片断，在时空中有自己的起始与终结。谈话的规范不仅涉及所说的内容，即表达的句法形式与语义形式，还涉及例行化的谈话场合。所谓会话，或谈话单元，需要具备标准化的起始与终结手段，以及确认和展示言说者拥有参与对话权利的凭证的手段。“置括”这一术语本身代表在写作中按照体例插入一段话的边界。本节最后我引用一下戈夫曼有关置括的论述。从互动的角度来看，什么是谈话？“这里有个关于那种安排的例子，人们由此聚在一起维持某些东西。这些东西要求人们予以重视，并且理由充分，大家都承认，始终不曾间断。这种要求将这些人包容在某种互为主体的心智世界之中”[67]。

9. 定位过程

我已经强调过，社会系统是作为规律化的社会实践活动得以组织起来，在散布时空中的日常接触里得以维续的。不管怎么说，那些以其行为构成这类社会实践的行动者都被“定了位”。所有行动者在时空中都有自己的定位或“处境”，经历赫格斯特兰德所说的各自的时空路径；同时，“社会定位”这一术语也表明，他们的定位是关系性的。社会系统只能以连续不断的社会实践为存在场所和渠道，并随着时间流逝而逐渐消逝。不过，我们最好是把社会系统的一部分结构性特征概括为“定位—实践”(position-practice) 的关系。[68] 社会定位在结构上是作为表意、支配与合法化过程的特定交织关系构成的，这又涉及行动者的类型化问题。一种社会定位需要在某个社会关系网中指定一个人的确切“身份”。不管怎样，这一身份成了某种“范畴”，伴有一系列特定的规范制约。

自林顿（Linton）以来，学者们一般都联系角色概念来谈社会定位
84 的概念，有关角色的讨论与分析要比后者多得多。[69] 我并不想详细回顾这一讨论，只想着重提出自己对角色观念的几点保留意见。这一观念涉及两种似乎彼此对立的观点，对它们我都不太满意。一种是帕森斯的观点，角色在他的理论中之所以至为关键，是出于它与动机激发、规范期待和“价值”之间的关系。这种角色观我不敢苟同，因为它过于倚重帕森斯关于社会整合依赖“价值共识”的理论假设。另一种则是戈夫曼提出的拟剧论观点。下一章我们将详细探讨这一观点，在此只说说其中的局限。这两种观点看似彼此对立，其实却有许多共通之处。它们往往都强调角色的“既定”特征，从而暴露出行动与结构之间的二元论，而这是社会理论中许多领域普遍存在的特征。脚本写就，舞台搭成，行动者只管尽力演好为他们准备的戏份。我们固然是要否定这样的立场，但这并不等于说要全盘抛弃角色观念，只是想提醒大家，要更加重视考察行动者的“定位过程”。至于说该如何定义“定位过程”，我打算采用自己以前书中的提法。把它理解为“某种社会身份，它同时蕴含一系列特定的（无论其范围多么宽泛）特权与责任，被赋予该身份的行动者（或该位置的‘在任者’）会充分利用或执行这些东西：它们构成了与此位置相连的角色规定（role-prescription）”[70]。

我们最好把“位置”(position) 理解为“定位过程”(positioning)，后一术语能使我们挖掘出更丰富的意义。结构化理论是围绕着时间意识

的三个方面建构起来的，行动者的定位也总是以这三个方面为轴线。在共同在场的情境下，行动者的定位过程是日常接触的结构化过程的一个本质特征。在这里，定位过程除了包含整个身体通过日常例行常规各区域性部分的移动之外，还牵涉到身体运动和手势的许多微妙模式。当然，行动者在他们日常时空路径各区域中所进行的定位过程，同时也是在更为广泛的社会总体中的区域化过程以及跨社会系统中的定位过程。跨社会系统具有广泛的跨度，与各社会系统的全球性地缘政治分布相融汇。这种最基本意义上的定位过程，其重要性显然与社会总体时空伸延 *85*
的层面密切相关。在某些社会里，社会整合与系统整合几近重叠，社会中定位过程的“层化”（layered）程度就不很发达。而当代社会里的个体则被定位于纷繁多样的层面上，包括家庭、工作场所、邻里、城市、民族国家以及一个世界性系统，所有这些都展现出某些系统整合的特征，将日常生活的琐碎细节与大规模时空延展的社会现象日益紧密地联系在一起。

对每一个人来说，在日常生活时空路径中的定位过程都同时是其“生命周期”或生活道路的定位过程。“主我”形塑过程的基础也许正是人格发展在“镜像阶段”（mirror phase）的原初自恋，孩子们通过参照自己身体的意象来定位身体，培养出成为一名具有反思性的行动者的能力。“主我”作为一个转换词，其内在意涵必然是将自我与在话语和行动的序列性中进行的定位过程结合起来。当然，在生活路径上进行的定位过程总是与社会身份的范畴化过程有着密切的关系。比如年龄的分级，就可能有许多种形式，其中的“儿童期”与“成年期”总是糅合着年龄定位的生物性与社会性标准。在生理再生产和社会再生产的融合过程中，家庭发挥了根本作用，在生活路径上进行的定位过程的差异是左右这一作用的主要约束条件。任何一个人类社会都不可能出现所有成员都来自同一年龄群的情况，因为人类的幼年在很长的一段时期里，多少可以说是完全依赖长辈的照料。[71]

不过，社会定位过程的总体框架，是在以上这些形式的定位过程与制度长时段中进行的定位过程的交织关系中产生出来的。只有在制度化实践活动中存在的这种交织关系的情境下，我们才能结合结构二重性，较好地把握各种时空定位过程。在所有的社会里，年龄（或年龄等级）与性别看来都是确定社会身份属性最综合的标准。然而，虽说社会学文献常以某种类属的方式谈及年龄角色、性别角色之类，但我并不想照搬这些用语。年龄、性别及其他如肤色之类被认为是“先赋性”的特征所
86 产生的社会身份，往往汇聚了太多的行为特征，其结果是用“角色”这一术语来描述它们，既容易使人误入歧途，又流于肤浅。[72] 许多批评社会科学滥用角色观念的学者都指出，我们只有在某些特殊的社会互动情境中，即能够结合某个特定的身份，比较明确地指出其规范性的权利与义务时，才能较为精确地使用角色概念。这个词取自戏剧，这一事实告诉我们，只有当存在明确的互动场景，对“所期待”的行为方式有特别明确宣示的规范界定时，谈论角色才有价值。实际上，这种互动场景总是由特定的一处或一种场所提供的，共同在场条件下的规律化日常接触就发生于这种场所。[73] 这种场景所涉及的关系的封闭界限比起社会系统整体来，总是要明确一些。

“定位过程”涉及我称之为互动情境性的问题，并使我们可以直接阐发戈夫曼著作对于结构化理论的重要意义。所有社会互动都是**定位在情境中的**互动，就是说互动是发生在具体时空情境中的。可以把社会互动理解为断断续续但却是例行发生的日常接触，会逐渐消逝在时空之中，又能在不同的时空领域里持续不断地重新构成。日常接触在时间上和空间上的规律性或例行性正体现出社会系统的制度化特征。例行常规以传统、习俗或习惯为基础，但我们绝不能就此假定这些现象属于不言自明的东西，以为它们只不过是些“不假思索”地重复进行的行为方式。相反，戈夫曼（以及常人方法学）有助于我们认识到，绝大多数社会活动的例行化特征，都需要由那些在自己的日常行为中维持这些特征的人持续不断地“打造”。戈夫曼著作中最显著的缺陷之一，就在于未能充分描述动机激发过程。我在上文业已指出，可以通过某种基本安全系统，即（在实践中）维持某种本体性安全感，与行动者娴熟组织起来的社会再生产的例行性，这两个方面之间的关系，来解释作为参与者带入日常接触的基本特征的信任和交往技巧，以努力弥补以上缺憾。就时空中的社会整合而言，对身体的监控和在“脸面工作”中对面部的控制

与使用都是至关重要的。

我们很有必要强调，例行常规的理论并不完全等同于社会稳定的学 87
说。结构化理论关注的是人的社会关系中超越具体时空的“秩序”，而要阐明这种超越过程，例行化过程是不可或缺的一个因素。人们想当然接受的例行常规在经历极为剧烈的社会变迁之后，其中某些方面当然可能会受到危害，但即便如此，这些例行常规也能维持下来。比如说，革命的过程一般说来无疑会剧烈改变各色人等的日常活动，无论他们是陷入反抗情绪的狂热分子，还是那些丝毫没有参与发动革命的人，那些社会事件的无端牺牲品。不过，在某些情境里，日常生活的构造会受到正面的攻击，招致系统性的破坏，就像集中营的情形一样，此时例行常规的控制力受到更具实质意义的毁坏。然而，即使在这样的情况下，人们也会重新确立例行常规，包括贝特海姆十分出色地向我们揭示的那些令人厌惧的例行常规。

戈夫曼指出，可以将日常接触中包含的规则看作结合在“框架”或框架结构中的东西，这种看法颇具启发。可以把框架化过程（framing）看作向活动及意义提供秩序安排方法，由此可以在日常例行常规的实施过程中维续本体性安全。而框架则是规则的聚合，它有助于构成并调节活动，并分别将它们归入某一特定种类，受制于一系列限定的制约。无论何时，一旦人们聚集在某一具体情境之中，就将面临“这儿正发生什么事？”的问题（但在绝大多数情境下，他们都能毫无困难地作出解答）。当然，“正发生什么事？”这个问题不太可能有个简单的答案，因为所有社会情境里都可能同时“发生”着许多事情。但互动的参与者一般是在实践层面上处理这一问题，将自己的行为与他人的维系在一起。要不然，如果他们在话语层面上提出这一问题，也只是与情境中某个看上去令人困惑或不安的特定方面有关。框架化过程作为参与者日常接触的构成部分，受到后者的限制，并为他们从事的活动“提供意义”——既为他们自己，也是为其他人。这不仅包括对事件“如其表面”（literal）的理解，也包括提供某些标准，让人们借此弄清楚，正在发生的事件到底是开玩笑、游戏、演戏，还是其他什么活动。

可以说，日常活动的基本框架结构既为日常接触中的常人参与者、 88

也为社会研究者创造出了“如其表面”的描述语言。诚然，各个基本框架之间在精确性和界限范围方面的差异是很大的，但无论它们的组织程度如何，基本框架都可以赋予个体某种能力，将纷繁多样的具体环境或情境加以归类，从而能以某种适宜的反应方式，应付任何“正在发生”的事态。如果某人确定了所处具体时间地点正在发生的事，比如说正置身于一场派对，那他即使并不太熟悉情境中的某些特征，也会采取恰如其分的行为。戈夫曼在绝大部分著作里，都探讨了促成基本框架与派生框架（secondary framework）之间转换的规则。所以说，转换的“调子”（keys）就是这样一种程式：在某一基本框架中已被赋予意义的某种活动，借助“调子”，便可以在另一个派生框架中获得新的意义。[74] 譬如一场争斗可能只是“游戏”，貌似严肃的评论也可能是在开玩笑。不过，我们完全可以运用同样的分析方法，揭示不同基本框架之间的转换规则。

考虑到上下文目前讨论的背景，我们似乎没有必要再过多纠缠于戈夫曼框架分析的细节。我下面来谈谈另一篇威德尔（Wieder）讨论“讲规矩”（telling the code）的文章[75]，简要探讨规则的话语阐述过程可能具有的重要意义。威德尔在某公寓对假释犯重新改造问题进行了参与观察，在研究成果里报告了他的结果。犯人们谈论着存在的行为规则，管这叫“规矩”。是他们，而不是管理人员，创立并相互协调着这些规矩，明确地讲述它们——当然是不成文的。没有犯人能够明明白白地复述构成规矩的所有行为准则，不过他们都能说上一些，也经常在一起谈论规矩。所谓规矩是由下面这样的规则组成的：别“告密”（向管事的揭发其他犯人）；别为了从宽而“招供”（即承认犯了上头说是非法的行为或对它负有责任）；别偷其他犯人的东西；要是突然得到什么礼物或好处，大伙儿都有份，等等。管理人员也明白这规矩，并在对付犯人时利用它。威德尔说：“它被用作一种广泛的解释图式，赋予他们的环境以‘结构’”[76]。但他也同时指出，这种规矩的言语表述过程表明，人们援
89 用它的方式是不言而喻的规则所不具备的。它构成了某种“动机语汇”，管理人员和犯人都拿它来解释行动，特别是越轨或成问题的行动。人们不只当它是对心照不宣的东西的描述，相反，对规矩的援用本身就会改

变提及它的具体环境。“讲规矩”这种说法似乎不仅意味着陈述规矩的内容，还是在训斥那些违背者；在“讲规矩”的过程中，规矩体现为某种控制手段，这种体现过程构成其实际运作过程本身的一部分。我想这正是许多社会情境中以话语形式提供的“规则解释”的特征。

在共同在场环境下被反思性地采用的那些规则，其涉及面从不局限于特定的日常接触，而是适用于跨越时空的那些日常接触模式化的再生产。语言的规则，基本框架化和派生框架化的规则，人际互动行为的规则，这些都广泛适用于社会生活的宽广领域，虽说我们不能认为它们的范围必然与某个特定的“社会”重合。说到这里，我们不得不对“社会互动”和“社会关系”二者在概念上的差异给予一定的关注（尽管下文中我有时还可能会混用它们）。社会互动指的是个体参与共同在场情境下的日常接触；而在与之相对的社会整合层面上，社会系统的各种制度以社会互动为“基本材料”结合在一起。社会关系当然包含在互动的结构化过程中，但也是系统整合中制度结合所围绕的主要“基本材料”。互动必须依赖个体在活动的时空情境中的“定位过程”；而社会关系则关注个体在符号范畴和纽带所构成的“社会空间”中的“定位过程”。社会定位的有关规则一般是具体规定了具有某一特定社会身份或从属于某一特定社会范畴的人所拥有的权利与义务。换句话说，这种规则的规范性尤其得到强调，但上述所有对规则属性的判断也同样适用于此。具体来说，人们可以心照不宣地遵从它们，而无须以话语形式加以阐述。人类学文献中有许多这样的例子，比如具有单系姑表亲婚姻模式的文化。这些文化里的成员显然对谁该跟谁结婚有些想法，并能将其付诸实 90
践。但他们并不会把在行为中实际遵循的婚配标准规则明确表述出来，只是心照不宣而已。

戈夫曼指出，社会整合的基础是有认知能力的行动者反思性地运用的步骤，但他未能令人信服地指出这种认知能力的局限或界限，也没能点明它所采取的形式。我想在此提出这样一个问题：行动者对于他们在行动中生产和再生产出的社会系统的那些特征，在何种意义上是“有认知能力”的？

我们不妨假定：“认知能力”中的“知识”相当于确切或有效的自

觉意识（awareness）。我不说是“信念”，因为信念只是认知能力的一个方面。有人认为实践意识纯粹是由命题式信念构成的，这种看法并不合理，虽说有些要素原则上可以用这种方式表述。实践意识包括知晓某些规则和策略，日常社会生活正是通过这些规则和策略，得以在广泛的时空范围内构成和再构成。社会行动者有时会弄错这些规则和策略可能具有的含义。在那些情况下，他们的失误**也许会**表现为“情境失态”。但是，如果说社会生活根本上存在什么连续性的话，绝大多数行动者在绝大多数的时间里就必定是正确无误的。也就是说，他们知道自己之所为，也成功地把自己的知识传递给了别人。认知能力包含在构成日常生活主体的实践活动中，是社会世界的一项构成性特征（此外还有权力）。作为社会世界的组成者，行动者有关社会世界的知识是和这个世界分不开的；他们有关实存客体或事件的知识也是如此。我们要想充分检验行动者所知的东西，以及他们如何践行这些知识（常人行动者与社会观察者一样投入这种实践），必须以使用同样的材料为基础，也就是说，对循环反复地组织起来的实践活动有共同的理解，因为有关这些知识的假设正是依照这些材料推演而来的。要衡量这些材料的“有效性”，得看行动者在多大程度上能在不偏离自己行为目的的情况下，与他人相互协调彼此的行动。

当然，有关行动者在行动环境中的实际行为规则和策略的知识，与那些在远离行动者经验的情境中采用的知识，二者之间还是有些潜在的
91 差异。行动者的社会技能在多大程度上能使他在置身陌生的文化情境时，无须借助其他力量就可以应付自如，这显然会有许多种情况。当然，体现各种文化或社会之间不同界限的习俗多种多样，它们之间的融合过程同样也是差异各见。行动者并不是只能通过那些自己能以话语形式阐述出来的知识或信念主张，才能体现出对超出自己活动所发生范围的那些更广泛的社会生活状况的自觉意识。例如，对于那些明显置身于社会底层的行动者来说，他们常常是在进行例行活动的方式中，体现出对自身受压迫状况的自觉意识的。戈夫曼的著作充斥着对这类现象的评论。但抛开这个方面不谈，当我们说“行动者有关自己所属社会的知识”（以及有关其他社会的知识）时，指的就是话语意识。这里，在借

以判断信念主张（假设或理论）的有效性标准方面，作为常人的社会成员和社会观察者之间并无逻辑上的差异。

无论怎样，就一般情况来说，哪些类型的情况容易影响行动者对系统再生产条件的“洞察”的程度与性质？我认为，大致包括以下因素：

（1）行动者凭借自己的社会定位所拥有的获得知识的方式；

（2）组织并表达知识的类型；

（3）与被视为“知识”的信念主张的有效性相关的情况；

（4）与可资利用的知识的传播方式有关的因素。

当然，所有行动者都是在更大范围总体中的具体情境下行动的，这就限制了他们对自己没有直接经验的其他具体情境产生更多的了解。诚然，所有的社会行动者所掌握的知识，比起自己曾亲身体验过的都要多得多，其原因正在于经验借助语言而实现的积淀。但行动者的生活要是局限在一种环境里，对其他环境中发生的事情则多少有些无知。这一判断不仅适用于某种“横向”即空间分离的意义，也适用于较大范围的社会中的“纵向”意义。所以说，精英集团里的行动者对其他那些社会地 92
位较低的人群的活法可能会知之甚少，反之亦然。不过，我们有必要在此指出，环境的纵向分隔几乎始终同时是空间分隔。上面第（2）种因素，我的意思既是指信念主张在多大程度上可以完全通过“话语”来安排，又是指不同话语的性质。那些日常的知识主张，那些最通俗不过的常识，阐述起来经常是支离破碎、缺乏联系的，这是它们的特点。不仅仅是作为修补工匠的“初民”：在所有的社会中，常人成员的大多数日常谈话都是依据零零散散或未加审察的知识主张来进行的。但不管怎么说，在社会科学已经颇具影响力的那些社会里，社会科学话语的兴起显然影响了各个层面上的社会解释。比如戈夫曼就拥有大量的读者，而不仅限于他那些作为职业社会学家的同事们。

至于第（3）种类型，我们在此只需指明，个体在描述或说明自身行动的具体情境及更大范围内社会系统的特征时，采用的理论可能是错误的。此处，在实践意识和话语意识之间可能存在张力，而上面这一点显然就是张力的源泉。最初的起源可能是某种心理动力机制，在压抑过程中，有关人们为什么这么做的理由，以及对那些理由他们想说或能说的东西，都被打散或搅乱了。但显然还存在某些更为系统的社会压力，能影响到某个社会的成员会在多大程度上对该社会的特性持有虚假信念。就第（4）点而言，口头文化与书写、印刷、电信等沟通媒介之间在历史角度及空间角度上的关系尤具影响力，这一点几乎已是众所周知。后面提到的所有这些沟通媒介，不仅仅影响到可资利用的知识库存，还改变了人们产生出的知识的类型。

附论：弗洛伊德论失言

93 我想通过考察有关人们说话时的失言现象的解释为例，具体说明本章分析的某些观念。弗洛伊德所谓的“错乱”（parapraxes，德语为Fehlleistungen）不仅指言辞笨拙，还包括误写、误读、误听，以及对姓名和其他东西的暂时性忘却。他认为，就某个方面而言，这些现象统统属于一类，因为指称它们的术语在德语里有着同一个词根，都以Ver音节打头（Versprechen，Verlesen，Verhören，Vergessen）。所有的错乱都包含失误，但大多指的是那些似乎不太起眼的失误，在犯下这些失误的个人的活动中并没有什么持久的重要意义。弗洛伊德写道：“只是在很少见的情况下，它们中的某一现象，比如丢了某件东西，才会在一定程度上具备实质重要性。也正是因为这一点，它们不会引起多少注意，顶多产生情绪上的小小波动之类”[77]。他其实是想指出，这些细小的违规现象提供了线索，让我们能考察人格心理动力机制的关键特征。

我并不想在此探讨各种错乱是否的确只是构成了一类失误，只想集中讨论失言问题。弗洛伊德参考语言学家梅林格尔（Meringer）和精神病学家迈耶（Mayer）提出的分类框架，指出语误包括以下类型（他在其他方面并不同意这两位学者的意见）：其一是**语词换置**（transpositions），比如把“米洛的维纳斯”说成“维纳斯的米洛”；其二是**发音前置**（pre-sonances或anticipations），比如把“这对我来说负担太重了”（es war mir auf der Brust so schwer）说成“der Schwest”，而“Schwest”这个词并不存在；其三是**发音后置**（post-sonances或

perseverations），比如把“我提议，让我们为头儿的健康干杯”中的“anzustossen”说成“aufzutossen”；其四是**语词错合**（contaminations），比如把“他很倔强”（er setzt sich einen Kopf auf）和“他奋力抵抗”（er stellt sich auf die Hinterbeine）合说成“他坐在自己的后脑勺上”（er setzt sich auf den Hinterkopf）；其五是**语词替代**（substitutions），比如把“我把标本放进标本箱（Brütkasten）”说成“我把标本放进邮筒（Briefkasten）”。[78]

梅林格尔试图通过神经①刺激阶段的分析来说明以上这些现象。当 *94*
某个言说者说出句子中第一个单词时，预期到下面的言语表达形式，某种相关的刺激过程就已经开始发挥作用了。这种过程有时会干扰后面表达中将要发出的音。有些音就是比其他音发得要重，会影响到其他的音或词。因此，我们要想揭示失言的起因，就得找到那些最具心理诱发力（highest physical valence）的发音或言语表达。在梅林格尔看来，方法之一就是考察追想某个想不起来的词——如某人的姓名——时的整个过程。第一个浮现在意识中的音总是这个单词没被忘记时发得最重的那个，经常是单词的首音或重元音。弗洛伊德不太赞同这种解释。在他看来，当我们忘记词的时候，首先回想起来的很少会真的是首音或重元音。言说者有时也许会相信这一点，但他们其实常常是搞错了；他认为，言说者在努力回想的过程中，发出的第一个音大多是错误的。

弗洛伊德有番讨论流传甚广，就是他本人在记忆画家西诺雷利（Signorelli）的名字时的失误。我们可以根据这个例子来具体说明后面这种现象。他在谈论奥尔维耶托大教堂（Orvieto Cathedral）的壁画“万民四末”（即死亡、审判、地狱与天堂）时，发现自己想不起画家的名字。他没能想出试图回忆起的名字，却只是想着“波提切利”（Botticelli）和“波特拉菲奥”（Boltraffio）这两个名字。另一个人提醒他正确的姓名，他顿时回想了起来。之所以忘记这一姓名，既不能归咎于画家名字本身有什么独特之处，也不能诉诸他试图回忆起这一名字时的具体情境有什么特定的心理特征。他对“西诺雷利”和那两个替代名字中的“波提切利”一样熟悉，对脑海里冒出的另一个错误的名字

① 原文为neutral，疑为neural之误。——中译注

“波特拉菲奥”的熟悉程度则不如“西诺雷利”。他是在从达尔马提亚（Dalmatia）的拉古萨（Ragusa）驱车前往黑塞哥维那（Herzegovina）某地的路上，在与一位陌生人随意交谈的过程中，发现自己想不起画家姓名的。

对这一现象弗洛伊德作出了以下分析。忘记姓名与在此之前两人谈
95 论过的话题有所联系。在谈论奥尔维耶托大教堂之前，弗洛伊德和他的旅伴刚谈论过居住在波斯尼亚（Bosnia）和黑塞哥维那的土耳其民族的风俗。弗洛伊德告诉那人，土耳其人对疾病和死亡抱有一种听天由命的态度。如果有医生告诉这些土耳其人，病人已无法可治，他们的反应是“先生，您这话说到哪儿去了？如果他有救，我知道您会救的”[79]。“波斯尼亚”“黑塞哥维那”和“先生”（德语为 Herr）这几个词在无意识间与“西诺雷利”“波提切利”和“波特拉菲奥”牵扯到了一块儿。在弗洛伊德脑子里，与这头一件轶事紧密联系的还有第二桩趣闻。与他们面对死亡时的那种宁静淡泊的态度相反，那里的土耳其人在遭受性错乱折磨时表现得非常不安，以至于有人说道：“先生，您必须清楚，如果我再也不能干**那事儿**，那活着也就没啥意思了。”弗洛伊德在描述他的经历时，克制住自己没讲这件事，因为他的旅伴是个陌生人。他也就此将自己的注意力从萦绕在心头的有关死亡和性的主题上移开。他前不久刚在蒂罗尔（Tyrol）地区一个叫作特拉佛依（Trafoi）的小村庄待过，在那儿惊闻噩耗。有位被他称为“无法治愈的性错乱”的病人，长期以来一直得到他的悉心关照，但现在终于自杀了。[80]“特拉佛依”和“波特拉菲奥”这两个词之间的相似性表明，尽管弗洛伊德下决心不谈后一件事，可这一事件已在心理层面上有所显现。

在确立这些词之间的相似关联之后，弗洛伊德认为再也无法把忘记“西诺雷利”当成一起偶然事件了；它是（在无意识层面上）受动机激发的事件。他刻意闭口不谈的东西被移置到另一样信息，即画家的姓名。

这里所确立的关联表明[81]，“西诺雷利”这个名字已经被分成了两个部分。在这两对音节中，“利”（elli）以原有形式出现于他想起的那两个名字中的一个，另一个则通过将意大利语中的“先生”（Signor）转

换成德语中的“先生”（Herr），纳入一个关联网络之中。黑塞哥维那和波斯尼亚这两个地区常被人们拿来相提并论，在这两个单词的词头之间发生了某种移置现象（见图4）。导致遗忘的关联大多是下意识形成的。在被压抑的主题和使脑子里产生作为替代的姓名的因素之间，并没有什么明显的关联，它们之间的相似性其实在一定程度上是以这些单词所具 96
有的共同音素为基础的，但只有在我们理解了遗忘只不过是压抑的一种结果时，这些相似的东西才会被拼合在一起。当然，我们并不是说所有忘记姓名的例子都属于这种情况：“有时候情况很简单，就是想不起正确的名字；另外则还有一种情况，即在压抑的激发下产生了遗忘。”[82]

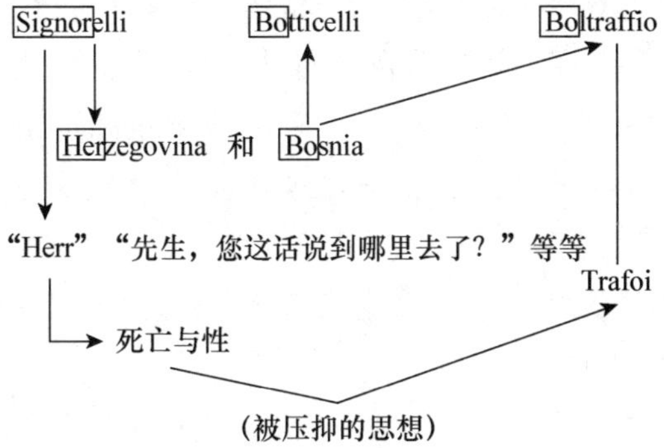

图4

弗洛伊德紧接着指出，失言情况的机制与他所经历的相似。语误既有可能属于梅林格尔和迈耶分析的那种类型，即某一表述的一个要素对另一个产生了影响，也可能属于“西诺雷利”这一例子中的情况，即导致失误的影响来自言语表达之外，也不属于发生失误的当下情境。这两种类型的起因里都包含有某种“刺激”，但在其中一种类型那里，“刺激”内在于言语表达或表述词语的那个具体情境；而在另一种类型那里，“刺激”则外在于这些东西。只有在第一种类型下，才有可能通过考察将音素与词语彼此相连从而影响言语表达的那种机制，来说明失言现象。但进一步深究，就可以发现根本不存在所谓的第一种类型。经过深入的考察，那些乍看起来不过是源于“音素的感应效果”（contact effect of sounds）的失言现象，其实是以外在的（即受动机激发的）影响为基础的。

弗洛伊德列出了失言现象的许多实例，包括以下几种：

97 （1）有位女病人这样说道："我闭上嘴，就像一把'Tassenmescher'（这个词不存在）——我说的是'Taschenmesser'（小折刀）"。弗洛伊德承认这里的确有言语表达上的困难，但同时指出，失误的根源在于病人本身，在于与某个触及无意识焦虑的名字之间存在的关联。

（2）另一位女病人在被问及她的叔叔近况如何时，这样回答道："我不知道。近来我只是明目张胆地看他（in flagrante）。"实际上她想用的是"路遇"（en passant）这一短语。后来证明，误用的这一短语与该病人过去的一段生活经历有关。

（3）一个小伙子在街上碰上一位女士，对她这样说道："太太，如果您允许的话，我很乐意begleit-digen您。"他想陪侍（begleiten）这位女士，却又担心自己的提议是否唐突（beleidigen）。小伙子的这一请求并非完全出自善意，与"西诺雷利"的例子相仿，被掩盖的意图导致了受无意识层面的动机激发的失言现象。

（4）在一次争论不休的会议上，主持人如此说道："我们现在应该争吵（streiten）——（他原本想说继续［schreiten］）——下去，讨论第四项议程。"言说者试图压抑自己的真实观点，却体现在了他的语误上。

（5）某人被问道："你儿子在哪个团服役？"回答是："在第42谋杀者（Mörder）团。"（他原本想说炮团［Mörser］）。

（6）在某个社交场合，一位客人发表了这样的看法："当然，一个女人要想取悦男人，就得美丽动人。而男人就简单得多；只要他五肢发达（as long as he has his five straight limbs）就行了！"梅林格尔和迈耶举出许多语词错合的例子，这就是一个，但弗洛伊德把它看成凝缩作用（condensation）[①]的心理过程的实例。这一表达掺和了两种措辞，意思分别是"只要他四肢发达"（as long as he has his four straight limbs）和"只要他头脑灵活"（as long as he has his

① 心理学术语，如在梦中结合不同形象成为单一形象。——中译注

five wits about him)。弗洛伊德指出，这一见解与许多失言现象一样，可能被视为开玩笑而一笑置之。差别只是在于言说者是否是有意识地说出这些话来。

（7）对梅林格尔与迈耶的一个例子进行再分析：把“这对我来说负担太重了”中的“der Brust so schwer”说成“der Schwest”。
只用发音前置来说明还不够充分。或许我们可以把这一失言现象解 98
释为无意识层面上在“姐姐”（Schwester）、“弟弟”（Bruder）和可能是“姐姐的乳房”（Brust der Schwester）之间建立的联系。

弗洛伊德总结道：“说话中出现的每一个错误都必然有它的理由。”[83]这里所指的除了失言现象，还包括其他形式的言语错乱，比如暂时性的结巴（stammering）或严重口吃（stuttering）。这些现象都是内心冲突的症状，表现为言语的走形。他认为，在个人专心投入的情境里，比如精心准备的演说或求爱宣言，就不会出现言语错乱的现象。

所有深深映入视界的东西
都清晰地呈现着自己
而那些用来表述事物的词语
也都自由地抵达了目的。[84]

所有的失言现象是否都存在无意识层面上的动机激发？弗洛伊德对此坚信不疑，因为“每一次考察失言现象的具体实例，都会看到这种类型的说明”[85]。

现在让我来比较一下弗洛伊德对失言现象的论述和戈夫曼有关电台谈话的分析[86]，这种比较看起来也许没有什么潜力，但它实际上对结构化理论颇有启发。戈夫曼在讨论中的关注点与弗洛伊德有很大不同，不过我并不想沿袭前者论证的主题，而是力求梳理出它对评价弗洛伊德有关言语失误的论述有什么意义。电台和电视台里的播音与日常谈话有实质区别，但也正是因为这一点，我们才有可能相当深入地透视这些情境。播音员并不是他们播送的稿子的作者。他们的谈话只是作为预先安排好的次序的组成部分，自己没有权利随意改变方式，除非是一些枝节性的东西。但人们同时又期待着播音员能给人一种“谈吐充满活力”的印象，始终表现出积极主动的投入来。播音员要想同时符合这些彼此冲突的要求，并不是一件容易的事情，因为他们需要在保证技术上不出差错的同时，说出自己该说的台词来。播音员的任务就是“创造出似乎没有差错、又不使人感到枯燥的谈话来”[87]。

当然，播音员的确也会失言。戈夫曼就此举出了一些实例，其中不难发现属于梅林格尔与迈耶列出的那些失误的例子：

(1)“在结束此次电视布道节目之前。请允许我再一次提醒我

99 们所有的听众，时间能伤害所有的治愈。”(语词换置或首音互换)

(2)“您现在听到的是克莱德·卢卡斯分泌的黏液。”(发音前置)

(3)“好，现在红队换上棒球场的是44号弗兰克·福勒，这是一位毫无作用的内场手。”(发音后置)①

(4)“这里是加拿大全国肉体阉割网。”(语词错合)②

(5)“我们刚刚得到一个消息，一枚土制白肤金发碧眼女人今天早上在罗克西剧院爆炸。”(语词替代)③

还有许多近似弗洛伊德列举的那些情况的例子，比如：

(1)“如果想来块上等的能让人窒息的东西，请选用总督牌。”④

(2)“先把蛋清搅匀，然后加进牛奶，再慢慢掺进细面粉。这样做你会看见混合物如何渐渐生病。”⑤

(3)“好，各位观众，这位是我们翘首以盼的午间电视特别节目的嘉宾，一位举世闻名的作家、演说家和环球旅行家，一位有名望的男士。他就是，呃，就是……唉！真该死！他到底叫什么名字！”

(4)“嘿，各位朋友，去小弗兰克餐馆瞧瞧吧，在那儿你们一

① 把“infutility fielder”（有点作用的外场手）说成“futility infielder”。——中译注

② 把“Broadcast Corporation”（广播公司）说成“Broad Corping Castration”。——中译注

③ 把“bomb”（炸弹）说成“blonde”。——中译注

④ 把“chop”（牛排）说成“choke”。——中译注

⑤ 把“thickening”（变稠）说成“sickening”。——中译注

定会享受到象食晚宴。”①

这些失言现象大多可以当作笑料[88]，这恰恰可以进一步证实弗洛伊德的观点，即玩笑与失言有着密切的亲缘关系。尽管我们无法直接证明这一点，但上述例子非常符合他对言语错乱的解释。这些发错音或被替换的词语似乎并不仅仅是那些本应说出的词语的任意替代品。就人们原本期望播音员会表达的看法而言，这些言语令人尴尬；其中有些只不过是“过于直陈”心意，这正是弗洛伊德提请我们注意的；其他一些则不言自明地具有性的意涵。不过，让我们再来看看电台谈话中其他两种失言现象：

(1)“女士们如果一门心思驾车而过，衣服突然掉落，将会迅速招来注视。”②

(2)“伙计们，来试试我们舒服的床。我偷偷摸摸地躲在我们卖出的每一张床后。”③

(3)“洛杉矶警署已把赃物和轿车都列入被窃一类。” 100

(4)“好莱坞这儿纷纷传言，一位昔日的女影星本月将生下她的第五个孩子。”④

(1)“塔姆斯牌胃药将使您迅速解脱，保证您夜间不会积食或胃痛……所以请选用塔姆斯牌，您入睡时将会开怀……（翻页）大笑。”⑤

(2)“女士们、先生们，现在，是我们的贵宾，杰出的演说家和社会领袖，埃尔玛·道吉女士……（主持人插话）她具有独力应付大局的能力。”⑥

(3)某个地方电视台正在纽约麦迪逊广场花园现场转播一场拳击赛，突然中止转播，播发当地某位政治活动家去世的消息。当镜

① 把“elegant food”（精美的食物）说成“elephant food”。——中译注

② 原意为“女士若急于驾车赶路，放下待洗衣服，立等可取”。——中译注

③ 原意为“以个人的名义担保我们卖出的每一张床”。——中译注

④“孩子”原意可能指接的片子。——中译注

⑤ 原文为“go to sleep with a broad…smile”，而停顿前的“…with a broad”意思是睡了个骚娘儿们。——中译注

⑥ 原文为“leap buildings in a single bound”，隐然有对女人越界爆红的不满。——中译注

头切回拳击赛时，解说员如此说道："伙计们，这一拳打得可不怎么样！"①

这些例子并不包含什么失言现象，但它们的确表现出言语的错乱。言说者想要表达的东西出现了某些偏差。第二组例子很有意思，因为如果我们不了解它们发生的具体情境，它们似乎就只是一些典型的"过于直露"的表达。我们无法指责它们是出于什么不良动机，除非负责切换节目的导播在某种程度上（有意无意地）安排了这种次序，以获得某种引人注意的效果。第一类失言现象则更难解释。也许这里的确含有受无意识层面上的动机激发的含混之处，但这种解释似乎站不住脚。如果在普普通通的日常谈话里说出这些言语，言说者和听众大半是会忽略其中的含混之处。关键并不仅仅在于我们无法一下子领会它们模棱两可的意涵，还因为在日常谈话中，言说者意图之外的意义容易被谈话的情境性特征所掩盖。言说者在表达言语时，会针对心目中关注的特定人群，预先斟酌好遣词造句，以防止产生其他理解。而电台或电视台的播音员则无法做到这一点，因为他们面对的是并不与自己共同在场的一般化受众。

既然如此，我们显然就不能将电台谈话当成具有普遍代表性的谈
101 话。电台谈话中的失言现象之所以要比日常谈话中的惹人注意得多，可以用两个原因来解释。其一，电台中的谈话不是发生在共同在场的沟通者之间。在这种情境下说出的话脱离了其他线索，与根植在日常活动中的情况相比，成了更容易"被注意到"的现象。弗洛伊德有关失言现象的例子中，有许多是从咨询治疗的具体情境里抽离出来的，也可以说属于这种情况。说到底，拿带有咨询治疗性质的日常接触来代表日常谈话，比电台谈话也好不到哪里去。病人的言语被视为具有特别的意义，得到仔细的研究。其二，播音员是说话不出纰漏的专家，在人们的期望中，干这行就得这样。演员的主要任务就是清楚流利地表现台词。只有当我们认识到这种几乎不出纰漏的言说是多么不同寻常时，才能体会到普通的日常谈话的偶然性。常人参与者和语言学家一样，都常常把日常

① 原文为"That wasn't much of a blow"，也可以理解为这不算啥沉重打击，意思是死就死吧。——中译注

谈话看得过于“完善”和“有序”。布默（Boomer）和拉弗（Laver）总结了近年来对会话的经验研究成果，认为：

> 在言说中，“正常”并不意味着“完善”，认识到这一点很重要。自发言说的规范显然不是完善的。会话的特点是时不时出现停顿、支吾、岔头、走音和矫正……在日常情境中，无论是我们自己说漏了嘴，还是别人失言，许多时候我们根本就不会注意到。只有在听人说话时抱有某种职业“校对”的态度，才能在说话的过程中捕捉到这些现象。[89]

事实上，在绝大多数日常会话情境中，我们的确都很难从谈话中区分出哪些是失言现象，因为几乎**所有的**谈话都是断断续续进行的。戈夫曼指出，若要证明某一个具体的言语表达是失言或“错误”，须视言说者是否在他重新开始表达这一词句时作出修改（当然我们也可说视该言辞表达是否真被修改或“弥补”）。我们不能根据某种理想化的表述或交谈形式，来界定失言现象。而且，我们要把握日常谈话的特性，就不得不考察其他有可能掺和进来的失误类型。而这一点又有什么内在的意涵呢？

首先，就失言现象而言，我们可以认为梅林格尔和迈耶并不像弗洛 102
伊德力图证明的那样，没能抓住问题的要害。弗罗姆金（Fromkin）指出，单词发错音时体现出的性质与那些说出“正确”单词的过程没有什么差别。[90]这并不是说产生这类错误与无意识激发没有关系，但它的确使我们注意到：在言语表达的反思性监控过程中，一般不存在什么说明失言现象时不可或缺的“干扰”。发音前置与发音后置这两种现象也被人们想当然地认为与言说的反思性监控有直接关联。词语具有这样一种特性，它们必须作为合乎句法的有序组合，由思维转为言说，否则这种言语错乱根本就不会发生。

第二大类失误无关乎个人言语表达本身，而是关于说话轮次。言说者或许会在另一个人结束他的言语之前就开口说话，不是彼此“重叠”在一起，就是径直截断别人的话；两个参与者可能会同时开口说话；他们也都可能说着说着“停下来”，使会话流出现谁也未曾想到的断裂。这种不协调现象大多被参与日常交谈的言说者完全忽略，这和个人独自说话犯错误时的情况一样。它们只是在某些特定情况下才会被“听到”，比如说其中一段谈话被录了下来，人们就会有意地集中注意力去听。在此我们再次强调，日常谈话不同于电台谈话。在电台谈话中，人们很容易注意到话音重叠和语带双关之类的现象；而在会话过程里，重叠是比较普遍的现象，言说者经常不待另一个人完全结束其言语就开始说话。但参与者们忽略了这些现象，因此听起来各人参与的对话都是彼此分离的谈话片断。

第三，谈话失误之所以会被发现，时常是因为出现由言者或听者启动的弥补步骤。由其他人来作矫正的情况似乎比较罕见，原因在于，对照某种理想化的语法模式，许多纰漏出自发音或句法方面的失误，而人们实际上并没有听出这些毛病。但这只是问题的一部分，还有一部分原因在于，人们在运用交往技巧时，主要针对的是会被视作言者不具资格能力的那些方面。由言者所做的弥补性工作，针对的几乎都是谈话轮次方面产生的麻烦，而不是失言现象本身。

103 这些意见告诉我们大量有关日常言说性质的东西，并以此证明，我们在解释言语错乱现象的时候，不能参照某种理想化的“正确”言说观念。播音员的谈话近似于这种理想化观念，因此与语言的日常使用有所不同。倘若人类的社会生活的确像持客观主义立场的社会科学家所描述的那样，那么播音员开始工作后的一言一行实际上是与此颇为接近的。绝大部分播送的内容在发送之前就已经安排完毕，行动者照念台词，只能作些小修小补。在这种情况下，行动者的确表现得只是个既定社会组织模式的“承担者”，或者就像戈夫曼说的，像个“动画小人”，一个“发出言语的发音箱”。[91] 然而，绝大部分谈话情境（以及互动情境）与此完全不同。日常谈话是“松散”或有漏洞的，或者说拿它与某种理想化模式相比时显得如此，但在与人的实践融为一体的日常谈话中，这却是一个类属性的特征。换句话说，值得我们注意的并不是谈话技巧有欠熟练，而是会话与社会生活（始终是偶然性的）再生产在形式上是否彼此类似。参与者在日常互动中念念不忘的主要问题，从来也不是谈话作为“得体言谈”的生产，在其沟通过程中包含的规范性要素。正相反，谈话中充满着社会生活例行常规在实践活动里的要求。

要是接受这种观点，就意味着重新思考弗洛伊德的看法。弗洛伊德认为，所有失言现象都有它的动机源泉，如果我们充分掌握了所研究的个人的心理构成，这些现象原则上都可以得到说明。至此，我们可以清楚地认识到，人们假想中有条不紊的言说有着怎样的一副形象（是失言使言说者未能遵循这一形象）。我在此提倡的立场实际上完全与这一暗含的形象假设相悖。言说者在从事实践活动过程中须得全心全意地投入，才能产生“有条不紊的言说”。至少在日常会话的情境中是如此。“正确的言谈”与此类活动的其他许多特征一样，往往并非直接受到动机的激发，除非言说者本人是个播音员。必须顺带说一句，在有些时候，不太协调的言说也可能直接受动机激发。比如在哀悼场合里，失去亲友的人如果还保持平常标准的说话方式，别人可能会认为这人没心没肺。如果存在潜在的约束，要求人们表现出情绪上的波动，那么 104
紊乱的言语或改变正常的言说方式也许能“成功地创造出”这样的状态来。[92]

如果说语言的绝大多数具体运用形式并非直接出自动机激发，那我们就可以得出结论，认为失言现象大多不能归诸无意识动机激发。如此说来，弗洛伊德的言语错乱说对于我们还有什么价值？对此我有以下建议。弗洛伊德的解释或许只适用于与他在建构理论时的设想相当不同的某些情境。在弗洛伊德看来，失言现象最可能发生在不经意的或例行性的情境之中，此时没有多少非说或非这么说不可的东西。在这样的情况下，无意识的东西很有可能像“破土而出”的种子，扰乱言说者的言语表达。我认为，在这种情况下，无意识的成分其实最不可能直接影响所说的内容，而这种情况正是社会生活的主体。在具有实质意义的本体性安全的情境中，人们持续不断地对熟悉的东西进行“反复深化”（regrooving），这就是例行化的意涵，它也是人类对自身活动有效施行反思性监控的主要前提。行动者只有在特别留意自己所说的东西是否“完美无缺”的时候，才会加剧对实际言说形式的焦虑。这就是电台和电视台的播音员不得不面临的境况。人们在示爱之时也很有可能如此，这与弗洛伊德的假设正好相反。我们还不难把“西诺雷利”的例子和一般的忘记正确名字的情况都看作受动机激发的现象。正确的名字具有其他词语所不具备的特殊意义，发错或叫错某人的姓名会导致人身冒犯，其他各种发音异常则不至于如此。因此，别把姓名搞错尤其重要，这一点或许意味着，比起其他语言事项来，对姓名的回忆会更直接地触及焦虑的来源。我已经指出，与此类似的某些东西也同样适用于咨询治疗这些日常接触。

注 释

［1］下文的探讨对我们理解这些困难颇有裨益：Irving Thalberg，“Freud's anatomies of the self”，收入 Richard Wollheim 编的 Freud，*A Collection of Critical Essays*（New York：Doubleday，1974）。此文的修订版被收入 Richard Wollheim 和 James Hopkins 编的 *Philosophy Essays on Freud*（Cambridge：Cambridge University Press，1982）。

［2］转引自 Thalberg，“Freud's anatomies of the self”，156 页。

［3］参见 Freud，*An Outline of Psychoanalysis*（London：Hogarth，1969），56~57 页。

［4］参见 P.F.Strawson，*The Bounds of Sense*（London：Methuen，1966），162~170 页；G.E.M.Anscombe，“The first person”，收入 Samuel Guttenplan 编的 *Mind and Language*（Oxford：Blackwell，1972）；J.L.Mackie，“The transcendental ‘I’”，收入 Zak Van Straaten 编的 *Philosophical Subjects*（Oxford：Clarendon Press，1980）。

［5］参见 Stephen Toulmin，“The genealogy of ‘consciousness’”，收入 Paul F.Secord 编的 *Explaining Human Behaviour*（Beverly Hills：Sage，1982），57~58 页。

［6］参见上书，60~61 页。

［7］参见 J.S.Bruner，*Beyond the Information Given*（New York：Norton，1973）。

［8］参见 J.S.Gilson，*The Ecological Approach to Visual Perception*（Boston：Houghton Mifflin，1979）。

［9］参见 Ulric Neisser，*Cognition and Reality*（San Francisco：Freeman，1976），22 页。也可参见同一作者的 *Memory Observed*（San Francisco：Freeman，1982）；John Shotter，“‘Duality of structure’ and ‘intentionality’ in an ecological psychology”，*Journal for the Theory of Social Behavior*，卷 13，1983。

［10］Neisser，*Cognition and Reality*，29 页。

［11］参见 M.Wertheimer，“Psychomotor coordination of auditory and visual space at birth”，*Science*，卷 134，1962。

［12］参见 Neisser，*Cognition and Reality*，72 页。

［13］参见 E.C.Cherry，“Some experiments on the recognition of speech，with one and two ears”，*Journal of the Acoustical Society of America*，卷 25，1953。

［14］参见 A.M.Treisman，“Strategies and models of selective attention”，*Psychological Review*，卷 76，1969。

［15］参见 J.A.Deutsch and D.Deutsch，“‘Attention’：some theoretical considerations”，*Psychological Review*，卷 70，1963。

［16］参见 Neisser，*Cognition and Reality*，84~85 页。

［17］参见 *Central Problems in Social Theory*，120~123 页。

［18］Erik H.Erikson，*Childhood and Society*（New York：Norton，1963），15~16 页。

［19］同上书，247 页。

［20］Ernest Becker，*The Birth and Death of Meaning*（New York：Free Press，1962），95 页。

［21］也可参见 Erikson，*Childhood and Society*，249 页；Harry Stack Sullivan，*The Interpersonal Theory of Psychiatry*（London：Tavistock，1955），第 4 章。埃里克松认为可以直接联系社会制度的形式来谈这些心理现象，对此我不敢苟同。

［22］参见 G.Piers and M.B.Singer，*Shame and Guilt*（Springfield：Addison，1963）。我在这里重复了最初针对自杀理论提出的某些见解；参见 *Studies in Social and Political Theory*，393 页，注 32。

［23］Erikson，*Childhood and Society*，251 页。

［24］同上书，256 页。

［25］参见 Dennie Wolf，“Understanding others：a longitudinal case study of the concept of independent agency”，收入 George E.Forman 编的 *Action and Thought*（New York：Academic Press，1982）。

［26］参见 T.B.Brazelton 等，“The origins of reciprocity”，收入 M.Lewis 和 L.Rosenblum 合编的 *The Infant's Effects on the Caregiver*（New York：Wiley，1974）。

［27］参见 L.S.Vygotsky，*Mind in Society*（Cambridge：Harvard University Press，1978），20 页以下。

［28］参见 Eric H.Erikson，*Identity，Youth and Crisis*（London：Faber & Faber，1968），第 5 章；同作者，*Identity and the Life Cycle*（New York：International Universities Press，1967）。

［29］Erikson，*Identity and the Life Cycle*，19 页。

［30］参见上书，第 3 章，“The problem of ego-identity”。

［31］同上书，102 页。

［32］参见 *Central Problems in Social Theory*，123~128 页。

［33］Bruno Bettelheim，*The Informed Heart*（Glencoe：Free Press，1960），14 页。戈夫曼有关“总体性制度”（total institutions）的论述与贝特海姆的分析多有契合，见 Goffman，*Asylums*（Harmondsworth：Penguin，1961）。

［34］Bettelheim，*The Informed Heart*，132 页。

［35］同上书，148 页。

［36］参见上书，172 页，“由于老犯人已经主动或被动地接受了对党卫军孩童般的依赖，许多人似乎乐意认为，至少其中有一些党卫军在他们眼里成了拥有无上权力的父亲形象，公正，而且仁慈”。

［37］参见下书搜集的实例，William Sargant，*Battle for the Mind*（London：Pan，1959）。

［38］M.Merleau-Ponty，*Phenomenology of Perception*（London：Routledge，1974）。

［39］同上书，101 页。

［40］参见 L.Goldstein，*Language and Language Disturbances*（New York：Grune and Stratton，1948）。

［41］Merleau-Ponty，*Phenomenology of Perception*，104 页。

［42］同上书，109 页。

［43］Erving Goffman，*Behaviour in Public Places*（New York：Free Press，1963），17 页；同一作者，*Interaction Ritual*（London：Allen Lane，1972），1 页。

［44］参见 Ithiel De Sola Pool，*The Social Impact of the Telephone*（Cambridge，Mass.：MIT Press，1981）。

［45］这似乎是种很普遍的观念，比如说 Jason Ditton 所编的这本书里的绝大多数文章：*The View from Goffman*（London：Macmillan，1980）。也可参见 Alasdair MacIntyre，*After Virtue*（London：Duckworth，1981），108~109 页。参见 R.Harré 与 P.F.Secord，*The Explanation of Social Behaviour*（Oxford：Blackwell，1972），第 10 章。

［46］Alvin W.Gouldner，*The Coming Crisis of Western Sociology*（London：Heinemann，1971），379~381 页。

［47］参见 *Central Problems in Social Theory*，83~84 页，以及全书各处。

［48］Goffman，*Behaviour in Public Places*，18 页。

［49］Erving Goffman，*Frame Analysis*（New York：Harper，1974），252 页。

［50］参见 Roger Caillois，*Man，Play and Games*（London：Thames & Hudson，1962）；亦参 Jan Huizinga 的名著 *Homo Ludens*（London：Routledge，1952）。【中译按：原文如此，应为 Johan Huizinga，中译为约翰·赫伊津哈：《游戏的人》，杭州，中国美术学院出版社，1996】

［51］Goffman，*Frame Analysis*，560 页。戈夫曼在这本书中的讨论提出了认识论方面的问题，但几乎没有解决，这里我不想讨论。它与舒茨对“多重现实”（multiple realities）实质的深刻思考，与现代哲学中其他许多思潮，都有大量的共通之处。这些思潮都关注意义框架的协调问题看似相对主义的意涵。参见 *New Rules of Sociological Method*，第 4 章。

［52］Goffman，*Behaviour in Public Places*，156 页以下。

［53］参见上书。

［54］当然，有关这一主题已有详尽研究。最著名的成果是 Edward T.Hall，*The Silent Language*（New York：Doubleday，1959）；也可参见他的 *The Hidden Dimension*（London：Bodley Head，1966）。

［55］参见 Harvey Sacks 与 Emmanuel A.Schegloff，“A simplest systematics for the organisation of turn-taking in conversation”，*Language*，卷 50，1974。

［56］参见 George Psathas，*Everyday Language*：*Studies in Ethnomethodology*（New York：Irvington，1979）。

［57］Jean-Paul Sartre，*Critique of Dialectical Reason*（London：New Left Books），259 页。

［58］参见 Goffman，*Interaction Ritual*，141 页以下。

［59］参见 Habermas，*Theorie des Kommunikativen Handelns*（Frankfurt：Suhrkamp，1981），卷一，第 3 部分。

［60］参见 Goffman，*Behaviour in Public Places*，25 页。

［61］参见下文对礼貌问题的一般性讨论，Penelope Brown 与 Stephen Levinson，“Universals in language use：politeness phenomena”，收入 Esther N. Goody 编的 *Questions and Politeness*（Cambridge：Cambridge University Press，1978）。

［62］Goffman，*Behaviour in Public Places*，35 页。参见 John Blacking，*The Anthropology of the Body*（London：Academic Press，1977）。

［63］“我把许多身体方面的感觉都看作私人性的。如果我手臂烧伤了，我把疼痛看成自己的，外表的灼痕则是公共的。当然，情况并不总是这样。有些人觉得他们真的可以感觉到另一个人的疼痛，或直接思考他人的思想，也可能感觉到其他人能感觉到他们自己身体方面的感觉，或真的在思考他们的思想”，R.D.Laing，*Self and Others*（London：Penguin，1971），34 页。

［64］参见 Harold Garfinkel，“A conception of，and experiments with，‘trust’ as a condition of stable concerted actions”，收入 O.J.Harvey，*Motivation and Social Interaction*（New York：Ronald Press，1963）。

［65］参见 Erving Goffman，*Forms of Talk*（Oxford：Blackwell，1981），101 页以下。

［66］参见上书，103 页。

［67］参见上书，70~71 页。

［68］参见 Roy Bhaskar，*The Possibility of Naturalism*（Brighton：Harvester，1979），51~52 页。

［69］类似例子有许多，其中较为新近的如 Bruce J.Biddle，*Role Theory*（New York：Academic Press，1979）。

［70］*Central Problems in Social Theory*，117 页。

［71］参见上书。

［72］大约二十年前，在德国有关角色理论的争论中经常提到这一点。下文仍有其价值，F.H.Tenbrük，“Zur deutschen Rezeption der Rollenanalyse”，*Kölner Zeitschrift fur Soziologie*，卷 3，1962。

［73］参见 Nigel Thrift，“Flies and germs：a geography of knowledge”，收入 Derek Gregory 与 John Urry 合编的 *Social Relations and Spatial Structures*（London：Macmillan，1984）。

［74］参见 William Labov，“Rules for ritual insults”，收入 David Sudnow 编的 *Studies in Social Interaction*（New York：Free Press，1972）。

［75］D.Lawrence Wieder，“Telling the code”，收入 Roy Turner 编的 *Ethnomethodology*（Harmondsworth：Penguin，1974）。

［76］同上书，149 页。

［77］Sigmund Freud，*Introductory Lectures on Psychoanalysis*（Harmondsworth：Penguin，1974），51 页。

［78］参见 R.Meringer and C.Mayer，*Versprechen und Verlesen*（Vienna，1895）。

［79］Freud，*The Phychopathology of Everyday Life*（Harmondsworth：Penguin，1975），39 页。

［80］参见上书，40 页。

［81］初见于 Freud 的文章，“The physical mechanism of forgetfulness”（1890），见《标准版弗洛伊德文集》，第 3 卷。

［82］Freud，*The Psychopathology of Everyday Life*，44 页。

［83］同上书，135 页。

［84］Boileau，*Art poétique*，转引自上书，148 页。

［85］Freud，*Introductory Lectures on Psychoanalysis*，71 页。

［86］参见 Erving Goffman，“Radio talk：a study of the ways of our errors”，收入 *Forms of Talk*（Oxford：Blackwell，1981）。

［87］同上书，242 页。

［88］之所以选择这些例子，无疑就是基于这一目的。戈夫曼的绝大多数材料出自 Kermit Schafer 所编的“bloopers”（大庭广众之下所犯的错误）集子，比如 *Prize Bloopers*（Greenwich：Fawcett，1965）。

［89］Donald S.Boomer 与 John D.M.Laver，“Slips of the tongue”，*British*

Journal of Disorders of Communication，卷 3，2 页，1968。

［90］参见 Victoria A.Fromkin，“The non-anomalous nature of anomalous utterances”，*Language*，卷 47，1971。

［91］参见 Goffman，*Forms of Talk*，226 页。

［92］正如 Goffman 在上书中所指出的，见 223 页以下诸页。

第三章
时间、空间与区域化

1. 时间地理学

110 上一章我侧重分析了行动者的心理特性，集中探讨了发生在各种共同在场情境中的互动问题。对于这些关注，行动者在互动情境中的定位过程，以及这些情境本身的相互交织关系，都至关重要。不过，如果要指出这些问题与社会系统更为广泛的维度之间的关系，我们就有必要考虑社会理论应该如何以一种具体而非哲学思辨的方式，来探讨互动在时间和空间中的“情境定位”问题。

大多数社会分析学者仅仅将时间和空间看作行动的环境，并不假思索地接受视时间为一种可以测量的钟表时间的观念，而这种观念只不过是现代西方文化特有的产物。除了近来一些地理学家的著作（我稍后将详细讨论他们的观点），社会科学家在建构其思想的时候，一直未能聚焦社会系统通过哪些方式，跨越广泛时空得以构成。如前所述，对这个问题的探讨是结构化理论所构想的“秩序问题”迫使我们面对的一项主要任务。这个问题并不仅仅是社会科学的某个特定类型或具体“领域”

的问题，因而我们不可随意取舍。它恰恰是社会理论的核心。这一点，我们已经通过结构化的观念解释清楚了。因此，我们也应该认为，这一问题对于社会科学的经验研究活动来说相当重要。

幸运的是，我们并不需要完全另起炉灶来处理这些问题。过去数年来，在地理学和其他社会科学之间，出现了显著的融合趋势。这主要是一批地理学家努力的结果。他们借鉴了社会理论内多种既定传统，对社 *111*
会思想作出了相当重要的贡献。我认为，尽管这类著述大部分还不为在社会科学其他领域中从事研究的大多数学者所知，但确实包含一些可以广为应用的观念。在赫格斯特兰德的著作中，我们就可以发现这样一些重要的贡献。不过，这些贡献绝不仅限于他和他的亲密同事的作品。[1]在前面对结构化理论的分析中，我已经提到了这一思路的重要意义，但还没有直接对它进行分析，也没有尝试指出它的局限。不过，我将通过本章的详细阐述，完成这项任务。

赫格斯特兰德所阐述的时间地理学，将日常生活的例行化特征作为分析的出发点。而例行化特征正是我特别强调的重要现象。这种特征进而关联着人体的特性，人体活动和沟通的方式，以及它度过“生命周期”的路径，从而关联到人作为一种“生平筹划”（biographical project）的生存状态。如前所述，赫格斯特兰德思路的主要基础，是识别在发生活动的情境中，身体和物理环境的哪些性质是对人类活动产生约束的源泉。这些约束提供了总体“边界”，限制着在时空维度上伸展的行为。赫格斯特兰德已经以不同方式阐述了这些观点，但他特别强调如下因素[2]：

（1）人的身体具有不可分性，而在人类存在的环境中，其他一些生命体或无机体也同样具有这一特征。肉身存在（corporeality）对人类行动者的运动能力和知觉能力都强加了严格的限制。

（2）人类行动者所度过的一生属于“向死而生”，具有一种有限性。人类境况的这种本质要素导致了在时空方面伸展的互动具有某些无法摆脱的人口统计参数。即使没有其他原因，单凭这一点，时间对个体行动者来说也成了一种稀缺资源。

（3）人在同时参与完成一项以上的任务方面的能力是受到限制

的。与此相关的一个事实是，每一项任务都具有一段时间的绵延。
112 轮次就例证了这种约束的潜在意涵。

（4）事实上，在空间中进行的运动也是在时间中的运动。

（5）时空的“容纳能力”是有限的。没有两个人体能够同时占据同一空间；物质客体也具有同样的性质。因此，我们可以通过探讨任一时空区域中能包含的两类对象所面临的约束，来分析这些时空区域。

在赫格斯特兰德看来，“时间地理现实”（time-geographic reality）的这五个方面表明了人类存在的物质核心，并且是所有共同在场条件下进行的联系的情境基础。[3] 不同的个体在彼此发生互动的时候，他们每日、每周、每月乃至整个生活路径的轨迹所形成的互动网络都受到这些因素的影响，而这些因素都可以作为资源来加以考察（并且我要说，它们因此还涉及权力的产生和分配问题）。诚如赫格斯特兰德所言，行动者的生活轨迹“不得不让自身去适应他们在此世时空中的共同存在所导致的压力和机会之中”[4]。

赫格斯特兰德对瑞典的一个地方教区进行了长时段系列研究，从中逐渐发展形成了他有关时间地理学的一般观念。他研究的这个地区拥有足以自夸的全面详尽的人口统计资料，这使他可以追溯约摸百年内生活在该地区的所有人的生活轨迹，甚至还包括那些迁入或者迁出此地的居民。他在整理这些生平传记资料的时候，力图通过采用一种特殊的标记方法，将这些资料绘制成图，从而把它们作为构成时空中生活路径的因素来分析。换句话说，我们可以把个体运动的典型模式再现为数日内或更长时空跨度中重复的例行活动。行动者是在各种物理情境中进行运动的。在上述那些约束条件既定的情况下，当行动者在互动中彼此作用时，这些情境的特性和行动者自身的能力也相互影响。个体在时空中运动时，他们彼此之间的互动构成了各种“束”（bundles）（用戈夫曼的术语来说，就是日常接触或社会场合），这些“束”往往出现在有限区域内的“停留点”（station），或者说确定的时空地点（这里所说的有限区域，指的是像家、街道、城市、国家乃至整个地球的地面空间的外沿，只有生活在当今高科技时代的极少数宇航员例外）。赫格斯特兰德的动态“时空图”（time-space maps）确实很有意思。这种图示形式适用于众多情境，远不止是迄今应用的那些。

图 5a 和 5b 以最简单的形式表明了这一点。比如说有这么两个人，同住一个居民区，相隔一英里；他们在某天的时空路径使他们在某个地点发生了短暂的接触，比如在咖啡屋或者餐馆，此后，他们的活动又再次分开。如果就像这样，将一个特定个人每天的活动记录下来，那么只要它们构成了时间和空间中的轨迹，就很容易用这些轨迹勾勒此人例行活动的粗略特征。这种方式刻画了生活路径，从而包含了在所谓“生命周期”中的时空运动的一般模式。例如，一个人可以住在父母的房子里，直到他结婚以后另立新居。这可以和工作的变动联系起来，工作的变动会导致住宅和工作场所这些日常轨迹中的“停留点”的变化。住宅市场中的流动、婚姻离异或者职业生涯的晋升，以及其他许多可能的因素，都会影响典型的生活路径。

113

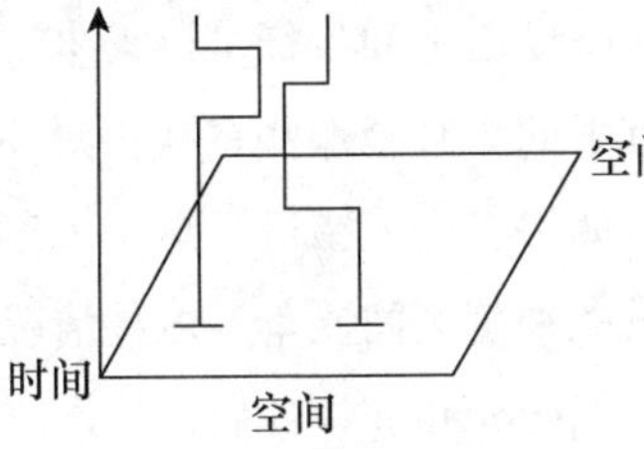

图 5a　时空中的共同定位[5]

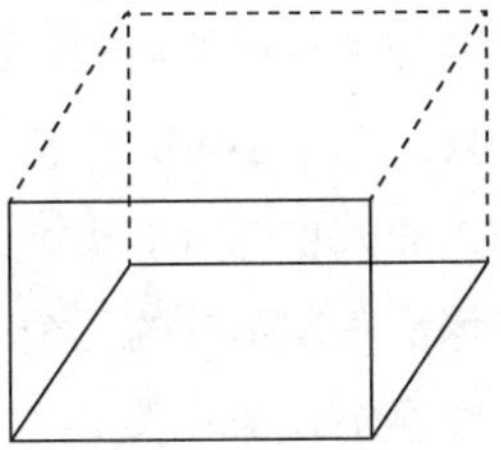

图 5b　三维时空

在个人日常生活的轨迹中发生的各种接触总会受到上述约束的限制。当然，赫格斯特兰德也承认，行动者并不仅仅是一些运动着的躯体，还是有意图的存在，有着自身的目的或者他所说的“筹划”。人们努力实现这些筹划，而要落实它们，就不得不利用本质上有限的时间资源和空间资源，克服他们所面临的约束。“能力性约束”（capacity constraints）就是上面所列举的那些方面。其中一些影响的主要是时间的分配：例如，人们总是需要定期睡眠或进食，这就为日常活动的结构化设置了某些限制。“结合性约束”是指限制与他人一同完成的活动的 114
那些约束。一个人在一天之中所能支配的时空量是一个棱状区域，这个棱状区域限制了他对于各种筹划的追求。日常行为的棱状区域不仅构成了地理或物理意义上的边界，而且牵涉到“方方面面的时空墙”。至于这些棱状区域的规模，也在很大程度上受到行动者可用的沟通和转换手段中的时空交汇程度的影响。

时空融汇（time-space convergence）的观念，是由另一位名叫贾内尔（Janelle）的地理学家引入的。他用这个概念来说明，从不同地点之间进行运动所需时间的角度来考虑，距离“正在收缩”。[6] 因此，从东海岸到西海岸横跨美国所需要的旅行时间，根据可以采用的交通工具，能够得出如下的计算结果：如果步行，这段路程要花费两年多的时间；如果骑马，需要八个月；驿站马车或载客篷车，四个月；以1910年时的火车速度，用四天；今天，乘坐普通的飞机航班，要五个小时；而最快的喷气式飞机则只需两个小时多一点。我们可以把时空融汇的现象绘制成图，用来描述日常棱状区域的外沿。不过，就那些影响不同群体和个体的流动和沟通的约束而言，不同的社会共同体之间以及同一共同体内部，显然都存在着重要的差异。在大多数交通和交流的方式中，都存在序列性和轮次的问题。比如说，在两个城市之间旅行可以乘坐特快列车，只需三个小时。但特快的座位是有限的，甚至那些有钱买票并且愿意掏钱的人也有可能买不到票。而且，如果一个人错过了这趟火车，在下一趟快车发车前的几个小时里，就只能乘坐区间慢车。这种情况就赋予时空融汇现象以某种“不规则颤动”（palpitating）性质。[7] 最终，绝大多数社会中的个人在一生中绝大多数时日里的活动都发生在相对受约束的时空棱状区域之中。

在现有的文献中，有许多应用赫格斯特兰德观点的例子，帕尔姆（Palm）和普莱德（Pred）的分析就是其中一例。他们分析了一位名叫简的未婚母亲的日常棱状区域。[8] 图6呈示了简的日常活动的棱状区域。在一天之中的某个时辰之前，简不能离家工作，因为她得照料孩子，包括给孩子喂奶，此外还因为唯一一家能去的托儿所还没到开门的点儿。简没有私家车，因此她受到能力性约束和结合性约束的严重限
115 制，使她不方便到达托儿所（N_1）和她的工作地点（W_1）这两个“停留点”。她的工作选择也受限于这些约束；反过来，她几乎没有什么机会获得或保住一份报酬丰厚的职业，这又加强了另一些约束，进一步限制了在一天中她的路径所通过的轨迹。她不得不在半下午的尴尬点儿赶在

托儿所关门之前接孩子。因此，她实际上只限于从事一些非全日性的工作。假设她有两个工作机会可供选择，一个收入比较高，能有机会买辆车（W_2），这样她就有可能送孩子去一个离家比较远的托儿所（N_2）。但一旦她接受这个收入更高的工作，就发现耗费在开车去托儿所、上下班以及从托儿所到家（H）这些事情上的时间非常多，以至于没空做其他一些必不可少的事情，如购物、做饭以及做家务。因此，她也许感到自己要“被迫”放弃这份工作，选择另一份非全日性的工作（W_1），这份工作的收入较低，但离家较近。

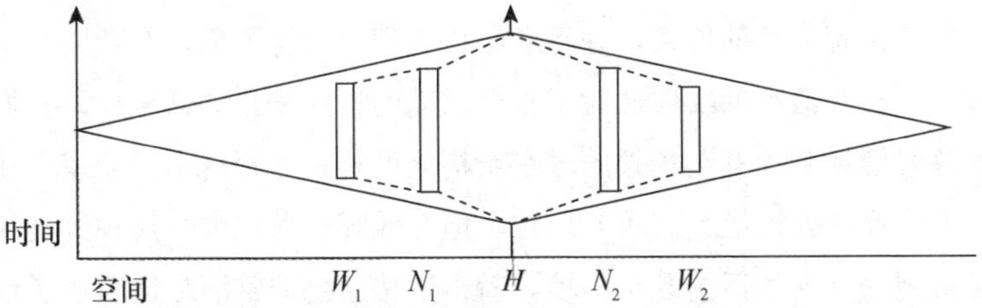

图6

赫格斯特兰德竭力采用时间地理学，来把握个人的生活路径或“生平经历”（life biography）的序列性。他指出，生平经历是由“许多内在的心智经验和事件”构成的，“与身体和环境现象之间的相互作用交织在一起”[9]。一个人日常生活的所作所为需要相继与互动场景中出现的一系列实体发生联系。这些实体包括：其他行动者，不可分的对象（行动环境中那些实实在在的物质特性），各种可分的材料（空气、水、矿
物质、食物）以及活动所发生的领域。我倾向于用时空的区域化来描述 116
这些领域：生活路径的运动历经各种互动场景，后者具有形形色色的空间分界形式。但我们可以从各种结合性约束的角度，直接研究这些领域的性质。对于活动主要集中在这些领域的所有人来说，是“停留点”和“活动束”方面的某种既定分配方式创造了这些结合性约束。因此，在时空领域内，各种相互作用的社会模式的性质受到能力性约束和结合性约束的总体组织形式的限制。卡尔斯坦力图具体指明，存在许多“生态”约束，它们源于以下三种“容纳”方式：

（1）定居时空中容纳物质材料、人造物、有机体和人口；

（2）人们的时间预算中容纳消耗时间的活动；

（3）人口系统中容纳不同规模、数量和延续时间的“束”，即由个体的不可分性和连续性两种约束所导致的群体形态。[10]

2. 几点批评

时间地理学确实对结构化理论抱有很大的兴趣。[11] 它关注那些形塑日常生活例行活动的约束，并且和结构化理论一样强调，在共同在场的环境中，日常活动的实践性对于社会活动的构成来说非常重要。我们现在能够鲜活地刻画互动场景的时空结构化过程。尽管这个问题或许在戈夫曼的作品中就已经具有重要地位，但在他那些著作中，这种过程往往只是被视为社会生活的既定环境。赫格斯特兰德非常清晰地表明了他对日常社会实践的关注；他始终强调，希望借助时间地理学的思路，理解“普通人的普通时日”对社会系统的整个组织形式所带来的“影响”。[12] 但是，时间地理学有些非常突出的缺陷。我相信本书前面的讨论已经暴露了其中一些问题。

有关时间地理学，我们主要有以下保留意见。首先，它所运用的有
117 关人类行动者的观念是幼稚而有缺陷的。赫格斯特兰德强调人处在结构化了的时空情境中的肉身性，这一观点与我前面详细论述的那些观点十分吻合。但他倾向于认为，“个体”是独立于其日常生活所面对的那些社会场景而构成的。行动者被视为有目的的存在，但这只是就其行动是受到他们所追求的“筹划”的引导这个意义上讲的。而对筹划本身的性质和起源，赫格斯特兰德却未加阐明。其次，有鉴于此，赫格斯特兰德的分析往往重现了行动和结构的二元论。尽管由于他摆明重视时间和空间，这是一种改头换面的二元论。“停留点”“领域”等等本身都被视为既定的，是那些未被解释的制度形塑和变迁过程的结果。不难想见，这种观点很少强调，所有人类行动，哪怕是其最彻底的例行化形式，本质上都具有转换性。第三，仅仅关注身体在时空中运动的约束性质是没有根据的。我已经指出，所有类型的约束也都是各种类型的机会，是使行

动得以完成的中介。而且，赫格斯特兰德梳理“约束”概念的特定方式暴露了其观点中具有某种受特定文化限制的因素。这是因为，他在展开讨论的时候，一般是从其作为稀缺资源的运作的角度出发，来考虑能力性约束和结合性约束的。这就不难看出，在时间地理学中也很可能存在与某种历史唯物论的联系。赫格斯特兰德在著作中不止于暗示，身体及其中介的各种稀缺资源的分配，对于所有社会类型中的社会制度组织方式，都会产生某种决定性的影响。我认为，这一提法只适用于当代社会，因为只有当代社会才高度重视对资源的“有效”利用。[13] 最后一点，时间地理学包含的权力理论很不充分。赫格斯特兰德确实谈到了“权威性约束”，将这种约束与能力性约束及结合性约束联系在一起。但他对这些问题的阐述既有些含糊，又诉诸某种零和权力观，将权力看作一种对行动施加限制的根源。反之，如果我们将权力看作生成性的，那么赫格斯特兰德谈到的那些“约束”，就都成了孕育并且维持支配结构的手段。

我们要想基于本书前面讨论过的一些想法来更充分地发展这些观点，就必须再看一看地理学家通常使用的“位置”（place）概念。赫格斯 118
斯特兰德的时间地理学证明，在研究人的社会行为时，分析时空的组织安排具有重要意义，从而对“位置”概念提出了一种非常有效的批判。但他过于强调将时间性纳入社会理论，而没有仔细审察位置或地点的概念，只是用一种比较欠考察的方式使用这些术语。在社会理论中，“位置”这个概念不能仅仅用来指“空间中的一点”，同样，我们也不能说时间中的点就是一系列“现在”的继替。我这里的意思是说，我们不仅要从时间性的角度，也要从空间性的角度，来阐明在场的概念，或者更准确地说，是在场和不在场之间的交互关系。我在发展结构化理论的时候，已经引入了两个和此处的讨论颇有关联的概念：即涉及社会整合与系统整合之间关系的**场所**和**在场可得性**的概念。[14]

场所是指利用空间来为互动提供各种**场景**，而互动的场景又是限定互动的**情境性**的重要因素。场所的构成当然取决于赫格斯特兰德极力强调的现象，即处在与周遭世界物理特性的关系之中的身体，以及同样处在这种关系之中的身体流动与沟通的媒介。场所提供了支撑制度的丰富的“固定性”，虽然我们还不十分清楚，前者在何种意义上“决定”了这种“固定性”。一般来说，可以从物理特性的角度来描述场所，要么把这些特性看作物质世界的特征，或者采取更常见的方式，视之为物质世界的特征和人造产品之间的结合。然而，如果我们就此假定，只用这些术语就可以描述场所，那就犯了与行为主义者描述人类行动时同样的错误。只有当观察者认识到，一座“房子”是具有一系列其他特征的“居住场所”，而这些特征都是由人类活动中利用这座房子的方式所限定的，这座“房子”才会被当作“房子”来把握。

场所可以是屋子里的一个房间、一个街角、工厂的一个车间、集镇和城市，乃至由各个民族国家所占据的有严格疆域分界的区域。但场所的典型特征是它们一般在内部实行**区域化**，其中的各个区域对于互动情境的构成来说至关重要。我不妨来进一步深入探讨情境（context）的概
119 念。之所以使用“场所”，而非“位置”这个词，原因之一就在于，在跨越时空伸展的日常接触的构成过程中，行动者经常不断地运用场景的性质。这里面一个显而易见的要素，就是赫格斯特兰德所称“停留点”所具有的物理性质。这些停留点就是“驻留的位置”，在这些停留点中，为了进行具有一定延续时间的日常接触或社会场合，行动者活动轨迹的身体流动会停止或者减少。这些停留点就此成为不同人的例行活动相互交织的场所。但这些人也以例行的方式，运用场景的各种特性，来构成蕴含意义的互动内涵。加芬克尔和戈夫曼的重要贡献之一，就在于揭示这一过程得以发生的各种方式。因此，情境就将互动最亲密、最细微的组成部分与社会生活的制度化方面远为广泛的性质关联起来了。

3. 区域化方式

我们不应该把“区域化”仅仅理解为空间的局部化，“区域化”还涉及了与各种例行化的社会实践发生关系的时空的分区（zoning）。因此一般来说，在一天的时间里，一幢私宅就是一个场所，一个聚合大量

互动的“停留点”。在当代社会里，住宅区域化为不同的层、厅和室。但住宅的不同房间在分区上不仅涉及了空间上的区别，也涉及了时间上的差异。楼下房间的特征是它们一般在白天使用，而人们一般是到了晚上才“退”到卧室就寝。在所有社会里，夜与昼的划分都被用来进行或许是最根本的区域分界：社会生活紧张繁忙的一面与松弛闲适的一面。这种划分显然是因为人类有机体需要定期睡眠。夜晚是社会活动的“边疆”（frontier），和历来所有空间边疆一样明显。可以说，夜晚一直只是个人烟稀疏的边疆。① 不过，随着大功率、常规化的人工照明的面世，互动场景发生在夜晚的可能性大大扩展了。一位评论者这样谈道：

> 人类迁移拓进的最后一个伟大边疆发生在时间之中：清醒状态下进行的活动扩展到一天二十四小时。工厂的工作更多地采用倒班轮休的方式，警察昼夜执勤，人们也不分时辰地使用电话。出现了 120
> 更多日夜服务的医院、药房、航班、旅店、饭店、租车、加油、修车、保龄球馆以及电台。人们能更容易随时获得应急服务，例如，拖引抛锚的汽车，开锁或修锁，交保放人，对误服药物、中毒或者自杀的人进行紧急处理，赌博投注，这些事务的“热线”也随时恭候。虽然参与这些活动的个人总是轮班出现，但有关的组织机构却始终在运作。[15]

泽鲁巴维尔（Zerubavel）对一所现代医院的时间组织方式的研究，与我们这里探讨的问题关系很大。在他研究的这所现代医院中，分区受到非常严密的控制。医院中的绝大多数医疗看护都是由护理人员轮班担任的。绝大多数护士都按着规定的时间，在不同的病房工作，巡查医院的不同病区。而且，根据医院的要求，她们得轮值白班和夜班。病房之间的移动和白班与夜班的轮换在周期上是吻合的。所以，当一个护理人员上“白班”时，她也就换到另一个病区工作了。这些活动的时间安排

① 这里，值得注意的是，“边疆”和“边界”不同，后者是一个严格划定的界限（吉登斯一般用“boundary”来指这种情况），而前者则是一个相对模糊的地带，往往具有不确定性和波动性。吉登斯在探讨资本主义社会和阶级分化社会在国家领土界限方面的差异时，比较明确地探讨了这一区别，参见 *A Contemporary Critique of Historical Materialism*，第七章。——中译注

复杂而细密。虽然按照医院的规定，护士的工作有标准的轮换时间，一般是四周为一期，但见习生和实习医师却变动不定。护士的轮换总是在一周的同一天进行，而因为一个轮换周期为28天，这就与日历上的月份并不相合。另一方面，住院医师的活动却是根据日历上的月份组织安排的，因此是在一周的不同日子里开始的。

每一周和每一天的分区也都被一丝不苟地纳入不同的范畴。许多例行的工作都以每七天为一周期，准确无误地进行，特别是那些与护士有关的活动。护士的“休假”（time off）也依据每周的时间表来计算。休假被分为若干节，护士们按节来分段休假，但每一节必须由七天的倍数构成。每节都从星期天开始，在星期六结束，以便和各种工作活动的轮换相协调。不过，“周末”的日子与“工作日”可不一样，因为虽然医院的各项服务是持续不断提供的，但在周末，这些服务就会受到限制。例如，因为实验室关闭，医院的工作人员知道有些化验没法做，就会在周末尽可能少接收新病人，并且避免对现有的住院病人开始实施新的治疗方案。周六和周日总是“清闲”的日子：周一是一周里最繁忙的一
121 天。在医院的日常生活中，“昼”和“夜”的更替与将一周划分为“工作日”和“周末”相类似。作者注意到，人们其实还是把夜晚的工作看成额外的，格外辛苦一些。“值夜班”（night duty）这个词就表明了这一点，根本就没有相对应的“值白班”（day duty）这个词。[16]

图7提出了一个很有用的区域化方式的分类框架。我用区域化的“形式”来指确定区域的边界的形式。在绝大多数的场所中，分隔不同区域的边界往往具有物理标志或者符号标志。但在共同在场的情境下，这些标志可能会容许或多或少的“在场”特征渗入邻近的区域。如前所述，在社会聚合中，日常接触的区域化一般只能通过身体的姿态和定位、声音的腔调之类的标志体现出来。许多诸如此类的聚合情境可以被看作具有区域边界的情节片段。在这些情境中，接触所持续的时间几乎总是非常短暂的。而另一方面，隔开房间的墙壁可能以特别的方式划定区域，让共同在场的日常媒介没有一个能够穿透这种边界。当然，如果墙壁不够厚实，接触的封闭性也会受到各种打断或者骚扰。阿里埃（Ariès）、埃利亚斯（Elias）以及其他一些学者都曾指出，自18世纪以

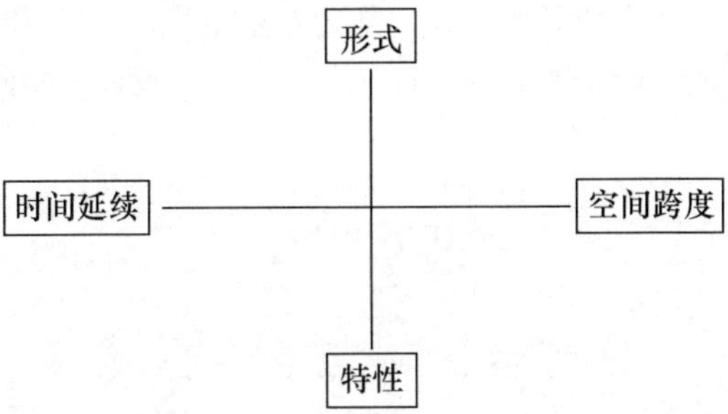

图 7

来，大众的住宅出现了内部分化，并通过许多具体的方式，与家庭生活和性方面的各种变化相互关联起来。[17] 在18世纪之前的西欧，穷苦百姓的住房一般只有一两间屋子，里面各色人等混杂，吃喝起居一室。华 122
丽宏大的贵族府第倒是分为许多房间，但它们往往彼此直接相通，没有现代住宅中的那种走道来容留某些隐私，这是此前社会中所有阶级都难以实现的。

区域化可能包含着在时间跨度或空间范围上千差万别的分区。所谓广泛的区域，就是指那些在空间上涵盖广袤、而在时间上也延续弥久的区域。当然，在这些区域中，空间和时间的“范围”都可能以各种不同的方式相互交织在一起，但所有范围较大的区域都必然倾向于依赖某种较高程度的制度化。根据我上面给出的定义，所有的区域都同时涉及空间和时间方面的广延。在地理学中，“区域”有时用来指地图上具有严格的物理边界的地区，具有物质环境的那些物理特征。这和我想借助这个概念表示的意思有所不同。我在这里使用这个概念，总是带有社会行为跨越时空进行结构化的内涵。因此，如果我们从阶级关系以及其他多种社会标准的角度出发，来看英国的北方和南方，就会发现两者之间存在着高度的区域分化。所谓的“北方”，不仅仅是从地理角度划定的地区，而且也具有久已确立的显著的社会特征。我所说的区域化的“特性”，指的是场所的时空组织以何种方式被安排在更加广泛的社会系统之中。因此，在许多社会中，“家”，即住所，都始终是家庭关系的物理焦点，同时也是生产的物质焦点。这些活动要么是在住所的某个部分里完成的，要么是发生在屋旁的花园或地块。不过，随着现代资本主义的发展，家居和工作场所开始分化，从而对整个生产系统的组织过程，以及当代社会其他一些主要的制度特征，都产生了深广的影响。

4. 前台区域与后台区域

区域化特性的一个方面，就是与场所的特定形式联系在一起的在场可得性的程度。“在场可得性”这个概念是共同在场概念不可或缺的附
123 属部分。共同在场中的所谓“在一起”，要求行动者借助一些手段从而能够“来到一起”。借助赫格斯特兰德的时间地理学，我们注意到这里一般都会涉及的一些因素。在**所有的**文化中，仅仅在几百年前，具有较高在场可得性的社区还都是由物理意义上彼此密切接近的个人构成的聚集体。导致这种状况的原因有这么三点：行动者的肉身性；他在日常活动绵延构成的各种轨迹中的身体运动所受到的限制；空间的物理性质。在这种情况下，沟通媒介也就相当于交通媒介。即使采用了快马、船只和长距离强行军等方式，空间上的长距离总还是意味着时间上的长距离。交通的机械化是导致时空融汇形式发生显著变化的主要因素。而如前所述，后者正是现代社会特有的现象。然而，在现代历史上，和此处所论相关的最彻底的断裂（其深远意涵迄今为止还远远没有全部展示出来），就是伴随着电信传输的发展，沟通媒介与交通媒介相分离。而交通媒介总是涉及某种人体运动的方式。摩尔斯发明了电报，标志着人类文化发展进程中的显著变革，堪比轮子乃至其他任何曾经出现的技术创新。

上述场所区域化的方方面面都以不同方式形塑了在场可得性的性质。因此，一处住宅的不同房间或许可以确保人们在这幢建筑物中的各个部分互不干扰地进行接触，只要这些活动符合居住者每天的例行常规。不过，一同生活在一处住宅中，彼此密切接近，当然也就意味着较高的在场可得性，即很容易确保并维持共同在场。在监狱和收容所里，个体之间经常被迫维持一种持续不断的共同在场，可这些人平时并不习

惯这种日常生活的例行方式。同居一室的囚犯不分昼夜地生活在一起，很少能够回避他人的在场。另一方面，监狱、收容所和其他各种“总体性制度 / 机构”（total institution）所具备的“纪律权力”（disciplinary power），其基础就是要破坏与“外界”日常生活轨迹中例行活动的在场可得性之间正常的吻合关系。因此，恰恰是监狱中的这些囚犯，既要被 124
迫进入持续不断的共同在场，又被禁止与监狱中其他群体的成员随意进行接触，哪怕从物理角度看，这些人不过只有一墙之隔。强迫囚犯与“外界”“隔绝”（sequestration）开来，并且限制那些同处一个场所的人可能获得的共同在场的机会，这些显然都是使“总体性制度 / 机构”成其为这种东西的特征。

我们可以通过考虑在不同场景中如何实现分区，来进一步勾画区域化对于社会系统结构化的意义。在日常接触中，身体的定位首先涉及的就是“脸面”（face）①和“前台”（front）。身体的区域化是精神分析里一个非常重要的问题。用拉康的话来说，精神分析就是探索身体“表面的开口”（openings on the surface）。而这种身体的区域化可以在互动情境的区域化中找到它在空间上的对应物。区域化提供了时空闭合的区域，产生某种封闭性，以保证“前台”区域和“后台”区域之间可以维持一种相互分离的关系（见图 8）。行动者由此组织行动的情境性，维持其本体性安全。“门面”（façade）这个词在某些方面有助于我们理解脸面与前台区域之间的关系。[18] 不过，它也间接表明，区域化的前台部分总是不具有本真性，而隐藏在后的不论是什么，总是更真切、更实在的东西。戈夫曼对前台区域和后台区域的讨论也往往具有同一意涵：不论在“最前台”（up front）扮演角色的那些人都隐藏了些什么东西， 125
这些“被隐藏起来”的都表现了这些人的真正情感。尽管在许多时候的确存在这种现象，但我认为，这里我们触及了戈夫曼的拟剧论模式的局

① 一些研究中国社会结构或文化的学者倾向于将戈夫曼的“face”翻译为中国的“面子”，似乎不够准确。尽管戈夫曼在有关文章中援引了许多中国的例子，但其“face”主要是指由广受赞赏的社会属性所勾勒的一种自我形象。因此，我们将“face”译为“脸面”，以突出“自我形象”这一意涵。可参“On Face-Work”，收入 *Interaction Ritual: Essays on face-to-face Behavior*（Anchor Books，1967），5~45 页。——中译注

限，特别是他早期作品中的问题。这里我们再次看到，缺乏对日常生活例行常规的动机激发过程作出一般性的解释，会带来怎样的后果。其实，如果行动者仅仅充当着舞台上的演员，在一些场合中佩戴着面具，将真实的自我隐藏在背后，那么社会世界在很大程度上也就没有什么实质意义了。实际上，如果真是这样，为什么这些人还要自寻烦恼，全神贯注地进行这种角色扮演活动呢？真正的戏剧演员毕竟是有一个动机的，他们要用自己表演的品质，给观众留下深刻印象，因为他们和其他专业人士一样，恰恰是这些表演活动的专家。但这是一种非常特殊的情况，事实上对社会生活不具有普遍意义。如果我们用某种普遍化的眼光去看待它，就会犯戈夫曼在分析谈话时所犯的错误。播音员的“无纰漏言语”只不过是一个例外，它与播音员作为制造流畅谈话的专家所具有的专业技能不可分割。但在日常生活的绝大多数情境中，行动者并没有动机驱使自己制造这种言语。

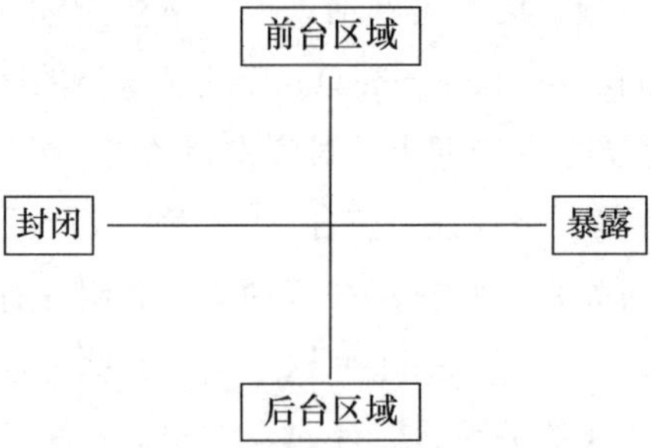

图 8

如果前台区域仅仅是一些门面，那么就不能维持行动者的本体性安全。用萨利文的话来说，整个社会生活就是不顾一切地寻求通过各种“安全操作”（security operations），在例行活动的演出中挽回自尊感。如果有些人**确实**有这样的感觉，那么在他们身上就会显著体现出各种极端的焦虑。正是由于日常生活的例行常规包含了这种尽管程式化但却有深层情感的投入，发挥能动作用的行动者（actors as agents）在日常生活中才不会觉得自己是演员（actors as players），尽管在英语中“行动者”和“演员”在词形上是一样的。戏剧恰恰是以哑剧中的模仿来挑战社会生活。这大概正是阿尔托（Artaud）下面这句话的意涵：“对我来说，真正的戏剧总是演示一种恐怖并且危险的行为，而且在这种行为中要抹杀戏剧和表演的观念……”[19] 我们也可以看看莱恩对歇斯底里的讨论：

> 除非一个人陷入抑郁，否则就只有别人才会抱怨这个人的自我不够纯洁或者真诚。歇斯底里患者特有的行为策略往往被看作他的独特症状，被视为势必是假的，是在夸张地演戏。相反，歇斯底里患者却经常坚持认为，自己的情感出于真心，实实在在。只是我们才感觉这些举动做作。歇斯底里患者坚信他们自杀的意图是当真的，而我们却认为这只是在表现一种自杀的“姿态”。歇斯底里患者抱怨说，他的精神正在崩溃。而正是因为他这么说，我们才感觉他的精神尚属正常，只不过假装或佯作这样，也正是出于这一点，我们才称他为歇斯底里患者……[20]

126

因此，前台区域和后台区域的差别绝不完全吻合自我的封闭（遮蔽或隐藏）和暴露（揭示或泄露）这两个方面。区域化的这两个基轴是在意义、规范和权力之间各种可能关系的复杂关联中运作的。显然，一般来说，后台区域确实形成了一种意义重大的资源，有权者和没那么有权的人都可以反思性地利用这一资源，在他们自身对社会过程的解释和“正式”规范所提倡的解释之间保持一种心理距离。有一种情况与此极为类似：在某些活动中，个人感到他们正在扮演自己并不真的“相信”的戏份。但有必要区分两种情境，因为只有一种才真正接近拟剧论的隐喻。在所有社会中都存在一些涉及仪式性言行的社会场合，在这些场合中，规范制约强有力地调控着人们“举止得当”/“表演无误”（correct performance）。这些情节片段一般和社会生活的其他部分相互分离，构成不同的区域，而且这种区分特别体现在前者要求人们在不同场合的行动要保证类似的表现。正是在这些情境下，人们才特别可能感到他们是在“扮演角色”，很少会全心全意地投入自我。这里也许在举止 / 表演的方式和连续性方面存在张力，相较于绝大多数日常社会活动，可能会更加强调表演的风格。

5. 暴露与自我

仪式化的社会场合中涉及的后台区域（back regions），可能在许多时候确实非常类似于剧场的“后台”（backstage），或者是拍摄影视节目时的“镜外”（off-camera）活动。但是，一旦普通社会生活的例行活动或者这些活动的普通性消失了，这种后台也非常可能被“推向前台”。
127 因为在这些场合中确实涉及了面对受众作出的固定表演，虽然这并不必然意味着那些在后台区域的人就能够放松交往或“修补”的通常礼节。不过，前台区域和后台区域之间的封闭程度可能非常高，因为一般人们会认为，一个场合越是仪式化，就越可能表现为一系列自主发生的事件，后台的道具完全处在受众或观察者的视野之外。有必要指出的是，“公共”活动和“私人”活动这些范畴在性质上看似互斥，其实它们之间的区别要复杂得多。仪式性场合是十分独特的公共事件，特别具有代表性，经常涉及一些“公共形象”。但这些场合的后台却并不是“私人领域”：这些戏中的主要形象在后台也许更不能放松，因为尽管此时他们暂时退出了仪式性的舞台，但却是在自己的下级中穿梭活动，后者无非是“没出场”而已。

通常而言，仪式性场合都显得很独特。在其他许多情况中，后台区域就是行动者得以放松的区域，他们在这里恢复其各种形式的自主性，而在前台的情境中，后者会妥协让步或被涂抹遮掩。行动者在这些场合中往往并不完全认同甚至完全不认同那些规范，会被强加各种制约。在涉及监控的情境中，控制的辩证关系的重要特征就是存在各种形式的封闭和暴露。它们容许行动者偏离或者藐视这些规范。我在别处业已指出，汇整相关信息用来协调被支配者的社会活动，直接监视这些被支配者的行为，这两种现象通过监控相互关联起来。在这两个方面，现代国家的出现都与以往截然不同。这些国家除了具有资本主义—工业主义的基础结构，还大大扩张了监控活动。[21] 而“监控”就其性质而言，就包含了暴露，就是说要使之可见。通过信息的搜集，暴露了信息所涉及的那些人的活动模式，而直接监视则以公开的方式确保这些活动处于观察之下以便控制。因此，人要是自身行为受到监控，一般就会关注如何尽量减少被迫暴露的处境，乃至操纵这些处境。如果在这样的场景中， 128
这些人认为自己被要求从事的活动索然无味，或令人厌憎，就更会产生这样的反应。

在工厂的工作场所里，后台区域可以说包括车间中“偏僻隐蔽的角落”、工间休息室、盥洗间之类的地方，以及摆脱与监视者接触的那些错综复杂的区域，工人们可以通过身体移动和姿态来实现这一点。工人们经常利用这种分区，来控制场景的属性（并由此在权力关系中维持各种类型的自主）。有关这方面的描述，在工业社会学的文献中可谓俯拾皆是。例如，下面就是一名工人谈论在一家汽车装配厂的车间中司空见惯的事情：

> 那阵子我正在汽车的这边干活儿，车的后备箱盖突然掉了下来，刚好擦着在我对面干活儿的那小子的脑袋。我正巧能瞧见。他正好歇了活儿，朝四下里张望，看看有没有人在瞧着他。我假装没看他。然后他就捂着自己的脑袋。他装得特像。你都能瞧出他在想，“我正好就这么歇会儿”。他摇摇晃晃地转悠，我能看见他四处张望。你也知道车间里那种地方会是什么样子。到处都是油漆。他可不想弄上一身油漆……就这么他晃了有十码远，哼了一声，栽倒在一堆托盘架上。真他妈的搞笑。另一个家伙看见他倒在那儿，就把装配线给停了下来。监工立马跑过来，“开开……开开……”他就又把装配线给打开了，我们只得接着干活儿。我们还干了一阵子。他们费了好大功夫才把他弄出去。因为他们没法把担架弄进来，大概花了半个钟头才把他弄走。他就一直躺在那儿，你懂的，隔一会儿还睁眼四处张张，问“咋回事儿？”[22]

在这类情境中，对掌权者的贬损显然是极为常见的。不过，这里所描述的事情凸显出，事实上，这种贬损性的行动并不总是限于后台区域，也并不总是回避那些被视为贬损目标的人的在场。

当然，在许多这样的情境中，行动的分区与日常接触的时空序列性紧密相连。但它同样没有与公共活动和私人活动的划分清晰吻合。工人并没有试图向他的工友掩饰，这种装病只是想暂时逃避装配线的压力。

129 这种前后台的分化一般发生在存在显著的权力差别的情况下，它一般不同于互动的情境特征有所削弱或者允许疏忽的情境。在后面这些情境的前台中，身体控制的细枝末节以及一些关照他人的“修补”程序全都得以放松。至少，“隐私”的意涵之一，就是一个人通过将自己隔离在某个区域中，摆脱了监督自己的行动和姿态的那些日常要求，由此可以表现那些“孩子气”的行为。也可以是许多人，因为隐私似乎并不必然意味着孤独自处。似乎在绝大多数社会（也许在所有社会）里，身体的分区都与另一种分区有所联系，即在各种场所进行的每日生活轨迹中的各种活动在时空方面的分区。因此，人们通常是在一定时间的一定场景中进食，而且进食一般也具有一定的“公共性”，包括家庭成员、朋友或同事等的聚会。至于穿衣打扮，虽说它并不是处处都被视为“私人性”的，但至少在绝大多数文化中，人们都是这样看的。尽管埃利亚斯声称，在中世纪的欧洲，人们不加掩饰地进行有关性的活动[23]，但要说到直接性交，似乎所有地方都把它归入后台区域。当然，在这方面，公共行为方式和私人行为方式会相互交织，形态多样。

似乎有理由假定，区域化和身体关注的各种表现形式相互交织在一起，这种交织又和基本安全系统的维持联系在一起。有些后台区域容许个人完全孤身一人，摆脱他人在场，但更具重要意义的也许是另外一些后台区域，它们容许人们在共同在场的情境中表现出“退化行为”（regressive behavior）。这类区域可能允许人们

> 公然渎神，大开黄腔，满腹牢骚……穿戴马虎，坐没坐样，站没站相，满口村言鄙语，有时咕咕哝哝，有时又乱喊乱叫，打打闹闹，相互取笑，对他人一些看似细微但却别有深意的行为毫不在意，对各种身体小动作毫不自知，哼小调、吹口哨、嚼口香糖、啃指甲、打嗝放屁，诸如此类，不一而足。[24]

这些类型的行为绝不意味着具有亲密关系的人彼此逐渐丧失了信任，而也许恰恰有助于加强彼此的基本信任。这种信任最初就是在与父母的关系中建立起来的。标志着这类情境的，不是关键情境所产生的焦虑的骤升，而是其反面，是消除了在日常生活其他场景中对身体和姿态进行严格控制的要求所导致的紧张。

6. 具有普遍意义的区域化

我们不仅可以用封闭与暴露、前台区域和后台区域这些分化来分析 130
共同在场的情境，而且可以分析涉及较大时空范围的现象。当然，在这些情况下，不可能对所影响的那些人都直接进行反思性的监控，尽管说有时确实如此。自从芝加哥社会学家帕克（Park）和伯吉斯（Burgess）早期的工作以来，当代社会在城市地区的区域化已经得到了非常广泛的研究。在绝大多数西方社会中，城市分为不同的住宅区，其社会特征显著不同。这种分区深受住宅市场运作的影响，也受到私有住房和公营住宅区的区分的影响。有一些"生态视角的"城市学者认为，居住区的分区是均衡的，但情况并非如此。恰恰相反，居住区分配的后果是创造了各式各样的前后台对照。在英格兰北部城镇的工业区里，大小工厂鳞次栉比，一度是建筑环境中最显眼的部分，傲然展示。但近些年来，人们在进行城市规划时，越来越认为这些工业区有碍观瞻，最好作为后台区域隐藏在封闭起来的飞地中，或者转移到城镇的边缘地带。这类例子不胜枚举。透过"移往郊区"的现象，我们可以发现，那些生活在更富裕的住宅区的人们往往更容易将财产转移。"移往郊区"改变了城市的中心，将供前台展示的景观变成了标志城市衰败的后台区域。而对于后者，那些"体面的阶级"避之唯恐不及。通过区域封闭的方式，城市也将贫民窟局限在一些居住区内，从而使它们变得"不可见"，无论是进出这些居住区的财产转移，还是人员的日常流动，比例和频率都非常低。和其他社会现象一样，在这里，支撑这种空间区域化的也有多种类型的时间序列现象。

许多学者在分析跨越较大时空范围的区域化时，运用了人们熟知的一些观念，比如"非均衡发展"（uneven development），比如"中心"（center）或"核心"（core）与"边缘"（periphery）的区别。不过，这些观念可以应用到范围大小不等的各种场所情境中。我这里不想讨论非均衡发展的问题，而是通过联系时间嵌入性，进一步探索中心与边缘的
分化。如果说世界经济体系具有自身的中心，城市也具有自身的中心， 131

那么个体行动者的日常生活轨迹也同样如此。在现代社会中，至少对于大多数男性来说，家和工作场所构成了两个重要的中心，每天的活动往往都集中在这两个中心里。场所的各个区域也具有中心。在一幢房子里面，有些房间，例如空闲的卧室，也只是“以边缘的方式”被偶尔使用。

中心与边缘的区别经常与时间上的持久性联系在一起。[25] 那些占据中心的人也已经“确立”了自身对资源的控制权，使他们得以维持自身与那些处于边缘区域的人的分化。已经确立自身地位的人 / 局内人（the established）可以采取多种形式的社会封闭 [26]，借以维持他们与其他人之间的距离，其他人实际上是被看作低下的人或者说局外人（outsider）（见图 9）。

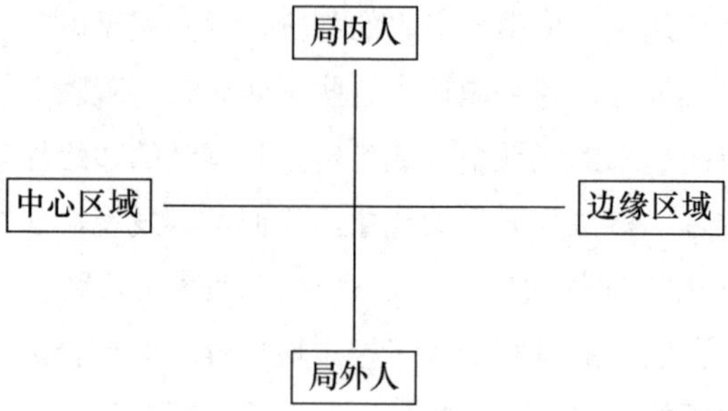

图 9

在世界经济体系中，“已经确立地位的” / “局内的”西方“核心”工业国维持着中心位置，它的基础是这些国家在时间上领先于那些“欠发达”社会。世界体系的地缘政治性的区域化可能正在经历变化，例如，制造业的生产中心正在转向昔日的边缘地带东方世界。但到目前为止，时间上的领先这个因素一直对空间上的优越性产生着决定性的影响。在世界各地，在民族国家的内部，中心 / 边缘的区域化看起来都是和存在各种“既定体制”（establishments）联系在一起
132 的。这些既定体制就是支配阶级的结构化的关键。[27] 当然，在这些现象中包含了多种复杂关系，而我所举的这些例子只是为了说明我的观点。

7. 时间、空间与情境

行文至此，我不妨总结一下本章前述内容的要点。我们主要讨论了社会生活和社会制度的**情境性**。随着时间的“逝去”和空间的“隐遁”，在场和不在场交织在一起。所有的社会生活都发生在这种交织关系之中，也都是通过这种交织关系而得以构成的。身体和（身体活动其间的）环境的物理性质不可避免地赋予社会生活以一种序列性，并限制了个人与一定空间距离之外“不在场”的他人的接触方式。时间地理学提供了一种重要的方法，标示日常活动中时空轨迹的交织现象。但时间地理学还必须结合对于行动者和互动场景组织过程的更为充分恰当的理论。我提出了场所和区域化的观念，想要阐述一套概念图式，以便将情境性理解为与社会整合和系统整合之间的关联有本质关系。[28]

日常时空路径（daily time-space paths）

日常接触的分布（distribution of encounters）

场所的区域化（regionalization of locales）

区域的情境化（contextuality of regions）

场所的相互交织（intersection of locales）

人们已经证明，时间地理学发展形成的图示技术在好几个研究领域中都能够产生丰硕的成果。在社会科学的许多领域工作的学者都完全有理由在各自的研究中采用并改造赫格斯特兰德的标示方法。不过，如前所示，时间地理学还存在许多局限，当然也须留意。而且，在构建各种时空形态模式（topographical models）时，也不能不加置疑地将“钟表时间”视为其中的一个固有维度，而应该把它本身也看作受到社会条件限制的现象，会影响到生活在现代社会中的行动者勾画的时空路径的性 133
质。乍看起来，这种观点只是老生常谈，其实远非如此。重要的差异不仅仅在于计算时间的方式，而且涉及日常活动结构化的形式。

例如，我们可以考虑一下布迪厄（Pierre Bourdieu）对卡比尔人的时间和计时的著名探讨。在卡比尔人看来，一年始于秋，终于夏，而一天则是从傍晚开始，到下午结束。不管怎样，这种图式表现出一套将时间看作无尽循环的观念，而这种时间观又属于日常活动的基本组成部分。从符号象征的角度来看，夜晚是死亡的时间，其显著特征是和许多日常禁忌联系在一起，如禁止洗澡，禁止接触水流，禁止照镜子、给头发上油或者触摸骨灰。[29] 早晨不仅仅指“破晓”，而且还意味着在昼与夜的搏斗中，代表光明的白昼取得了胜利：在“早晨”就意味着面向光，面向与光紧密相连的恩赐（beneficence）。因此，一天的“开始”就是外出的时间，就是人们涌出家门到田里干活的时间。早起就意味着使自己置身于吉兆之中，就是“向天使致意”。它不仅仅是时间的转换，而且是给各种事件和实践定了调。不过，必须采用巫术才能发挥白昼的创造性潜力，要不然就会遭到其他一些邪恶力量的干扰，特别是时过正午、日渐西沉的时候。因为一过了正午，天色就日渐昏暗，标志着夜晚的衰朽和败亡马上就要再次降临。这一过程“是各种形式的衰亡的典型体现”[30]。

我们不妨先记住这个例子，进一步发展本章考察的一些主要观念，并再以当代社会的学校教育为例。当我们开始研究一所学校时，先勾画这所学校的师生员工所遵循的时空模式，无疑会是一种非常有用的时空形态工具。不过，我不打算完全采用赫格斯特兰德及其同事提出的那种图示形式，而是要凸显日常例行活动的“可逆时间”。赫格斯特兰德经常将时空路径勾绘成一天之中的某种“线性”运动。但是，我们如果能在图中看出绝大多数日常时空路径蕴含着“反复”，就会更准确地再现日常社会生活的重复性。因此，我们不打算采纳图 10a 的形式，而是把图 10b 作为一个样板。

134 图 10a 是赫格斯特兰德偏好采用的那种形式。在这种形式中，我们是“从侧面来”看待时空的，而且“时间”箭头标示了一种特定的时间次序（通常对应于工作日）。我之所以采用图 10b，并不是主张完全放弃前一种标示，而是要使之趋于完善。即使不是在图示方式上，也肯定在概念上要有所改进。而在图 10b 中，我们可以说是“从上往下”鸟瞰，而不是从侧面来观看。带箭头的线代表时空运动的路径。某个特定的人或具有代表性的人在具体一天中，在各种“停留点”之间活动所花费的时间的线性数量，我们用线的长度来代表；而方框的长度则表示他在一个特定的场所中度过了多长时间。因此，在学期当中，一个孩子度过的一天就和这幅图勾画的活动图式差不多。孩子每天在家（*H*）度过的时间被分为不连续的三段：从入夜直到清晨的睡眠时间；下午四、五点钟放学（*S*）后的时间；以及外出去电影院（*C*）看完电影后晚上再回家的时间。在孩子一天的活动中，有些方面的例行化程度无疑是很高的（离家上学和放学回家）；而有些方面（出门看电影）就不是天天如此了。绝大多数例行化的活动类型都可以表示为由嵌入可逆时间的时空路径所构成的剖面图。

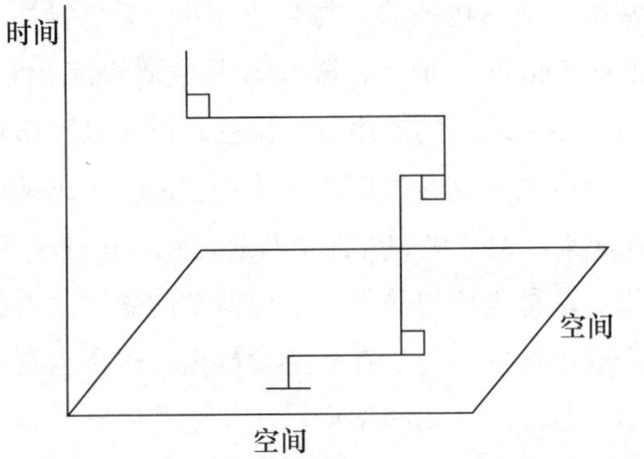

图 10a

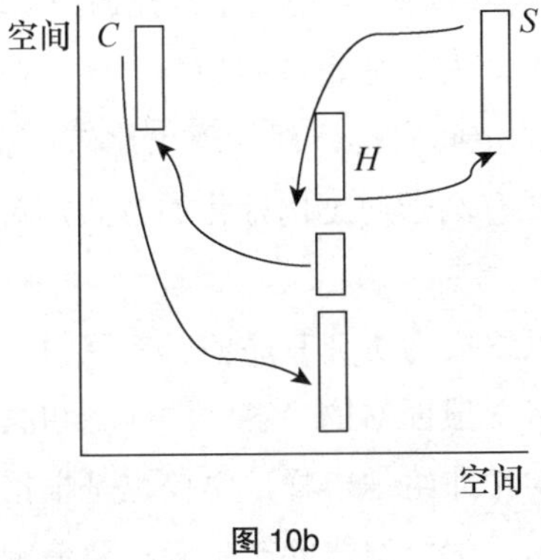

图 10b

用赫格斯特兰德的概念来说，学校就是一个“停留点”。在一天的历程中，不同的个体聚合遵循不同路径在这个“停留点”上交汇。赫格斯特兰德正确地指出，我们不能想当然地看待那些使个体有可能聚集到一个场所的条件，而必须直接考察这些条件。但一个场所当然不仅仅是

135 一个驻留的点。可以说，在时间地理学中，“停留点”往往成为黑箱，因为主要的关注点都集中在停留点之间的运动上。如果我们把学校看作一类社会组织，强调它是一处具有特定物理性质的场所，可以从三个特征的角度来理解它：发生在学校中的各种日常接触在时间和空间上的分布，学校所展现的内部区域化，以及以这种方式确认的这些区域的情境性。

现代学校是纪律组织（disciplinary organization），而学校的这些科层特征与它们所包含的各种内部区域之间，显然存在着相互影响的关系。与所有的纪律组织一样，学校是在一个封闭的边界内运作的，它的物理边界非常明确地与校外的日常活动分开。学校就是一个产生纪律权力（disciplinary power）的“容器”。学校生活的封闭性使那些被“囚禁”在其中的人们彼此之间的序列性接触有可能以严格协调的方式进行。孩子在学校度过的这段时间，无论在空间上，还是在时间上，都被严格地封锁起来，避免受到外面那些有可能打扰孩子的接触的影响。至少一般来说，这种考虑也是划分不同课节的做法的原因之一。学校在内部也分割成不同的部分。在一所学校内，也许也有一些地方、一些时间，例如一节课的开始和结束，往往会发生一些和教学无关或没有什么明确目标的互动。但是在绝大多数时候，学校内发生的接触的分布情况都迥异于社会生活对活动的规范性调控比较宽松的其他部分。在学校的建筑特征上，无论是教室的划分，还是在教室里面经常会发现的严格调控的课桌空间安排，都体现出比较严格的纪律空间安排。这种空间的划分无疑有利于通过例行化的方式，对各项任务进行具体的安排和调配。

要把空间动员组织成为协调有序的时空路径，学校的时间表至关重要。学校的管理者一般面对的“容纳”问题和医院的管理者并不完全相同。但与所有的纪律组织一样，学校也是根据严格的时间体系来运作的。在某些方面，学校纪律的产生确实要追溯到对时间和空间的管控上，只有当向“钟点时间”过渡的普遍趋势出现后，这种管控才成为可能。问题的关键倒不在于钟表的广泛使用使人们可以在一天当中精确划分时间，而在于时间开始被纳入以计算的方式运用管理权威的过程中。

作为纪律权力的主要“运用区域”，各种教室的情境特征明显存在广泛的差异。但在较为严格的教室空间安排形式中，对身体的定位、运动和姿态的规定一般都有紧密的组织安排。在一节课中，师生之间的空间定位迥异于其他绝大多数面对面交往情境。事实上，如果出现了后面那种情境，一般也就标志着教师不再能够控制局面了。戈夫曼所关注的身体姿态和活动看似细枝末节，但在此再次表明绝非无关紧要。 136

教室和学校一样是一个“权力容器”，但不仅仅是竭力制造“驯顺的身体”的“权力容器”。我已经强调，可以把共同在场的情境描述为一些场景，在使权威发挥影响力的过程中，正是那些权威形象反思性地激活了这些场景。尽管通过监控完成的纪律是一种生成权力的强有力的手段，但它仍然需要依靠那些作为纪律“主体 / 臣属”（subjects）[①]的人多少表现出持续性的顺从。每个老师都清楚，要使学生能够如此顺从，本身就是一个脆弱的、偶然的成果。教室的纪律情境不仅仅是学校课堂活动的“背景”，它是在控制的辩证关系中被动员形成的。一堂教学课就是一次必须被反思性地管理的面对面交往，和其他任何面对面交往 一样。

我们可以看一看下面这段由波拉德（Pollard）描述和讨论的互动片断：

> 上午九点打铃。接着，班级里大概一半人进了教室，绝大多数坐在那儿看书。老师一脸轻松地进来：“早——呵，好，把书拿出来。”老师坐在讲台前，整理她的东西，掏出点名册。此时，剩下的大多数孩子也已经进了教室。晚进来的学生聊着天，相互交换一些球星卡，偶尔瞄一眼老师。
>
> 教师：好，我们来点一下名，那，赶紧的，坐下，你们这帮球迷——我想曼联又输了。
>
> 曼联的拥趸们：嗯，是输了，可他们还是比利物浦棒。

① 此处论述和本章其他许多地方一样，都潜在地针对福柯的理论。福柯指出，“纪律”作为一种权力运作的方式，正是通过将一个人塑造成为一个“主体”（subject）而实现的，因此他始终强调，在纪律权力中，一个人在成为“主体”的同时，也成为权力的支配对象，即“臣属”（subject）。福柯明确地指出了“subject”一词的这两个含义。——中译注

教师（语调中半开玩笑半带嘲讽）：真的？想必这不是胡说八道吧。好现在开始……马丁……多琳……阿伦……马克（教师念
137 名，学生应答）。

一个孩子迟到了，看上去有点局促不安。他走到自己的座位那儿。其他的孩子笑着对他指指点点。

一个孩子：嗨，邓肯，干啥去了？

教师：邓肯，过来。你**又**迟到了。正好迟到三分钟，为什么？

邓肯：对不起，老师。

教师：我问“为什么”。

邓肯：我睡过头了，老师。

教师：好，那你现在醒了？

（其他孩子笑。）

邓肯：醒了，老师。

教师：那你最好四点放学后再留三分钟，到时候可别又睡着了。

笑声更大。邓肯坐下。教师结束点名。[31]

这里发生了什么？我们必须像教师一样承认，点名对于确定一天活动的秩序来说，具有特殊的意义。它是一种标志，代表一次接触中置括的开端，展开了师生们日常较量的这场战役的第一轮射击。教师认定这是检验学生情绪的第一个场合，而学生们也这么看老师。教师能否维持对局面的直接控制，取决于他是否能够保证孩子们接受并遵行教室场景中蕴含的各种例行常规。学生早晨一进教室，老师就预期他们会坐在指定的位置上，拿出要读的书，在点到自己名字时会应答。波拉德将老师的幽默和取笑看作一种前台表演，是想将这一天的活动定调为师生之间的和谐配合。不过，这种策略颇有风险，学生们对那个迟到的孩子的反应正表明了这一点。另一个学生觉得他能够取笑这个迟到者。老师立即发现这是一天里面第一个考验他的场合，他必须在此证明自己至高无上的权威。他对邓肯语带戏弄的责备夹带着几分坚定，孩子们的笑声表明这种策略很成功。这一天的各桩事件从而得以继续进行。如果教师过于明确地强调纪律性，把稍有过失的孩子训得狗血喷头，其他孩子会觉得这种反应过于严厉，结果就会导致

威胁和惩罚逐步升级。对于维持例行活动来说，这没有师生之间“相互给面子”来得更有效，他们彼此心照不宣，把这种协商融入更为协作的气氛。 138

教室有一个特点，师生双方所做的大多数事情彼此都看得见，这意味着后台区域一般在时间和空间上都具有明确的界定。对于孩子们来说，这些后台区域在一定程度上就位于不同课节之间狭小的时间边界地带，不论这期间他们是否会在不同教室之间进行物理移动。尽管纪律压力通常大部分落在学生身上，但有时老师们却会感到更受压迫。教师一般有一块他们可以退入其中的后台区域，即教员休息室，这个地方学生一般不能进入。教员休息室无疑是放松的地方。但正是在这个地方，老师们往往意犹未尽地对各种处理教学问题的手法进行讨论、策划和修正。

通过进行严密的内部监控来防止来自外部的直接控制，这正是纪律组织的本质。这种现象既体现在学校的内部区域化上，也体现在学校作为一个位于其他场所之内的场所的处境中。在学校内，纪律权威分别集中在相互分隔的教室中，这是对身体定位和身体活动进行高水平控制得以实现的条件。但这种情况也是在对抗监督者的直接监督。学校领导具有控制教职工的权威，不过，他们运用这种权威的方式不同于老师努力在各自课堂上控制学生行为的方式。因此，学校往往具有彼此尖锐对立的“双线”权威方式。教师力图对他们的学生施加直接的控制，在此，教师得不断地和学生发生面对面的共同在场。但对教师活动的监督却必定是间接的，通过其他手段进行。我们不妨推测，即只有在一个具备相当程度上摆脱直接监督的自主性的组织中，才能实现分级的权威方式（graduated line of authority）。不过，学校的封闭性，以及它在时间和空间上与周围场所进行的活动之间明确的分野，也都防止了外部力量对学校的监督性控制。因此，督察员会定期到学校来核查学校的运转情况；
校董会和家长联络会可以通过影响政策以有助于塑造学校生活，让学校 139
感受到他们的权力。然而，纪律权力本质上就意味着，在学校的“权力容器”中进行的过程具有显著的自主性，以摆脱外部机构的直接控制，尽管学校也体现了这些机构的精神风格。

8. 反对“微观”和“宏观”：社会整合与系统整合

对于考察社会整合与系统整合之间的关系来说，上述分析具有重要的意义。出于两点原因，我没有采用更常见的术语，即“微观社会学”研究和“宏观社会学”研究。原因之一，是这两个术语相互之间经常截然对立，似乎意味着我们必须在二者之中作出非此即彼的选择，非得把其中一个看作在某一方面比另一个更为根本的视角。比如说，戈夫曼就有意拒绝关注涉及大范围社会组织和历史的问题，似乎隐然告诉我们，在他有时所称的微观社会学中，就可以发现社会生活的基本现实。而另一方面，宏观社会学思路的倡导者则往往认为，对日常社会活动的研究是琐碎无聊的，意义最为重大的应该是那些涉及范围较大的问题。然而，即便说这种敌对是一场战争，它充其量也只是一场虚假的战争。无论如何，我看不出在这两个问题中有哪一个就高出一等。微观 / 宏观的分野之所以往往使人想起一些令人遗憾的联系，第二点原因即在于：即使在这两种视角之间没有什么相互冲突的地方，也往往会形成一种颇为不妥的分工。在人们眼里，微观社会学主要关注的是“自由行动者”的活动，这些问题交给符号互动论或常人方法学这样的理论立场来处理就妥了；而另一方面，人们认定，宏观社会学的领域就是分析对自由活动施加限制的那些结构性约束（参见边码第 211 页）。我在前文已经明确指出，无论怎么宽容评价这种分工的结果，它也有严重的误导。

那么，为什么那么多的学者会认为，“微观社会学”研究和“宏观社会学”研究之间的关系是一个颇具研究价值的问题呢？主要原因大概就是刚才提到的概念上的分工。这种分工得到了哲学上的二元论的强化，要求采取某种比绝大多数作者所能或所愿构想的更彻底的方式，重
140 新阐述社会理论。我们不妨来简单谈谈柯林斯（R.Collins）近来对这个问题的更有意思的探讨[32]，这将有助于我们加深对这个问题的理解。柯林斯指出，人们一般所理解的微观社会学思路和宏观社会学思路之间的分野，在过去十年左右已经日益扩大。当功能主义和马克思主义或者

这二者之间的某种结合还在支配着社会理论的时候，人们普遍认为，共同在场情境下的社会关系基本上是由各种更为广泛的“结构性”因素所决定的。不过，微观社会学已经越来越成为许多人关注的一块欣欣向荣的领域，这一点尤其应该归功于常人方法学的引导。该领域中的一些学者以相当激进的方式，贯彻着上述思路的假定。在柯林斯看来，“无论是在认识论方面，还是在经验研究方面，更加新颖激进的微观社会学都远比以往的方法来得彻底……我想指出，要想迈向更为成功的社会学科学，有一步至关重要，即不懈努力地重构宏观社会学，把它奠基在彻底经验性的微观基础上。”[33]

根据柯林斯的看法，推动社会学发展的适当方式是对“结构性现象”进行“微观转译”（microtranslation）。这种转译可能产生的理论，会比现有的各种宏观社会学理论具有更强有力的经验基础。柯林斯并不要求那些关注宏观社会学问题的学者放弃自己的努力，只不过是期望他们承认，他们的工作在理论上是不完备的。在柯林斯的眼中，只存在三种“纯粹宏观变量”（pure macrovariables）：时间、空间和数量。因此，我们可以把诸如“权威的集中化”这样的概念转译为对微观情境的说明，即那些处于一定情境中的行动者是如何在可以描述的具体场合中实际行使自己的权威的。“纯粹宏观变量”是作为诸如此类的情境在时间和空间中的数量进入分析领域的。“因此，结构性变量经常被证明只不过是处于各种不同的微观情境中的人的数量而已。”[34] 如此看来，所谓的“社会现实”就是“微观经验”，是这种“微观经验”在时间和空间上的数量聚合，而这种聚合就构成分析的宏观社会学层面。柯林斯指出，社会系统的“结构性”特征，如果不涉及数量、时间和空间的话，就只是微观情境中的行为的“结果”。

柯林斯的“结构性变量”概念虽说在某些方面类似于布劳倡导的 141
“结构变量”的概念①（参见边码第 208~210 页），但他十分正确地指出了布劳和其他许多学者所提出的这种“结构社会学”的问题。不过，在

① 这两个概念的英文都是“structural variables”，但有鉴于两人对是否存在实质性甚至是实体性的结构这一核心问题的看法大相径庭，所以我们分别译为“结构性变量”（强调“结构”的建构性）和“结构变量”（强调结构的实质性）。——中译注

另外一些方面，柯林斯的观点仍然有所欠缺。我反复强调，将时间和空间看作“变量”，这就重蹈了绝大多数正统形式的社会科学的典型错误。而且，我们假定“结构”只与宏观社会学问题相关，又有何根据呢？无论是就这个概念较为精确还是较为模糊的意义来说，我都已经指出，在微观情境发生的活动也具有明确的结构性特征。事实上，我把这一点看作常人方法学的研究一直成功坚持的重要主张之一。况且，为什么我们要把时间看作只和宏观社会学关注的问题相联系的“变量”呢？时间性无论是对于细小的互动片断，还是对于最漫长的长时段，都是不可分割的要素。最后一点，凭什么认为结构性特征只是由时间、空间和数量三个维度构成的呢？据我推测，原因在于柯林斯心目中仍认为，如果说在社会科学中“结构”一词具有什么意涵的话，那么它必定是指某种“外在”于社会行动者活动的东西。然而，柯林斯称之为“激进的微观社会学家”的那些学者，针对其宏观社会学对手在研究中通常使用的各种集体性概念，提出了大量批评。既然柯林斯接受了这些批评，那符合条件的现象似乎就只剩下时间和空间中的分布（dispersion）了。

但要说到柯林斯的说法中最严重的混淆之处，还在于他假定“宏观社会过程”是“微观情境”中的互动的“结果”。根据柯林斯的观点，“宏观层面”只是由“微观经验的聚合”所构成的。时至今日，学者们一般都同意，各门社会科学中的概括总是以人类行动者具有意图的行动为预设前提的，至少也是暗含着这个前提。不过，我们并不能据此得出结论，认为被描述为“宏观层面”的并没有真切的存在。这只会使我们回到那场虚构的战争。我们并不能将社会制度解释为各种“微观情境”的聚合。而且，如果这些情境指的就是共同在场的情况，那么只考察这类情境，对社会制度的描述就不能说是充分全面的。另一方面，即使是那些最为变动不居、范围有限的“微观情境”，也深刻蕴含着制度化的行为模式。

下文我们将证明，微观 / 宏观的区别并没有多大用处，并借此进一
142 步发展上述观点。一个“微观情境”是什么？人们也许会如此作答：一个在空间和时间上都相对有限的互动情境。柯林斯似乎就持这个观点。但这样的回答却对我们没有多大助益。这不仅是因为日常接触都是在时

间中“稍纵即逝”的，而且还是因为，一旦我们开始关注参与接触的行动者如何完成他们的交往，就会清楚地认识到，对于任何一个互动片断来说，哪怕是我们能够在时间和空间上清楚明白地将其置括，也无法据其本身而得出理解。互动的绝大多数方面都是在时间中积淀下来的。只有通过考虑这些互动例行化的重复性特征，我们才能够把握它们的意涵。而且，一旦我们着手对微观和宏观的空间分化这种观念进行考察，就会发现它是不准确的。这是因为，要想完成对日常接触的形塑乃至反复形塑，就必定得跨越更大的空间范围，超出面对面互动的无中介情境。个体在一天的时间历程中所经过的路径，总是在一些地方进行一些接触，然后中止这些接触，通过在空间上的移动，然后再形成另外一些新的接触，而这些接触过一会儿也要被中止，如此接续下去。

人们一般会放在微观/宏观过程的题目下面予以讨论的问题，包括身体在时空中的定位，在共同在场的情境中发生的互动的性质，以及这些情况与那些对概括和说明社会行为有重要意义的各种“不在场”的影响因素之间的关系。事实上，这些现象正是结构化理论所关心的基本问题。而更好地处理这些现象的办法，是把它们看作涉及社会整合和系统整合之间的关系。目前的微观/宏观之争，关键是一些概念问题，它们与长期以来围绕方法论个人主义所进行的争论有关。我权且把这些问题放在一边，留待下一章讨论。不过，争论中涉及的另外一些方面并不仅仅是基于概念的考虑。我们只能是通过直接分析特定类型的社会，才有可能解决这些问题。因为我们可以预见到，不同社会有不同的制度关联（institutional articulation）方式，参与构成这种关联方式的在场和不在场的相互交织方式也是不同的。我在这里简单谈谈这一问题，同时引入将在下一章详细讨论的一些材料。

社会整合必定和共同在场情境中发生的互动有关。我们可以通过考察各种区域化方式，来探究社会整合和系统整合之间的关联。这些区域化方式引导着一个共同体或社会的成员在其日常活动中遵循的时空路径，反过来，这些时空路径也形塑了前者。这些时空路径也受到它们潜 143
在涉及的社会系统基本制度参数的强烈影响，反过来同样也再生产出这些基本的制度参数。部落社会（参见边码第182~183页）往往具有一种高度分割的形式。村庄共同体绝对是最重要的场所，在这个场所内构成并且重构了时空中的各种日常接触。在这些社会中，共同在场的关系往往胜过了那些来自遥远时空的因素的影响。我们有理由说，这些社会中存在社会整合和系统整合的某种融合。但很明显，这样的融合从来也不是彻底的：几乎所有社会，不论这些社会规模多小，或者看似多么孤立，都与更广泛的“跨社会系统”之间存在联系，至少是松散的联系。

既然今天的我们生活在一个把电信传媒看作想当然的东西的社会里，那就有必要强调指出，传统社会有一点特征是不言而喻的（事实上，仅仅在一个多世纪之前，这还是所有社会的普遍特征）：不同共同体或社会的成员之间的任何接触，无论涉及的范围有多么广泛，都涉及了共同在场的情境。一封信也许是由一个不在场的他人发出的，但它当然是以物质的形态从一个地方带到另一个地方的。在传统世界中，只有一些特殊类型的人才会经历非常遥远的旅程，比如水手、军人、商人、神秘主义者和五花八门的冒险家。游牧社会中的人群会在范围相当广阔的土地上漫游。那时候，人口的迁移也很常见。但这些现象都没有改变上述的事实，即共同在场的情境总是互动的主要“承载情境”。

在我所称的阶级分化社会（class-divided societies）中，之所以可能包含大范围的时空“跨度”，首先要归之于城市的发展。城市确立了各种资源（特别是各种管理性资源）的集中化，这促成了比部落体制中常见的范围更广泛的时空伸延。尽管具体来说，阶级分化社会的区域化十分复杂，但总是围绕着城乡之间的联系而形成的，这些联系既相互依赖，又彼此对立。

我们往往用“城市”这个概念来泛指许多现象，既包括传统社会中的城市定居点，也包括随着资本主义工业社会的形成和扩张而发展的那些城市。但如果我们仅仅把现代的情况看作同一现象在数量上的扩张，认为今天的城市化只不过是以往出现的城市变得密度更大，覆盖的地区
144 更广泛而已，那么这种用法就属于含混不清。传统城市的情境特征在许多方面都不同于现代的城市生活方式。例如，莱克沃特（Rykwert）指出，在现代之前，世界上相距甚远的许多地方的城市都具有下面这种符号形式：

> （今天的我们）很难想象，整个宇宙的形式秩序能够被化减为同一地方两个彼此交错的坐标构成的示意图。不过，古代恰恰如此：沿着南北轴线（cardo）漫步的罗马人知道他的步履所循正是太阳旋转的轴心，而如果他沿东西轴线（decumanus）走的话，就和太阳每天的历程相合了。他从自己所属的市政制度中，可以得出整个宇宙及其意义——所以他置身其间，自在如家。[35]

我们可以说，在这样的城市里，尚不存在时间和空间的商品化。[36]时间作为劳动时间进行的买卖肯定是现代资本主义社会最突出的特征。对每一天都要进行精确的时间管控，这种现象也许可以在修道院的钟声那里找到它的源头，但正是在劳动领域中，这种现象的影响才生根发芽，扩展到整个社会。时间的商品化启动了工业生产的机制，瓦解了阶级分化社会中特有的城乡分化。现代工业伴随着城市生活方式的扩展，但前者的运作却并不一定局限在某种特定类型的地区中。而另一方面，传统城市一方面是阶级分化社会中纪律权力的焦点，同时也由于这种情况，往往和乡村相分离，最常见的就是通过城墙，以物质或符号的方式确定这种分离。伴随着时间的转型，空间的商品化也建立了一种特征鲜明的“人造环境”，表现出现代社会中一些新的制度关联方式。这些新形式的制度秩序变更了社会整合和系统整合的条件，并因此改变了时间和空间上邻近与遥远之间关联的性质。

附论：福柯论时间安排和空间安排

福柯对纪律权力起源的各种讨论表明他一直关注时间和空间的分布 145
问题。根据福柯的观点，纪律权力的焦点是对身体的操纵，而身体根本上被看作可以进行精密调整的机器。与纪律组织相联系的管理形式从 18 世纪起开始迅猛发展，它不同于农业文明中进行大规模的工程（如筑路、修建庙宇和公共纪念物等）时对劳动力进行的大众动员，后者往往涉及了大量的人群，但这些人的活动往往只是以十分粗糙的方式协调在一起。而新的纪律形式则对个人身体的运动、姿态和倾向都进行了精确的调整。修道院制度中的纪律是这种纪律主要的历史先导，但新的权力技术与修道院的纪律不同，它使纪律直接和效用联系在一起。福柯指出，对身体的控制是全新的“政治解剖学”的一部分，这种方法增加了身体的产出，同时也增加了它对调适因素的依赖。

人们只能通过对时间和空间的操纵来推行纪律。这一般要求具有一个封闭的领域，既与外部相隔绝，又在内部对自身进行封锁。福柯对“禁闭”（confinement）的概念进行了大量论述。在早期的医院、精神病人的收容所和监狱中，个体多少是被强制性地与其他人隔离开。不过，其他一些没有这样进行全面控制的纪律组织也涉及了封闭。在所有这些组织中，导致建立封闭区域的因素也许各不相同，但最终的结果却大致一样。这在某种程度上是因为各个体和权威机构所依照的样板基本相同。封闭是纪律权力的一般化基础，但如果仅仅采用封闭的手段，并不足以对身体的运动和活动实行细致入微的管理。只有通过内部的区域划分或者“分隔”（partitioning），才能达到这一目标。在每天的任何一个
146 特定时刻，每个人都有各自的“合适位置”。纪律性的时空（disciplinary time-space）的内部分隔至少产生了两个结果。首先，它有助于避免大规模的集团的形成，这些集团可能会导致其中的人们形成独立的意愿甚至是敌对态势；其次，它还使管理者可以对个体活动进行直接操纵，从而避免了一些不期而遇的接触所导致的流动性和不确定性。根据福柯的观点，这里所涉及的是对个体进行观测和评估、对其特征进行测量的“分析空间”。纪律空间的内部分隔，一方面可能受到了修道院中单人小房间的样板的影响，另一方面往往也是源于为了纯粹实用目的而确立的建筑形式。在法国，设在罗什福尔（Rochefort）的海军医院就是一个样板。之所以设置这家医院，部分原因是力图控制该港口盛行的传染病，这个港口充斥着各色从事战争或者贸易的人群。要想成功控制疾病蔓延，就必须对流动人口实行其他一些种类的监管，包括军队对逃兵的监管，地方当局对商品、配额和原材料的监管。这就迫使监管方对空间进行严格的控制，而这首先涉及对有价值的商品的关注，而不是对人员的组织。然而，将商品贴上标签并归类，并对它们的分配情况加以控制，这些做法以后都用到了病人的身上。人们开始保留病历；仔细调控病人总额；限制病人的活动以及探访病人的时间。这样，就从“行政管理和

政治活动”的空间安排中，逐渐发展形成了“治疗的空间安排”[37]。

在18世纪晚期，工厂内的空间分隔在相当不同的背景下产生了。工厂中的发展趋势，也是将个体分配到明确划定的空间之中，但必须针对机器的协调进行这种分配。因此，空间中的身体安排是和生产的技术要求相对应的。但这种“生产空间的关联”也同样被证明是和纪律权力融汇在一起的。福柯援引了茹伊（Jouy）的奥伯肯夫（Oberkampf）工厂为例。这家工厂由一系列车间组成，它们都是根据生产操作的类型划分的。图桑·巴雷（Toussaint Barré）设计了工厂所有建筑物中最庞 147
大的一座，它分三层，有110米长。第一层是进行木版印刷的车间，有132个工作台，分为两排，纵贯整个车间；每个工作台有两名雇工。工头在中央走廊里来回巡查，以此监督整个劳动过程和每个特定工人的活动。工厂可以根据工人的速度、生产率和与他人的配合，对这些工人进行比较，并且依据严格的分类原则进行拣选归类。这样，就可以使劳动任务的每一组成要素都与身体的分解动作关联起来，并根据后者来概括前者的特征。如此看来，弗雷德里克·泰勒（Frederick Taylor）的学说不过是对一个多世纪前就已随着大规模工厂的出现而产生的纪律权力的一种迟来的阐述。①

根据福柯的观点，纪律空间的特征基本上是来自对空间的分配安排，而不是一个组织和一块特定的管辖区域之间的关联。纵横分隔的界线，精心测量并用墙壁隔开的区间，都是这种纪律空间与众不同的特征。重要的不是建筑物的任何特定组成部分，而是建筑物总的关系形式。教室就是这一现象的范例。在18世纪的法国等地，教室/课堂逐渐被划分为彼此之间具有一定间隔的清晰明确的排；在外面，不同的教室则通过一个相互关联的走廊体系分隔开。这些既是课程的划分，也是空间的划分。个体不仅在这些分隔的区域中移动度过一天，而且在此间度过他们的教育生涯。

在组织安排“单人空间”“地点”和“级别”的同时，纪律也

① 泰勒（1856—1915），提倡“科学管理”，重视劳动过程的时间最短原则和劳动过程的管理控制原则，而这两者均是由管理者来完成的，方法就是程序化与公式化，从而实现最优化。在泰勒的理论中，工作人员变成了地地道道的工具。——中译注

> 创造出复杂的空间，这些空间同时具备建筑的、功能性的和等级制的意味。正是这些空间提供了各种固定的位置，并使流通成为可能；这些空间刻画出人的各个部分，并且确立了它们之间的操作性联系；这些空间还标示出了地点及其价值；它们不仅确保了个体的服从，也建立了一个对时间和姿态进行更优安排的体系。[38]

纪律既取决于对空间，也取决于对时间的巨细靡遗的安排。毕竟，修道院最早以精确有序的方式对一天的时间进行控制管理。宗教修会最擅长对时间进行有条不紊的控制，而且我们可以直接间接地感受到它
148 们的广泛影响。就纪律权力的绝大多数方面而言，军队都堪称佳例。长期以来，军队一直训练士兵以规整的队形行进。荷兰人最先对军事调动进行精确的时间安排。[39]到了16世纪末，荷兰军队已经发展出一套办法，对部队进行按部就班的训练，使他们能够有条不紊地完成战术动作，同时能够稳定连续地射击。要做到这一点，就要对身体的不同运动进行时间上的安排。这一方法以后又应用到在上子弹、开枪、再上子弹的过程包含的各个部分的姿态，并进一步应用到军事组织的其他许多方面。事实上，正是伴随着这些方法的发展，“discipline”这个词的意义发生了变化。最初，“discipline”（训练）是指一种学习过程，被看作“受过训练的人”（the“disciplined”）的主要特征。不过，在军队中，这个词逐渐开始具有今天日常使用这个词的意涵，即指一整套调控方式，而不仅仅是指导过程本身。[40]

活动的时间安排并不仅限于将这些活动划分为时间上经过精确度量的区间。也许后者只是“对身体和姿态进行协调”的最基本条件。纪律权力不仅在于对特定的姿态强加控制，而且正是当姿态和整个身体的定位过程都发生关联的时候，纪律权力才发展到了极致。有效地运用身体意味着身体中没有闲置不用的部分；注意力必须完全放在相应个人的行为举止上。所谓受到纪律控制的身体，就是训练有素的身体：可以说，“纪律”一词的传统含义在此仍然保留着。身体的定位过程是两个时间上相互联系的序列的主要中介因素。一个序列是将姿态分解为定时进行的一系列运动，并规定所运用的身体部位。奥兰治的莫里斯（Maurice of Orange）就此将运用火枪的过程分解为43个步骤，将运用枪刺的过

程分解为 23 个步骤。这些步骤都放在一个战斗单位的士兵群中进行协调安排。[41] 不过，同时也要对所运用的具体对象的各个部件进行规定，并且用姿态将这些对象整合一体。要做到这一点，精确的时间安排是必不可少的。因为对武器和机械的设计使它们日益以前后相接的方式来操作，操作过程中的每一步都是下一步的先决条件。纪律权力不仅取决于如何利用那些既定的材料，而且包括建立一种“与生产机制之间的强制性关联”。

时间的安排还跨越了职业生涯的一系列等级。福柯比较了戈贝林 149
（Gobelins）的制造厂学校的两个发展阶段。这个制造厂是在 1667 年根据皇家敕令建立起来的；设计方案中就包含设立一家学徒技校。皇家营造主管打算挑选六十名学龄儿童入学，并按照行会学徒的典型程序来组织安排他们的教育过程。学童首先由一位师傅负责，以后要做六年的学徒。此后再工作四年，然后，如果能够顺利通过考试，他们就可以开办自己的作坊。这里的知识传播方式是弥散性的，包含了师傅和学徒之间的劳务交换。要是参照以后的标准来看，学徒生活的时间组织比较松弛。学校创立大约七十年后，开始对学徒进行一种新型训练；它首先是与既有程序方式形成互补。与这些程序方式不同的是，新的训练基于对时间进行精心设计的序列性安排。学童每天上学两个小时，并根据能力和资历划分为不同的年级。如果他们能中规中矩地完成所分派的任务，将会受到老师的表扬。表现最出色的学徒还会受到奖励。学校根据每个学生所参加的考试的结果来决定他们的升降级。学生每天的行为都记录在老师及其助手保管的一本登记簿上，督察员会定期查看。

戈贝林的学校只是 18 世纪教育普遍趋势中的一个具体实例。用福柯的话来说，这所学校表现了一种“掌管个体存在的时间的新技术”。纪律一方面要“分析空间，分解并重新安排活动”，另一方面也必须关注那些促成“时间的积累和资本化”[42] 的途径。可以通过四种途径来达到这一效果：

> （1）将一生按照时间顺序进行划分，从而专门确定各个发展阶段的时间。因此，训练期可以与职业生涯本身有清晰的分界。在训练期内可以确定晋升的步骤，妥善安排所有接受指导的学生，使其

> 150 循序渐进地逐一经历这些阶段。
>
> （2）可以根据一套通盘的计划，组织安排单独进行的训练阶段和其后的“职业生涯”——只是通过这种划分方式，“career”这个词才获得了它的现代意涵。教育必须摆脱师徒关系中那种人格化的依附关系。必须用非人格化的方式来设计教育计划，尽可能将其分解为最基本的一些操作步骤，从而使任何接受教导的人都可以方便地掌握。
>
> （3）每个时间段的结尾都要安排考试。考试不仅保障每个人都经历了同样的指导过程，而且根据每个人的相对能力将他们区分开。在获得一份职业的过程中，逐级安排了各种考试，这使得每个学徒要晋级的话，必须成功通过每一次考试。
>
> （4）可以根据学生所要获得的职位的等级，来指定不同形式或不同水平的训练。每一个序列的最后阶段，都会有一些人中止学业，被分派到一个特定级别的职位上，而另外一些人则继续通向更高级别的学习。每个人都根据自己所确定的职位或等级而置身于某一时间序列。
>
> 将各种前后相继的活动“序列化”，使权力有可能持续而全面地介入这些活动：使权力有可能在每时每刻都进行巨细靡遗的控制和定期的干预（区分不同的人群，纠正不当之处，惩罚错误，淘汰不合格者）；使权力有可能确定每个人的特征，并因此根据他们在所经历的序列中的水平来使用他们；也使权力有可能积累时间和活动，并重新发掘这些时间和活动，使它们构成一个总体，落实为一个可用的最终成果，而这就是一个人的终极能力。散布的时间片断被糅合成一个整体，从而产生某种益处，并借此把握一个时段，否则就不可能把握它。权力直接与时间相关联：它确定对时间的控制，并保障时间的用处。[43]

因此，纪律方法体现了一种对时间的特定理解，将其视为等距的标尺。福柯指出，在时间的序列化过程中存在着某种程序，它与将身体
151 活动勾画成分隔的空间是相对应的。这种程序就是“操练”（exercise），即对身体强加一种循序渐进的定期肉体训练，以期最终使之达到一种适当的状态。所谓“适当”（fitness），不仅指身体准备就绪，而且指身体

具有一种一般化的适应能力，可以完成派给它的任务。操练的观念和实践都具有宗教方面的渊源，但它已经成为绝大多数纪律组织的世俗主题。操练要求在较长时期内定期参加，对身体的特定部位进行演练。它直接表现了控制身体的重要意义：结合其他身体来对某个身体实施控制，对于整个纪律来说是不可或缺的。身体被看作某个更大范围的复合体中一个不断活动的部分。总之，纪律表现出如下主要特征："分隔性"（cellular，从空间分配的角度来看）；"有机性"（organic，根据按部就班的程序来确定活动的准则）；"发生性"（genetic，就序列性的阶段而言）；以及"组合性"（combinatory，将人类活动组合成为一台社会机器的运行路径）。福柯引用吉贝尔（Guibert）的话说：

> 我所勾绘的国家将具有一种简单可靠、便于控制的管理方式。它就像那些庞大的机器，用简便的手段就可以产生巨大的效果；这种国家将从它自身的力量中涌现出力量，从自身的繁荣中催生出繁荣。它将驳斥那种粗俗的偏见，后者诱使我们设想：帝国终将受制于难以抗拒的法则，走向衰亡。[44]

在福柯对纪律权力的讨论和韦伯对现代科层制的分析之间，存在明显的类似之处。当然，他们各自的作品有着不同的侧重点。韦伯关注科层制的"核心地带"，即国家及其管理机构。另一方面，福柯的著作则很少直接分析国家的机制，而是进行"症候学的"（symptomatically）考察，即通过分析一些似乎位居边缘的组织形式，比如医院、收容所和监狱，来考察国家。不过，两位学者都强调一种新型管理权力的出现。之所以出现这种管理权力，是想通过精确的规定和协调，对人们的活动进行集中的组织控制。韦伯的作品初看上去，似乎并没有对时间和空间的转变的相关主题进行探讨，因此，本文有必要指出韦伯的观点是如何已经包含了这一主题。不过，我们也必须承认，该主题在韦伯那里只是隐含着的，并没有明白表达。首先来看看韦伯对现代资本主义企业性质的分析。究竟是什么因素，使"理性的资本主义"和以往的资本主义形 152
式有所不同？首先，"理性的资本主义"具有一种稳定而有规律的特征。以往存在的各类资本主义企业，无论在时间上，还是在空间上，都是断续零星、间歇不稳的。理性的资本主义须在空间上形塑有规律的市场关系；而只有当科层国家形成之后，这种关系才能得到充分的发展，因为科层国家不仅保障了私有产权，而且也保障了其他一些基本制度，其中最值得注意的是有规律的纸币交换。

然而，对时间的控制同样是必不可少的。理性资本主义的企业是一种能够以稳定有序的方式来运作的企业。只有从这些方面着眼，我们才容易理解韦伯为什么要强调复式簿记对于现代资本主义的发展来说具有重要意义。复式簿记使企业有可能进行长期连续的资产记账。资产记账就是对盈利机会进行评估和验证，即在一项交易或投资之初估计资产总额，然后与此后一个时期的资产总额进行比较。盈利可能性取决于许多因素，其中很关键的一点就是能否预见到未来的事件，并对这些事件进行估算。复式簿记就是一种时间机器，因为它既体现了各种单位的定量化，又是后者得以实现的前提条件。正是借助这种定量化，我们才可以根据“有序时间”来判断一个企业的绩效。[45]

对时间的控制是所有科层制的共同特点，而不仅限于实行资产核算的企业。复式簿记既是一种预见未来事件的手段，也是一种“存放”过去事件的手段。科层规则也具有这样的双重作用。韦伯断言，现代科层制如果没有档案的整理就根本不可能存在。这些档案就是所谓的“文档”，它们一方面记录了过去，同时又规定了未来。文档不仅是科层程序中使用的公文，而且是这个程序的范例。只有借助这些文档，才有可能进行连续不断、有规可循的操作，而科层纪律正是以这种操作为基础的。文档一般交由特定的科室进行组织管理，而正是这些文档与其他一些因素一起，赋予了每个科室在一套科层体制中独一无二的位置。一个“科室”既是一个物理场景，也是管理等级制中的一级。虽然韦伯很少论及这一点，但科室在科层体制中的物理分布正是这种科层组织的一点
153 独特性质。科室的物理划分使所有的科室都相互隔绝，并因此赋予每个科室中的职员以一定的自主性，但与此同时，这种隔绝也构成了等级制强有力的标志。

韦伯还强调指出，工作人员的办公地点与其住所之间的分离也具有重要的意义。① 科层制的主要特征之一，就是职员的职业生活与他们的

① 原书此处有注解标记，但书后实际脱漏注文，并导致本章附注接下来的六个注解的序号与注文不对应。中译已逐一修正下调。——中译注

家庭生活之间相互隔离。当科层制中的集体资金和设施与职员的私人财产保持分离，当人际关系或者亲属关系的纽带不再作为各种决策或任命的基础，而且当有关家户的事务与公务区别开来，那么科层纪律的那些非人格化的准则就可以更为有效地发挥作用。韦伯明确指出，只是在现代的西方社会，才出现了家与工作场所的彻底分离。但我们也注意到，在区分各类科层组织的运作领域的过程中，场所的分化具有重要的意义。空间和场景的分化，既塑造着社会的模式，也反映了这样的模式。任何对这种影响作用有所怀疑的人，都应该考虑一下“伦敦城”（City）① 在英国的区位安排。在空间分区上，伦敦城和“工业”的中心相互分离，完全集中在一个地区，体现了其所在的英国社会的主要制度特征（参见边码第 319~326 页）。

这里，我们不妨回到福柯。在这样一个简短的附论中，我并不想评述他的分析中史实的正误，或者探究他的分析所依据的整体观念中存在哪些可以觉察的理论缺陷。我只想就其对纪律权力和时空模态的关系的解释补充一二。且让我先从上段有关韦伯的探讨出发。在福柯的分析中，监狱和收容所就是纪律组织的典型体现。用戈夫曼的概念来说，这些就是“总体性制度 / 机构”。福柯借用巴尔塔（Baltard）的话，概括它们的特点是“全面严苛的制度”。福柯如此评论道：“监狱无论内外都不存在空白（has neither exterior nor gap）；除非它彻底完成了任务，否则，谁也不能打断监狱的运作；它必须没有间歇地作用于个体：这就是一种日益增长的纪律……它几乎对囚犯施加了总体性权力；它在内部具有自身的压迫和惩罚机制：一种暴君一样的纪律。”[46] 但在绝大多数时候，工厂、办公室、学校、兵营和其他一些监控与纪律权力发挥作用的场合并非如此。福柯承认这一点，只是没有进一步论述。不过，注意到 154
这一点是相当重要的，因为在现代社会的主要制度区域中，“全面严苛的制度”与其说是通则，不如说是例外。我们并不能就此得出结论，认为由于监狱和收容所是纪律权力发挥到极致的地方，它们就能比其他不那么包揽一切的组织更明晰地体现这种权力的性质。

① 伦敦城是指位于伦敦市中心的英国商业、金融中心。——中译注

上班（或上学）的路程也许可以和那些监禁组织一样深刻表现现代社会的制度特征。事实上，纪律权力要想大规模地运作，条件是社会生活的不同部分在时空上的区分。绝大多数孩子只是在一天的某些时间以及一年的某些时期才上学。而且，即使在上学的时间内，一般来说也只是在确定的时段里，即“上课”的时间内，我们才可能看到较为严格的纪律形式。毋庸置疑，只有将人们“容纳”在具有专门物理划界的场景中，才能系统地生成纪律权力。但韦伯十分正确地指出，恰恰是当我们将个人生活的其他方面与纪律发挥作用的方面分开时，管理性纪律才能最有效地运作。这是因为，纪律就要求有规律地应用行为标准，而这种做法和其他生活领域中活动的实施方式并不一样。这里面的原因不仅包括了韦伯所提到的那些因素，而且涉及了纪律的“机器”性质。福柯正是在这方面陷入了困境。关键不仅仅在于如福柯所承认的那样，人类不愿意被作为机器人来对待，因而监狱也是一个充满斗争和反抗的地方。更重要的是，福柯笔下的“身体”并非行动者。即使是最严格的纪律形式，也得假定那些受制于这种纪律的人是“有能力的”人类行动者，所以才必须对他们进行“教育”。而机器只需设计出来就万事大吉了。但是，除非资源被彻底剥夺，否则，有能力的行动者只可能在一天的某些时间里屈从于纪律，通常是用这种屈从作为代价来交换报偿，可以在其他时间里摆脱这种纪律的控制。

在这方面，阅读戈夫曼对“总体性制度 / 机构”的论述可能要比阅读福柯更有教益。因为戈夫曼特别强调，入狱或者关入收容所很明显不同于人们在其他场景之间的运动，就后者而言，人们只是度过一天里的
155 部分时间。“总体性制度 / 机构”通过它包揽一切的性质，对置身其中的人们施加了一种总体化的纪律。要面对这些环境作出“调适”，也就意味着、并通常直接导致了一种自我贬损的过程，因此，被羁押者往往在行动自主性的常规要素受到严重限制的同时，还被剥夺了自我认同的标志。可以说，“总体性制度 / 机构”既体现了现代社会其他情境中存在的监控和纪律的各方面特征，也与这些情境形成了鲜明的对照。一般而言，“总体性制度 / 机构”会带来戈夫曼所谓的“民事死亡”（civil death），即丧失了投票以及参与其他政治活动的权利，丧失了遗赠财产、

签署支票、离婚抗辩或者收养孩子的权利。但是，除此之外，被羁押者还完全没有相互独立的活动领域。而对于一般人来说，在一个领域被拒绝的报偿却可以到另一个领域中去寻求。在这一点上，戈夫曼的有关论述十分重要：

> 因此，在我们社会中基本的工作—付酬的结构和总体性制度/机构之间存在着某种不相协调的地方。总体性制度/机构也和我们社会的另一个关键要素即家庭不相协调。有时，人们将家庭生活和独居相对而提，但事实上，更为恰当的对比是家庭和群居。对于那些在工作地点和一群工友同吃同睡的人来说，他们几乎不可能维持一块有意义的个人天地。[47]

福柯将刑律、精神病学和医学的调查程序看作体现纪律权力一般性质的范例，在监禁组织中采用这些程序时就尤其如此。但在这方面，“总体性制度/机构”再次与这些制度/机构之外的日常生活路径形成鲜明对比。在这里，戈夫曼所谓“自我的领土”（territories of the self）受到冒犯的方式并不适用于那些在大墙之外生活的人们。在这方面，可以举出“总体性制度/机构”的四项特性：

（1）讯问程序不断逾越被绝大多数人视为有关自我和身体的“信息存储”的合法范围。换言之，有关被羁押者的各种特征以及过去行为的资料都收集在工作人员可以接触的档案卷宗中，尽管无论是被羁押者还是其他人都认为这些资料是有损名誉的，会以遮掩或闪避予以保密。 156

（2）封闭和暴露之间的原有界限瓦解了，而这些界限通常可以用来保护某种本体性安全感。因此，个人的排泄、保持卫生和修饰仪表的活动都可能不仅得当众进行，而且还要面对他人的严密管制。

（3）被羁押者经常被迫始终不断地和他人发生关系。因此，正像他们没有后台区域来完成如厕活动一样，他们也没有后台区域来维持一些摆脱了其他地方所必需的纪律要求的社会生活。和贝特海姆一样，戈夫曼也注意到，在“总体性制度/机构”中，人类返回到一种孩童般的依赖状态。[48]

（4）各种活动的时间序列化，无论长期、短期，都受到严格的规定和控制。被羁押者不能像工人一样拥有“自由时间”或“他们自己的时间”。而且，那些在外面的世界中通过了一系列考试或经历某种职业生涯的一系列阶段的人，通常也能够将这些序列化的活动和具有不同模式的其他时间单位相互比照。例如，婚姻和生养孩子的时间分配就是和其他生活领域中涉及的那些活动分开进行的。

在监禁组织中，控制的辩证关系的重要性也是不可忽视的。在一些情境中，人类行动者特有的自主性，即“以另一种方式行事”的能力，受到严格的限制。被羁押者对他们日常生活所施加的控制形式，往往是首先集中在避免自我贬损上。当然，反抗也是被羁押者采取的方式之一；而且，不论管理人员在执行纪律程序时采取什么措施，反抗都必定是被羁押者一个重要的考虑，某种程度上会强迫自己进行反抗。不过，我们也不难发现其他一些反应方式。包括戈夫曼所谓“拓殖”（colonization）和“情境退却”（situational withdrawal）。前者指在那些被控制的时空的缝隙之中构建一个可以容忍的世界；后者指在某种程度上，个体拒绝遵从人们期望一个有能力的行动者应该表现出的行事方式。但无论在囚犯当中，还是在“精神病人”那里，最常见的或许只是“泰然处之”（playing it cool）。戈夫曼敏锐地将这种反应描述为“多少有些机会主义地融合了次生的调适、态度的转变、拓殖以及对被羁押者群体的忠实……”[49]。

157 许多社会学研究已经证明，哪怕是在那些面对最严格的纪律管理的监禁组织中，这种被羁押者群体仍然可以对日常活动施加相当程度的控制，这一点毋庸置疑。但在其他一些情境下，诸如工作的情境中，下级有可能行使的控制程度更高，因为这些情境与监禁组织中的情境的对比更加鲜明。上级有意要对那些受其权威支配的人的活动进行控制，从而保证他们完成指派的任务。说在监狱或收容所中的情况是“对身体的纪律控制”，这是比较切合实际的，因为管理人员并不关心怎样促使这些人在生产性活动中进行协作。但在工作场所和学校中，情况恰恰如此。管理人员必须诱使工作人员的表现达到一定水准。这些管理人员不仅关注时空的分化和身体的定位，而且也关注行动者行为之间的协调问题，要求这些行动者的所作所为遵循特定的方式，从而产生协作的结果。福柯谈到的身体并没有脸面。在工作场所的监控环境中，监控总是意味着直接监督，纪律包括大量“脸面工作”，涉及对控制策略的操练，而这些策略多少都得由在场的行动者精心协作才能完成。通过将一群人“容纳”在一个时间和空间都有限的场所，从而可以在共同在场的情况下，连续不断地对这群人进行监督，这种方式对于生成纪律权力来说，显然极为重要。但要求这些行动者一同工作，产生某种富有成效的结果，往往会使这些行动者得以控制工作场所的日常操作，从而导致监督不能严格有效地进行。监督者和管理者与其他所有人一样意识到这一点，并且通常在他们采用的贯彻纪律的措施中考虑了这一点。[50] 只有当劳动者总体在时间和空间上都聚集在一起的情况下，在一个紧密整合的纪律空间内，工人才能够掌握某些形式的控制（比如可以干扰乃至中止整个生产过程）。

让我最后再对福柯和戈夫曼谈一点看法。在这两位学者的著述中，身体的定位过程和纪律控制都是主导话题之一。和福柯一样，戈夫曼也花了大量篇幅分析“癫狂”的性质。他们对监禁组织抱有共同的兴 *158*
趣，但这又容易使人忽视他们在对癫狂看法上的差异。就对“不健全”和“理性”关系的看法而言，戈夫曼的视角其实是彻底质疑了福柯的相关见解。福柯认为，我们所谓的“癫狂”，或者采用那种已经大获全胜的医学比喻，即“精神疾病”，是在相当晚近的时代才创造出来的产物。癫狂是人类自觉意识和激情中受到压制的阴暗隐蔽的一面。启蒙运动和现代思想对它都无法领会，只能把它看作“非理性的”。在传统文化中，或者至少在欧洲中世纪，愚行（folly/folie）拥有自身的理性，使人们可以直接接触上帝。但自 17 世纪中叶以来，“癫狂不再处于生者或死者的世界的边缘，不再是一种末世论形象；训练癫狂之眼的黑暗，催生各种不可能的形式的黑暗，已经消失殆尽……”[51]。然而，也许福柯的这种观点所赋予癫狂的那种辉煌，它并不拥有，也从未拥有？他在将癫狂看作理性的另一副面孔的时候，也许恰恰表达了它打算贬斥的那些启蒙运动主张。理解癫狂或者它的现代面目即“精神疾病”的实质的线索，很有可能并不在于幻觉中的肆意放纵，或者对其他世界的神秘幻想，而在于身体和姿态上的那些不得体所具有的远为世俗的特征。真正表现出癫狂的实质的，也许是社会性的残障无能（social disability），而非以一种神秘的方式进入一块业已失落的非理性大陆。

注 释

［1］参见 T.Hägerstrand，“Space，time and human conditions”，收入 A.Karlqvist 编的 *Dynamic Allocation of Urban Space*（Farnborough：Saxon House，1975）；Derek Gregory，*Ideology*，*Science and Human Geography*（London：Hutchinson，1978）和“Solid geometry：notes on the recovery of spatial structure”，收入 T.Carlstein 等编的 *Timing Space and Spacing Time*（London：Arnold，1978）；T.Carlstein，*Time Resources*，Society and Ecology（Lund：Department of Geography，1980）；Alan Pred，“The choreography of existence：comments on Hägerstrand's time-geography”，*Economic Geography*，卷 53，1977；Don Parkes 和 Nigel Thrift，*Times*，*Spaces and Places*（Chichester：Wiley，1980）；Nigel Thrift，“On the determination of social action in space and time”，*Society and Space*，卷 1，1982。

［2］参见 T.Hägerstand，“Space，time and human conditions”，亦参 Parkes 和 Thrift，*Times*，*Spaces and Places*，247~248 页。

［3］参见 Alan Pred，“The impact of technological and institutional innovations on life content：some time-geographic observations”，*Geographical Analysis*，卷 10，1978。

［4］T.Hägerstand，*Innovation as a Spatial Process*（Chicago：Chicago University Press，1967），332 页。亦参 Amos H.Hawley，*Human Ecology*（New York：Ronald Press，1950），第 13~15 章；E.Gordon Ericksen，*The Territorial Experience*（Austin：University of Texas Press，1980）。

［5］据 Parkes 和 Thrift，*Times*，*Spaces and Places*，245 页。

［6］参见 D.G.Janelle，“Spatial reorganisation：a model and concept”，*Annals of the Association of American Geographers*，卷 58，1969，以及同一作者的其他文章。

［7］P.Forer 语，收入 Carlstein 等编的 *Timing Space and Spacing Time*。

［8］参见 R.Palm 和 A.Pred，“A time-geographic perspective on problems of inequality for women”，收入 D.A.Lanegran 和 R.Palm，*An Invitation to Geography*（New York：McGraw-Hill，1978）。

［9］T.Hägerstand：“Survival and arena：on the life-history of individuals in relation to their geographical environment”，收入 Carlstein 等编的 *Timing Space and Spacing Time*，卷 2，123 页。

［10］T.Carlstein，“Innovation，time-allocation and time-space packing”，参见上书，159 页；Carlstein，*Time Resources*，*Society and Ecology*。

［11］参见 T.Carlstein，“The sociology of structuration in time and space：a time-geographic assessment of Giddens's theory", *Swedish Geographical Yearbook*（Lund：Lund University Press，1981）。

［12］参见 T.Hägerstand，"What about people in regional science?"，*Papers of the Regional Sciences Association*，卷 24，1970，8 页。

［13］参见 *A Contemporary Critique of Historical Materialism*，第 5 章。

［14］参见上书，161 页以下；*Central Problems in Social Theory*，206~210 页。

［15］M.Melbin，"The colonisation of time"，收入 Carlstein 等编的 *Timing Space and Spacing Time*，卷 2，100 页。

［16］参见 Evitar Zerubavel，*Patterns of Time in Hospital Life*（Chicago：University of Chicago Press，1979），22 页；亦参 P.A.Clark，"A review of the theories of time and structure for organisational sociology"，*University of Aston Management Centre Working Papers*，no.248，1982；E.Zerubavel，*Hidden Rhythms*（Chicago：University of Chicago Press，1981）。人们也许会指出，尽管"年""月"与"日"是和自然事件联系在一起的，"周"却并非如此；参见 F.H.Colson，*The Week*（Cambridge：Cambridge University Press，1926）。

［17］参见 P.Ariès，*Centuries of Childhood*（Harmondsworth：Penguin，1973）；Norbert Elias，The Civilising Process（Oxford：Blackwell，1978）。

［18］参见 Edward T.Hall，*The Hidden Dimension*（London：Bodley Head，1966），98 页。

［19］Antonin Artaud，*Le Théâtre et la science*（Paris：Seuil，1947），98 页。

［20］R.D.Laing，*Self and Others*（Harmondsworth：Penguin，1971），52 页。

［21］参见 *A Contemporary Critique of Historical Materialism*，169 页。

［22］Huy Benyon，*Working for Ford*（London：Allen Lane，1973），76 页。

［23］参见 Elias，*The Civilishing Process*，第一卷。

［24］Erving Goffman，*The Presentation of Self in Everyday Life*（New York：Doubleday，1959），第 128 页。

［25］参见 N.Elias 和 J.Scotson，*The Established and the Outsiders*（Leicester：University of Leicester Press，1965）。

［26］参见 Max Weber，*Economy and Society*（Berkeley：University of California Press，1978），第一卷，341~344 页。

［27］参见 *The Class Structure of the Advanced Societies*，第九章。

［28］参见 *A Contemporary Critique of Historical Materialism*，第五章，以及全书各处。

［29］参见 Pierre Bourdieu，*Outline of a Theory of Practice*（Cambridge：Cambridge University Press，1977），143~152 页。

［30］同上书，153页。

［31］Ander Pollard，“Teacher interests and changing situations of survival threat in primary school classrooms”，收入Peter Woods编的*Teacher Strategies*（London：Croom Helm，1980）。

［32］参见Randall Collins，“Micro-translation as a theory-building strategy”，收入K.Knorr-Cetina和A.V.Cicourel合编的*Advances in Social Theory and Methodology*（London：Routledge，1981）。亦参Collins，“On the micro-foundations of macro-sociology”，*American Journal of Sociology*，卷86，1981。有关戈夫曼对这个问题的观点，参见“The interaction order”，*American Sociological Review*，卷48，1973【原文如此，应系1983。——中译注】，这是一篇讲演稿，遗憾的是戈夫曼未及发布便去世了。

［33］同上书，82页。

［34］同上书，99页。

［35］Joseph Rykwert，*The Idea of a Town*（London：Faber & Faber，1976），202页。

［36］参见*A Contemporary Critique of Historical Materialism*，第五章。

［37］Michel Foucault，*Discipline and Punish*（Harmondsworth：Penguin，1979），143~144页。

［38］Foucault，*Discipline and Punish*，148页。

［39］参见Maury D.Feld，*The Structure of Violence*（Beverly Hills：Sage，1977），7页以下。

［40］参见上书，7页。

［41］参见Jacques van Doorn，*The Soldier and Social Change*（Beverly Hills：Sage，1975），11页。

［42］Foucault，*Discipline and Punish*，157页。

［43］同上书，160页。

［44］Max Weber，*Economy and Society*（Berkeley：University of California Press，1978），86~94页。

［45］参见上书，957页。

［46］Foucault，*Discipline and Punish*，235~236页。

［47］Erving Goffman，*Asylums*（Harmondsworth：Penguin，1961），22页。

［48］同上书，33页。

［49］同上书，64页。

［50］参见Andrew L.Friedman，*Industry and Labour*（London：Macmillan，1977）。

［51］Foucault，*Folie et déraison*（Paris：Plon，1961），51页。福柯在关注排斥和隔离等现象的同时，并没有同时关注被排斥者本身，后者在福柯著作

中只是一些模糊不清的形象。因此，在他分析杀人犯里维埃（Pierre Rivière）的案例时，里维埃本人的性格很少从那些被讨论的证词中显现出来，而只是被视作一个“话语片断”。而卡洛·金斯伯格（Carlo Ginzburg）对于曼诺乔（Mennochio），一位16世纪异端分子的宇宙观的描述，则在这方面提供了十分鲜明的对照。参见Foucault等编，*Moi*，*Pierre Rivière...*（Paris：Plon，1973）；Carlo Ginzburg，*The Cheese and the Worms*（London：Routledge，1980），xvii~xviii页，以及全书各处。

第四章
结构、系统与社会再生产

162 我谨在此总结一下本书前面各章的要旨，以免讨论主线变得过于零乱，让读者无所适从。结构化理论从二重性的概念出发，重新理解了一系列对于其他社会思想流派而言至为根本的二元论或二元对立。尤其是“个体”与“社会”这一对二元理念，被重新构建为能动作用/行动（agency）与结构的二重性观念。行文至此，我一直主要关注于摸索出一套概念，以阐明作为反思性行动者的“个体”的内涵，将反思性与定位过程和共同在场联系起来。不过，有关区域化的讨论开始引导我们认识到，这些关注点是如何与考察在广泛时空跨度中伸展开来的社会系统交织在一起。因此，下一步就是更详尽地探讨社会科学里被许多人用作主要分析单位的社会这一概念。我们需要对该术语进行审慎的考察，我认为有些用法最好彻底避免。

在某些社会理论传统中，社会这一概念有个特点，即直接与约束概念相联系。事实上，主张结构社会学的学者往往把约束看成社会现象某种意义上的界定性特征。而我并不认为如此，并将尽力表明自己的观点，即社会系统的结构性特征兼具促动性和约束性（enabling and constraining），同时我也会具体说明应该如何理解“结构性约束”。这又涉及另一个问题，即阐明应该如何尽可能令人满意地构建与“结
163 构”相关的其他一些概念。要想阐述这样的概念，无论如何不能完全

限于概念层次。通过对动机激发过程的描述，我已经为有关能动作用和自我的讨论增添了一些具体内容，同样，我也将提出有关社会类型的分类体系和解释，以充实对结构性特征的考察。这又将引导我们回到有关“历史”的问题，它会为下章研究社会变迁时思考有关问题做些铺垫。

一本书在形式上总得是前后顺次展开的，尽管我们通过“反反复复”地涉及一系列相关论题，可以在一定程度上克服这种安排方式的缺陷，但它仍不免有其表述上的空间架构。有鉴于第一章的讨论，我认为，虽说有关行动者和共同在场的章节先于探讨较大的社会系统的章节，但这并不预含着我在概念上抱有“从个体出发”的意思，也不是说我主张从某种意义上看个体具有社会所不具备的真实性。我不接受任何诸如此类的观点，本章后面的附论将澄清这一点。

1. 社会与社会系统

日常用语里的“社会”一词显然有两种主要意思（其他还有一些，比如“上流社会”意义上的“社会”）。其一是“社会交往”或社会互动里包含的广义意涵；其二是作为一个统一体的某一“社会”意思上的社会，它有特定界限，以使自己与周围其他社会区分开来。这样两种意思的确使得该术语含糊不清，但问题其实并没有那么严重，因为虽说社会总体一般会与确定的场所形式相联系，但它们绝非始终具有明确划分的界限。社会科学里有那么几个有害的假定，人们往往受到它们的影响，假设社会作为社会性的整体（social wholes），是可以被清晰界定的研究单位。其中就有一种假定，总想把“社会系统”看成在概念上密切关联着生物系统，即生物有机体的肌体。在 19 世纪的社会思潮中，涂尔干、斯宾塞以及其他许多学者在描述社会系统时，往往都直接采用有机体比拟。这种立场在今日已很少再有人使用了，但暗含的类比还屡屡可见，哪怕是那些用其他视角的学者，比如用“开放系统”来讨论社会。第二种因素是社会科学中盛行我称之为“内生”(endogenous)或“展开”
164 (unfolding)的模式。[1]这类模式认定，社会的主要结构性特征内在于该社会，它们同时支配着社会的稳定与变迁。这种看法往往与第一种见解有所关联，原因是显而易见的：人们设想社会所具有的特征类似于控制有机体形式和发育的那些特征。最后，我们还应该提到一种普遍的倾向，就是用实际上只属于作为民族国家的现代社会的特征，来概括所有类型的社会性总体。民族国家具有精确限定的疆界，而历史上更为常见的显然是其他一些类型的社会，它们并不具备这一特点。[2]

社会性总体只能建立在沿**时空边缘**(time-space edges，参见边码第244~246页)分布的**跨社会系统**(intersocietal systems)的情境中。认清这一点，会促使我们拒弃上述假定。所有的社会都既是社会系统，又同时由多重复合的社会系统交织构成。这种多重复合的系统既可能完全“内在于”社会，又可能跨越社会的“内部”与“外部”，在社会性总体与跨社会系统之间可能形成多种形态的关联。跨社会系统并不是凭空捏造的，它的特点是包含了不同类型社会之间的各种关联形式。所有这些都可以通过分析其间所涉及的自主与依赖的关系，把它视为支配体系加以考察。而所谓的“时空边缘”，指的是构成跨社会系统的不同社会类型之间存在的相互关联和权力差别。

因此，总而言之，“社会”是以其所嵌入的一系列其他系统性关系为背景，从中“凸显”而出的社会系统。它们之所以能够凸显出来，是因为确定的结构性原则推动产生了跨越时空并且可以明确限定的全局性“制度聚合”(clustering of institutions)。这种聚合是一个社会最基本的规定性特征，但后者同时还有其他一些特征值得一提[3]，包括以下方面：

(1)社会系统与某一具体场所或地域之间的结合。社会占据的场所并不一定是固定的区域。游牧社会会沿循各种类型的时空路径四下
165 漫游。

(2)存在某些对合法占据一定场所提出权利诉求的规范性要素。当然，这种合法性诉求可以有各种模式和风格，也会遇到不同程度的异议。

(3)社会成员内部普遍存在某种情感，认为他们之间拥有某种共

同的身份 / 认同（identity），无论这种情感是以何种方式被表述或揭示出来的。这种情感既可以体现在实践意识里，也会体现在话语意识中，而且并不预设社会成员之间存在某种“价值共识”。个体或许会清醒意识到自己归属于某一确定的集合体，但并不一定同意这种状况是合情合理的。

在此，我们有必要再次强调，不应把“社会系统”这个术语理解为只指一些社会关系的聚合，与其他聚合界限分明。“系统性”的程度千差万别。功能主义者和“系统论者”往往喜好“社会系统”这个术语，前者很少彻底抛弃有机体比拟，后者脑子里想的要么是物质系统，要么就又是某些生物形态。我认为，把这些社会跨越时空的延伸与“封闭”作为问题来研究，这是结构化理论的主要特征之一。

视民族国家为社会的“典型”形式，把它作为参照点，来评判其他形式的社会，这是社会理论文献中一种很强势的倾向，值得我们深入研究。上述三条原则在不同社会情境中的具体运用也有所差异。

我们在考察比帝国范围更大的单位时，必须避免极易滑入的族群中心主义陷阱。比如，今天我们在谈论“欧洲”时，总是轻率地把它当作一个独立的社会政治整体，但这一般是推今及古的思考结果。鉴于在许多历史学家那里，所采用的视角要广于那些关注国家乃至“大陆”的学者所表明的方向，如果真的把跨越亚非欧大陆的各个社会一分为二，在作为其中一部分的欧洲（即所谓“西方”）和剩下的所谓“东方”之间截然分界，就没有多少意义可言。具体说来，在罗马帝国前后数百年间，环地中海地区历史上一直是个整体。而诸多中东国家与再向东行进所遇到的印度之间的文化断裂，与它们和那些地处所谓“欧洲”边缘的国家之间的不同相比而言，就更为明显；而印度与中国之间的文化断裂就更大了。某位历史学家一针见血地指出，“喜马拉雅山脉的影响比兴都库什山脉还要深远”[4]①。各主要“文化区域”（culture areas）之间的差异往往不比我们一般视为“社会”的各单位之间小多少。我们不应该仅仅把广阔范围内的区域化看成由各个“社会”之间的关系聚合而

① 喜马拉雅山脉隔开了印度次大陆与青藏高原，而兴都库什山脉则阻断了由近东、中亚进入中国南疆的道路。——中译注

成。用这种观点来研究由内部集权的民族国家组成的现代世界，还可以说是有一定的根据，但不能用它来考察往昔时代。因此，我们出于某些考虑，可以将整个亚非欧地域看成一个整体。自公元前 6000 年以来的“文明”进程并不只是产生出几个独立的中心；从某些方面来看，它是个以作为整体的亚非欧交界地带为核心，“向外”持续不断扩展的过程。[5]

2. 涂尔干等人论结构与约束

169 有一种根深蒂固的观念，认为社会的结构性特征对行动有约束性的影响，涂尔干以降的绝大多数结构社会学都受到这种观念的启发。结构化理论所赖以为据的假设则与此相反，认为由于结构与能动作用 / 行动（agency）（以及能动作用和权力）之间存在内在的关联，所以结构始终兼具促动性和约束性。但批评家也许会说，而且也的确有些人已经说过[6]：就算你说的这些都很正确，可实际上这一观念不是舍弃了那些类似涂尔干意义上结构性“约束”的东西吗？说结构兼具促动性和约束性，难道对于后一种性质不就是口惠而实不至吗？鉴于结构化理论将“结构”界定为规则与资源，人们或许不难看出这种意义上的结构是如何包含在行动的生成过程之中，却不太看得清楚约束是如何切入这一过程的，因为看不出社会现象能够通过什么方式，维持其相对个体活动而言的“外在性”。人们也许会建议，不管结构性约束的主要提倡者的著作有什么缺陷，也必须保留这种观念。卡尔斯坦就此谈道：

> 吉登斯的范式有一个重大缺陷，就是过于强调结构的**促动性**一面，而未能充分考虑**约束性**一面。有关限制的原理是如此之少，我这里指的不仅是说涂尔干和帕森斯所强调的那些道德—法律—规范性的社会约束，即合法性结构；我说的是以生物性兼物质性的特定生存现实为基础的**基本中介约束及资源限制**。诚然，结构必然同时意味着对社会系统（社会环境系统）的变异及偶变性构成限制。但

> 变异和人的创造性也必然有其一席之地。历史已经一再向我们证明，观念与创造在各个实践领域里的具体运用是如何改变了已被普遍接受的结构。但这些结构特别偏向过去，总是赋予那些被生产和再生产出来的事物以一层坚硬的保护带……[7]

不过，在此我想指出，结构化理论绝不是要贬低结构的约束性方面的重要性。但结构社会学里讨论的“约束”往往有好几种含义（我们姑且不论涂尔干那套术语优劣与否，其实它总是在“约束”[contrainte] 170 与“强制”[coercition] 这两个术语之间取舍不定）；而“约束”也不能被视为使“结构”成其为结构的唯一特征。

在结构化理论中，结构总是被看作社会系统的某种属性，“体现在”嵌入时空的被再生产出来的实践活动之中。社会系统会以纵向和横向两方面，有序组织于社会性总体中，即组成“结合起来的整体”（articulated ensembles）的各个制度。如果忽视了这一点，相较于实际情况，结构化理论里的“结构”观念就会显得过于独特了。涂尔干经常拿来和约束一起说的情形之一（也是上述卡尔斯坦的那段话里所暗含的意思），就是注意到相对于降生在一个特定社会中的个体的生命来说，制度的长时段已经先在了，而且远为持久。这一见解不仅与结构化理论毫无矛盾，而且是其阐述的观点的题中应有之义。当然，我们也应看到，个体融入社会的“社会化”过程包含了交互性的时间过程，把婴儿与父母各方的“生命周期”都联系在了一起。涂尔干在早期著作中非常强调社会化过程的约束性成分，但后来他的确是逐渐清楚地认识到，该过程兼具约束性和促动性。学习母语的例子就很能揭示这一点。虽说学习说母语的过程包含有确定的遵从因素，但没有人是“选择”自己的母语的。无论是哪种语言，都预先假定了一系列有固定框架、受规则支配的特征，在这个意义上可以说约束着思维（以及行动），而语言学习的过程又对认知和活动构成特定的限制。不过，也正因为如此，语言学习的过程大大扩展了个体的认知能力和实践能力。

涂尔干经常提到的第二种约束情况，对结构化理论也同样不构成任何逻辑上的困难。不过，我们也必须注意避免涂尔干本人在分析这一问题时产生的某些两难困境。他指出，相对在自己活动中再生产出社会性总体的个体生命而言，社会性总体不仅在时间上先在并更为持久，而且在时间与空间上延展开去，超出任何单独考虑的具体行动者。从这个意义上说，社会系统的结构性特征当然是外在于“个体”活动的。但在
171 结构化理论里，这方面的关键在于，没有人的能动作用，人类社会，或者说社会系统，显然将不复存在。但这并不等于说行动者创造了社会系统：他们只是再生产出或者说转变了后者，在实践的连续过程中不断更新业已产生的东西。[8] 在这里，时空伸延的跨度很重要。大体说来（当然不是普遍如此），社会系统的时空伸延跨度越大，就是说它的制度切入时间与空间的程度越深，就越是能抗御任何一个个体行动者的操纵或改变的作用。这种意义上的约束也同时伴随着促动性。时空伸延既隔绝了人的经验的某些可能性，也同时开启了另一些可能性。

但话说回来，涂尔干本人并未能够充分阐述这一问题，因为它是通过一套现已被许多学者称作“突生特性”（emergent properties）的术语来表达的。涂尔干就此谈道：

> 青铜的硬度并不存在于用来铸造它的铜、锡和铅这些软而颇具可塑性的物质上，而是源于这些物质的熔合。水的流动性、维持生命体的生存等特性也不存在于合成它的两种气体上，而在于它们结合形成的合成物中。我们应该将这一原理运用到社会学上。倘若如我们所假定的，构成每一个社会的这种自成一类的（sui generis）综合体产生了新的现象，完全不同于出现在个人意识中的现象，那我们就不得不承认这些特定事实在于产生它们的社会自身，而不在于社会的组成部分——即其成员。因此，这些特定事实在此意义上外在于作为个体的意识，就像生命的独有特性外在于构成生命有机体的那些化学物质。[9]①

我之所以较为详尽地引用这段话，无非是因为人们是那样熟悉它，那么频繁地把它说成特别具有说服力的阐述。社会系统的确具有某些结构性特征，不能用指称行动者意识的概念来描述它们。但是，作为行动者、作为有认知能力的“具有资格能力的行动者”的人，却并不像铜、

① 中译文参考了狄玉明译《社会学方法的准则》（商务印书馆 1995 年版，12 页），有改动。——中译注

锡、铅那样彼此孤立地存在着。他们并不是无中生有地通过融合或联合碰到一起，形成一个新的实体。在这一点上，涂尔干是将自然状态下的 172
个人（未受与他人联系的玷染）这一假想中的观念与社会再生产的实际过程混为一谈了。

涂尔干著作中出现的第三种“约束”情况，是与行动者行动的范围相提并论的。以下就是涂尔干所举的例子之一：

> 当我尽自己作为兄弟、丈夫或公民的义务，履行自己订立的契约时，我就履行了由外在于自己和自己的行动的法律与习俗所规定的义务。即使这些义务符合我自己的情感，而且我也感受到了它们在我心中的现实性，该现实性也依旧是客观性的，因为并不是我预先限定了这些义务……[10] ①

这段话的意思是说，相对每一单个个体而言，“社会事实”（social facts）所具有的特性是“客观”的，限制着个体的行动范围。这些特性不仅是外在的，而且还是外在规定的，包含了其他人的行为，或其他人认为正确恰当的行为。

这种主张当然有它的道理，但涂尔干的外在性（externality）这一观念的意涵模棱两可，因此他未能令人满意地阐发上述观念。他将外在性与约束联系起来，意欲巩固某种自然主义的社会科学观念，这在他的早期著作中尤其明显。换句话说，他想证明，社会生活中有些可以识别的特性受到外力的主宰，这些外力类似于在物质世界中发挥作用的那些力量。当然，我们说“社会”外在于个体行动者，与我们说周遭环境外在于这些行动者，这两种说法显然不尽相同。因此，这种类比看来充其量只是一种宽泛的类比。涂尔干在后期著作中开始认识到，在某些根本性的角度上，社会世界的“事实性”（facticity）是一种截然不同于自然界的“既定性”（giveness）的现象，这与上述的“外在性”观念似乎不太一致。

涂尔干有关社会约束的论述大多集中于他对社会学本质的诸多探讨。不管怎么说，对行动的根本约束是与身体和物质世界具有因果作

① 原文误为第 50 和 52 页；参考中译本第 23 页，有改动。——中译注

用的影响有联系的，卡尔斯坦已经十分正确地指出了这一点，我在上文借鉴时间地理学（他自己就是其中的一位阐释者）时，对此也已有所强
173 调。我已指出，这些观点在结构化理论中至关重要。特定物质场景下的能力性约束和结合性约束的确（如卡尔斯坦所言）“筛选”了人类可能参与哪些形式的活动。但这些现象同时也是行动的促动性特征。此外，我已指出，在时间地理学通常的阐述中，也存在着重大的局限。

我们不能把上述约束与促动这两个方面与社会生活中的权力运作等同起来，也不能将前者化约为后者。其实我们可以说，涂尔干的社会学有一点无法弥补的缺陷，即在“社会事实”一般性的约束性特征之外，缺乏明确的权力观念。我们最后再引用一段涂尔干的名言。他写道，约束是：

> （社会）事实的本质特征之一……其证据是，一旦我试图反抗它，它就将显示出自身的力量。如果我试图触犯法律规则，它们就会对我作出反应，从而在还来得及的情况下，预先遏制了我的行动；如果我已完成行动，但还有回旋余地，那它们就会宣告我的行动无效，或使其符合规范；要不，如果行动已无法挽回，就会让我接受惩罚……另一些情况下的约束则不那么暴烈，但它并未因此停止存在。如果我不遵从日常习俗，如果我无视自己国家和社会阶层的习惯，奇装异服，就会招来人们对我的嘲笑和疏远，这虽然比上述惩罚要温和些，但其效果与任何真正的惩罚并无二致。[11] ①

约束在此是指作为不对等权力形式的社会系统的结构化过程，与此相联系的还有一系列规范性制约，它们可以用来对付那些其行为受到他人谴责或反对的人。涂尔干的论述表明，源于不同资源类型的约束也有很大差异，从赤裸裸的暴力胁迫，到微妙得多的诱导遵从。但要是把这种意义上的约束与其他两种混为一谈，于分析根本就毫无益处。此外，我已明确强调，权力从不仅仅只是某种约束，它也是行动者产生行动的意想后果的能力的源泉。

因此，形形色色的约束也以不同方式成为各种促动。它们在限制或

① 原文误为第 2 至 3 页；参考中译本第 24 至 25 页，有改动。——中译注

拒绝某种行动可能性的同时，也有助于开启另外一些行动可能性。强调这一点是很有必要的，因为它表明，那些期望通过界定结构性约束来为 174
“社会学”确立某种独特身份的人（包括涂尔干及其他许多学者），不过是在从事一种注定一无所获的事业。这些学者往往明确或隐晦地在结构性约束中发现了某种因果作用的源泉，多少与自然界中非人化因果力量的运作相类似。但实际上，行动者在多大范围内可以“自由行动”，是受到外来力量限制的，后者对它们力所能及的对象施行严格的限制。结构性约束越是与自然科学模式联系在一起，行动者在约束的运作给个体行动留下的不管什么范围之内就显得越是自由，这一点颇为悖谬。换句话说，社会系统的结构性特征就像房间的墙壁一样，个体虽然无法逃离，但他尽可以在房间里任意走动。结构化理论摒弃了这种观点，转而主张，结构恰恰包含在所谓“行动的自由”之中；而在各种“结构社会学”那里，“行动的自由”只是某种剩余范畴，不予阐明。

3.“约束”的三种意涵

我将首先考察物质约束及与制约相关的约束的意涵，然后考察结构性约束的意涵。当我们探讨身体及其在物质世界具体情境中的定位所包含的约束性一面时，所谓的约束指的是什么？这里显然是指人的身体的生理能力与物质环境的相关特征共同作用，限制行动者可行的选择。身体的不可分性，生命跨度的有限性，以及赫格斯特兰德强调的时空在“容纳”方面的困难，这些都体现了这种限制。此外还有人的身体在感觉能力和沟通能力方面的局限。以往我们如此习惯于将这两方面能力都视为促动性特征，现在有必要在概念上作某种调整，强调它们同时是约束性的。当然，这些约束并非始终完全是“既定”的。比如说，电信的发明改变了身体的在场与感觉媒介之间的既存关系。上述各种约束中，
只有这种意涵上的约束的产生与行动者活动或社会纽带对其他行动者活 175
动或社会纽带的影响无关。生理能力约束与结合性约束限制了人们可行

的社会生活的范围。

时间地理学从界定物质性 / 生理性（physical）约束入手进行社会研究，这当然是一种有效的途径，但同时必须牢记几点限定条件。一是身体的生理特征及其行动的物质环境兼具约束性与促动性，必须同时考察这两个方面，这一点我已谈到过。二是对于物质性 / 生理性约束的识别绝非倡扬唯物质论解释社会生活的做法。所有人都必然受到来自身体及其运动和沟通的媒介等方面的约束，但这并不等于说对付这些约束的方式对社会活动的影响要比其他类型的约束更为根本。

现在来看看能够产生约束的权力，在此有必要强调：权力就是使事情得以完成的手段，非常确定地兼具促动性和约束性。人们体验到权力的约束性一面，是通过各种各样的**制约**（sanctions），从直接采用强力或暴力，或以之相威胁，到温和地表达异议。制约只是在绝少的情况下才以强制（compulsion）的面目出现，那些体验到强制的人完全没有抵抗能力，但即使这样，也只是在他们面对另一个或一些人生理上显出弱小无助的这一段短暂时间内，才可以说存在强制。其他所有的制约，无论多么沉重和深远，都必须以那些受制于它们的人的某种默认为前提，所以我们多少能普遍地注意到控制的辩证关系，它的根据已经很充分，并且为人所熟知。哪怕是死亡的威胁，如果被威胁的人对生命毫不珍惜，也就毫无效果。要是说某人置身这种情境“别无选择，只能以某种方式行事”，显然得有一个前提，即“既然他不想死，唯一可行的选择就是他实际所行的那一种”。当然，如果某种制约所意味的威胁不是那么致命，遵从就更可能是出于良心的作用，而非对什么制约的恐惧。这
176 其实就是涂尔干非常强调的所谓“道德制约”。在制约的情况下，约束与促动的关系显然是非常不对等的。对一个人来说是约束，在另一个人那里就成了促动。但不管怎么说，对权力零和论的批评已经告诉我们，权力概念所指的绝不可能仅仅是这种不对等。

我们必须记住，诸如“默认”或“遵从”这样的用语，意思常常很含糊；同时，处于既定权力关系中的“默认”也绝不是都由动机直接激发的。在行动的某一特定过程中保持默认，既可看作有意识地接受该行动过程，还可被视为“自愿”接受包含这一行动过程的范围更广的权力

关系。但遵照这样的理解，要说一个或一群行动者的行为符合其他人的意愿或利益，这样的默认只占其中一小部分，也是相对不那么重要的一部分。一般来说，只有确实发生或人们认为有可能发生某种被认定的越轨时，制约才会非常“显眼”。权力关系通常会深深嵌入被那些遵循它们的人视为理所当然的行为模式，尤其是嵌入例行化行为，而在这种情况下的动机激发也只是弥散性的。

物质性约束	（负面）制约	结构性约束
源于物质世界特性及身体生理特性的约束	源于某些行动者对其他行动者惩罚性反应的约束	源于行动的情境性，即结构性特征相对于处在具体情境中的行动者而言的“既定”性的约束

那么，什么是结构性约束？如果予以彻底的审视，一旦抛开源于制约的约束不谈，涂尔干的其他论点都可以归为一点。社会在任一特定时刻都先在于它每一位个体成员的生命，这种说法只是确定了约束的源泉之一，即社会的先在性以某种方式限制了它的个体成员能够获得的可能性。而强调个体在跨度大小不等的社会关系中都有自己具体的情境定位，并揭示这一点如何限制了个体的能力，也无非只是指出了约束的又一个源泉。在这两种情况中，约束都来自个体行动者无法改变的结构性特征的“客观”存在。至于制约的约束性特征，则最好将其描述 177
为**在某一既定情境或情境类型下对一个或一群行动者的选择范围有所限制**。

我们不妨援引涂尔干提供的例子。涂尔干以契约性义务或劳动合同这种特定契约类型的执行为例。该例中的契约当然包含了明确限定的法律制约，但我们姑且先在概念上将这一因素撇除。现代工业的契约性关系使个体面对一系列限制其行动可行选择的情况。马克思说，工人“必须”向雇主“出卖自身”，或者更准确地说，是出卖自己的劳动力。这里的“必须”，体现出来自工人所面对的现代资本主义企业这一制度秩序的某种约束。一无所有的工人只能有一种行动路线，那就是将自己的劳动力出卖给资本家。也就是说，由于工人想要维持生存，在这种动机的驱使下，只能有一种行得通的选择。此处的所谓“选择”可被视为单个或多重的可能性，即一个工人在劳动市场上可能有机会选择不止一种工作。但马克思所说的关键在于，这些选择实际上没有什么差别。就雇主提供给工人的报酬及工人—雇主关系的其他方面属性而言，所有雇佣劳动其实都是一样的，而且，随着资本主义的进一步发展，这种趋势会日渐强化。

相对个体行动者而言，社会系统的所有结构性特征都具有类似的“客观性”。这些特征在多大程度上构成约束性特征，取决于任一既定行动序列或互动链条的具体情境与实质内涵。换句话说，提供给行动者的选择可能比劳动契约的例子中那种情况要多。我想再次确认这条原理：社会系统的所有结构性特征都兼具约束性与促动性。资本主义劳动契约给予雇主的条件较之工人或许远为优厚，但工人一旦成为无产者，就不得不依靠雇主提供的资源。虽然说，资本—雇佣劳动的关系会非常不对等，但双方都得凭借它谋生。

社会科学家或历史学家经常在不诉诸行动者的理由或意图的情况下，就开始奢谈“社会力量”。我上面的分析并不是想要全盘否定他们
178 在这种视角下所提出的主张。在制度分析中，以某种“不涉及个人”的方式，确立某些规律化的关联，这是可以接受的。例如，假设我们只考虑技术变迁与企业管理组织模式之间的关系，我们会认为集成电路工艺的推广应用将部分瓦解那些较为严格的等级权威关系。可我们不能把这里所包含的“社会力量”等同于某种自然力。社会科学中的因果概括总是假定，在行动的意想后果与意外后果之间，存在某种具有代表性的“混合”，其基础是行为的理性化过程，无论其“进行”是在话语意识层面还是实践意识层面。技术变迁的发生势必关联着行动者对技术的应用，关联着典型的技术创新方式等等。令人不解的是，许多结构社会学家完全能够接受技术不能自身发生变化（这怎么可能？）的说法，却似乎看不到，同样的道理也完全适用于将技术变迁与管理等级制之类的现象联系起来的社会力量。假定技术变迁确实与管理等级制之间存在某种真正的因果关系，不管是主要出于有意识的计划，还是多少出乎那些参与者的意图，行动者都以某种方式改变着自己及他人的行为，乃至重塑权威关系的模式。

为什么有些社会力量看起来似乎是“不可避免的”？这是因为，在这些情况下，提供给相关行动者能够合乎理性行事的选择机会很少，这里所谓的“合乎理性”，实际上指的是不管什么行为，要使动机与行为的最终后果相对应。也就是说，行动者对自己之所为抱有“恰当的理由”，而对于结构社会学家来说，则更有可能含蓄而不是明确地将这些理由加在那些行动者的头上。由于这些恰当的理由所体现的，是从极其有限的可行备选方案中作出选择，所以，这些行动者的行为会表现得像是由与某种自然力相仿的无情力量所驱使的。有许多社会力量是行动者所“无力抗拒”的（就该词的丰富意涵而言），就是说，他们对这些力量无可奈何。但是，如果我们考虑到隐藏在这些行动者行动之下的动机或目标，这里的“无力”是说他们没有能力做什么事，而不是说一味遵从他们面对的趋势。

我认为，上面论述的主要意涵是：社会科学中不存在某种独特的 *179*
“结构性说明”这样的实体。所有的说明都至少会间接诉诸行动者有目的和运用理性的行为，以及这种行为与行动者所处社会情境及物质情境的约束性和促动性特征之间的相互关联。这一观点尚须加上两点限定条件，一是有关约束的随历史条件而变的特征，另一点则涉及物化（reification）现象。

4. 约束与物化

约束的内涵会随历史条件而变化，人的行动的具体情境性所产生的促动性特征也是如此。所谓变化，不仅取决于活动的物质环境与制度环境，还取决于行动者对这些环境所拥有的认知能力的具体形式。马克思主义思想的主要成就之一，就是认识到这一点，而没有滑入客体主义。而当这种思想陷入客体主义之时，在方法论上就只不过是结构社会学的又一翻版而已，对社会分析中理应认识到的约束的多重意涵缺乏敏感。为什么会缺乏敏感？我想答案很清楚。有些社会思潮认定，社会科学的目标就在于揭示与自然科学法则地位相同的社会活动法则，上面所说的缺乏敏感就总和这些思潮牵扯在一起。寻找“结构性约束”的源泉，多少等于说是寻找限制自由行动范围的受法则支配的条件。许多论者认为，正是在这一点上，“社会学”确立了自己作为一门独特事业的角色，屹立于社会科学之林。然而，根据此处包含的观点，它也导致某种形式的物化话语，与人类行动者的真实特征并不符合。

在社会理论的文献中，对于“物化”已经有了各种各样的理解方式。在形形色色的用法中，有三种典型意涵最为常见。其一是万物有灵论的观点：社会关系在此被赋予人格化的特征。这种观点的一个版本
180 可见于马克思对“商品拜物教”的著名论述。他将商品关系领域比作“披着雾纱的宗教世界”，因为在宗教中，“人的头脑的产物是作为被赋予生命的独立存在进入彼此之间及与人类的关系的”；而在“商品世界”中，“人的双手的产物”情况也是如此。[12] 人们经常使用物化这一用语的第二种意涵，指的是这样一些情况，其中的社会现象被赋予自身其实并不具有的物性特征。马克思又一次被公认为这种用法的始作俑者：“在交换价值中，人与人之间的社会关联被转换成物与物之间的某种关系……”[13]。最后，“物化”有时被用来描述某些社会理论的特征，它们把概念与概念所指称的对象视为一体，将对象的属性赋予那些概念。

我将采用上述第二种意涵，但不接受目前这种说法，因为它等于说我们已经无须进一步阐释，所谓的“物性”特征究竟意味着什么，也没说清楚物化是一种话语观念。只要考虑到定位在情境之中的具体行动者，就不能简单地认为，这一概念指的是那些“客观既定”的社会系统的特性，而应该把它理解为指称某些话语形式，它们用与自然现象相同的方式，把这类特性处理为“客观既定”的。也就是说，物化话语指的是社会现象相对个体行动者而言的“事实性”，而不考虑这些现象是如何通过人的能动作用被生产和再生产出来的。[14] 因此，我们不应该把这种意涵的物化解释为“物性”，而应把它看成这种思考方式的结果，不管这种思考是由那些自称社会科学家的人还是由作为常人的社会成员作出的。应将“物化形态”视为话语的某种形式或风格，

在这种形式或风格中，社会系统的特征被认为具有与自然法则相当的确定性。

5. 结构性原则的概念

本章以上各节有关内容可概述如下：结构性约束并不像结构社会学家所认为的那样，体现为无情的因果形式。结构社会学家正是在这样一 181 种理解下，才会不厌其烦地强调“结构”与“约束”的联系。结构性约束并不是独立于行动者对自己所为提出的动机与理由而展开运作的，所以，不能拿这种约束和像地震摧毁市镇及其居民这样的效果相提并论，因为在那种情况下，居民们对所发生的事态毫无可为。在人的社会关系中，个体行动者是唯一的活动对象。他们有意无意地通过应用各种资源，来推动事情的发生。社会系统的结构性特征并不会以某种类似于自然力的方式作用于行动者，或者说对他们“施加影响”，“迫使”他们依某种特定方式行事。（可参见边码第 304~310 页结合经验研究的有关问题而进行的进一步探讨。）

不过，要在社会分析中谈论“结构”，还需要对许多相关观念进一步作具体探讨。我打算依次讨论以下问题：首先，应该如何充实“结构性原则”的概念？其次，在考察社会系统的结构性特征时，可以区分出哪些抽象层次？第三，各种不同的社会系统如何在社会性总体中关联到一起？

要确定结构性原则，必须从形式上的探讨转向更具实质性内容的讨论。我首先回顾一下第一章中介绍的结构化理论的主线。在结构化理论里，“秩序问题”体现为社会系统如何能“束集”时间与空间，包容并整合在场与不在场。而这又密切关系着有关时空伸延的问题意识，即社会系统沿循时间和空间的“延展”。所以，我们可以将结构性原则理解为某种组织过程的原则，该过程以社会层面一定的整合机制为基础，产生相当持久的时空伸延形式。我参考了一系列历史比较研究[15]，将社 182 会分为如下三种类型：

部落社会（口传文化）		传统（共同实践） 亲属关系 群体制约	（社会整合与系统整合的混融）
主导性的场所组织形式		聚居群或村庄	
阶级分化社会	国家	传统（共同实践） 亲属关系 政治军事权力 经济互赖（低水平纵向整合与横向整合）	（社会整合与系统整合的分化）
主导性的场所组织形式		城乡互依（symbiosis）	
阶级社会（资本主义）	国家	例行化 亲属关系（家庭） 监控 政治军事权力 经济互赖（高水平纵向整合与横向整合）	（社会整合与系统整合的分化）
主导性的场所组织形式		“人造环境”	

我已经在《历史唯物主义当代批判》一书里，更详尽地阐述了这个图式，所以在此就很粗略地勾勒一下。[16] 在部落社会或小规模的口传文化中，占主导地位的结构性原则的运作中轴将传统与亲属关系联系在一起，将自身嵌入时间和空间。在这些社会里，社会整合与系统整合具有共同的媒介，几乎完全依赖具有高度在场可得性的场所情景下的互动。当然，在这一总类下，还可细分出许多种不同的社会子类型。必须强调的是，我并不想把这种分类体系弄成暗含进化论的图式。不应该把口头文化理解为系统整合“尚未”摆脱社会整合的那些社会。在人类历史的绝大部分时光里，人类都是在部落社会中度过的，迥异于各种各样的“文明”，这一点列维-斯特劳斯解释得最清楚不过。书写的发明与国家和阶级的形成，这两方面的关系极为密切，从而通过某些方式改变了作为体验的时间的性质，并同时导致时空伸延的程度不断拓展。

在阶级分化社会中（当然它也包括许多子类型），占主导地位的结
183 构性原则的中轴是将城市地区和它的乡村内地联系起来。所谓城市，远不止是一种物质环境。它充当着行政管理资源的“储存容器”（storage container），而农业国家就是围绕这些资源打造起来的。虽说社会整合

与系统整合的分离正是通过城市与乡村的分化才得以实现的，但它们却并不一定同时发生，因为城乡之间的共生关系也许会有多种形式。[17]在阶级分化社会里，传统的实践活动和亲属关系，甚至包括部落身份的认定，始终发挥着显著的作用。国家无法深入渗透到地方化的习俗中去，政府官员要想“牵制 / 容纳”（contain）那些直接行政控制极其薄弱的边远地区，主要得依靠赤裸裸的军事力量。不管怎么说，上文区分的四大制度领域（参见边码第 33 页）彼此之间相对分离，这正是阶级分化社会的标志。政治实体及其官员相对脱离于经济活动的各个环节；存在形式化的法典和惩罚条款；以书面文献为基础的符号协调模式，这些都促成了这几个制度领域的分离。

现代资本主义并不是①“文明”的一种类型，并不标志着从阶级分化社会“脱胎而出”的一个进化发展阶段。它作为历史上第一种真正具有全球意义的社会层面的组织形态，发轫于西方发展过程中的某种双重断裂（double discontinuity）。在前后大约两千年中，与其他各主要“文明”相比，西方世界的形成过程呈现出长期的分化趋势；欧洲维持着某种“国家体系”，罗马帝国解体之后，在它内部再也没能重新建立起一个主导性的帝国中心。然而，就在这种广泛的分化状态中，自 18 世纪以来，政治革命与工业革命彼此交织，促成了一系列脱离于其他社会类型的浩大的断裂趋势。现代资本主义阶级社会的国家与经济制度在维持相互关联的同时，发生了彼此脱嵌的过程（disembedding），这正体现了这种社会特有的结构性原则。人们对配置性资源的利用以技术革新为总体趋势，产生出惊人的经济力量，国家的行政管理“范围”也相应迅猛扩张。国家对有关属下人口行政管理的信息一一加以编订，并通过各类行政官员对属民进行直接的监督。监控成为推动系统整合脱离社会整合 *184*
的一种关键机制。条文化的行政管理程序渗透进日常生活，在这种影响下，传统的实践活动趋于消散（当然尚未完全消失）。构成共同在场情境下的互动场景的场所也经历了一系列重大转变。某种制造出来的或者说“人造”的环境疯狂扩张，取代了旧有的城乡关系。

① 原文如此（is not），根据上下文，似应为“只是”（is just）。——中译注

我们可以参考上述的社会类型分类，至少宽泛地对跨社会系统进行如下分类：

	社会类型	跨社会系统
	部落社会	“前历史”体系和零散体系
	阶级分化社会 部落社会	帝国世界体系
	资本主义社会 阶级分化社会 部落社会	早期资本主义世界经济体系
“超级大国阵营”	资本主义社会 国家社会主义社会	当代资本主义世界经济体系（世界民族国家体系）
	“发展中国家”	
	阶级分化社会 部落社会	

必须指出，这种分类方法与历史编年并不是一一对应的。要论规模，部落社会体系是最小的一类，但在时间跨度上，它绝对是最长的。不过，由部落社会构成的跨社会系统总是比较零散的，因为它们的时空构型（configurations across time-space）总会受到限制。尽管在绝大部分人类历史中，它们始终居于主宰地位，但却从未形成过沃勒斯坦（Wallerstein）所说的“世界体系”[18]①。也就是说，虽然各种各样“文明”的发展形成了影响波及全球较大范围的权力中心，激发起社会迅猛变迁的“热潮”，但不管怎么说，帝国世界体系在它存在期间，与多种形式的部落社会之间的关系始终不太安定，时常遭受来自后者的攻击或压力。早期资本主义世界经济体系是一个历史过渡阶段，持续不超
185 过两个世纪。但正是在这个阶段里，彼此有所关联的社会，其类型之多可谓是空前绝后。这是因为，自那以后，逐渐上升的西方资本主义社会凭借其只有国家社会主义社会[19]才可与之匹敌的工业与军事力量，无情地腐蚀或摧毁了部落社会和阶级分化社会，后面这些社会或许将从地球表面永远消失。在当代世界体系中，空间上的不在场对系统协调不再构成障碍，这在人类历史上还是第一次。我想我们无须再次强调，世界

① 译文据［德］奥斯瓦尔德·斯宾格勒：《西方的没落》，33 页，北京，商务印书馆，1993。——中译注

民族国家体系的发展与统合或共识的扩展，这两个过程从时间上来说并不一致。这些发展促成了民族国家这一具有现代特色的社会形式，促成了民族国家卷入新型全球体系的过程，同时也导致了某些分裂。在核时代的今天，这些分裂正威胁着整个人类的生存。[20]

6. 结构与结构性特征

前文我已经强调过，可以用某种更一般的技术性方式使用结构这个概念，把它理解成规则与资源，循环往复地体现在社会系统的再生产之中，成为结构化理论的总体基础。如果采用较为宽泛的说法，可以将结构看作是指社会的制度化特性（结构性特征）。在这两种用法里，“结构”都是一个通用的类属范畴，包含在以下各个结构性概念之中：

（1）**结构性原则**：社会性总体的组织过程的原则；

（2）**结构丛**：社会系统的制度关联所涉及的规则—资源系列；

（3）**结构性特征**：跨越时空的社会系统的制度化特征。

制度分析最全面的层次，在于确定结构性原则，确定这些原则如何在跨社会系统中形成关联。也就是说，分析结构性原则，等于是分析跨越“最深远”的时空范围的制度分化与制度关联的各种模式。而考察**结** 186
构丛（structural sets，or structures），则是指分离出各种转换 / 中介关系所构成的独特“聚合”。确定结构性原则时已经间接蕴示了这些分析对象。结构丛的形成取决于社会再生产过程中包含的规则与资源的相互可转换性。我们在分析时，可以把结构丛与表意、合法化和支配这三个结构化维度一一区分开来，或者与后三者在整体上作一区分。对此我在别处已经有所说明[21]，但在此还想进一步展开。我将以马克思在分析现代资本主义时谈到的私有财产为例。

试看下面这一结构丛所包含的要素：

私有财产：货币：资本：劳动契约：利润

这里所指出的结构性关系，凸显出了资本主义兴起过程中最根本的

转型之一，也因此对系统的整体结构化过程产生了实质性的影响。在封建制（在我的术语体系里，它是阶级分化社会的一种类型）里，生产工具方面的私有财产基本上是以土地所有制为基础的，后者在可让渡权方面受到许多限制。即使这些转换关系还算是在维持作用，也不过限于经济体系的边缘。而资本主义的情况则与此相反，生产工具的私有制具有一种不同的**形式**，生产过程中动员的资源种类很多，土地只是其中一种，许多物品开始可以自由让渡。马克思主张，这一进程的关键是商品形式的普遍化，它的前提是某种充分发育的货币经济。他认为，货币是“所有其他商品的魔幻变形，是它们的普遍异化的结果”[22]①。货币一方面可以代表某种待售商品，另一方面，它本身又是一种等待被购买的商品。从货币到商品是一种购买活动，但与此同时，从商品到货币又是种售卖活动：“一种商品最终的变化形态便是另一种商品最初的变化形态”，或者，就像魁奈（Quesnay）在其《农业国经济统治的一般准则》（*Maximes générales*）中所称的，“卖即买”。商品分化为商品与货币之后，商品与商品之间在物质上的差异并未消除；而是像马克思所说的，发展出一种妥协方式，“一种可以彼此共存的形式”[23]②。

187 “商品—货币—商品”，这是最简单的商品流通形式，是资本的起点。资本不同于封建制下的地产，它首先表现为货币的形式，即商人和高利贷者的资本。货币与资本之间的差别最初只是包含不同的转化关系，后者体现为“货币—商品—货币”，该公式揭示了货币向商品的转化，以及后者转化回货币，即为售卖而购买。通过这一转化，货币就变为资本。“货币—商品—货币”与其他关系类似，也包含两个相互关联的转化阶段。在第一个阶段中，货币转化为某种商品；在第二个阶段中，该商品又转化回货币。但马克思指出，这些阶段结合在一起，“构成一个单一的瞬间”。在这一瞬间，某种商品被出于售卖而购买。这似

① 因为作者所据《资本论》是英文本，而中文本系根据德文本翻译，参照了俄文本，有较大差距，故有关引文我们只能根据英文译出，尽量参考中文本，中译文参见《资本论》第1卷，130~131页，北京，人民出版社，1975（以下皆据此本，不再另行注明）。——中译注

② 参见中文本130、123页。——中译注

乎只是货币与货币的交换，交易越是成功，情况似乎就越是如此。但是，当货币转化为资本之后，它就经历了某种“独特的原始运动”，与一个农民用卖粮食得来的钱去买衣服的行为相比，完全是两种类型。与“商品—货币—商品”的转化相比，“货币—商品—货币”的转化绝不仅仅是交换“方向”上的不同。

这里的差别在于，在“商品—货币—商品”的关系中，货币被转化为某种使用价值，后者随后是要被“消费”掉的。而在“货币—商品—货币”这一相反形式中，货币并未被花掉，而是“增值”了，这正是货币转化为资本的奥秘。在“商品—货币—商品”的关系中，同一货币要素两次转换了自己的位置，完成了交易行为。而在“货币—商品—货币”的关系中，转手两次的不是货币，而是商品。货币要转化为资本，须取决于运作过程的循环更新，即“流动”，只有“货币—商品—货币”的关系能实现这一点。因此，应更精确地把“货币—商品—货币”关系写作“货币—商品—货币①”，成为一种扩张性的过程。在此，商品流通与使用价值的直接关联被割断了。资本所交易的不是使用价值，而是交换价值。

不管怎么说，“货币—商品—货币①”既可反映产业资本，也可反映商业资本。因此，它只是个“一般资本公式”。在产业资本或制造业资本的发展中包含着某种更深刻的结构性关系，这种发展就像私有财产实质的 188
变化一样，是以某种显著的社会变迁过程为前提的。在大规模地剥夺工人对其生产工具的控制权的情况下，工人们不得不在市场上出售自己的劳动力以维持生计。在这种更为深刻的关系下，资本有可能转化为劳动，劳动也得以转化为资本。劳动力是一种特殊的商品，其特性之一便是充当创造价值的源泉。资本主义的劳动契约实质上包含了货币转化为等值劳动力的过程。“这种关系没有任何自然基础，也没有一种普遍存在于各个历史时期的社会基础。它显然是以往历史发展的结果，是许多次经济革命的产物，是一系列陈旧的社会生产形式灭亡后的产物”[24]①。因此，将这一关联分离出来，有助于分析资本主义建构出的新兴制度形式最为关键的结

---

① 参见中文本 192 页。——中译注

构特性之一。而“一般资本公式”并未反映出劳动力是一种商品。

资本主义劳动契约的前提在于，雇主与工人在彼此都“在形式上自由”的情况下，“在市场上相遇”，这是资本主义阶级关系的一个基本特征。一方是劳动力的购买者，另一方则是售卖者。劳动力的“占有者”只出售了自己一定时期内的劳动力，雇主也只在这一定时期内有权“雇用”这一劳动力。而在奴隶制情况下，一部分人为另一部分人所占有，劳动力不可能商品化。劳动力的价值与其他商品的价值一样，都取决于生产该商品所需的时间，对于前者而言，即取决于确保提供劳动力的那些人维持肉体生存所需的东西。劳动力的雇佣要转化为利润，当然得依赖剩余价值的创造。“必要劳动时间”只是用作维持工人即劳动力来源的生存的；利润得来自剩余劳动。

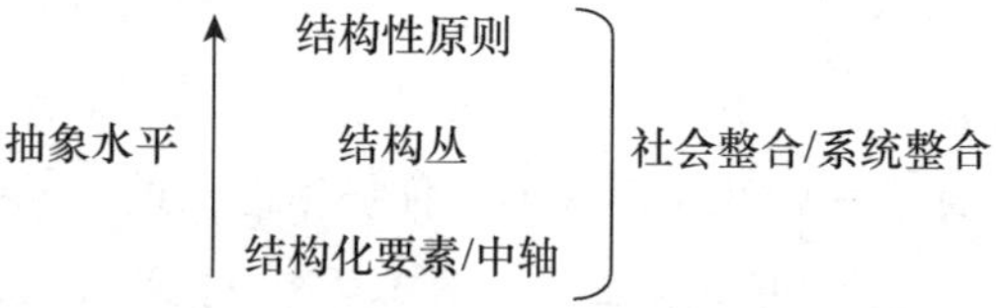

上图区分了三种抽象水平，它们彼此之间并无明确的分隔点。如前
189 所述，结构丛的确定对于全面阐述总体的结构性原则来说至关重要，但这两项工作显然是互相融合的。同样的道理也适用于最低的那层抽象水平，即分离出结构化过程的要素或中轴。要分析出结构化过程的要素，就得暂时悬搁制度分析，但也使研究层次更贴近对共同在场关系的直接考察。为保持与上文讨论的连续性，接下来，我想分析马克思对劳动分工这一资本主义生产过程的主要特征的论述。大体上我是赞同他的分析的，但此处的目的主要是拿它作个例证。[25]

马克思致力于揭示，劳动分工与生产过程的性质密切相关，并因此与本章前文描绘的结构关系有着密切的关联。劳动分工把上文列举的较大范围内的资本主义结构特征与更贴近我们的工业企业组织过程联系起来。生产过程是资本主义超出贸易阶段的一个显著特征，它牵涉到工场兴起的两种模式：第一种，是在一个特定的雇主控制下，把各具手艺的工人召集在一个特定的场所中，协调他们的活动，制造某种单一的产品。然而，这种协调过程会逐渐把工人们原先拥有的技能的各个方面一一剥离开来，把工作任务分解为一个个“复杂精细”的步骤，“其中每一项操作都具体化为一名工人的专门职能，全部操作由这些工人的联合体完成”[26]①。第二种孕育生产过程的模式则多少可说是与此相反。它也是在一个场所里召集许多工人，但他们做的是同一样工作，每一名工人都能制造完整的商品。但不管怎么说，马克思认为，在这两种模式中，“外在环境”所导致的变迁方向大体是一致的。劳动就此被重新分配；工人们不再以同样的方式并肩劳作，操作过程被分解为许多精细的工作任务，并以某种协作方式组织在一起。因此说来，最终的形式在两种情况中都是一样的：“一个以人为部件的生产机器”[27]②。

从好几个方面来说，劳动的精细分工都对资本主义企业的组织过程至关重要。它使管理者更有可能直接监控工人，并进一步巩固了劳动纪律。但它同时也体现并促成了作为劳动力的劳动与机器生产技术的结合，因为“局部工人”（detail labourer）所执行的，是一系列受到严格限制的重复操作，它们可以和机械化生产流程的运动相协调。虽说企业里的劳动分工并不仅仅是外界分工（即“社会劳动分工”）的一个方面或其延伸，但二者之间多少存在相互作用的关系。“社会劳动分工”必须依赖来自不同产业部门的产品的买卖；而企业中的劳动分工则源于一大堆各具差异的工人将劳动力出卖给某一雇主，后者又将这些劳动力协调起来加以利用。 190

> 工场中的劳动分工包含了资本家对人的无可争议的权威，人只不过是归他所有的某种机器的部件。社会中的劳动分工使独立的商品生产者彼此发生接触，他们只承认竞争的权威……（马克思用讥讽的笔调附道）工厂制度的热心的辩护士们在反对社会劳动的任何一种普遍组织时，就只会说这种组织会把整个社会变成一座大工厂，这一点是很能说明问题的。[28]③

用这种方式来分析劳动分工，就是要阐明将企业内部形式与社会性总体更广泛的方面联系起来的结构化中轴，同时表明与“社会劳动分

① 参见中文本 374 页。——中译注

② 参见中文本 375 页。——中译注

③ 参见中文本 394~395 页。——中译注

工”的不同。当然，我们应该更详尽地阐发这些关系。在制度分析中，需要详尽阐发在跨越时空的制度化实践“聚合”中包含的转换/中介关系。然而，一旦我们放弃了对制度分析的悬搁，无论在哪一个层次上考察上述所有的结构关系，都必须把它看作系统再生产的前提条件。它们有助于分析出在跨越时空的制度“延展”中**再生产循环**（circuits of reproduction）的基本特征。必须清楚一点，分析再生产循环并不等于单
191 单确定社会稳定性的来源，实际上，这种分析还有助于指明在社会性总体转换类型时伴随的一些主要变迁形式。我们会设问：要使系统再生产的某些特定状况得以产生，什么是“必须发生”的？这种提问方式并不是什么改头换面的功能主义，而是某种反事实的设问。

我们可以用图表的形式，勾勒出一个再生产循环（参见图 11）：

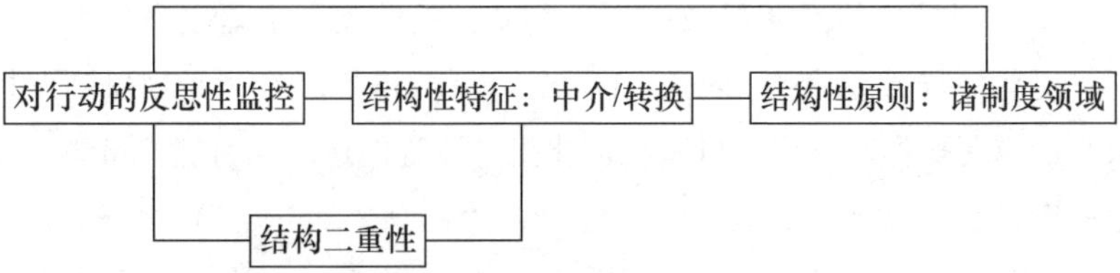

图 11

我们在此重新引入结构二重性，意味着为制度分析留出考察虚拟时空的余地，从而再次进入“历史”。这里重复一下贯穿结构化理论的一个主题：社会系统的所有结构化特征，都同时是定位在情境之中的行动者权宜性完成的活动的中介和后果。在共同在场的情境下，对行动实施反思性监控，这是社会整合起到固着作用的主要特征，但就定位在情境中的互动而言，无论是它的条件还是后果，都远远超出了那些情境本身的范围。“延展”的机制是丰富可变的，然而在现代社会中，反思性监控本身也往往包括在内。也就是说，对系统再生产前提条件的理解活动本身也已经成了那些条件的一部分。

为了更具体地了解这些观点，我们可以回过头来，看看上文讨论过的结构丛。“商品—货币”与“货币—商品”这两种相反相成的转换，当然只是通过买卖双方在一系列不同情境下的活动才得以发生的。在马克思看来，“商品—货币—商品”的关系，使三个“登场人物”

（dramatis personae）彼此产生了联系。某种商品的占有者与货币的某一持有者发生接触，此时的货币，用马克思的话来说，成了“它①的过渡性的等价形式”。作为“第一个转化的终点的货币，是第二个转化，即 192
购买另一种商品，的起点”[29]②。但马克思的这种解释并不是太令人满意，因为结构性关系在形态上并不完全等同于作为其人格化身的相应个体的行为。正是在马克思的论述体现出的这种倾向里，人们可以把握到，阿尔都塞在提出人类行动者只不过是生产方式的“配角”这一观点时，其文献依据何在。与此同时，我们还很容易体会到，这样一种分析风格是如何陷入功能主义陷阱的。其原因即在于，一旦把结构性特征之间的关系分离出来，认为它有自身的“内在动力”，把它看作功能必要条件，而不是持续不断地再生产出来的条件，那么，定位在历史情境中的个体活动看起来就的确有些多余了。无论何时，系统再生产的总体条件都不可能仅凭其（在反事实假设意义上）所依赖的结构性关系而“确保”自身的存在。同样，仅仅分析虚拟时空中存在的这些关系，也无法说明其产生的原因。这就意味着，当我们从这种分析转向对系统再生产条件的考察时，转换关键概念是非常重要的。

我所谓的再生产循环，指的是反馈到其来源的过程所具有的极其清晰的确定“轨迹”，不管这种反馈是否受到具有特定社会定位的行动者的反思性监控。马克思在用“资本循环”这一术语时，脑子里想的似乎就是这样一种过程；然而，尽管他有时用该术语指我所说的结构丛，我却想用它来指社会再生产的实际条件。从场所的区域化来考察再生产循环，一般来说是会有所收获的。认为诸如此类的循环与电路循环之间存在某种相似之处，这种比拟并没有什么坏处，因为我们可以借助电路循环的图像来勾勒再生产循环，时间地理学的图示技术也许正适用于此。马克思本人也明言，伴随“货币—商品—货币^{1}”关系的再生产循环，其实是基于多种宏大的变迁过程，后者不仅仅局限于社会之中，而且还在国际范围内展开，其中就包括出现在不断扩张（并且发生内在转变）

① 即商品。——中译注

② 参见中文本130页；另外此处英文原文将“第二个转化”误为“第三个转化”。——中译注

的新兴城市地区的人口聚居过程，还有一些涉及工作场所性质的变化。不过，除此之外，还包括交通运输的机械化，自18世纪晚期以来通信
193 手段的迅猛扩展，以及由摩尔斯电码的发明而揭开序幕的电信技术的发展，这些都具有同样的重要性。

7. 矛盾

人们一般认为，矛盾这一概念理应只限于逻辑上的思考，而不应该用于社会研究。这种说法的确有相当根据，因为人们在使用该术语的时候，常常很不清晰，与逻辑上的矛盾没有任何特定的关联。话说回来，我觉得只要谨慎使用，这个术语对于社会理论还是不可或缺的。我建议在两种意涵上使用它："生存性矛盾"（existential contradiction）与"结构性矛盾"。它们虽说不是对逻辑的原有用法的直接扩展，但也保持了一定的连续性。

所谓生存性矛盾，我指的是在与自然界或者说物质世界的关系方面，人的生存的一项基本属性。在人类境况的核心，可以说存在两种相反力量的对抗：生活一方面依赖于自然界，另一方面又不从属于自然界，而且与自然界相互抵触。人类源自无生命自然界的"虚无"，又会消失，回到无生命的异己状态。这么说，不像是社会科学的话题，倒更像是不加掩饰的宗教主题，应该是神学的题中应有之义。不过我想，它其实是有很大的分析价值的，虽说我并不打算在此详论。

而结构性矛盾指的则是人类社会的构成性特征。我认为，结构性原则是在矛盾之中展开运作的。也就是说，各种结构性原则的运作既彼此依赖，又相互抵触。[30]这种意涵上的"矛盾"还可再细分为两种：其一是原生矛盾（primary contradiction），即那些参与构成社会性总体的矛盾；其二是次生矛盾（secondary contradiction），即那些以原生矛盾为基础、或由后者所产生的矛盾。我不想使这些概念仅限于一系列抽象的对比，而是要联系上文对社会类型的具体考察。结构性矛盾的概念牵

涉到对国家的具体特征的界定。我们把除了部落社会以外的所有国家类型，都看作原生结构性矛盾的中心（虽说它不一定也是产生这种矛盾的源泉）。

在我所区分的三类社会中，部落社会与自然界的关系最为紧密。我 194
之所以这么说，并非就它的技术发展水平而言，至少不是单单指这个方面。在部落社会里，人们在共同在场的情况下彼此密切地生活在一起，遵循自然界的节律来安排自己的日常生活，同时也在认知层面上将自然界与自己的活动整合在一起。如果只是从文明尤其是现代西方文明的角度来评价这一点，就只能得出否定性的结论，认为它未能达到较高的认知水平。列维-斯特劳斯曾经这样写道，“我们习惯于认为，人类学……考察的是那些**未**经文明化、**没有**书写体系、**前**工业或**非**工业类型的社会”，这段话就很能说明问题。无论如何，从某些方面来看，该从否定角度来界定的，恰恰是所谓的“现代”社会。今天，我们彼此之间的联系已经只是偶然地、断片式地依赖于“类体验”（generic experience），依赖于“一个人对另一个人的具体‘把握’”[31]。神话式的“世界观”及其表征模式促成了自然条件与社会状况之间的对应关系，或者更准确地说，是使各个层面上能发现的显著差异等同起来，这些层面包括“地理的，气候的，动物的，植物的，技术的，经济的，社会的，仪式的，宗教的乃至哲学的”[32]。

神话充当着生存性矛盾的认知中介。也就是说，透过神话，讲述者以及聆听者得以深入探究和“阐明”有关乱伦、性、生与死的主题。即使把部落社会说成冷文化（cold culture），各项制度尚未陷入不停的变迁流动之中，其原因也并非像进化理论所认为的那样，是因为这些社会不能很好地“适应”自然界，而是由于那些制度全面地、无中介地与自然界相互融合。可以说，生存性矛盾凭借亲属关系和传统的关键作用，直接体现在那些制度中。列维-斯特劳斯所说的个体与个体之间的“具体‘把握’”，主要是围绕亲属关系建立起来的，而生命也是通过亲属关系被生产出来，或就“生命”的本义而言，被再生产出来。另一方面，传统是道德意涵得以渗入日常生活可逆时间的基础；浸淫在传统之中， 195
有限的个体生存与永恒的道德交织在了一起。我们没有必要将这样的社会生活处境描绘成某种卢梭风格的田园牧歌；问题的关键在于，无论是“充斥赤裸争斗的血腥暴力”的村野粗朴生活，还是口传文化展现的图景，都直接体现出人与自然的亲近。

部落社会 （口头文化）	生存性矛盾的绝对主宰 国家的不在场
阶级分化社会	结构性矛盾 /生存性矛盾 国家形式：城乡关系
阶级社会 （资本主义）	结构性矛盾的绝对主宰 国家形式：民族国家

部落文化具有断裂性特征，即由具有高度在场可得性的多重中心所组成，其间不同“社会”的界限常常不太明确。在这样一类去中心化的系统里，并不存在结构性矛盾。生存性矛盾勾勒出了自然界的轮廓。国家的兴起标志着结构性矛盾的产生，而前者又首先是与城市的形成联系在一起的。我并不是说国家的基础只是在城市“内部”，而是说城市是权力的容器，它结合自身与乡村的关系，孕育出国家形式的结构聚合点（structural nexus）。结构性矛盾产生后，削弱了生存性矛盾，但并未完全将后者消解。城市是一种与自然相异在的环境，因此推动孕育出某些新的态度与符号系统，它们不同于与自然环境和事件相和谐的那些旧有形态。在符号和物质这两种意义上，城墙都将城市环境与外界隔离开来。然而，传统的城市只能通过与其农业腹地的交换，才可以维持自己的生存；而且，它的内部格局和建筑与自然环境仍然保持着密切的联系，一般需要结合传统确立的符号象征。如前所述，在传统社会里，区域分布和建筑物的排列时常体现出神圣宇宙论意义上的细微差别。

在此我不打算讨论国家或国家权力的来源。[33] 我只需提一点看法：
196 从某种意义上说，“早期国家”的形成是一个充满矛盾的过程。也就是说，体现城乡关系的国家代表着一种新型的结构性原则，它一方面仍依赖于旧有的原则，另一方面却又与之相对抗。这种结构性矛盾的具体表现形式，就是城乡之间的共生 / 对抗关系。城市作为权力的容器，产生出一种“历史上”从未有过的饱蕴潜力的动力机制，摆脱了冷文化中的

"非历史"特征。阶级分化社会的显著特征之一，就是在它的"经济"与"政制"之间没有明显区别。而国家也几乎不可能声称自己应该代表整个社会。国家权力尚未丧失与生存性矛盾的关联，它的符号象征仍顽固地表现为某种宗教形式。国家可以利用业已巩固的权力，以此得到创新。就此而言，它也有可能摆脱传统的控制。不过，它多少须以另一种方式继续向传统作出妥协让步，因为在国家机构集中的主要中心之外，传统的信仰和实践活动仍然到处维持着自身的地位。鉴于国家权力需要以监控为基础，它的核心就主要是在国家机构物理意义上的场所（比如宫殿、寺庙、官署）。

以国家为基础的社会的形成引发了次生矛盾，同时也改变了"历史"的范围和步伐。国家孕育出跨越可观时空范围的社会关系，至少可以说是大大强化了后者。也就是说，国家一方面产生并巩固集权，把社会活动的许多方面"吸收"进自己的范围，同时也促进了其他一些纽带和相互关联的发展，后者的社会范围与区域范围都超出了国家声称自己享有主权的范围。这种情境下的结构性矛盾牵涉到国家对某一特定地域享有的主权。这种主权既依赖于某些遍及行政管辖范围、包含多种机制的过程，又与这些过程相对抗。后者既包括与其他国家的外部关系，也包括各种跨越国界的商贸组织、宗教团体、知识社群等等组织形式的存在。

次生矛盾是伴随现代民族国家的形成而出现的，后者的发展又与作为一种经济组织模式的工业资本主义的形成交织在一起。次生矛盾与以往时代的那些矛盾有着质的区别。资本主义和民族国家之间的关联绝非纯属偶然，这一点我在别处已经有所论述。[34] 姑且极简言之， *197*
民族国家取代了城市，成为新的权力容器。由于"人造环境"的兴起（其范例即为现代都市生活的"建筑环境"，但不仅限于此），城乡关系的形态发生了变化，这是民族国家形成过程所包含的基本内容。对于国家政治上的形成和"经济"上的分化来说，时间与空间性质上的转变都是十分重要的。这种转变过程将结构性矛盾从生存性矛盾中分离出来，并使前者逐渐取得了压倒后者的主宰地位。简言之，人类的社会组织不再与自然界有任何相对应之处；自然界沦为生产扩张的一种手段。对生存状态的探询与质疑受到压抑，但这种压抑并不彻底，也不可能彻底。实际上，对于由资本主义所引发的结构性矛盾来说，这种压抑还是至关重要的。结构性矛盾之所以具备独特的爆发性潜力，压抑也起到了一定的作用。[35]

在资本主义（民族）国家里，国家这一“公共”领域孕育了“市民社会”这一“私人”领域，后者又与前者彼此分离，并保持着某种张力。从这种模式中，我们可以发现资本主义（民族）国家的原生矛盾。我们不能错误地假定，市民社会包括了国家范围之外的一切，从而包含了那些先于国家权力出现、但尚未被纳入国家权力领域的制度。现代国家与市民社会领域有着共同的起源，这一点我现在只是提出个判断，但不管怎么说，我想在此表明自己的主张。资本积累就发生在市民社会之中，并受到劳动市场和商品市场上价格、利润、投资机制的推动。因此，在我看来，市民社会与国家之间的矛盾至少在大体上对应于资本主义“私人积累”与“社会化生产”之间的矛盾这一经典概括。资本主义国家作为体现整个共同体权力的“社会化”核心，是以生产和再生产机制为基础的；是资本主义国家促成了这些机制，但后者却反过来摆脱了前者，并与之相对抗。

现代资本主义的来临揭开了全球新秩序的序幕。新秩序中的次生矛盾集中体现于资本的国际化（及资本主义总体机制）与民族国家的内部
198 巩固这两个过程之间的张力。或许正是因为这些过程有各自的发展方向，所以社会理论中的大多数流派都认为，资本主义与民族国家之间的关系只是一种历史的偶然。实际上，社会思想里流行的看法是，资本主义生产具有消除政治差异和文化差异的天然趋向，而民族国家只是这一天然趋向的附生现象，甚至只是后者的阻碍。在19世纪的社会思想中，在古典政治经济学及其主要对手马克思主义里，我们都不难找到这种观点的根源。尽管这两者在其他方面具有显著分歧，但它们都认为，透过经济关系可以揭示政治形态的真正根源，也正是经济变迁充当着现代世界转型过程的主导源泉。然而，这种观点未能看到，“经济”确实是迅猛而持续的变迁所发生的领域，但它若要从其他领域中分离出来，就必须以现代国家的权力为前提。现代国家作为一个民族国家，与其他民族

国家共同构成一个世界，这并不只是历史的偶然，还是历史变迁内在本质的反映。

我们经常同时使用矛盾（contradiction）和冲突（conflict）这两个术语，那么，我们在分析上又应该如何体现两者之间的关系呢？

冲突	表现为特定社会实践的行动者或集合体之间的斗争
（结构性）矛盾	系统组织的结构性原则之间的分裂

我所说的冲突，是指不同行动者或群体之间实际发生的斗争，而不考虑这种斗争具体发生的方式及其动员的根源。虽说矛盾是个结构性概念，但冲突不是。冲突和矛盾之所以往往重叠在一起，是因为矛盾体现了各个社会系统的结构性构成中主要的“断裂带”（fault lines），往往牵涉到不同集团或者说人群（包括阶级，但不仅限于此）之间的利益分割。矛盾体现了多种不同的生活方式和生活机会的分配。这些生活机会原本是就可能世界而言的，但现实世界却揭示了这些可能世界自有其内在的必然性。如果说矛盾并不是必然会酿发冲突，那么原因就在于，行动者只有在特定的条件下才会不仅对自身的利益有所意识，而且有能力 199
和动机去左右它，但这样的条件有相当的可变性。例如，我们完全可以说，阶级分化的存在必然意味着利益之间的对立（也必然意味着存在共同利益），但若仅根据这一见解，当然不能就此直接推出阶级冲突所以发生的条件。比如说，在农业国家或阶级分化社会里，支配阶级与臣属阶级之间之所以不太发生冲突，主要原因只是因为，二者之间绝少发生会为冲突的实际发生提供具体情境的接触。[36]

根据我以上概括的观点，那些浸淫于受传统制约的可逆时间的社会，即那些“没有历史”的社会，都显著表现出生存性矛盾享有主宰地位。结构性矛盾的兴起（其根源我不打算在此说明）“激化”了社会变迁的过程，但只是在现代资本主义的发展之下，这种过程才变得“白热化”。与迅猛持久地发生社会转型的现代世界相比，传统帝国和其他类型的国家似乎不存在变迁。马克思颇有些鄙视地概括道，所谓“亚细亚生产方式”的特点，就是社会和经济方面的静滞，但这实际上是一切大规模农业社会的一项共有特性。有位学者曾这样评论道：直到两三个世纪前，贯穿整个世界历史面貌的各种社会形式还都具有一项共同的特征，即“比较普遍地缺乏重大的社会和经济变迁”[37]。

8. 创造历史

我想根据介入集合体再生产过程的关系的形式，区分出两类主要的集合体，并分别称之为**社团**（associations）和**组织**（organizations），并且将它们与**社会运动**（social movements）区分开来。正像在所有社会系统中一样，社团中的社会再生产是以具有认知能力的行动者的规律化行为
200 为场所和渠道完成的。发生例行性日常接触的互动场景，是由构成它们的行动者在相互联系的角色关系的再生产过程中，在反思性层面上实行监控的。然而，虽说这种监控是场景再生产的条件，但它并不表现为某种积极主动的努力，以试图控制或改变再生产的环境。一般来说，传统的合法性模式与社团的普遍存在有着密切的关系。传统并不仅仅是时间意识体验的一种特定形式，它还体现出“既往之事”对于日常生活连续过程所享有的具有道德意义的辖制。即使是在最“冷”的冷文化中，我们也不能错误地假定传统完全排斥变迁或行为多元化。希尔斯（Edward Shils）对传统特征的描述或许很巧妙：传统就像“雨点落在窗玻璃上时的运动……一条颤动的水流朝某个角度往下滑，与另一条朝不同角度滑动的水流碰上了。它们汇合成了一条水流，一会儿又分成了两条；如果窗玻璃和雨点都相当大的话，这两条水流各自又会再度裂变”[38]①。不过，这个比喻并未传递出传统的根本特征，是传统将例行常规根植于“传统社会”。在这方面，列维–斯特劳斯非常正确地强调，传统正是可逆时间的**唯一**中介，联系着日常生活的绵延和制度的长时段。

一边是社团，另一边是组织和社会运动，这种区分与我在首章里提出的再生产模式的区分是相符合的。组织和社会运动是对突出体现在日常实践活动连续过程中的系统再生产条件进行反思性调控的集合体，并

① 译文据［美］E. 希尔斯:《论传统》，375页，上海，上海人民出版社，1991。——中译注

鲜明地体现在阶级分化社会的各个环节之中，正是这一点，在一定程度上标志着阶级分化社会与部落社会的分离。反思性的自我调控作为集合体的属性之一，依赖于对信息的汇编，并通过控制信息汇编过程来影响社会再生产的背景状况。反过来，对信息的控制又依赖于某种独特的信息**储存**方式，它不同于在个体回忆、讲述神话传说或故事、“活生生的传统”下的实践意识等情况下可资利用的方式。在阶级分化社会中，对信息进行汇编与储存的基本模式就是书写，它的发明标志着历史上的一
次重大突破。之所以这么说，不仅仅是因为书写所带来的储存及恢复信 201
息的形式促进了时空伸延程度的扩展，也是由于它改变了“传统”的实质内涵：所谓人类生存于历史“之中”这一点从此有了新的意涵。在阶级分化社会中，传统的基础始终很坚固，在相对有限的城市地带之外，这一点体现得尤其明显。在先秦诸子眼里，前世与今世的相互交织是一种变动不居的关系，不仅是“古”“今”之间相互渗透，而且，历史是“面”而不是线性的，即沿平面横向运行，而非“退”入时间。在他们看来，生活遵循着代代传承的“礼”或者说传统仪礼。荀子曰：“古今一也。类不悖，虽久同理”[39]①。但书写的出现仍然意味着传统开始**被视为**“传统”，是许多行事方式中的一种。这样理解的“传统”已不再是习俗的一种根基，因其久远而受人尊崇，而是一种允许人们质询的话语现象。

说起“历史”，我们有必要在此回到马克思有关人类“创造历史”的名言，但先得搞清楚这里所“创造”的到底是什么。萨特和列维-斯特劳斯的争论已经向我们表明，提出这样的问题并不是什么心血来潮。对全体人类而言，所谓生活在历史之中，是就其生命通过时间而展开的意义上来说的，可现存的各种生物也都具备这一特点。人类社会之所以不同于动物社会，是因为它是以反思性的方式确立的实践活动，但是如果仅凭这一点，本身又很难说明“历史”的内涵，或者说什么是人类历史的特殊性。如果说对以上这些论题的回应必然是历史性的，那这种提法也并没有任何悖谬之处，因为“历史”显然利用了两种意涵：时间流

① 原文见《荀子·非难篇》，据王先谦撰：《荀子集解》，《诸子集成》第二卷，52页，上海，上海书店，1986。——中译注

逝之中事件的发生；对这些事件的编年记载或解释说明。事实上，我们现在往往将这两种意涵混为一体，这正体现了当代某些关键特性，同时也表明，在人类“创造历史”这一简单的观点陈述之下，潜藏着多么复杂的问题，因为要想把它说清楚，我们就必须对时间作出哲学说明。这里，我们又回到了本书一开始就谈到的结构化理论的有关问题。

202 列维-斯特劳斯在对“野性思维”的分析中，敏锐地捕捉到一些相关的问题。在《图腾制度》一书中，他告诉我们，在柏格森的绵延概念和“全体苏人（Sioux）（从南部的奥塞奇人［Osage］到北部的达科他人［Dakota］）共有”的观念之间，存在某种相似之处。即“都认为事物与生物只不过是饱含创造力的连续性的物质体现形式”[40]。柏格森建立一种关于时间的哲学的努力与海德格尔更为充分有力的观念一样，都可以被看作试图摆脱现代西方文化的世界观中所体现出的“线性”或“单线”时间观。根据柏格森的把握，绵延是连续性与非连续性的融合，是实际构成“实在”（reality）的差异秩序。苏人的宇宙观则与此相似，有一首歌谣如此描绘道：

无论何时何地，
万物虽动亦静。
飞鸟筑巢小憩，
也要择枝而栖。
行人动静自如，
神祇亦须息停。
光华绚烂之日，
月亮星辰心灵，
世间草木生命，
皆传神的足迹……[41]

这种“历史”观在阐释事件的时候，将时间与重复而不是社会变迁相关联，与人类处身于自然界中的关系而不是他们转变这个世界的能力相关联。

如果说人类“创造历史”中的“历史”指的是某种线性时间观，并结合下述观念，即行动者只要通过不断增进对自己过去的了解，就能改变他们的未来，那么这种观念只是在维柯（Vico）之后方才形成的。维柯的著作的确可以被视为一座桥梁，是对时间和连续性的旧有理解与某种新兴观念之间的过渡。以下是他的一段著名论述，汤普森（E.P.Thompson）也引用过这段话，并对其大加称赏。[42] 维柯这样主张：

> 这个包括所有各民族的人类世界确实是由人类自己创造出来的，虽说他们对其活动的后果并非全然知晓，不过这个世界所自出的那种心智往往是不一致的，有时还恰恰相反，而且经常超出人们自己所追求的那些个别特殊的目的……造成这一切情况的正是心智，因为人们是凭理智来做出这一切的；是心智而不是命运，因为他们这样做是经过选择的；也不是偶然机会，因为他们经常这样做的结果也永远是一样的。[43] ①

汤普森和其他许多人一样，都从这段话里捕捉到了马克思的先声，这 203
无疑是颇有眼光的。然而，如果我们将维柯视为马克思的直接先驱，则未免忽视了前者思想中残留的一些对时间和“体验”的不同见解。汤普森曾经说过，“维柯本人的努力在于发展一种循环论的理解角度（cyclical intelligibility）”，却又不经意地放弃这种看法，转而强调“他那有关进程论的精彩表述”，认为“所有经久不衰的历史思想都必须以其为出发点”[44]。但“循环论的理解角度”是维柯观点的根本组成部分，而“历史思想”开始将“历史进程观”作为自己的出发点，也只是晚近之事。

现代组织和社会运动是在这样一个社会世界中发挥作用的：诸神退隐，传统瓦解，反思性的自我调控就此有可能呈现为历史，也呈现为社会学。资本主义在短短数个世纪之间兴起于西方，主宰了现时代。现时代是**历史意识**（historicity）盛行的时代，是对社会的“进步运动”产生自觉意识——正是这种自觉意识形塑了这场“运动”——的时代，是“感受到”斯宾格勒所描述的“世界历史”的时代。先是在印刷术的普及和大众识字率的提高影响下，后又在电子传媒的发明推动下，促成了对信息的汇编、分析和恢复，这既激发了历史意识，又表现着历史意识。这些前提条件都通过对共同在场情境下的沟通的某种“异化”，

① 译文参考［意］维柯：《新科学》，609~610 页，北京，商务印书馆，1989，有改动。——中译注

扩大了时空伸延（distanciation）的程度。所有的书面文献都开始远离（distanciated）它的作者，印刷术大大增进了这种伸延。电子传媒使时间意义上的在场与空间意义上的在场分离开来，这一现象对当代的集合体形式意义举足轻重。

组织和社会运动属于图雷纳（Touraine）所说的“决策单位”[45]。它们处于以话语形式调动起来的信息流中，利用了某些颇具特色的（权威性和配置性）资源。社会科学文献中充斥着形形色色互争短长的“组织理论”，与之相比，对社会运动的考察显然未能受到人们的充分重视。在这样一个满目皆是革命和以社会剧变为取向的各色学说激烈冲撞的世纪里，竟然还会存在这种现象，似乎没啥理由。必须承认，图雷纳等人
204 的主张的确有它的道理，组织和社会运动这两种观念在现时代的意义同样重要。我们之所以在概念上可以把社会运动与人口流动、迁移等区分开来，就是因为社会运动蕴含着高度的反思性自我调控。可以把社会运动简明扼要地界定为“旨在建立一种生活新秩序的集体性事业”[46]。社会运动和组织不同，它不是在固定的场所中展开运作的，其中的定位过程也不具备与“角色”联系在一起的明确界定。

科恩（Cohn）对中世纪欧洲千禧年运动的概括，有助于揭示现代社会运动的某些独特要素。在他看来，是某种获得救赎的幻象激发了千禧年运动，这种幻象具有下述特征：

（1）集体的：信奉者作为一个群体沉迷于它；

（2）尘世的：它将在此岸世界而不是某种彼岸天国得以实现；

（3）紧迫的：它即将突如其来地降临人间；

（4）总体的：鉴于它将彻底改变此世的生活，新的天启将不仅仅是现存状况的改善，而是完美至福；

（5）伴随着某些动力，在人们的意识里，它们具有超自然的神奇力量。[47]

考虑到人们如此频繁地引用科恩的著作，有必要提醒大家一点，不能过分推广他的观点。我们不能简单套用上述特征，来描述中世纪所有的社会运动。当然，千禧年运动也并不会随着中世纪的终结而消亡。但我们还是能颇为自信地说，晚近绝大多数的社会运动都不具备千禧年运

动的上述各项特征——除了第（2）点，常常还包括第（3）点。[48] 现代社会运动几乎都是此岸性的，也无一例外地具有对抗性。而它们所处的“历史意识场域”（fields of historicity），其实和自身所对抗的那些组织、社团并无二致。

劳工运动并不像马克思所预言的那样，能够解开“历史之谜”。但从某些方面来说，它的确可算得上是当代社会运动的原型。在上文讨论 205
的资本主义再生产循环中，“劳动力”被作为一种商品，“转换”成其他商品。当然，不管怎么说，劳动力也是一种不同于其他任何商品的特殊商品。工人们发现自己在所处的环境中，没有权利参与和自己有切身利害的决策，因此竭力通过各种“防御性控制”（defensive control），在一定程度上左右这样的环境。劳工运动的根源即在于此。一旦劳工运动汇入了社会主义，尤其是马克思主义，它的活动领域里就直接融合了历史意识。有那么一系列相当一致的观念，同时为劳工运动和与之相对立的资本主义组织形态灌输着活力。无论是改良主义的劳工运动，还是更具革命激进倾向的流派，都旨在促进生产力本身的增长，而它们的对头也是致力于通过资本积累来发展生产力，只不过前者主张以一种平等主义的方式来实现这一点而已。话说回来，在这一点上，劳工运动并不能代表整个现代社会运动。在马克思看来，它背负着对社会性总体进行全面重组的重任，其行为体现着普遍利益，而阶级分化所体现的则是局部利益。这种观点已经越来越暴露出它的局限性，这不只是因为无产阶级未能实现革命[49]，甚至也不是因为它倾向于将所有的局部利益都还原为阶级利益，而恰恰是因为它揭示了历史意识理念本身的历史根源。我们的时代对以科学和技术创新为引导的启蒙运动的成就持有彻底的怀疑，在这样一个时代里，历史意识已然不复拥有自己往昔不容置疑的绝对主宰地位。

与此类似，从某些方面来看，资本主义企业既是现代组织形态的典型，又是产生那些孕育自己的环境的主要创新源泉之一。根据马克思的分析，在资本主义这种生产方式里，企业中的反思性自我调控与对于经济生活整体的反思性控制两者不相适应。韦伯在论述资本主义企业中复式簿记的重要意义时，对这一点也已有所阐明。不管怎么说，反思性

自我调控是从社会生活的多个方面获取动力的，在这一点上，又是韦伯
206 解释得最清楚。这里包含着我们今天所面临的最为深刻的问题之一。组织对再生产的前提条件实行反思性监控，那么，组织形式的多样化是否就是从带有剥削性质的既定支配模式中获得解放的途径？马克思在预言社会主义将通过革命推翻资本主义时，无疑是相信这一点的。然而，从韦伯到福柯，批评他的人以及他的对头们已经给出了充分的理由，告诉我们，对于马克思主义的这一条基本原则，即使不是抱着彻底怀疑的态度，也须谨慎看待。

附论："结构社会学"和方法论个体主义

1. 布劳：一种结构社会学

207 不属于结构主义传统的那些学者所强调的"结构视角"，与社会科学里的客体主义有着密切的关联。在这些自视采取这类视角的人的著作里，总会出现某些主题，特别是涂尔干"社会不仅仅是构成它的所有个体的总和"的观念，以及结构性特征仅仅包括社会系统对行动者产生约束性影响的那些属性（这是我已批评过的一种观念）。"结构视角"还喜欢强调时间中的持存和空间中的延展。结构的延续时间比个体行动者的生命要长，其范围也远远超出个体行动者活动所及的领域，在这个意义上我们说，结构是"超个体的"。[50]显然，这些见解与我在本书前面讨论的一些观点颇有相契。但这里也常常涉及某种认识论方面的问题，因为人们经常主张或是假定，要考察社会活动的结构性特征，就是要揭示出对人的行为产生的因果影响，它类似于在自然界中发生作用的因果影响。

正因如此，华莱士（Wallace）指出，在他所说的"社会结构主义理论"（social structuralist theory）与"社会行动主义理论"（social actionist theory）之间，存在着"重大差异"，表现为"在社会结构主义

理论看来，目的性等涉及主观取向的因素最多不过是次要的，甚至是（？）与对社会现象的说明毫不相干的……”[51] 这种见解所表现出的直率绝非异乎寻常。梅休（Mayhew）最近的说法恰好体现了这些思考方式。他认为，社会学理应关注“结构性”的东西。所谓结构，指的是各种关系组成的网络，对这样的网络进行分析，可以而且应当不需要诉诸任何个体特性。他写道：“在结构社会学里，分析的单位从来都不是个体，而是社会网络。”[52] 与通常情况一样，这里的“结构视角”也意味 208
着接受某种相当简单幼稚的行为主义。梅休声称，“结构论者在分析中不采用像意图或目的这样的主体论者的概念”[53]。

在布劳那里，这类观念已经被改造成完善得多的形式，比如他一系列新作中的表述。他的观点无疑代表了社会学观点的一个主要倾向。[54] 他和绝大多数英美社会学学者一样，与列维-斯特劳斯的结构主义观念毫无相关或相似之处。但不管怎么说，他也很谨慎地与功能主义保持了距离，提出应该在理解结构的时候“剥离其在文化以及功能方面的宽泛意涵，直抵其核心属性”[55]。布劳认识到，不同的学者对“结构”有着不同的用法。但他同时指出，这些学者一般也都认为，就其最基本的意义而言，结构从某种角度上指的是社会位置及其彼此之间的关系。根据布劳的界定，以结构为主导视角的社会科学关注的是各种人口分布参数，而不是行动者本身。他所谓的“结构参数”，就是与个体可能占据的社会位置有关的划分个体聚合的任一标准。对此，布劳作出了如下说明：

> 在这样的前提下，我们讨论人口总体的年龄结构，部落的亲属结构，组织的权威结构，社区的权力结构，以及社会的阶级结构。这些都不能说是社会结构的类型，而只是通过某一维度区分社会位置的分析性要素。单一参数所产生的不同位置，必然会为不同的人——无论该个体的男女、老少、贫富——所占据。但由几个参数综合产生的位置，情况就不一样了，因为同一个人会同时占据着不同参数上的位置……社会结构体现在不同的分化形式之中，我们在分析时必须一一分开探讨。[56]

在布劳看来，考察结构参数的任务清楚地勾画了社会学独特的关注方向。

布劳提出，我们可以区分出两种结构参数。一是横向的“定类参数”（nominal parameters），就是说将既定的人口总体按照一定的分类标准分为许多个类别，比如按照性别、宗教或种族；二是等级
209 性的“定序参数”（graduated parameters），即依照某种级别尺度，包括像财富、收入、教育这样一些标准，将个体区分开来。以结构为主导方面的考察的主要目的之一，就是探究这些参数彼此之间的关系，因为它们与互动聚合相联系。当不同参数之间的分化达到了一定的程度，就不太可能形成诸如此类的互动聚合。因此，我们可以通过对参数进行分析研究，来说明社会分化与整合的形式和程度。布劳的著作体现出他是个“结构决定论者”，“相信比起文化价值观和规范来，能够对社会生活施加更加根本的影响的，是客观社会位置的结构，人们就是分布在这一结构之中。”[57] 他的目标是说明社会的各项结构性特征之间的变异，而非与个体的态度、信仰或动机有关的因素。根据他的用法，他认为，无须考察社会的全面特征，就可以进行结构性分析。

但不管怎么说，布劳还是提出了与这些特征有关的主张。例如，他认为在小型的口传文化中，亲属关系是分化与整合的主要结构性协调轴心。而工业化社会的情况则与之相反，其特点是“多重异质性”（multiform heterogeneity），即多个结构参数的复杂交织，产生了各式各样的团体联合与互动聚合。他同时指出，当代西方社会正发生着规模可观的结构合并过程。这实际上体现出布劳持有的某种观念，即“单向度”的社会秩序具有潜在的威胁。[58]

布劳试图基于这些观念来构建其理论，他称之为关于社会结构的演绎理论。该理论的起点是由极其简单的分析术语（例如聚合体或群体的规模）所构成的命题，在此基础上，逐步建立更为复杂的概括性规则。布劳指出，这其中的一些假设是根据“本质上属于心理学范围的原则”而来的。比如有这么一条规则，认为人们更喜欢与和自己有相似属征的他人来往。不过，我们并不能直接根据这样的心理定理，推断出作为分析对象的结构特征。布劳的演绎理论是一套复杂的体系，包括数十条关于“结构效应”的定理，其中有的完全可谓是不言自明（“人们不

仅与自己群体的成员来往，还和其他群体的成员接触”）；有的虽然大有 210
商榷余地，也还有些意思（“随着社团中权威的去集中化，各个行政等级之间的非正式交往也会增加”）；有的则颇为新颖，但却存在相当的误解（“高流动率会促进结构变迁”）。在布劳看来，“理论要想体现出社会学的特点，其内涵是很明确的，就是要通过社会结构的各种特征来说明社会关系的模式，而不是通过所作出的假设，无论这些假设是否能由心理原则推断而出。正是所采用的逻辑阐述本身的性质，赋予说明以结构性”[59]。

从某些方面看来，布劳的观点是很有个人特色的，但它在很大程度上仍然体现了“结构社会学”的总体雄心。他简洁有力地表达了许多学者始终抱持的信条：社会学可以而且必须与其他相近学科——尤其是心理学——分清界限。他坚定地指出，社会学的独特性来自它关注的特定问题，这不仅仅是指它以社会结构为考察对象，而且，它还关注结构的约束性特征是如何影响了个体的行为方式。布劳认为，无论是构建结构分析，还是提出结构说明，都无须诉诸“价值观或规范”。在这一点上，他似乎与涂尔干分道扬镳；但在其他方面，他所说的无非是某种涂尔干式宣言的新翻版。如果我们对他立场的局限作一番探讨，既能重申前文所述的结构化理论的特点，又有助于突出我对“结构”与“结构性特征”这些术语的特性的理解。

布劳有不少观点颇有启发，令人回味。他避开了功能主义，避免将结构分析看作“作为整体”的社会对其个体成员所具有的某些未经阐明的影响。他也承认，社会并非铁板一块。这就是说，结构性研究的目标之一，就是精确地揭示各种社会群体内部及它们彼此之间分别具有的整合层次。不过，这种“结构社会学”的观念还是存在一些明显的局限。

一方面，是要求区分结构性特征的影响与对行为的心理学说明；另一方面，是主张可以脱离“价值观”“规范”“文化传统”来确定结构参
数，而布劳的视角则混淆了这两方面。在他的方案里，“无须诉诸文化 211
价值与心理动机”，即可揭示出“某一社会或共同体中社会位置的结构对社会关系施加的独立影响”[60]。然而，还原为心理概括并不能等同于用文化价值观或意义来阐述理论。后者可为描述社会时必不可少的解释

学任务提供参照点，因为社会描述必须依附于行动者的观念，正是后者协助构成了这些描述。我们可以从两种不同的意涵出发，来理解与“主体性”相对的结构性特征的“客观”性，而结构社会学的拥戴者一个常见的误解，就是将这两种意涵混为一谈。我们之所以说布劳所界定的结构参数是“非主体性”的，是就其不能通过个体性的谓词来描述而言的。但这些参数**不可能**是“非主体性”的，因为我们在概括它们的特征时，不可能完全脱离“文化传统”(如果这个概念指的是行动者的意义的话)。因此，布劳认为亲属关系范畴是“结构”的，但这些范畴显然依赖于行动者所采用的概念和亲等区分。社会位置和“结构参数”的其他所有方面一样，都只是在行动者根据赋予他人的特定身份，在自己的行为中有所区别对待时，才能说它存在的。

有些人认为，对结构参数的考察是社会学的独特属性。这种观念也许颇有些道理，其前提条件是存在某些与之相关的因果特性，可以使“社会学说明”与“结构性说明”相吻合。但我们确定发挥作用的因果关系经常是含糊不清的，尽管说它们显然会以某种方式发挥作用，并超出行动者就其所为能给出的理由的范围。因此，布劳才会提出这样一个概括性准则，即一个组织的规模越扩大，就会产生越多的内部分化，从而提高它所包含的行政管理人员的比例。在他看来，“无须考察组织中个体的动机”[61]，就可以把握这种关系。然而，随着布劳对这一命题的推演，它就逐渐走向了谬误。如果这种概括命题意味着理论工作者可以设定某些具有典型意义的动机，并在必要时予以详细说明，那么这种判
212 断还是站得住脚的。但这并不是布劳的原意。他明确指出，在他看来，动机（及理由或意图）的确定与概括所涉及的因素其实**并无关系**。可实际情况根本不是这样。恰恰相反，要想阐明因果关系，必须确定动机。只有在行动者将自己所看到的情况视为组织规模的增加所带来的新问题、新议程，并对此有所反应的时候，管理人员比例的增长才会凸显出来。[62]

倘若我们更进一步细察，就会发现，布劳所给出的“结构”概括，其实就是**行动者用来产生布劳自己所展示的后果的程式**。行动者对自己的所作所为抱有一定的信念，如果我们对此一无所知（因为在布劳这

样的学者看来，这种信息不是分析结构效应时应该考察的因素），那么，我们就无法对情况的可能性作出评定。管理组织的那些人对这些问题自有一套实用理论，事实上，他们还可能会十分熟悉有关这方面的学术文献。我们不妨再来看看这一命题：随着组织中权威的去集中化，各个行政等级之间的非正式交往也会增加。和关于规模与内部分化之间对应关系的概括性准则一样，这一命题也许是假定了后果的合意图性，即行动者对产生什么后果抱有理由；要不就正好相反，后果在相当程度上属于意外。对社会研究者来说，要能说清楚正在发生什么，关键是要分辨出这事情属于哪一类情况。至少有那么一部分行动者，是在布劳所确定的概括性准则的指引下行动的。人们之所以采取一项去集中化的举措，很可能就是为了增加不同行政等级之间的某些非正式交往。

这些评论告诉我们，社会科学的某种“结构视角”不能脱离对社会再生产机制的考察。社会不仅仅是个体行动者的创造物，社会系统的结构性特征较之个体的生命更具持存性，我们强调这一点，当然是完全正确的。然而，只是在社会再生产过程中存在跨越时空的连续性这一点上，我们才说存在结构、结构性特征或“结构参数”的。而诸如此类的连续性的存在场所和展现渠道，又只是置身于具体情境之中的行动者受反思性监控的活动，这些活动可以具有各种合乎意图以及意图之外的后果。我再说一遍：**不存在什么与众不同的“结构性说明”这类东西**，而 *213*
只有对不同形式的约束影响人的行动的不同模式所作的解释。我们这里所说的“影响”并没有什么玄秘的意涵。以“高流动率增进结构变迁”的概括性准则为例。也许我们可以假定，高流动率在很大程度上并非出于意图，其所导致的变迁后果也是如此，虽说也可能相反，比如已经制定出旨在增进流动的教育政策，从而所发生的事情便成为反思性监控过程的一部分。但不管怎么说，倘若所考察的是妇女的上向职业流动的意外后果，而且它所增进的“结构变迁”是离婚率的上升（或下降），那么我们只有通过了解那些有关的人——妻子、丈夫及其他人——的动机与理由，才能去探究这会是什么因果关系在发挥影响。也许是因为获得事业成功的那些妻子花在家事上的时间会少一些，导致的（意外）后果便是婚姻关系出现紧张；也许是因为她们把婚姻的重要性置于事业成功之下；也许是因为她们的丈夫嫉恨自己妻子的成功，等等；也可能是所有这些因素在不同的人心中的交织融合。

2. 方法论个体主义：一种替代选择？

方法论个体主义一向是社会学中“结构性说明”这类独特观念的天敌。从某种程度上，我们可以说，这两种立场之间的争论是主体与社会客体之间的二元论——它是社会科学本体论的特征——在方法论上的对应体现。尽管人们常把韦伯改造为一位“结构社会学家”，但是他本人已经很清楚地表明了自己的倾向。他在临终前不久所写的一封信里谈道：“如果说我已成为一位社会学家……这主要是为了将一直在我们身边游荡的一些集体性概念的幽灵昭示于众。换句话说，社会学自身的基础只能是一个或更多分散的个人的行动，因此必须采用严格的个体主义方法。”[63] 韦伯在《经济与社会》中写道，人的行动“只是作为一个或
214 更多的**个体**的人的行为而存在”的。[64] 韦伯与其他“方法论个体主义者”到底有哪些主张，这个问题普遍存在着争论。但可以肯定的是，他们与“结构社会学家”之间确实有着不同的见解。尽管差异的具体细节颇为复杂，可大体情况还是比较明朗的。方法论个体主义者赞同我前文业已陈述过的观点：对“结构性说明”的探求是徒劳无益的，甚而可能造成危害。

针对形形色色的方法论个体主义所提出的议题，有一些描述是颇具影响的。我下面就来介绍其中一种。卢克斯（Lukes）归纳出他所认为的方法论个体主义的主要观点，逐一探讨，并力求“消除其隐患”[65]。方法论个体主义的拥戴者接受以下这些观念，一点或几点不等。

（1）“不言自明的社会原子论”（truistic social atomism）。主张只有通过分析个体的行为，才能说明社会现象，这是不言而喻的自在之理。因此哈耶克（Hayek）才会说：“我们要想理解社会现象，就只能通过理解个体以他人为取向并受他人期待的行为指引的行动，除此别无他

途。”[66]（这种阐述其实与韦伯对“社会行动”的界定颇为相近）

（2）认为所有关于社会现象的判断，比如布劳对结构参数的阐述，都可以被还原为对个体性质的描述，而不至于损失什么意义。这种见解不会认为布劳对“结构”的探讨有什么意思，认为他只不过是将个体的性质堆积起来而已。

（3）认为只有个体是真实存在的。因此，在有些论家看来，似乎所有指涉集合体或社会系统（还可加上“结构参数”）的概念都是一些抽象的模型，是理论家的建构之物，其途径与“个体”观念不同。

（4）宣称社会科学不可能有什么法则，要说有，也就是有关个体的心理倾向（psychological dispositions）的法则。[67]

沃特金斯（Watkins）有一段话，论述了他所说的“方法论个体主义原则”，常常被人引用，上述所有四项要素都能在这段话里找到：

> 根据这项原则，社会世界最终是由作为个体存在的人所组成的，他们的行为方式多少是以自己的性情倾向及对自身所处情境的理解为依据的。任何一种复杂的社会情境、制度或事件，都是个体及其性情倾向、所处情境、信念、物质资源及环境综合形成的特定构型的结果。对于大规模的社会现象（比如通货膨胀），我们或许可以借助另一些大规模的现象（比如充分就业）作出阶段性的或部分的说明，但是，除非我们根据有关个体的性情倾向、信念、资源及相互关系的判断，推导出对这种大规模社会现象的说法，否则我们永远也不会得出对此现象的彻底说明。（个体可能始终是匿名的，只能被赋予类型意义上的性情倾向之类属征。）[68] 215

卢克斯这些讨论旨在防患于未然，从两个方面消除方法论个体主义未来发展可能会产生的偏误。倘若我们仔细考察上述四种主张，就会发现它们无一具有丝毫可取之处。第一点是不言自明的道理（也就是说，话虽不错，但却无关痛痒），因此是否接受，无可无不可。“社会由人组成”是一种“关于世界的陈腐命题”，“只在分析上为真，即语词本身意义上为真”[69]。第二、三、四点则显然都是错误的。不探讨人类行动者的认知能力，就无法描述乃至分析亲属关系，比如被界定为“姑表亲婚姻”的亲属关系。可是这并不等于说，我们仅仅通过利用有关个体的谓词，就可以描述这些关系。如果我们说，从某种程度上来看，第（三）点指的是只有个体是可以被直接观察的，那我们可就弄错了。因为此命题与行为主义有关，认为只有观察得到的才是真实存在的，但没有任何实例、任何理由来支持这一点。当布劳谈论结构参数的时候，我们无法去观察他脑子里所想的那些"要素"，但我们肯定能观察到共同在场情境下的社会现象，比如日常接触的形成与实施。最后一点，即第（四）点，可以用我前文所说过的来说明：社会科学并不缺乏概括，尽管它的逻辑形式与自然科学中的普遍性法则并不一致。

卢克斯也承认，仅凭自己这些论述，并不能使方法论个体主义完全
216 避免失误，甚至未能击中其要害，即有关说明的问题。方法论个体主义者断言，要想"彻底"说明社会现象，必须诉诸"个体的性情倾向、信念、资源及相互关系"，沃特金斯话里最重要的主张就是以它为基础的，哈耶克的话可能也是如此。正是在这一点上，卢克斯感受到了方法论个体主义潜在的巨大爆发力，需要谨慎地清除它的危害。何谓个体的"性情倾向"（及其他类似属征）？而且，说到底，什么是"说明"？就后一个问题而言，卢克斯可以径直宣称，许多倡导方法论个体主义的人对何为说明的解读过于狭隘（而布劳与绝大多数结构社会学家也同样如此）。所谓说明，就是回答"为什么"的问题，还常常意味着只能通过精确描述某种特定社会现象的特征，才可以使人们了解它。[70]社会科学必然具有解释学性质，我们这里讲的说明，可以说正是以这种性质为基础或中轴展开的。无论要求得出"说明"的探询是来自常人行动者还是社会学研究者，"说明"都和所有社会活动一样，具有情境性。强调这一点，无疑有其重要价值。但不管怎么说，我们不妨先来集中讨论一下更为狭义的所谓"说明"，即不仅仅是要构建概括，而且是要构建因果概括。也就是说，这些概括不只是断言在社会现象的两种范畴或种类之间存在某种抽象关系，而且还确定其中包含的因果关联。

那么，我们又是在什么意义上，说这些因果关联与个体有必然联系呢？卢克斯认为，在某些形式的方法论个体主义看来，说明中诉诸的个体特性就是有机体的生理特征或生理机能方面的既定需求。但事实上，这些说明很站不住脚。没有人能够通过将社会现象还原为有机体特征而

得出任何结论。因此，这些形式的方法论个体主义充其量不过是些假设性的主张，与社会科学家具体考察的材料之间并非直接相关。不过，话说回来，在方法论个体主义的其他解释里，要么归诸个体并纳入说明中的特征并不排除更具结构性的分析的可能性，要么我们对上述第（三） 217
点的拒弃也就涵盖了这些特征，其实，它们不管怎么说也牵涉到社会（结构性）特征的概括。因此，方法论个体主义业已被中和了。有些学者倡导某种诉诸有机体生理特征的还原论，但他们的主张对于社会科学的实践活动并没有什么价值，与此同时，其他人也一样不能找到什么不会被社会范畴无法挽回地“玷染”的纯粹个体特性。

卢克斯到这里就将问题搁置不谈了。我不认为这样就已经能够解决问题：我们还需要以某种非常不同的方式来阐述这些议题。但不管怎么说，在对卢克斯的探讨中悬而未决的一些问题线索进行分析之前，我们不妨先来看看学界另一领域提出的一些颇为类似的问题，想必会很有启发。这是汤普森和安德森（Perry Anderson）在争论马克思主义的性质时引发的。[71] 汤普森对结构性概念向来不抱信任态度，虽说他并未将它们全盘抛弃，但始终强调，考察人的能动作用的实质及变异意义重大。因此，他在介绍自己对 18、19 世纪英国阶级状况发展演变的分析中所遵循的观点时说：“阶级是由那些以自己的生活谱写自己的历史的人所界定的，而且，说到底，这是它唯一的界定”[72]。在一场旷日持久的针对阿尔都塞及受其影响的学者的论战中——为此安德森还曾用整整一本书以作回复——汤普森较为详细地阐述了自己立场的含义。我并不想在此概括整场论战，只想谈一谈其中与这里探讨的问题有关的几个方面。

汤普森指责阿尔都塞未能充分描述人的能动作用，用一种决定论的观点理解结构，我认为这种批评非常中肯。[73] 阿尔都塞笔下的人不是具有认知能力的行动者，而只是生产方式的“配角”。汤普森很坦率地揭露了这种我所谓的“对常人行动者的蔑视”（derogation of the lay actor）。阿尔都塞和其他许多与结构主义或功能主义有牵连的人一样，“都以同样一种‘隐匿不发的人类学’（latent anthropology）为出发点，都潜藏着这样一个关于‘人’的深层假设：男女众生（除了这些学者自己）**都是些该死的蠢货**。”[74]汤普森认为，应该把社会生活或人类的历史理解为“不受辖制的人的实践活动”。也就是说，人类的行动自有其
218 目的和认知能力，但他们对自己所作所为的后果既无法预见，也不能控制。我们要理解个中原因，就需要一个汤普森认为在阿尔都塞那里付诸阙如的术语——汤普森简单称之为“人的经验”[75]。经验连接了“结构”与“过程”，是社会分析或历史分析的真正材料。汤普森着重指出，这种见解并不会使他有陷入方法论个体主义的危险。他发现，在方法论个体主义与阿尔都塞的马克思主义之间，其实存在着某种亲和性，因为后者相信，“结构”并不存在于现实本身，而只存在于理论领域，因此说，这种立场类似于方法论个体主义者的唯名论思想。尽管如此，我们最后还是很难发现汤普森的观点与方法论个体主义有哪些明显不同之处。他著作里概述自己总体观点的许多段落都近似于上文所引沃特金斯的那段话里的观点。因此，在又谈到阶级概念时，汤普森会主张：“当我们说**一个**阶级的时候，想的是一群界限非常宽泛的人，他们有着共同的利益、社会经验、传统以及价值体系，具有某种**性情倾向**，以作为一个阶级**行事**，参照在阶级角度上与己不同的其他人群，通过自己的行动和意识，来确定自身”[76]。

汤普森的观点里有许多有意思的地方，但安德森不费多少气力就从中发现了一些缺陷。汤普森谈论“人们”（people），谈论“经验”的首要性，可这些看似一目了然的术语实际上应如何理解呢？汤普森在强调它们的时候，明显是想突出人的能动作用在创造历史的过程中所起到的重要作用。然而，尽管汤普森在他最初的著作里，并借助批判阿尔都塞，给出了大量的历史实例，却还是没说清楚到底什么是“能动作用”。“经验”这个术语素以含义模糊著称，狄尔泰对“体验”（Erlebnis）的竭力把握即可告诉我们这一点。例如，该术语有种用法是与经验主义直接相关的，经验在这里成了对世上所发生的事件的被动记录，这和汤普森希望强调的术语的主动意涵相去甚远。更有甚者，汤普森没有一处地方能很有效地梳理出行动与结构之间的关系问题，甚至连他的主要著作《英国工人阶级的形成》也是这样。该书起首是一段广为人知的论述：
219 “工人阶级的兴起并不像太阳那样，会在预定的时间升起，而只体现在

自身的形成之中”，它的形成“是能动作用与约束作用的共同结果”[77]。然而，尽管该书不久即赢得交口称赞，安德森还是指出，它其实并未解决自己所提出的议题。

> 我们如果要想把能动作用与必要性共同决定这一主张落到实处，至少就需要将客观方面和主观方面的因素综合起来考虑：从客观方面来说，就是工业革命所带来的某种劳动力的聚集与转型；从主观方面来说，则是作为对客观因素之反应的某种阶级文化的孕育……（但是）工业革命在英国的出现只是本书一幅巨大的背景，而不是具有自身地位的直接分析的对象……自1790年至1830年间的资本积累，在时间上忽快忽慢，时起时停，在空间上则表现出不均衡的分布与迁移，这势必深刻影响了新生的英国无产阶级的组成和特性，但在这本讨论这一阶级形成的书里，这些因素却没有一席之地。[78]

汤普森与安德森之间的争论当然算不上有了定论，不过，如果我们把它与关于方法论个体主义这一更为抽象的争论搁在一起考虑，会对我们有所帮助。大致看来，关于方法论个体主义的论战似乎已是曲终人散，然而汤普森与安德森之间的争论如此热烈，形象地告诉我们，问题依然存在。从某种非常重要的意义上来说，这些问题是不可能消失的。社会科学或历史学中任何一项经验研究，都会涉及如何在明确或隐含地探寻活动的合意后果与意外后果之间的结合或脱节，以及这些因素如何影响个体命运的时候，将行动与结构结合起来的问题。无论怎样玩弄抽象概念，都无法取代对实际互动情境中的这一类问题的直接考察。各种影响因素之间的排列组合是无穷无尽的，所以，单单说结构“决定”行动毫无意义，反之亦然。个体受到的约束具有哪些性质，他们怎样利用自己拥有的能力，以及能够表现出哪些形式的认知能力，这些问题本身都明显会随历史状况而变。

不管怎么说，概念上的澄清至少能有助于揭示出探讨这些问题的最佳途径。汤普森与沃特金斯等人论点之间的相关之处，在于他们在论证自己的观点时，都过分倚重某种未经理论化的、直觉性的“个体”或行动者观念。他们对“结构社会学”的野心持怀疑态度，这当然是有根有 220

据的，不管这种野心是布劳式的还是阿尔都塞式的。但在卢克斯看来，就“结构社会学家”的目标而言，方法论个体主义也不是全无害处的，它们也有偏误，错就错在那些方法论个体主义者声称，可以将社会范畴还原为借助个体谓词进行的描述。但不管怎么说，这些人也认为“结构社会学”抹杀了——至少是大大低估了——人类能动者的认知能力，这一点还是恰如其分的。他们还正确地坚持主张，“社会力量”始终不过是在可以确定的具体情境之下展开的行动的合意后果与意外后果综合作用的结果。

“结构社会学”与方法论个体主义并不是一对非此即彼的替代选择。正如卢克斯所说，这两个阵营的争论从某些方面看来注定不会有什么结果。问题的关键在于抛弃争论所用的某些术语，同时超越原来那些使用者，更深入地探讨另一些概念。我们不能把“‘个体’到底是什么”看作一个显而易见的问题。此处的问题不在于比较各种个体谓词，而是确定人类行动者的性质，这正是我通过结构化理论的基本概念所要努力探求的问题。当然，这样做有一个前提，即不再将结构等同为约束。只要以结构二重性观念为出发点，促动与约束之间的关系在逻辑层面上还是很容易说清楚的。历史并非“不受辖制的人的实践活动”，而是人类实践活动的时间性，与结构性特征之间是相互形塑的关系，并包含了多种形式的权力。我想这绝不仅仅只是某种措辞变化，但我认为这么说更精确些。

关于方法论个体主义的争论引发的另一个问题是：何谓集体行动者？比如说，当我们说“政府决定推行某项政策”，或“政府对叛乱的威胁迅速作出了反应”时，到底是什么意思？在此，我们需要区分多种不同的特性。我已在前文某章里谈到过，不应该把描述行动与确定能动作用本身混为一谈。无论是描述行动，还是解释互动，都不能完全依赖个体谓词。然而，只有个体，只有具有肉体存在的人，才是行动者。如果说集合体或群体不是行动者，那我们为什么有时说起来好像真有那么
221 一种集体行动者，比如上面的例子？如果对社会再生产——尤其是与组织有关的那些社会再生产，虽说并不仅限于此——的条件具有相当程度的反思性监控，我们更容易以这种方式思考了。“政府决定推行某项政

策”只是某些个体作出决定的简略描述方式，但这通常是这些个体彼此之间协商后的某种结果，或者是当最终的政策具有规范约束力的时候才会如此。政府或其他组织所贯彻的决定也许并不体现所有的人希望达到的结果，或者也不反映任何一个参与制定的人最希望看到的结果。然而，即使是在这样的情况下，我们仍然可以说参与者“决定”（就个体而言）“去决定”（就集体而言）某种确定的行动进程。这就是说，在某次内阁会议之后，内阁的个体成员可能会同意遵守他们并不赞同的决议，或自己曾投票反对的提案，只要它获得了大多数人的支持。“政府决定……”或“政府对……作出反应”只是些简略起见的表达。理解这一点是很重要的，因为在某些具体情境下，它可能与个体是主要发起者还是执行人有很大关系，无论采取（或否决）的是什么决策，也不管推行的是什么政策。

注 释

[1] 参见 *Central Problems in Social Theory*，222~225 页。

[2] 参见 *A Contemporary Critique of Historical Materialism*，第 8 章。

[3] 参见上书，45~46 页。我在这里的讨论对自己以前有关这一问题的论述稍稍作了修改。该书中与这一问题有关的其他章节，可见 157~162 页及 164~167 页。

[4] Marshall G.S.Hodgson，“The interrelations of societies in history”，*Comparative Studies in Society and History*，卷 5，233 页，1962—1963。

[5] 参见 H.A.Gailey，*A History of Africa，1800 to the Present*（New York：Houghton-Mifflin 两卷本，1970—1972）；René Grousset，*The Empire of the Steppes*（New Brunswick：Rutgers University Press，1970）。

[6] 参见 T.Carlstein，“The sociology of structuration in time and space：a time-geographic assessment of Giddens's theory”，*Swedish Geographical Yearbook*（Lund：Lund University Press，1981）；Derek Layder，*Structure，Interaction and Social Theory*（London：Routledge，1981）；J.B.Thompson，*Critical Hermeneutics*（Cambridge：Cambridge University Press，1981）；Margaret S.Archer，“Morphogenesis versus structuration：on combining structure and action”，*British Journal of Sociology*，卷 33，1982。

[7] Carlstein，“The sociology of structuration in time and space”，52~53 页。也可参见 John Thompson，*Critical Hermeneutics*（Cambridge：Cambridge

University Press，1981），143~144 页。

［8］参见 Roy Bhaskar，*The Possibility of Naturalism*（Brighton：Harvester，1979），42 页。

［9］Emile Durkheim，*The Rules of Sociological Method*（London：Macmillan，1982），39~40 页。

［10］同上书，50 页。

［11］同上书，52~53 页。

［12］参见 Karl Marx，*Capital*（London：Lawrence & Wishart，1970），72 页。Gillian Rose 对该问题进行了富于启发的讨论，参见其 *The Melancholy Science*（London：Macmillan，1978），第 3 章。

［13］Karl Marx，*Grundrisse*（Harmondsworth：Penguin，1976），157 页。

［14］参见 *Central Problems in Social Theory*，第 5 章。

［15］本来是为撰写 *A Contemporary Critique of Historical Materialism* 准备的，但定稿中并未包括它们。

［16］这种分类还给其他类型留出了余地。比如把国家社会主义社会与资本主义社会相区分，当然，我们还可以想到其他一些未来有可能发展起来的社会组织形式。

［17］在 *A Contemporary Critique of Historical Materialism* 的第 164 页上有这样的观点："城市是生产系统整合的机制的中心"。这样的阐述很不充分。此外，我并不想告诉读者，城乡关系是某种一致的或单一性的关系；如果考虑到各个社会的一般情况，它应是充满异质性的复杂关系。

［18］Immanuel Wallerstein，*The Modern World-System*（New York：Academic Press，1974）；参见 Oswald Spengler，*The Decline of the West*（London：Allen & Unwin，1961），38 页："把那短短几个世纪的、实际上限于西欧的'近代史'，同那上下数千年的'古代史'相对立，而整堆希腊前的各种文化又都偶然性地堆积在那种'古代史'中，未经审查，也无系统，不过作为附录而已，这岂不荒谬可笑吗？"

［19］参见注［2］。

［20］参见我的文章"The nation-state and violence"。

［21］*Central Problems in Social Theory*，104~105 页。

［22］Marx，*Capital*，110 页。

［23］同上书，110、103 页。

［24］同上书，168 页。

［25］有关其中部分论题稍早的讨论，可参见 *The Class Structure of the Advanced Societies*，第六章。

［26］Marx，*Capital*，第 1 卷，337 页。

［27］同上书，338 页。

［28］同上书，356 页。

［29］Marx，*Capital*，第 1 卷，111 页。

［30］*Central Problems in Social Theory*，141 页以下。

［31］参见 Claude Lévi-Strauss，*Structural Anthropology*（London:：Allen Lane，1968），365~366 页。

［32］Claude Lévi-Strauss，*The Savage Mind*（London：Weidenfeld & Nicolson，1966），93 页。

［33］这是 *Between Capitalism and Socialism* 一书关注的主要问题之一。

［34］*A Contemporary Critique of Historical Materialism*，第 7、8、9 章。在此我还省略了一个极其重要的问题，即资本主义、国家和阶级区分之间的关系（*A Contemporary Critique of Historical Materialism* 一书里对此也有所分析）。

［35］在 *Between Capitalism and Socialism* 一书中将对这一主题作更充分的阐述。

［36］参见 John H.Kautsky，*The Politics of Aristocratic Empires*（Chapel Hill：University of North Carolina Press，1982），75 页："如果把阶级理解为某个与另一个阶级存在冲突的集团，那么，贵族与农民其实根本就不能算是阶级的成员。"

［37］同上书，5~6 页。也可参见 Henri J.M.Claessen 与 Peter Skalnik，*The Early State*（The Hague：Mouton，1978）。

［38］Edward Shils，*Tradition*（London：Faber & Faber，1981），280 页。

［39］Arthur Waley，*Three Ways of Thought in Ancient China*（London：Allen & Unwin，1939），38 页。更详尽的论述可参见 J.G.A.Pocock，"The origins of the study of the past"，*Comparative Studies in Society and History*，卷 4，1961—1962。

［40］Claude Lévi-Strauss，*Totemism*（London：Merlin，1964），98 页。

［41］列维-斯特劳斯在同上书第 99 页也评述道："达科他人的语言不包含任何指称时间的词，但它能以许多种方式表达存在的持续方式。实际上，在达科他人的思想里，时间构成了某种无法测量的持存状态，是一种没有限度的'自由物品'【此处原文系'free good'，疑为'free goods'之误。——中译注】。" Birgit Schintlholzer 的 *Die Auflösung des Geschichtbegriffs im Strukturalismus* 是一篇博士论文，对这些问题进行了饶有意味的论述（Hamburg，1973）。

［42］参见 E.P.Thompson，*The Poverty of Theory*（London：Merlin，1978），86~291 页。

［43］G.Vico，*The New Science*（Ithaca：Cornell University Press，1968），382 页，第 1108 段。

［44］Thompson，*The Poverty of Theory*，86 页。

［45］Alain Touraine，*The Self Production of Society*（Chicago：University of

Chicago Press，1977)，238 页。

［46］Herbert Blumer，“Collective behavior”，收入 Alfred M.Lee 编的 *Principles of Sociology*（New York：Barnes & Noble，1951)，199 页。

［47］Norman Cohn，“Mediaeval millenarianism：its bearing upon the comparative study of millenarian movements”，收入 Silvia L.Thrupp 编的 *Millenial Dreams in Action*（The Hague：Mouton，1962)，31 页。

［48］参见 J.A.Banks，*The Sociology of Social Movements*（London：Macmillan，1972)，20~21 页以及全书各处。

［49］参见 André Gorz，*Farewell to the Working Class*（London：Pluto，1982)。

［50］参见 Raymond Boudon，*The Uses of Structuralism*（London：Heinemann，1971)。布东归纳出这一概念的几种不同用法。有关另外一些非常不同的视角，可参见 Peter M.Blau 编的 *Approaches to the Study of Social Structure*（London：Collier-Macmillan，1975)。

［51］Walter L.Wallace，“Structure and action in the theories of Coleman and Parsons”，收入 Blau 编的 *Approaches to the Study of Social Structure*，121 页。

［52］Bruce H.Mayhew，“Structuralism versus individualism”，第 1 和 2 部分，*Social Forces*，卷 59，1980，349 页。

［53］同上书，348 页。

［54］参见 Peter M.Blau，*Inequality and Heterogeneity*（New York：Free Press，1977)；“Structural effects”，*American Sociological Review*，卷 25，1960；“Parameters of social structure”，收入 Blau 编的 *Approaches to the Study of Social Structure*；“A macrosociological theory of social structure”，*American Journal of Sociology*，卷 83，1977。

［55］*Inequality and Heterogeneity*，ix 页。

［56］“*Parameters of social structure*”，221 页。

［57］*Inequality and Heterogeneity*，x 页。

［58］参见“Parameters of social structure”，252~253 页。“造成这一威胁的，是当代社会里强势组织的支配性位置，比如五角大楼、白宫以及巨型企业集团。经济资源与人力资源以及由此产生的权力正日益集中于巨型组织和它们的高层管理者，这便意味着主要的资源和权力形式正逐步合并……”

［59］*Inequality and Heterogeneity*，246 页。

［60］“A macrosociological theory of social structure”，28 页。

［61］Peter M.Blau，“A formal theory of differentiation in organizations”，*American Sociology Review*，卷 35，1970，203 页。

［62］这一点可参见 Stephen P.Turner，“Blau's theory of differentiation：is it explanatory？”，*Sociological Quarterly*，卷 18，1977。这些论题的一部分可见 Blau：“Comments on the prospects for a nomothetic theory of social structure”，

Journal for the Theory of Social Behaviour，卷 13，1983；也可参看梅休的一篇出色论文，收于同一卷中，题为“Causality，historical particularism and other errors in sociological discourse”。布劳的文章仍然暴露出我已指出的一些缺陷：（1）社会分析中概念阐述所包含的解释性成分受到压制，以配合以下观点：“社会学的目标在于考察‘社会环境’对‘人的可被观察到的倾向’所造成的影响”（268 页）；（2）如果诉诸行动者的动机、理由及意图，始终被等同为“心理学”，被降格为关注点与“社会学”不同的领域；（3）视“说明”为“法则—演绎性理论阐述”（nomothetic-deductive theorizing）的必备因素（265 页），这其实是某种业已受到质疑的自然科学哲学的翻版，可在此却被毫无保留地接受了；（4）即使说这样理解的自然科学哲学仍然有可以接受之处，社会科学中所谓“法则”的性质也会与自然法则有根本差异，但该文丝毫未考虑这种可能性；（5）总体上的立场包含在与之相类似但却是错误的主张中，即与自然科学相比，社会科学正处于自身发展的早期阶段。虽说布劳也承认“至少说迄今为止”，“社会学中尚无任何确定性的法则（deterministic laws）”（266 页），但他仍然充满信心地认为终究会有那么一天能找到这样的法则，我们肯定不能将这种可能性一笔勾销，因为“有关社会结构的法则性理论无疑仍处于萌芽阶段”（269 页）。

［63］转引自 Wolfgang Mommsen，“Max Weber's political sociology and his philosophy of world history”，*International Social Science Journal*，卷 17，1965，25 页。当然，韦伯的实质研究在多大程度上遵循了这一原则，这一点尚可讨论。

［64］Max Weber，*Economy and Society*（Berkeley：University of California Press，1978），卷 1，13 页。

［65］Steven Lukes，“Methodological individualism reconsidered”，收入 *Essays in Social Theory*（London：Macmillan，1977）。

［66］F.A.Hayek，*Individualism and Economic Order*（Chicago：University of Chicago Press，1949），6 页。

［67］卢克斯同时还给出了方法论个体主义的另外一点含义，即“社会个体主义”的原则。它“（含糊地）声称社会以个体的福祉为自己的目的”。参见 Lukes，“Methodological individualism reconsidered”，181~182 页。

［68］J.W.N.Watkins，“Historical explanation in the social sciences”，收入 P.Gardiner 编的 *Theories of History*（Glencoe：Free Press，1959）。

［69］Lukes，“Methodological individualism reconsidered”，178 页。

［70］参见 *New Rules of Sociological Method*，第四章。

［71］参见 E.P.Thompson，*The Poverty of Theory*（London：Merlin，1978）；Perry Anderson，*Arguments within English Marxism*（London：Verso，1980）。

［72］E.P.Thompson，*The Making of the English Working Class*（Harmondsworth：Penguin，1968），40 页。

［73］参见 *Central Problems in Social Theory*，第一章，以及全书各处。

［74］Thompson，*The Poverty of Theory*，148 页。

［75］同上书，30 页。

［76］同上书，295 页。黑体字系原文所加。

［77］Thompson，*The Making of the English Working Class*，9 页。

［78］Anderson，*Arguments within English Marxism*，32~34 页。

第五章
变迁、进化与权力

在这一章，我打算通过详细的论述，对各种社会变迁理论进行一番 227 **解构**，特别是解构那些进化论模式的社会变迁理论；同时**重构**有关权力性质的观念，我将把权力看作构成社会生活的固有要素。对社会变迁理论进行解构就意味着承认：包括“历史唯物主义”在内的社会理论最珍视的一些雄心抱负根本就不可能实现。但这并不等于说要提出一种相对温和的主张，认为这类理论无法获得可用的经验证据的支持。相反，这里引出的反对观点远为强硬，也更具争议：对于社会变迁，我们能够提供什么类型的说法？上述那些理论根本就搞错了。我们可以从以下三个方面的考虑出发，来对各种社会变迁理论进行解构，它们的一般性是逐渐递减的：

结构性决定机制

社会进化　　↓ 一般性程度

历史唯物主义

大量的社会科学学说，无论是属于学院社会学还是属于马克思主义，历来是基于这样一个假定，即有可能提出一些说明结构性因果关系的定理，并用它们来说明社会行动的一般决定机制（determination）。[1]绝大多数有关结构性决定机制的定理都关联着这样一个命题：社会科学

228 能够揭示普遍法则，可以用它们来确定各种结构性约束的效果。如果我们详细确定一种一般性法则发挥作用的特定边界条件，就能够将给定的一次行为或者一类行为看作这一法则的具体事例。这里的“决定机制”，实际上就是决定论的某种特殊形式。所谓的“覆盖律”（covering law）之论战已经广泛触及了这方面的问题，在这里，我并不打算直接探讨这个话题，只想指出，这种有关社会科学中概括性命题的性质的观点，与我在上文阐述的看法是相抵触的（也参见边码第343~347页）。[2] 否认能够给出有关结构性决定机制的一般性阐述，就等于表明了一种与本书大量观点相关的立场。[3]

有些社会变迁理论是和上述观念联系在一起的。例如，有些学者认为存在一些主宰社会变迁的普遍法则，而且，我们就应该围绕这些法则来构建一种社会变迁理论。不过，也有许多试图说明变迁现象的学者并不打算提出上面那种法则，而是想提出一些有限的原理，并以某种普适性的方式使用它们，来说明变迁的决定机制。在这些努力中，迄今最突出的就是进化的观念。

当然，对“进化论”也难以简单地概括分类，因为有大量互不相同的观点立场和这个术语有关联，而进化观念在社会科学中也可说是冷冷热热，历经兴衰。19世纪后半叶显然是进化论在社会理论中最有影响的时期，这在很大程度上是受到了达尔文在生物学领域的成就的激励。[4] 此后，进化观念便逐渐退出时尚，特别是在人类学家当中，已经没有多少市场了，因为他们大多日益受到某种“文化相对主义”解释的强烈影响。但进化论的观念在人类学中仍有一些捍卫者，而在考古学中，进化论更是一直占有支配性的地位。在英语世界中，马林诺夫斯基（Malinowski）和拉德克利夫-布朗（Radcliffe-Brown）在人类学中率先提出了功能主义的思想，其后默顿和帕森斯又在社会学中大力倡导这种学说。尽管帕森斯本人后来又引发了进化理论的某种复兴运动，但功能主义的兴起还是在一定程度上导致了进化论思维方式的没落。[5]

1. 进化论和社会理论

我批判过所谓“内生”或“展开”的变迁模式，而许多进化理论正 229
是这些模式的最佳例证。事实上，这些形态的进化理论往往是和功能主义紧密相连的，孔德的著作就是一个著名的例子。马林诺夫斯基和其他一些学者将功能主义和进化论分开，或许只能说是个例外，而非自然事态。有机体比拟往往能够揭示出这两种学说之间的关系。人们看到，一株植物，或者一个有机体，在自身之中包含了某种增长轨迹，某种潜在可能性的展开。这些学者将变迁看作由包括这种展开过程的机制所主宰的现象，而社会则被看作具有清晰边界的统一体。在这些学者看来，外部条件可能会促进也可能会阻碍增长的过程，但它们实际上只是变迁机制发挥作用时针对的背景。某些进化模式将变迁视为一种缓慢发生、持续积累的内在过程。正是基于这种观念，涂尔干才把政治革命看作发生在社会生活表层的震动，不可能导致社会的重大转型，因为基本社会制度的进化必定总是缓慢进行的。[6] 但是，对于那些认为进化是通过革命性过渡的过程实现的理论来说，变迁的展开观念当然也不是完全不相容。马克思的观点就很能说明问题。马克思在《〈政治经济学批判〉导言》的“前言”中，勾绘了一种社会变迁的图式。在这个图式中，社会变迁的主要动力是特定社会类型中生产力的扩张。当社会现存制度无法再容纳这种扩张时，就会导致革命过程，而革命过后，上述的过程又会重复发生。[7] 所以，我们才要在阶级社会的趋势特征中寻找变迁的根源，因为这些特征包含了“社会自身变革的种子”。

那么，我们又应该如何来理解“进化”（evolution）这个概念呢？这个词本身来自拉丁语的“evolutio”一词，由前缀“e-”（“从……中出来”[out of]）和词根“volatus”（“旋转”）构成。在拉丁语中，用这个词来指羊皮书籍的书页的展开。直至 17 世纪晚期，这个词才逐渐形成它的现代含义，开始指一种历经一些可以识别的阶段的有序变迁过程。孔德是最早广泛使用这个概念的重要社会思想家之一，而且，在他之后，有许多学者（包括帕森斯，参见边码第 263~274 页）也对此作出

230 了大致相仿的论述。各种社会类型的变异、分化和综合，对“具有连续性的秩序”的促进，这些都是孔德的主题。“除非一种秩序和进步完全保持一致，否则任何真正的秩序都不可能确立，尤其不可能持续；除非进步最终与秩序的明显巩固相联系，否则任何进步也都不可能实现”[8]。

让我再比较随意地列举几种晚近提出的有关社会进化或文化进化的定义：

> 不论是否采用“生物的”这个形容词，进化原理都牢固地确立下来了，可以适用于任何由生命体构成的世界……有机进化或变异、选择、调适、分化和整合这样的基础概念，如果适当地加以调整，用到某种社会和文化主题上，就是我们关注的核心。（帕森斯）[9]
>
> 可以把进化看作确定反复出现的形式、过程和功能的一种旨趣……文化进化可以被视作一种特定类型的历史重构，或者是一种特殊的方法论或途径。（斯图尔德）[10]
>
> 进化（包括自然进化和社会进化）都是自我维续、自我转变和自我超越的进程，有着时间上的方向性，因此也是不可逆转的。这一进程在其发展历程中总是日新月异，不断产生更多的变异，更为复杂的组织，更高程度的觉察能力，以及日益自觉的有意识的心理活动。（赫胥黎）[11]
>
> 我们可以把进化定义为各种形式相继出现的时间序列：一种形式从另一种形式中脱颖而出；文化从一个阶段推进到另一个阶段。时间和形式的变化一样，都是这一进程的内在因素。进化论中的进程是不可逆转的，也是从不重复的……进化论中的进程就像历史主义者或者文化传播论学者（diffusionist）所主张的那种进程，都是时间性的，因此也都是不可逆转、从不重复的。差别在于，前者是普遍法则性的（nomothetic），而后者则是个别表意性的（idiographic）……可以肯定地说，进化论中的进程总是在一个时间连续统中，在某个地方发生的，但具体的时间和地方无关紧要。关键要看各种形式相继出现的时间序列。（怀特）[12]

> 无论是在生物领域还是在文化领域中，进化都同时向两个方向推进。一方面，进化通过调适性改良（adaptive modification）创造了多样性：新的形式从旧的形式中分化出来。另一方面，进化产生了进步：较高级的形式从较初级的形式中产生出来，并超越了前者。前一个方向是特殊进化（Specific Evolution），后一个方向是普遍进化（General Evolution）①……要考察进化的这两个方面，需要采用不同的分类体系。就遗传谱系而言，对特殊进化的研究采用了一种种系生成的分类方式（phylogenetic classification）。在普遍进化的观念中，进化观的侧重点则转向了进步过程本身，并在不考虑种系生成的情况下，将各种形式归入各种发展阶段或者发展水平。（萨林斯）[13] 231

这些有关进化的说法彼此之间存在着明显的差异。例如，斯图尔德只承认萨林斯所谓的“特殊进化”是真正的进化。他实际上明确反对“普遍进化”的说法。但这些定义确实具有一些共同点，有些是明言的主张，有些是隐含的意思。我们可以由此确定将一种理论或途径称为是“进化论的”依据。我理所当然地认为，“进化”这个概念不是一个可以随便使用的概念（这大概不会有人反对），而是与“发展”或“变迁”同义。社会科学中的“进化理论”要具有独特的含义，就应该体现以下特征。（我认为这些特征既不是随意列举的，也没有夸大之处。）

首先，我们至少必须先假定，进化与生物进化之间存在某些概念上的联系。上面所引述的那些定义已经表明，许多自视为进化论学者的人往往都强调这是进化论的一个标准，当然也不是全部学者都这样认为。这种主张确实是有根据的，因为即使说进化论最初是肇始于社会思想而非生物学，但正是后者提出了相当精确的“进化”概念，并且较为完善地阐述了进化性变革，而且在阐明进化过程时，根本就没有采用任何目的论的观念。如果在社会科学中使用“进化”这个概念，而又与生物学中已经确立的概念语汇没有一丝关联，那才是没什么道理的。但如果光凭这一点，我们还不能说，生物学和社会科学所使用的进化概念必定或

① 也有人译为“狭义进化”和“广义进化”。——中译注

者应该是完全对应的。进化论，至少是达尔文主义，近来在自然科学中遭到了猛烈抨击。但是，在自然科学中被抛弃的概念，在社会科学的领域却依旧存在，这虽然是件少见的事，却并不是不可理解的。

232 其次，社会进化论必须明确说明变迁机制是什么，而不仅限于根据某种业已确立的标准来指出变迁的演进。因为这一点相当重要，所以需要详细讨论一下。一些主张进化论的学者往往相信，只要我们能够证明，在人类社会中，从有据可考的最初阶段到现代的历史进程中，某个或某些社会事项（item or items）经历了演进的过程，就足以证明社会理论中进化观念的正确性。因此，像怀特就以能量的产量为基础，构建了一项进化指标。社会，或者用怀特的概念"文化系统"，具有多种多样的能量利用方式。在这方面，一些文化系统会比另一些文化系统效率更高。因此，不同的文化系统可以依据一些可资比较的系数，建立某种尺度来排定等级。这些参数是通过将文化系统所利用和消耗的能量总量与这些系统所涉及的人的数量挂钩得出的。[14] 自孔德和斯宾塞以来，进化论思想家就一直谈论不断增长的复杂性、分化之类的问题。当然，"进化"也**可以**仅仅用来指从具体时空中抽象出来的演进（progression）。例如，我们有理由说，在能量消费和分配（或者说是时空伸延）的连续统的一头，是小规模的口传文化，而另一头则是现代的工业化社会。某些特定的技术发展或社会组织形式是其他技术发展或社会组织形式的先决条件，维护这一主张也同样毫无困难。在这种意义上的"进化"，作为一个概念是毫无争议的。但如果我们真的用这种方式使用"进化"这个词，根本就没有对社会变迁作什么说明，而且也不满足第一条标准，即和生物进化之间存在某种合乎情理的紧密关联。

第三，必须详细指明社会发展所经历的一系列相继出现的阶段。在这些阶段中，变迁的机制是和社会组织的某些类型或者某些方面的前后替代相关联的。人们在安排这些阶段的序列时，可以根据特殊进化的形式，也可以根据普遍进化的形式，甚至可以结合两种方式。在这里没有必要偷换预设，假定进化尺度上的演进就意味着是根据道德标准判断的进步（progress），虽说有时这么说确实是有根据的。下文我会强调，进
233 化理论特别容易将"演进"和"进步"混为一谈，这是因为，在实践

中，人们往往很难避免族群中心论的假设，尽管进化论在逻辑上可能并没有暗含这种观念。

第四，确认一种社会变迁的机制，就意味着要以某种适用于整个人类历史历程的方式来说明变迁，但不是把这种机制作为唯一发挥作用的机制，而是视为占支配地位的机制。这里最适宜的候选概念毫无争议，因为这个词几乎出现在所有的进化理论中，不管在其他方面这些理论的差异有多大。它就是“调适”（adaptation），而且一般是指针对物质环境的调适。

并非所有以调适概念为基础的对社会变迁的阐述都是进化论立场的，因为有些阐述并不符合前三条标准。但在进化理论中，调适的观念是非常重要的，没有这个概念，进化理论的说服力也就丧失殆尽。[15]因此我们可以说，如果调适概念在阐明社会变迁方面实际上没有价值（我正打算揭示这一点），那么进化论就丧失了大部分号召力。不过，我还会进一步从另外两条批判思路入手，批驳各种进化论：其一，这些理论在分析中将人类历史强塞到一个并不符合描述的模子中；其二，这些理论往往与一系列站不住脚的支撑论点联系在一起，尽管也有例外情况。

2. 调适

我们可以发现，在某种社会语境中使用的调适概念具有以下特征：（1）要么是空洞无物的，也就是说这个概念的意义是如此宽泛和含糊，以至于与其说它使人清心明目，不如说它让人愈发困惑；（2）要么就是包含一种似是而非、缺乏逻辑的主张，倡导使用功能主义的说明方式；（3）要么这些理论所预测的人类社会的动态趋势被证明是错误的。

首先考虑第一点：在生物学中可以用相当精确的方式使用调适概念，而这个概念最初也正是来自生物学。[16]在生物学中，调适概念的通常含义是指有机体的基因库以某种方式受到有机体与环境的相互作用的影响，成为各种经过选择幸存下来的特征的结果。如果将“调适”作为一个整体标签，用来指人类对他们的物质环境作出反应并改变这些环境的特征的各种过程，那么，我们在社会科学中，也可以以一种有说服
234 力的方式使用这个概念。因此，拉帕波特（Rappaport）将这个概念定义为“一些有机体或一群有机体在面对环境的短期波动和环境构成方式或结构的长期变化时，通过它们的状态、结构或构成方式的反应性变化，在自身内部和彼此之间维持自平衡的过程”[17]。不过，进化论的社会思想的特征，在于将这种用法大大延伸，使这个概念沦为无可救药的含混用语。例如，哈定（Harding）在讨论调适概念时，一开始便将这个概念界定为“确保并维持对环境的控制”，这当然无可非议。但他接着就说，在进化理论中，调适不仅指各个社会和自然的关系，而且指“各个社会之间的相互调整”。

> 针对自然所作的调适会形塑一种文化的技术，并借此形塑这种文化在社会和意识形态方面的构成要素。不过，针对其他文化所作的调适也可能形塑社会及其意识形态，后者进而又影响了技术，并决定该文化未来的发展历程。调适过程的整个结果是生产出有组织的文化整体，整合一体的技术，社会，还有意识形态，同时应付两个方面的影响，一方面是来自自然的双重选择性影响，另一方面则是外部文化的影响。[18]

这里的调适概念已经完全成为一个过于宽泛的概念，以至于包括了对社会组织和社会转型可能造成影响的所有方面！

这完全是各门社会科学中的进化理论的典型用法（例如，可以比较一下边码第270~272页中讨论的帕森斯对这个概念的用法）。导致这种用法的原因十分明显。即使像拉帕波特那样，以相当精确的方式来确定“调适”的意涵，并且清楚地划定那些被调适的因素的范围，这个概念显然也不足以充当社会变迁的一般机制。如果环境指的是“自然环境”，而针对它进行的“调适过程”指的是对自然环境中的显著变化作出某些反应，其结果是改变了现有的有机特征或社会特征，那么“调适”概念就完全是过于狭隘了，学者不能依赖它来充当解释社会变迁机制的概念工具。只有将“调适”概念某些方面的含义加以扩展，用这个概念说明

社会变迁的一般机制才具有说服力。人们常见的做法，是将其他社会也纳入“环境”的概念中（即“社会环境”），或者在“调适”中或多或少地纳入一些似乎能推动变迁的重大社会过程，只要这样的变迁有助于一个社会维持某种类似稳定的形式。不过，一旦这样做，概念就会变得过于含糊，而一个概念工具如果什么都能说明，其实毫无用处。 235

其次，前面引述的那些“调适”定义表明，“调适”概念往往由于它的空洞性，总是出现在一些似是而非的所谓“说明”中。某些社会或者某些类型的社会已经存在了一段时期，而因为这些社会已经存在，所以它们必定（是历经选择性调适而）幸存下来的，这样的主张即便有什么价值，也是微乎其微。但那些采用“调适”概念的说明却恰恰常常堕入这种陷阱。因此，我们经常看到进化论的学者作出如此说明：某个社会事项是由于具有更强的调适能力，所以才幸存下来。但是，我们又该如何来理解调适能力呢？如果一种社会事项持续存在，而另一种社会事项很快就消失了，那就足以证明前者具有更强的调适能力，这和上面界定调适概念的方式大同小异。不过，即使是比较狭义地理解“调适”，所提出的说明也往往包含了各式各样的功能主义，存在的缺陷往往是半斤八两。[19] 下面这个例子摘自柴尔德（G.H.Childe）的著作，它的说法很能代表许多相关文献，并且也产生了广泛的实质影响。柴尔德写道：

> 先谈一个明显的事实：人要是不吃不喝，就无法生存下去。所以，一个社会的成员如果不能保证获得足够的食物，以维持自己的生命，并进行生殖活动，社会就不可能存在。如果有一种社会提倡某些信仰或制度，导致完全切断食物供给（例如，全部埃及农民被迫终年修建一座超级金字塔），或终止生殖活动（有一种广泛存在的狂热信念，认定独身是一种美德，这种观念实际上就是要终止生殖活动），那么这个社会很快也就会不复存在。透过这些极端的例子，我们可以很明显地看出，食物供给甚至在决定信仰和观念的机制中也是最终控制因素。因此我们可以假定，维持生计的方法也以具体的方式最终发挥了一种类似的控制力量。可以预想，从长远的角度来看，人们维持生计的方式“决定”了他们的信仰和制度。[20]

不过，对于柴尔德来说显而易见的事实，却并非从他的前提推导出来的自然结论。单单认定某社会或社会事项具有功能紧迫性，并不意味着该社会或社会事项本身就对满足这种功能的制度的形塑过程产生了实际的影响。

236 现在来谈谈对调适观念的第三种批评。如果能够发现一种动力机制，成功解释史上各人类社会主要类型的复杂多样和继替发展，那么调适这个概念就有说服力了。各种进化学说在这方面表现出缺乏经验证据。如果确实存在某种一般化的动机激发的冲动，推动人类不断地针对其物质环境，以更有效的方式作出“调适”，那就找到了支持进化学说的基础，但这种迫力根本不存在。[21] 或者也可以假定，在人类社会中可以找到某种与自然选择相对应的过程。这正是19世纪的许多进化论学者所假定的一个命题。比起“自然选择”来说，斯宾塞更偏爱他自己的术语，即“适者生存”，但蕴含的观念依旧。他不是将“幸存”解释为满足一定环境的物质要求的结果，而是把它看作在军事上胜过其他所有社会的结果。斯宾塞指出，通过战争形成规模越来越大的社会“是一个不可抗拒的过程，通过这一过程，最适应社会生活的那些人群取代了适应程度较差的人群”[22]。尽管这种观念在今天已经大半被抛弃了，甚至在主张进化论的学者那里也不受欢迎，但它却具有坚实的经验依据。战争对社会变迁的确有深刻的影响。可如果仅仅诉诸军事力量，整体说明价值有限，尚不足以将“调适”转变为一种有竞争力的进化机制。不过，一旦我们开始添加别的因素，就又重陷窠臼：一种概念能说明一切，其实等于啥也没说。

3. 进化和历史

人类历史并没有一副进化论式的“形貌”，而如果硬要将人类历史塞入这样一种“形貌”，势必会有所歪曲。这里，我打算列举三个原因，来说明为什么人类历史不同于物种的进化模式，并将指出，在社会科学中采用进化思想容易导致四种危险。自 19 世纪以来，进化论的批评者已经有力地驳斥了进化论的绝大多数基础观念，不过，这里也许仍有必要清楚地阐述这些批评意见。在进化论的“形貌”中，进化是一桩枝节横生的树干，或者一株节节攀升的藤蔓。时间的流逝和物种的演进都被 237
统合进来。但用这种形貌来分析人类社会，却是一个不恰当的比喻。

人类创造自身历史的过程是在他们认识到自身历史的情况下进行的，也就是说，人类作为一种反思性的存在，是通过认知来把握时间，而不仅仅是“度过”时间的。这一关键区别尽管已是老生常谈，但通常只有当进化论学者讨论是否在原人和智人之间存在显著的突变这个问题时，他们才考虑这一点。也就是说，他们仅仅将这种反思性看作添加到既有进化过程中的某种新的因素，使自然选择过程变得更加复杂而已。不过，问题的关键在于，人类社会生活的反思性实际上破坏了任何打算通过一系列简单、自主的因果机制来阐明社会变迁的做法。理解历史“中”发生的进程的努力不仅构成了“历史”内涵的内在组成部分，而且也是改变“历史”的一种手段。

生物学中的进化论依赖于假设各物种的起源是相互独立的，物种是不可变的，除非发生突变。这些条件并不适用于人类历史。“社会”绝不具有物种那种程度的“封闭”。生物学家可以相当容易地回答“什么在进化？”这个问题，但在社会科学领域中，我们难以轻易找到“进化单位”（unit of evolution）。[23] 这一点我在上文已经谈过了（参见边码第 163~165 页），但仍有必要在此重申一遍。进化论学者一般要么谈论“社会”的进化，要么分析“文化系统”的进化，并假定发展程度最高的“社会”或“文化系统”只不过是从发展程度较低的“社会”或“文化系统”中分化出来的产物。至于究竟是什么构成了一个“社会”或“文化”，却随着进化论思想家习惯强调的特征的不同而不同。进化论学者和“传播论”学者之间的争论只能导致掩盖这个问题，因为两个学派往往都将社会或文化看作是许多相互分离的整体，分歧主要在于，它们对影响社会或文化的变迁源泉的具体见解不同。

用盖尔纳的话来说，人类历史绝不是一个“世界成长的故事”（world-growth story）。盖尔纳论述道，两个世纪以来，西方人一直难以

> 在考虑人类问题时摆脱……全面增进成长……的意象……这似乎是依据西方历史模式得出的一个自然结论，而西方的历史一般
> 238
> 被看作就是**整个**人类的历史。西方历史似乎具有某种连续性，并且始终表现出波动中的上升——或者无论事实怎样，至少看起来是如此，并且人们一直接受这样的教诲。发轫于中东两河流域的文明史，似乎是一部连绵不断的历史，大体上呈增长态势，只是偶尔才出现停滞甚至倒退：历史似乎就是围绕地中海沿岸缓步推进，然后向北大西洋两岸发展，事情变得越来越好。东方帝国、希腊、罗马、基督教、中世纪的黑暗时代、文艺复兴、宗教改革运动，工业化以及争取社会公正的斗争……历史总是由这套人们耳熟能详的故事构成的，只是有个别差异，尤其是晚近事件的细节、侧重点和未来预期方面；这一切人们早已烂熟于心，而且对于我们绝大多数人来说，依旧构成了理解历史的背景意象……这幅图景当然与生物进化论十分吻合，而达尔文主义的胜利似乎正是问题的关键。历史学和生物学这两个相当独立的学科，似乎为同一条连续曲线分别提供了不同的组成部分。[24]

可以说，猎犬号的航行①标志着将西方人带向与形形色色的异域文化发生接触的征程。西方人将这些文化分门别类，都归入一个无所不包的图式，而西方世界在这个图式中自然是位于发展的顶峰。进化论图式今天尚无摆脱这种族群中心主义的迹象。在西方的社会科学中，你上哪儿能找到一种分析图式，将传统印度或古代中国视为发展的尺度之巅？或者就此而言，把现代印度或现代中国视为最先进的社会？[25]

不过，要证明历史不是一个“世界成长的故事”，也无须提出这样的问题——就这些问题对进化理论造成的破坏而言，它们在逻辑上显然不是无懈可击。我们可以更为准确地将智人的历史描述如下：没有人能确切地知道智人最早出现的时间，但可以确信的是，人类在其存在的大

① 猎犬号（Beagle）是英国海军的一艘双帆船，1831至1836年曾在太平洋等海域进行过远洋考察。达尔文曾经以博物学家的身份亲身参与，并以考察资料为依据，发展了著名的物种起源理论。——中译注

多数时期里，是生活在小型的狩猎采集社会中的。在这段时期的绝大多数时间里，无论就社会变迁还是技术变迁而言，都没有出现什么明显的演进，“稳定状态”是更为准确的描述。出于某些尚存在广泛争议的原因，在某一时刻，阶级分化的“文明”形成了，首先出现在美索不达米亚，然后是世界其他地方。但此后相对短暂的人类历史，其特征也并不是文明的持续进步；它更符合汤因比的历史图景——文明历经兴衰，并 239
和部落酋长制不断发生冲突。西方在全球上升到显著的优势位置，导致了这一模式的终结。这一现象尽管只不过经历了短短的两三百年，就给“历史”打上了和以往所发生的一切迥然不同的烙印。学者们认为，与其将现代世界看作对阶级分化社会中存在的各种条件的逐步削弱，不如把它看作与传统世界的一次断裂更有启发，而传统世界似乎在这一断裂中无可挽回地土崩瓦解了。现代世界是从与以往世界的断裂中诞生的，而不是后者的延续。工业资本主义最初发源于西方世界，并在那里站稳了脚跟。伴随着它的出现，一个新的世界就此到来。这个新的世界的独特面目正体现在这种断裂中，而社会学事业所倾力作出说明的，也正是这种断裂的实质。

我们不妨先简要地列举进化论思想招致的四种危险。至于如何避免这些危险，最好的办法就是彻底和进化论思想决裂。我将这四种危险称为:（1）单线压缩（unilineal compression);（2）对应压缩（homological compression);（3）规范错觉（normative illusion);（4）时间歪曲（temporal distortion)。

第一个危险，单线压缩，是指进化论思想家往往将普遍进化压缩为特殊进化。所以人们往往认为，在欧洲，封建主义先于资本主义，而资本主义脱胎于封建主义的社会关系总和。因此，至少在某种意义上，我们可以说，封建主义是资本主义不可或缺的先驱。那么，封建主义是否是资本主义进化历程中的一个普遍“阶段”呢？[26] 当然不是，尽管各种马克思主义流派以及其他一些社会思想①流派也都这样认为。

我用第二个危险，即对应压缩，来指某些作者想象在社会进化的各

① 此处原文为“though”，应系“thought”之误。——中译注

个阶段与个体人格发展的各个阶段之间，存在一种对应的关系。这里至少有必要稍微详细地讨论一下这个问题，因为尽管它与上面讨论过的各种进化论前提没有直接的依存关系，但却经常和进化论思想联系在一起。明确地说，人们往往假定，小型口传文化中所谓特有的那些形式的认知、情感和行为，到了较为先进的社会中，只能在个体发展的较早阶段发现。例如，可以假定社会层面的组织的复杂程度反映在人格发展的
240 复杂程度上。与此相关的一种看法是：社会越复杂，对情感的压抑也越强。弗洛伊德的《文明及其不满》就是这种立场最富权威的著作。弗洛伊德用“文明”一词来指“所有使我们的生活不同于我们动物祖先的成就和管控的总和，它们具有两个目的，一是保护人类抵御自然，一是调节人们之间的相互关系”[27]。弗洛伊德在讨论“文明”时（对这一观念，我们原本还可以谈很多很多），十分强调对物质世界的控制日渐加强，因此与历史唯物主义有许多强烈的共通之处。因此，当一些马克思主义者采纳了弗洛伊德有关社会发展的其他一些观念时，这种做法也许并不像初看起来那样令人吃惊。

马尔库塞（Marcuse）接受了弗洛伊德的基本观念，力图利用弗洛伊德对“文明”的解释，批判资本主义的生产方式。从“动物人”到“人”的转变代表了从原始野蛮生活到文明的转变：

从	**到**
直接的满足	延迟的满足
快乐	限制快乐
欢乐（玩乐）	苦役（工作）
被动的接受	活跃的生产
没有压抑	安全感[28]

马尔库塞与弗洛伊德的差别只在于：他认为“与自然的斗争”虽然是人类物质存在的基础，但会在资本主义经济秩序创造的生产力中得到缓解，不过无法在这样的秩序中获得人性的表达。

在埃利亚斯的著作中，我们也可以找到相类似的对弗洛伊德思想的利用，只不过没有马尔库塞彻底重构社会的观念。埃利亚斯在构建他的理论时，直接围绕着一个定理，即随着社会生活越来越复杂，必然导致

心理压抑的加剧：

> 从西方历史的最初阶段直到现在，社会功能在竞争的压力下日趋分化。这些社会功能越分化，个人在其所有行动中依赖的功能数量也就愈益增多，从而涉及越来越多的人……随着愈来愈多的人必须针对他人的行为调整自己的行为，行动之网的组织方式也日渐精密……个人被迫借助某种划分得日益精细、同时又日益均衡稳定的方式，来管控自己的行为……行动之网发展得如此复杂，如此广泛，在网中举止“得体”需要付出的努力如此艰巨，以至于除了个人有意识的自我控制之外，还牢固地确立了一种在发挥作用时完全不为自己觉察的自我控制机制。[29] 241

埃利亚斯确实强调了现代西方的某些特殊性质，但这些特征很大程度上被归入一种一般进化论。在“不太复杂的社会”中，个人自我控制的程度较低，情感的自发表现更为强烈，等等。在这样的社会中，人们像孩子一样，率性而为，反复无常。

如果真像我认为的那样，这种观点是错误的，那么就可以从中得出各种各样有关现代资本主义的性质及其可能包含的解放潜力的结论。[30]①但是，为什么这种观点是错误的？应该代之以何种视角？在某些方面，我们必须求助于现代人类学的成果，这些发现的确驱除了那种将“原始社会”看作不仅物质技术而且在其他各个方面都是原始的观念。在这里，对语言的研究也许可以提供某种基本参照。显然，不同社会的语言复杂性和物质的“先进”程度之间，并不存在什么明显的关联。这一事实本身就表明，口传文化和所谓“文明”之间不可能存在任何整体上的差别。我们甚至不能不假思索地假定，文明就是要比口传文化来得复杂。文明，而且首先是指伴随西方在过去两百年的兴起所开启的那种特定形式的全球秩序，其所涉及的时空伸延程度要比口传文化更为深广。文明的组成部分在时间上（几乎）更为长远，在空间上（肯定）更为广袤。不过，在口传文化中所发现的社会活动的某些特征，诸

---

① 第二卷在1985年出版时，改为*Nation-State and Violence*，同时预告第三卷为*Between Capitalism and Socialism*，后又改为*Between Left and Right*，已出版，均有中译本。——中译注

如与亲属制度联系在一起的那些活动的特征，是相当复杂的。当然，也许有必要指出，弗洛伊德以及其他一些采取类似立场的学者的观点，核心主张是关于口传文化中的情感压抑问题，或者更准确地说，是相对缺
242 乏情感压抑的问题。人们认为这种文化中的情感表达一般是自发性的，但经验证据却根本就不支持这样的命题。某些口传文化具有非常严格的道德禁忌，这些禁忌涵盖了大量的日常行为，在培养儿童时反复灌输的压抑也可能是非常严厉的（有许多学者，尤其是自我心理学家，已经设法证明了这一点）。[31]

进化论的第三个危险是容易导致规范错觉的倾向，就是将那些优势力量，无论是在经济、政治方面还是在军事方面，等同于一个进化等级中道德上的优越性。这样一种倾向无疑和进化论中隐含的族群中心主义意涵密切相关，但二者并不完全是一回事。在二者的关联中，调适概念再次成为导致危险的根源。表面看来，这个概念在伦理上是中立的，好像更高等的“调适能力”是那些规范上更高等的社会特征在事实层面上的高等状态。但这个概念一旦被用到人类社会，就往往成为赤裸裸的强权的代名词。如果说“强权并非公理”已经是老生常谈的话，进化论的理论家却经常忘记这一点，而这恰恰是他们所主张的进化论本身的结果。[32]

最后，第四个危险是时间歪曲。我指的是进化论思想家往往认定“历史”只能被撰写为社会的变迁，而时间的流逝和变迁又成了一回事，从而将“历史”（history）与“历史意识”（historicity）混为一谈。

那么，历史唯物主义是否是进化论的一种形式呢？对此我们尽管有某些保留，但如果以某种特定的方式来理解历史唯物主义，我们还是可以说它是的。假定非常广义地理解“历史唯物主义”，那么该术语就可以指这样一种观念：人类的社会生活是在实践当中，即在进行日常生活时完成的实践活动当中，形成和再形成的，这种观念体现在广为引用的“人类创造历史”这句话中。这恰恰是我在提出结构化理论的基本主张时竭力倡导的一种观点。但是在更多的时候，特别是在那些自称为马克思主义者的学者那里，“历史唯物主义”具有非常确定的含义，而且这些含义在马克思本人那里能找到很多文本依据。这种“历史唯物主义”

的基础是马克思和恩格斯在《德意志意识形态》开篇数页和《共产党宣言》中勾勒出的发展图式，在《〈政治经济学批判〉导言》的“前言”中，马克思精辟地阐述了这一图式。

这些著述的观点符合我前面认定的进化论的所有主要标准，而且还 243
夹杂了其他一些很有害的衍生意涵。的确，马克思在写作时，有时似乎只是打算提出一种有关西欧的历史。但他的著作肯定不仅是针对世界一隅作出的阐释。他的发展图式包括了部落社会、古代世界、封建主义、资本主义，还要加上亚细亚生产方式，就此构成了一种进化框架。在这个框架中，调适伪装在生产力扩张的面目背后，扮演了主导性的角色。为什么相对西方而言，亚细亚的社会形式是“停滞的”？因为一旦生产力的发展超出一定限度，它就不能容纳这种生产力了。当然，尽管马克思对达尔文十分钦佩，但如果将马克思与19世纪许多其他形态的进化论完全归入一类可就错了。马克思关注的问题是人类对自然的控制日益增强，这里体现出的调适观，与这一观念的其他许多用法并无本质差别。但在马克思的学说中，包含了一种颠倒的黑格尔的辩证法，并把它硬塞到一种特定的发展模式中，而后者与那些更为正统的进化论并没有直接的类似之处。

马克思的进化论也是一个“世界成长的故事”，并暴露出单线压缩和时间歪曲的局限。不过，我们应该主要从它赋予调适机制的作用的角度着手，来批评马克思的进化论。柴尔德的那种历史唯物主义也许在某些方面过于粗糙，但它确实具有一个优点，就是将历史唯物主义经常偷偷引入的假设变成了明言的前提。诚然，人类必须在他们居处其间的物质环境中幸存下来，但这并没有告诉我们，他们为了幸存所付出的努力，在社会的变革过程中是否发挥了支配性的作用。

我并不认为有办法弥补整个进化论或是特定的历史唯物主义所存在的缺陷。[33] 所以我要对这些理论进行解构。换句话说，我们不能用一种形式基本类似的理论来代替它们。我们无法提出一种单一绝对的机制来说明社会变迁；没有什么钥匙可以解开人类社会发展的所有奥秘，也不能将这些奥秘简化为一种单一的程式，哪怕是用这种方式来分析两种不同的社会类型之间的重大转变。

4. 分析社会变迁

244 以上考虑并不意味着我们不能对社会变迁提出一些概括，也不等于说我们要放弃所有用来分析变迁的一般概念。在这方面，有五个概念特别重要。我已经在上一章提到了其中三个——结构性原则、时空边缘和跨社会系统。此外，我还要加上两个概念，即**片断特征化**（episodic characterization，或者更简明地称之为片断）和**世界时间**。[34]

结构性原则	分析制度之间关联的方式
片断特征化	勾勒出类似可比的制度变迁的方式
跨社会系统	详细说明不同社会总体之间的关系
时空边缘	指明不同结构类型的社会之间的关联
世界时间	从受到反思性监控的“历史”的角度来考察局势

所有的社会生活都是片断性的。像结构化理论的绝大多数概念一样，我打算用片断这个概念来说明全部社会活动。如果将社会生活的某个方面的特征概括为一个片断，就是将这个方面看作若干具有可以明确指定的开端和结局的行为或事件，它们还因此构成了一个特定的时间序列（sequence）。我所谓大范围的片断，是指影响一个社会性总体内的主要制度，或是不同类型社会性总体之间转变的那些可以识别的变迁序列。我们不妨以农业国家的出现为例。将一个国家的形成看作一个片断，意味着在分析上切入“历史”，也就是说，在历史中确定某些组成部分，将它们看作一个变迁序列的开端，然后再追寻这一作为制度变异过程的序列的发展脉络。我们在研究国家的形成的时候，必须结合已经卷入更为广泛的跨社会关系之中的既存社会（当然同时也不能忽视各种内生形式的变迁），并且要结合相关社会性总体所蕴含的那些结构性原
245 则。有鉴于此，在土地十分肥沃的地区，空间上毗邻的村庄共同体在剩余生产方面的积累有可能是一种导致国家出现的模式，这种模式中的国家结合这些共同体，纳入单一的管理秩序。但这只是许多可能模式中的一种。在许多情况中，军事力量的协调是最重要的因素，借助它可以用强制方式建立一种萌芽形态的国家机器。农业国家总是沿着时空边缘，

和周遭各部落社会处于一种既共生又冲突的不稳定关系之中，并且在一定程度上支配着这些部落社会。当然，农业国家也会和其他一些国家争夺某一地区的霸权。如果主张应该在“世界时间”中研究社会变迁，就是要强调不同形式的跨社会系统对片断之间的转变所产生的影响。如果说所有的社会生活都具有偶然性，那么所有的社会变迁就都和局势联系在一起。也就是说，所有社会变迁都取决于不同的环境因素和事件的关联，这种关联的性质因各种具体情境而异，而情境又（始终会）涉及行动者的反思性监控，这些行动者置身于各种条件之中，并在这些条件下“创造历史”。

我们可以从下图所示的四个方面出发，对社会变迁的方式进行分类。在评估特定片断形式的性质时，我们往往综合这些方面进行考察。在对我们所研究的一个或一系列片断的起源进行比较分析时，一般都会涉及方方面面的考虑。在现代世界中，社会系统在时空伸延方面的扩张，在不均衡发展的过程中所涉及的不同区域化方式之间的相互交织，矛盾作为社会的结构性特征所占据的显著地位[35]，历史意识作为一种调动社会组织和社会变异的力量的盛行，所有这些，再加上一些没有提到的因素，给我们提供了一个背景，来评估一个片断的特定起源。

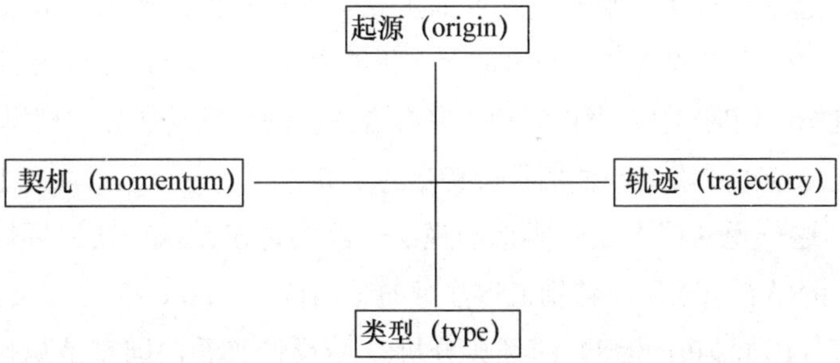

我想通过谈论一个片断中涉及的社会变迁的类型，来同时点明社 246
会变迁影响的深度和广度，也就是说，一系列变迁是如何深刻地破坏或重塑了既存的制度组合，而这些变迁又是何其广泛。这里有一点很重要，我在其他著述中对此已有较为详尽的论述[36]：在不同的整体社会类型之间的过渡中，通常会存在一些变化的“关键性临界点”（critical thresholds）。一系列相对迅速的变迁会产生一种长期的发展契机。也就

是说，只有首先完成了某些关键性的制度变革，长期的发展才有可能。“契机”是指特定的片断特征化形式发生了迅疾的变迁，而“轨迹”则指前面提到过的变迁的方向。

我们不妨来简要考察一下农业国家的出现，以说明新引入的这些概念。我们在多大程度上，可以把农业国家的发展看作一种单一类型的片断呢？就连这样一个表面看来平淡无奇的问题，回答起来也十分困难，远非那些提出各种农业国家理论的学者所能想象。他们提出的理论大多相当简单，例如将农业国家的起源与战争、灌溉规划或剩余生产的迅速积累之类的因素联系在一起。我已经指出，要描述一个片断的特征，就意味着要进行大量的概念抉择：究竟哪一种社会形式是我们假定的变迁序列的“起点”，发展的典型轨迹是什么样子的，以及人们所说的“终点”在哪里。

或许我们有必要先指出，“国家”是个含糊的概念。它既可以指“以国家为基础的社会”（state-based society）的整体形式，也可以指这种社会中特定的政府体制类型。为了使问题简化，我将用“国家”来指第二种意思。如此一来，最初要描述片断特征这个问题，就变成了一个新的抉择问题，即通过将某些政治制度存在的情况与它们不存在的情况放在一起进行对比，来寻找二者的主要差别。根据纳德尔（Nadel）的说法，我们可以假设一个国家的存在需要具备以下条件：（1）集中化的管理机构，同时（2）声称对领土享有合法控制，以及（3）一群与众不
247 同的支配精英或阶级，他们具有特定的培养方式、招募方式以及地位属性。[37] 这一说法或者大致类似的说法已经为许多在这一研究领域中卓有建树的学者所采用，特别值得注意的是福特斯（Fortes）和埃文斯–普里查德（Evans-Prichard）的经典分析。[38] 反过来看，国家是从什么类型的社会情境中发展形成的呢？许多学者认为，答案是不言自明的：当然是不具有上面界定的那些国家制度的社会。但事实上，问题并没有这么简单。或者说，事情之所以这样简单，只是由于我们不假思索地使用了一种内生模式。实际上，在一个已经构成的“社会”中发展形成了国家制度，而这个“社会”在国家形成后还很大程度上保持不变，这种情况或许并不常见。相反，国家的发展经常使以往没有关联的多个社会统

一体融合在一起，也有可能同时导致其他一些以前业已存在的社会统一体崩溃瓦解。

我们在将国家和酋邦（chiefdom）区分开来时，必须牢记这一点。也许酋邦一般是国家的前身（而当国家崩溃或者被摧毁时，它仍能继续存在），但国家的形成却很少直接出自酋邦的“扩张”或者“内部分化”。人类学的文献似乎经常假定，我们可以轻而易举地区别国家和酋邦，但事实绝非如此。在正常情况下，二者的区别是以集中化为基础的。与国家相比，在酋邦中，酋长之下也有一批相应的官员，他们的官职也需要多少相同的权力和地位。无疑，国家和酋邦的区别有助于我们梳理相关经验材料。不过，在不同的地方，划分的界限可以各不相同。以塔希提岛为例。[39]在塔希提岛，有三个内婚的世系集团，这些集团在一定程度上是根据地位和政治责任分层的。所有酋长都来自岛内不同地方的这三个集团的上层，他们都接受最高酋长的领导。但这些集团是否能称为“国家”呢？克雷森（Claessen）说能。[40]但耗尽心血研究古代塔希提社会的学者奥利佛（Oliver）则说不能。[41]

意见的分歧与其说是经验方面的，不如说是在概念问题上。这一分歧之所以重要，是因为它体现了学者们在确定社会对象的类别时经常遇到的困境。我认为，克雷森制定的国家存在标准过于宽泛。当然，制定分类标准和确定制度关联的特定机制，很明显是两个相互联系的问题。学者不可能从一套不涉及任何理论的分类体系出发，然后再向其中注入 248
理论解释。因此，克雷森以对二十一个所谓“早期国家”的研究为基础，宣称在这些国家和城市生活方式之间没有特定的联系。但事实上，克雷森在得出这一结论的过程中所援引的所有例证，几乎都属于他所谓的“雏形国家”（inchoate states）范畴，而在我看来，称它们为酋邦似乎更准确一些。[42]

我们如何确定所考察的变迁的轨迹呢？现有文献在回答这个问题时，不仅通常要放在内生框架中考虑，而且还蕴含了进化论的前提。也就是说，这个问题是以单向方式提出的，只和国家的发展有关，国家的存在被视为这一发展的终点。但为什么我们非得用这种方式来考虑涉及农业国家的片断呢？或者哪怕只是主要以这种方式来考虑问题呢？在一个特定地区中，一个国家的发展经常伴随着周边邻国的瓦解或削弱，也许正是前者导致了后者。国家的瓦解和国家的最初形成一样常见，所以，没有理由只关注一个过程，而忽视另一个过程，尤其是它们还经常联系在一起。因此，我更愿意这么描述这个问题：在理解影响农业国家的制度变迁过程时，我们应该致力于分析那些导致酋邦和国家形式之间相互交织的条件。

如此表述，读者应该就清楚了，为什么这一立场与通常只关注国家“起源”问题的做法相去甚远。而且，读者也会理解，为什么大量有关国家“起源”的文献尽管经常大胆提出各种普遍性的概括，但却很少获得足够的经验证据的支持。根据这些概括优先考虑的是哪些因果力量，我们可以将它们归为几类。[43] 其中最有影响的或许要算是强调人口因素、战争和生产力增长的学说。柴尔德的著作已经对强调第三个范畴的理论产生了很大影响；在考古学中，他的著作作为马克思主义影响的来源，几乎比马克思和恩格斯本人的著作影响还要大。这类理论往往带有
249 强烈的进化论色彩，并且总是假定国家的“起源”是和纯粹的技术变迁或剩余生产的积累联系在一起的。这种观点尽管还没有陷入虚假的功能主义“说明”，但却与经验材料相抵触。有些情况和这些学说比较吻合，即剩余积累在先，国家发展在后，而且新兴的统治阶级“推进”了国家的形成。但这些都是例外现象。[44] 国家的形成阶段经常和生产率下降、财富败落联系在一起，而不是相反，虽然人们有时可以劫掠周边地区的财物。

“战争理论”也吸引了许多追随者，因为如果说农业国家有哪一方面多少有些周期性的话，那就是它们每隔一段时间就要卷入战争（工业化国家也不例外）。当然，斯宾塞主张的那种进化论认为，在工业时代形成之前，战争具有极为重要的意义。国家的形成和解体——我已经强调，二者往往是同一个过程——确实经常涉及战争。但指出国家经常从事战争活动是一回事，说这些活动在这些国家的起源中扮演支配性或决定性的角色就是另一回事，而认为这些活动在所有农业国家的形成（或衰落）过程中都扮演了这种角色，就更是完全不同的一回事了。第一种说法我们无可辩驳。第二种说法充其量也只在部分场合中才有效。第三

种说法则纯属无稽之谈。人口理论的情况也好不到哪儿去。它们往往是主张：生育率上升导致人口增长，从而导致人们能够获得的生存空间显得相对有限，这样产生的压力促使权威的集中和权力的分化。[45]当然，以国家为基础的社会一般规模要比部落体制大，往往要大得多。与人口理论关系密切的一种观念认为，“新石器革命”刺激了人口增长，进而导致国家的形成。但这种说法无论在普遍层面上，还是在具体层面上，都是不能成立的。新石器时代的开始与任何已知的以国家为基础的社会的形成发展之间，都存在漫长的时间距离。更具体地说，事实证明，那些在有限范围内形成的国家并非总是人口压力逐渐积累的结果。有些例证和人口理论十分吻合，但也有许多例证并非如此。因此，迪蒙（Dumont）在考察墨西哥山谷与美索不达米亚地区的国家形成过程以后，得出的结论是认为人口增长并不能说明国家形式的发展，虽然前者 250
确实与后者有所联系。[46]其他还有一些研究则表明，在国家形成之前的那个时期，人口有可能下降。[47]

还有一些阐释国家形成的学说强调的是不同社会之间在战争之外的关系。博兰尼（Polanyi）就此研究了远程贸易对国家发展的影响。[48]据我所知，还没有什么人将这一观点发展成为一种有关国家形成的一般性理论；就算真有人这么做，那么结果比上述理论还要糟。这种观点确实至少促使我们关注跨社会系统在国家形成和衰亡的过程中发挥的重要影响。不过，无论是谈论战争还是贸易，都没有正视跨社会系统的性质这一分析议题。我已经在前一章强调指出，如果只是将这种跨社会系统视为联系明确划定的各种社会整体之间的一系列关系，可谓无济于事。要研究跨社会系统，就不能再假定，可以轻而易举地回答“一个‘社会’是什么”这个问题。让我们再看看艾博华讨论的那类例子。在同一地理范围内，可能有无数社会虽然毗邻而居，但却没有多少直接接触，可是在名义上或实际上还隶属同一个中心的政治统治。[49]相反，在这个地区，可能会存在一些在时空位置上相去甚远、但却存在密切关联的集团。我在谈论“时空边缘”时，考虑的就是这种现象。因此，正像在传统中国一样，莫卧儿王朝（Moghul）治下的印度，大量印度农民实际上和莫卧儿人①没有什么接触。他们的语言、风俗和宗教都不同。巨商大贾只处于所谓“莫卧儿社会”的边缘，但他们与许多群体的接触和联系却遍布大范围的空间，延及印度次大陆乃至整个近东。僧侣大抵也如此，他们所属的团体跨越了印度次大陆，有时甚至范围更大。

> 当我们在整个近东，在南亚的某些地方，乃至在中国福建沿海，都发现某些一样的民间传说，但在菲律宾或者海南岛却没有发现类似的传说，我们不应大惊小怪。贵州苗裔数百年来一直保留着
> 251 他们自己的习俗、信仰和传说，尽管汉人的定居点和他们仅仅相距数里，但在这些居住区中盛行着不同的习俗、信仰和传说。除了经济剥削或军事侵犯，这一地区的苗人和汉人彼此之间一般并不发生互动。贵州的苗人却和越南的苗人风俗相同，因为正像我们经常证实的那样，即使相距路程迢迢、时间久远，他们之间仍然维持某种接触。[50]

我们至此提出的观点是，有关国家“起源”的各种理论往往具有许多缺陷，之所以如此，一般是因为从内生模式和/或进化模式角度出发来描述片断特征，也是不能在跨社会系统的情境中考察社会组织和社会变迁的结果。但除此之外还要加上一点，即这些理论忽视了“世界时间”的影响。如果将这些问题放在一起考虑，我们就会逐渐发现，这种理论往往看似是要说明“国家的起源”问题，实际上却是闭门造车。我所谈论的“世界时间”的影响，并不意味着用一套世界历史的日历来安排事件或事情。艾博华在使用这个词时有两个含义（但他并没有作出明确区分）。而我使用这个概念也同时指这两个方面，它们都关系到限定我们对片断诸类型进行概括的那些因素，其中一个涉及局势，另一个则涉及人的认识能力对社会变迁的影响。我用“局势”一词来指在一个特定的时间和位置中，各种影响的相互作用对于某个特定片断，这里就是国家的形成或衰亡，所具有的相关意义。在各种环境因素关联在一起的局势中，会产生一个发展过程。但即使这些发展过程“结果”类似，比如说都巩固了大体相同的国家机器，这些局势之间仍然可能大相径庭。

① 也就是南下侵入印度的突厥人。——中译注

要理解这种情况是如何产生的，必须要考虑人的反思性这个因素，而许多国家形成理论恰恰忽略了这一点。如果对各种局势性条件有所察觉的人类行动者考虑到了这些条件，并且因此在行动中顾及这些条件，那就不能将它们当作和法则的“边界条件”相类似的东西来处理。

克雷森和斯卡尔尼克（Skalnik）兼采上述各种理论的精粹，把可以用来说明国家形成的重要因素都列在了下面。不过，他们指出，在国家形成的具体实例中，有些因素可能根本就不存在，而各种因素的相对重要性也会各见差异：

（1）人口增长或人口压力； 252

（2）战争、征服或者它们带来的威胁；

（3）技术进步或者某种剩余产品的生产；

（4）意识形态和合法化；

（5）既存国家的影响。[51]

这些“因素”尽管在逻辑上似乎具有同等地位，但事实上（5）与其他四个因素的逻辑地位并不一样。要想认真探讨（5）这个因素，意味着考虑我前面所提到的与跨社会系统、时空边缘和“世界时间”有关的所有问题。因此，将这些问题压缩成一个额外“因素”，添加到其他一些已经提到的因素上，绝对是荒谬可笑的。

弗里德（Fried）引入了“原生”（pristine）国家和“次生”（secondary）国家的区别[52]，这一提法此后被广泛采纳。我们可以先从这一区别着手，以此揭示有关问题。在国家发展形成的地区，如果此前不存在任何国家形式，那么出现的国家就是原生国家或原初国家；如果该地区或毗邻地区以前曾经存在过其他的国家形式，新出现的国家就被称为次生国家。这两类国家的差别至少提供了一种考虑“世界时间”的主轴，同时也将跨社会的关系直接引入分析。我认为，前文有关论述已经表明，根据经验材料来识别哪些国家是原生国家极为艰难。不能将原生国家定义为在孤立的地理环境中形成的国家。因为，仅仅是对某些政治组织有所“耳闻”，它们的影响就足以使一个国家成为次生国家。因此，埃及古王国有时被看作原生国家，根据就是它看起来是在一个孤立的地理环境中发展起来的（尽管有关这一点的考古学证据其实相当匮乏)。但这只不过意味着在这一地区以前没有任何已知的国家形式存在过。而此前就已存在的美索不达米亚诸国对埃及的影响，肯定不容小觑。[53]

我想要从这个例子得出的启发是，原生国家和次生国家的范畴是极不平衡的。原生国家的例子很难遇到，而且实际上，即使是在我们看来有充分理由属于这一范畴的那些情况，也很难保证它们不是次生国家，因为很可能只不过是以前国家的影响已经销声匿迹了。因此，尽管没有
253 什么理由阻止人们推想原初国家的发展方式，但如果以对原生国家的已有知识为基础，来构建有关国家形成的一般过程的理论，就很容易使人误入歧途。而如果我们将所谓“次生国家”作为考察国家形成的原型，也就是说，考察那些在一个以前已经有国家、或者存在具有相当集中化程度的政治组织的世界或地区中发展形成的国家，可能会得出远为丰硕的成果。

如果是在一个已经有国家存在的世界中，我们就很容易说明国家或国家形成模式的观念的来源。那些雄心勃勃的领导者及其追随者会遵循这些观念来行事。有一件历史事实是我们都很熟悉的：日本近代领袖经过慎重考虑——尽管也受到大量来自西方的外在压力——所采纳的那种工业发展模式，是从欧美以往的经验中借鉴而来的。尽管由于近代日本的这一变迁既相当突然，影响又颇为深远，这个例子无疑显得比较特殊。然而，人类不可能只是到了近代才开始效仿或借鉴其他地方的人们的经验，以补偿自身权力或影响的不足。换句话说，那些在国家形成过程中发挥领导作用的人，对这一过程所涉及的一系列步骤在此之前不可能一无所知。我们完全可以假定，国家建设的领导人几乎总是能够在大体上意识到，在集中化的政治形态中，权力会具有何种性质，以什么为基础。据此，我们就能够说明大量有关国家形成和衰亡的现象了。我们不必设想个人或集团对社会变迁一般在心里会有通盘的组织计划，然后再着手贯彻执行。这种现象很大程度上只限于现代。

那么，利用这些观念重构的国家形成理论会是什么样子呢？我们首先必须记住一点，一般化“社会力量”运作的前提，是受其影响的人具有可以具体说明的特定动机。例如，说“人口扩张”是导致国家形成的

原因之一，就意味着存在某种动机模式，推动人们对这种扩张（以及产生扩张的各种相关因素）采取某些特定的反应行为。其次，由于存在“世界时间”的影响，意味着影响国家形成的各种主要因素可能会大不相同；一种全面性的说法可能对某些情况适用，但对另一些情况就不那 254 么适用。但这并不等于说将国家形成作为一种片断类型所得出的概括都毫无价值。不过，这些概括可能只适用于范围比较有限的历史语境和时期，而不像绝大多数颇有影响的理论的开创者预想的那样，具有广泛的适用范围。

不妨以卡内罗（Carneiro）的理论为例。图 12 在形式上再现了这一理论。卡内罗强调战争在国家起源中的重要作用。但他指出，在所有类型的社会中，都或多或少地定期发生战争，因此仅凭这个因素并不足以说明国家的形成。他主张，当那些卷入战争的集团被限制在物理上有限的农耕区内时，比如说尼罗河谷、底格里斯-幼发拉底两河流域、印度河谷、墨西哥山谷以及秘鲁的山谷或沿海地区的河谷，战争往往会导致国家的形成。在这种环境中，由于不太可能向外移民，战争可能会逐渐产生对稀缺资源的压力。既有生活方式在压力下会逐渐受到破坏，这就导致某些集团谋求在军事上压倒其他集团，以集中控制生产。无论对于激发争夺资源的冲突，还是促进管理权威的集中化，人口增长往往都是极为重要的影响因素。[54] 最终，整个河谷或流域会统一为一个酋邦，随着各种管理资源愈益集聚，这一地区就逐渐凸显为一个国家了。然后，国家也许会向外拓展疆域，征服周边民众，使他们归顺。正是在这里（尽管卡内罗没有明言），理论假定某些类型的动机对于说明国家的 255 发展具有首要的意义。而且，我们也许还可以加上以前存在的各种政治形式在策略、模式或扩散影响方面所遗留的效应。我们也可以推论说，那些置身于国家形成过程的人，在面对资源的压力和既有行为模式的时候，并没有改变这种行为模式，以更新他们的社会协作方式。人口压力并不一定导致资源的不平等划分。并且，在这种情境中，逐渐加强集中化控制的趋势并不是不顾参与者的意愿而必然发生的。这些过程可能都涉及了制定强化这种控制的政策的行动者对于所谓“社会需求”的反思性理解，尽管没有人设想的结果会和实际产生的完全一样。

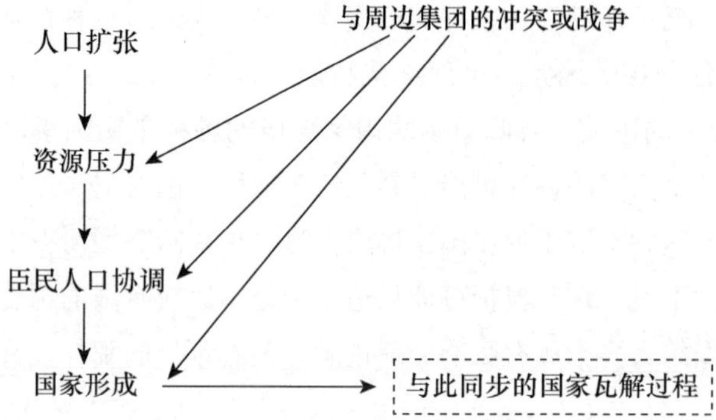

图 12

卡内罗与大部分人类学和考古学有关文献中的常见做法一样，也把他的论述看作一种有关“国家起源”的理论。“国家起源”一般是指原生国家，虽然在作者本人的论述中，这一点并不十分清楚。我认为，鉴于前文已经提到的理由，如果我们摆脱了原生国家和次生国家的区别，就会得出更有价值的成果。卡内罗的国家“起源”模式同样也可以看作国家的政治解体或分裂模式。他的理论简练精辟，富有启发，但这并不等于说，他的理论要想站得住脚，就得适用于所有已知的国家形成的例子，哪怕我们能够清楚地区分原生国家和次生国家。卡内罗也承认，很容易发现和他的理论不相吻合的例子，所以就试图修正他的理论，以便使其具有普遍的适用性，坚信如果自己的理论不具有这种普遍性，就肯定存在某种缺陷。国家并不总是在物理上有限的地理区域内发展形成的。要使理论能够解释这种情况，卡内罗引入了一个他所谓“资源集聚”的概念。当自然资源在某个特定地区内特别集中时，人们往往会受到这一地区的吸引，从而导致该地区人口过于密集。一旦该地区人口密度达到相当程度，往往就会出现国家形成发展的模式。不过，这样发展的理论就显得不再那么有说服力了，因此肯定最好是就此承认，这一理论只能涵盖某些类型的国家形成情况，而不是放之四海而皆准。当然，非常重要的一点是要努力确定这一理论的有效性界限。但不管怎么说，
256 一种理论即使是只能阐明一定范围内的现象，也并不一定意味着它在逻辑上是有缺陷的。

5. 变迁与权力

任何人要反思“人类创造历史”这句话，特别是放在马克思著作的广泛范围内来反思，都势必要考虑冲突和权力的问题。因为在马克思看来，人们不仅是在与自然世界的关系中创造历史的，而且是在支配的环境中，通过一些人发动针对另一些人的斗争实现的。要解构历史唯物主义，意味着抛弃一些马克思用来构建其理论的主要观点。但就权力及其与冲突的关系而言，也许有些悖谬的是，我们需要进行一番重构。我来谈谈这是为什么。

对马克思有关冲突和支配的诸多论述，有一种反对意见虽然比较肤浅，但绝非无足轻重。它认为，这些论述过于夸大阶级斗争和阶级关系在历史中的重要意义。不论“历史”是什么，它肯定并不是主要由“阶级斗争的历史”构成的，而支配也并非总是以阶级支配为基础，即使“归根结底”①，也并非如此。不过，更根本的问题是马克思著作中假定的权力概念，虽说马克思很少直接使用权力这个词。马克思将权力（以及作为其具体体现的国家）与分裂（schism），即不同阶级之间的某种利益划分，联系在了一起。这样一来，权力就和冲突联系在一起，并构成了阶级社会特有的现象。马克思对阶级分化社会和资本主义社会中的支配现象所进行的分析和控诉可谓令人钦佩，而与此形成鲜明对照的是，社会主义社会却像是一个超越了支配的社会。在这方面，正如涂尔干所发现的[55]，马克思主义和更普遍意义上的社会主义，与他们在19世纪时的反对者即功利主义自由主义之间，有许多共通之处。这几种思潮都努力“摆脱权力”，并都认为权力和冲突之间有着内在的关联。既然在马克思的理论中，权力是以阶级冲突为基础的，当然就不会对预言

① 恩格斯在写于1894年的一封著名的信（致博尔吉乌斯）中，澄清了对马克思的历史唯物主义理论的一些“误解”，指出经济条件等必然性因素“归根结底制约着历史发展”。在这封信中，就涉及了对“人类创造历史”的理解问题。吉登斯这里提到“归根结底”，实际上是隐含了对恩格斯理论的批评，不过恩格斯主要关心的是经济条件“归根结底的必然性”，与吉登斯这里的分析稍有不同。参见《马克思恩格斯选集》，2版，第4卷，731~734页，北京，人民出版社，1995。——中译注

中的未来社会构成任何特定的威胁，因为未来社会的创立必须以消灭阶级分化为前提。不过，自由派人士认为，社会不可能实现这样一种革命
257 性的重组，权力的威胁是无所不在的。权力标志着存在冲突和潜在的压迫；因此，国家的组织形式必须考虑到这一点，要尽可能限制国家的范围，通过民主的方式，使人们分享国家的权力，从而驾驭国家。[56]

权力理论的重构将首先假定上述观点是站不住脚的。权力并不是必然和冲突联系在一起的，不论冲突是指利益的分划，还是指各方积极的斗争；而且权力也并不一定本质上就是压迫性的。帕森斯对权力的分析招致了一连串的批评[57]，但我们不能就此否认，他的探讨有助于纠正现有文献存在的一些基本问题。权力是实现某种结果的能力；这个定义本身并不涉及权力是否和纯粹的集团利益联系在一起。从这个定义来看，权力并非自由或解放的障碍，而恰恰是实现它们的手段。当然，我们不能就此愚蠢地忽略权力的约束性特征。权力要存在，前提是存在各种支配结构，在社会再生产运作（它们似乎是“不为人所注意的”）的过程中，权力可以借助这些结构“顺利地流通”。因此我们说，暴力及其威胁的形成发展并不是权力运用的典型情况。那些令人感到权力至为深远的效果的历史局势，或者牢固地确立了这种效果的历史局势，其实并不一定充斥着血腥残暴，激烈搏杀，或对立阵营的正面对峙。

不过，指出这些之后，就需要将结构化理论和帕森斯以及福柯所开辟的分析权力的不同思路区分开来。当帕森斯将权力和所谓的“集体目标”联系在一起时，就牺牲了权力概念与利益概念毫无本质关联这一洞见的部分力量。如果说权力和局部利益的实现没有任何逻辑关联，那么它和集体利益或“目标”之间也没有什么关联。更为重要的是，帕森斯强调规范共识作为社会整合的基础，从而严重低估了不同规范之间对抗相争的重要意义，而且也忽视了在许多情形下，对行动进行制约时会直接涉及暴力以及对于暴力的恐惧。[58]而另一方面，福柯在重新振兴权力概念的同时，也付出了相当的代价，使权力受限于一种尼采式的论
258 调，似乎权力先于真理。虽然原因不同，但福柯和帕森斯一样，对权力的分析始终是不够充分的。“创造历史”进程中包含的能动作用和认知能力与权力问题相关，但在他们的理论中却都没有令人满意的论述。

为了进一步发展这些不同侧重的论点，我打算在结构化理论的概念框架中讨论权力的几个方面。关注的基本问题当然是权力是如何产生的。我们必须非常重视帕森斯的下述论点：权力不是一种静态的性质，根据它与不同形式的系统特征的关系，可以得到相应的发展。不过，我不打算接受他在拓展这一观点的意涵时提出的看法。

我所提出的时空伸延的概念和权力理论有非常直接的关联。通过探讨这种关联，我们可以阐发作为社会系统一种可以扩展的特性，支配所具备的主要特征。我在第一章中已经描述道，权力是以支配结构的再生产为场所和渠道产生出来的。构成支配结构的资源主要有两种，一种是配置性资源，另一种是权威性资源。社会系统在时空方面的任何协调活动都必然涉及这两种资源的特定组合。以下详细对比了这两种资源：

配置性资源	权威性资源
1 环境的物质特征（原材料、物质能源）	1 对社会时空的组织（路径和区域的时空构成）
2 物质生产 /再生产的手段（生产工具、技术）	2 身体的生产和再生产（人们在相互交往中形成的组织和关系）
3 产品（由 1和 2的相互作用所创造的人造物）	3 对生活机会的组织（自我发展和自我表达的机会的构成）

这些都不是固定不变的资源；它们在不同类型的社会中构成了权力的具有可扩展性的中介。各种进化论学说总是偏重左面一栏的那些资源，也就是面对环境进行“调适”时所采用的各种物质资源。但是，正如我在前面的探讨中所表明的，权威性资源和配置性资源完全一样，都是“基础结构性的”。我丝毫不想否认，人们周围的自然环境对于社会 259
生活模式会产生重要的影响，各种重大技术发明也可能带来影响，以及人们可能获得并加以利用的物质能源具有重要的意义。但很久以来，人们一直就习惯于强调这些因素，而我认为，相当关键的问题是要证明权威性资源同样重要。这是因为，如果我们首先到物质世界的变革中去寻找人类历史的普遍动力，那么我们就和马克思主义一样，依旧受到维多利亚时代观念的限制。

显然，配置性资源的存储密切关系着时空伸延，各个社会的时空连续性，以及权力的生成问题。狩猎者和采集者缺乏储存食品和其他物质必需品的手段，只能利用大自然这个天然仓库来满足他们一年到头的需求。他们直接依赖自然的慷慨馈赠。不过，这并不一定等于说，他们就生活在贫困之中。相反，他们的仪式、典礼和宗教活动通常总是丰富多彩，远远超出日常生活中相对有限的物质要求。而在农业共同体中，人们至少采用了某种生产技术，并以多种方式拓展了自然界中可资利用的存储场所，从而促进了社会关系在时空中的“延展”。这些方式包括：种植了多种季节性作物，在技术可行的地方尽量储存收获物，通过休耕轮作来保持社会长期稳定的生产能力，等等。在阶级分化社会中，人均农业生产率有了进一步的发展，尽管与小型农民共同体相比，这绝对不是普遍的情况。灌溉规划和其他一些技术创新的作用更多地体现于使生产更加有规律，更加协调，而不是提高平均生产率。在较大规模的农业国家中，食物和其他各种不易长久保存的物品的贮存成为首要任务。到了现代资本主义，各种人造食品的买卖与其他各式商品的交换一样，对于社会存在至关重要：可以毫不夸张地说，如果没有发展出一系列贮存易于损坏或变质的物品尤其是食物的技术，资本主义也就不可能通过扩
260 张而形成一种新的世界经济体系。[59] 不过话又说回来，资本主义也导致了并且依赖于几近日新月异的技术创新，同时伴随着对自然资源的大规模利用。社会对技术的创新速度和利用规模都比以往上了一个台阶。

如果用这种方式来描述人类历史，这部历史听起来就像是“生产力”逐渐扩张的序列（而且往往是被有意制造出这种效果）。物质资源的增长对权力的扩张来说，**确实**具有根本意义；但如果没有权威性资源的变化，配置性资源也不可能得到发展。可以肯定的是，权威性资源同样是社会变迁的“杠杆”，其重要性丝毫不亚于配置性资源。至于社会时空的组织，指的是在社会中（以及社会之间）区域化的形式，借助这些区域化形式，日常生活中的时空路径得以构成。狩猎采集共同体，以及相对来说数目较少的大规模游牧文化，只有这些社会的整体时空组织才意味着这些社会中的整个群体在时空中有规律的运动。这里用“只有”这种说法似乎不太恰当。因为直到不久以前，狩猎采集社会还一直是这个地球上最典型的人类社会组织形式。在人类社会中，空间的固定性就意味着将场所固定在一定的“建筑环境”中，特别是以城市的形式

出现的“建筑环境”。这种固定性标志着人类历史的一个崭新的出发点。

权威性资源的第二个范畴，即身体的生产和再生产，不能被完全纳入配置性资源一栏的第二个范畴。当然，物质再生产的手段对于人类有机体的再生产来说是必不可少的；对于人类历史的绝大多数时期来说，形形色色的物质限制一直遏制着人口的总体增长态势。但是，在一个社会中，对民众的整体数量及其历经时间的再生产进行**协调**，却属于一种具有根本意义的权威性资源。当然，权力并不仅仅取决于由某种管理秩序控制的人口规模。但系统组织的规模确实对权力的产生发挥了非常显著的作用。在这里，我在第三章描述的身体的各种约束性特征和促动性特征就十分重要了，事实上，只有以它们为基础，才能分析上述意涵的管理资源。不过，此外我们还要加上生活机会（life chances）的范畴，这个现象同样也不仅仅取决于一个社会的物质生产率。由权威性资源所 *261* 产生的权力的性质和范围，不仅仅取决于在时空路径中被区域化的身体安排，而且取决于行动者能够获得的生活机会。所谓“生活机会”，首先就意味着在不同形式的社会，以及社会的不同区域中，人能够幸存下来的机会。不过，“生活机会”也指一系列范围广泛的倾向和能力，韦伯在最初引入这个概念时，心里想到的就是这些方面。仅举一例：大众识字程度。一群普遍识字的人口既可以在广泛的时空范围中被动员，也可以动员自身。对识字人口的动员方式会迥异于生活在主要由口传文化构成的社会中的人们。

我们在上文已经提到，作为支配扩张的媒介，配置性资源的储存具有重要的意义。这是进化论的文献中的一项常见主题。相比之下，人们比较陌生的是权威性资源的储存，而它对于权力的产生同样至关重要。“储存”是在行动层面上将时空“束集”在一起的媒介，包括运用知识管理筹划中的未来，回忆已流逝的过去。在口传文化中，人的记忆几乎是信息储存的唯一仓库。不过，正如我们已经看到的那样，我们在理解记忆（或回忆）的时候，不应该仅仅结合个体行动者的心理特征，还应该把它看作制度再生产的循环往复特性所固有的东西。这里，储存除了假定存在一种“活生生的时间”（lived time）的现象经验，还假定存在一些时空控制方式，而储存权威性资源的“容器”就是共同体本身。

不妨把权威性资源和配置性资源的储存，理解为信息或知识的存留和控制，而各种社会关系也由此得以跨越时空而长久持存。储存的前提是存在信息再现的**媒介**，信息**恢复**或回忆的方式，并且像所有权力资源一样，须以存在散布信息的方式为前提。木刻，简帛，书籍，文件，胶片，磁带，所有这些都是信息储存的媒介，只是在储存能力和具体储存方式方面各具差异。所有这些媒介在恢复信息方面都依赖人类记忆的回忆能力，但同时也依赖解释信息的技能。在任何给定的人群中，也许都只有少数人才拥有这种技能。当然，所储存的信息的
262 散布也受到信息生产能够利用的技术的影响。例如，机械化印刷的出现，就限定了究竟哪些形式的信息是可以获得的，以及哪些人可以利用这些信息。而且，正如麦克卢汉（McLuhan）这位现在已为人忘却的预言者所不懈强调的那样，信息媒介的特征直接影响到它们参与组织的社会关系的性质。[60]

正是储存配置性资源和权威性资源的容器，产生了前章所指社会的构成过程中各主要类型的结构性原则。我想说的是，信息储存是使时空伸延成为可能的一种关键现象，也是在被反复再生产的支配结构中将各种配置性资源和权威性资源结合在一起的一条线索。只有伴随新的信息储存方式——首先是书写——的完善，城市才有可能发展起来。城市就是“权力的熔炉”或者容器，而阶级分化社会的形成就依赖于它。尽管我在别处曾经引用过芒福德（Mumford）的以下这段论述[61]，这里我还是不禁要再次提及，因为它典型地概括了这一点：

> 城市生活的开端，也就是城市本身第一次成为人们注意的现象，体现在城市的每一部分中的权力都骤然增长，权力本身在人类各项事务中的作用也极度扩大。此前，各式各样的制度都是零散孤立地存在，只是依照季节性间隔，成员①会汇聚到某个共同场所举行集会：狩猎者的营帐，圣碑或神殿，旧石器时代原始人举行仪式的洞穴，新石器时代的农业村庄，所有这些都汇集到一处规模更大的集会场所，即城市……这种容器的原初形式持续了大约六千年，

① 此处原文为“number”，疑为“member”之误。——中译注

只是在几个世纪前它才开始瓦解。[62]

应该说，它是在现代资本主义的影响下瓦解的。现代资本主义是在一些特定的社会情境中发展起来的，而这些情境既有助于一种新型权力容器的形成，也受到后者的塑造。这容器便是民族国家。伴随着城墙的消失，一种高度精致化的管理秩序也日趋巩固，而这种管理秩序的运作同样有其严格限定的领土疆界。

附论：帕森斯的进化观

尽管在过去几十年里，一些学者大力倡导进化论的立场，比如莱斯利·怀特（Leslie White），但或许可以公允地讲，他们的作品对社会科学的理论思考基本上没有产生什么实质性的影响。因此，我们就有必要在此考察一位对这类思考作出重大贡献的学者，那就是塔尔科特·帕森斯。他的努力可以说是给进化论注入了生机活力，尽管他只是在其著述的后期发展中才做到了这一点。既然帕森斯有关进化论的论述实际上赢得了相当广泛的支持，我认为有必要在这里详细讨论一下。 263

帕森斯主张，即使说社会进化和生物进化各自依赖的机制有着实质性的差别，但前者是后者的一种延伸。我们没有理由认为，在生物进化和社会进化之间，存在着难以逾越的鸿沟。帕森斯所谓的“进化程度低于人类的物种与人类之间的分水岭”（watershed between subhuman and human），标志着漫长的发展进程中的一个阶段。无论生物进化还是社会进化，我们都可以从一些普遍项的角度来理解，即帕森斯所谓的“进化普遍项”（evolutionary universals）。在帕森斯的概念用法中，任何“重要程度足以推进进化进程”的发展类型，如果有可能在不同条件下的不止一个场合中出现，我们就可以称之为进化普遍项。[63]视觉就是一例，它在有机世界的领域中是进化共项。有机体拥有了视觉能力，便可以对周围环境作出更为多样的协调性反应，因此，视觉能力具有很大的调适价值。视觉并不只是在动物王国的某个部分出现，而是同时独立地产生于软体动物、昆虫和脊椎动物。这些门类的动物的视觉器官具有不同的解剖形式，因此不能把它们看作同一进化进程的结果，不过，看起来视觉确实是所有更高级的生物进化的先决条件。

264 人类进行社会进化的生物潜能取决于手和脑的进化普遍项。人类的手具有可以分别独立运动的手指，大拇指可以与手掌相对，这都使人手能够借助具有活动关节的手臂，以极为复杂多样的方式来操纵物体。而人脑的发展程度更是远远超过了其他物种，使它能够掌握较为低等的动物不能通晓的活动方式和认知方式，其中最重要的便是创造语言和使用语言的能力。这些特征使人类相对于其他物种享有许多调适优势。帕森斯认为，无论是对于生物进化还是社会进化，调适概念都具有基本意义。他指出，我们不应该将调适理解为一定的物种或社会系统类型对环境条件的被动调整适应，而应该在调适的概念中纳入更为积极主动的求生因素。一个“有生命的系统”的调适可能蕴含“主动关注各种能力的把握，不仅包括面对环境中那些不可变更的特性得以幸存的能力，也包括改变环境来满足系统需求的能力”[64]。这通常意味着能够应付来自环境的一系列挑战，特别是能够处理引发不确定性的那些情况。总之，任何一种有机体特性或社会特性，只要是有助于增进一个生命系统的长期调适能力，从而构成该系统更高水平的发展的先决条件，就都是进化普遍项。在生物性进化普遍项和社会性进化普遍项之间，只存在一个重要的差别：前者不能扩散，而后者可以。因此，一种调适优势最初产生的条件，可能是和促进这种优势为其他一些社会集团所采纳的条件不同的。

人类生活在社会中，并且创造着文化。而按照帕森斯的描述，文化的符号特征对于调适过程来说至关重要。“符号”代替了基因，成为组织社会进化的要素。虽然社会系统的符号性质是以一系列一般性的有机体能力为基础的，但每一代都不得不重新学习掌握这些符号性质。“文化取向”（cultural orientations）在发挥自身作用时，和基因程序的方式是不一样的。由于沟通是文化的基础，而语言又是沟通的基础，因此，语言是一种基本的进化普遍项；所有已知的人类社会都存在语言。根据帕森斯的观点，无论是在一般性的社会组织过程中，还是在社会变迁中，符号系统都具有某种引导作用。这是因为，符号系统处于人类社会的控制论等级制（cybernetic hierarchy）的顶端。在帕森斯的“行动框

架”中，符号系统居于社会系统、人格和有机体之上。物质环境限定了 265
社会中形成的各种行为方式，或者说对它们施加了各种限制，但以最直接的方式调控这些行为方式的，还是文化系统。[65]

最初形式的文化多少等同于宗教。帕森斯认为，宗教是“即使在最简单的行动系统”中也可以发现的四种进化普遍项之一。其他三种是语言沟通、亲属制度和技术：“它们的存在构成了最低限度的条件，使我们可以称一个社会真正是人类社会。”[66]这些进化普遍项和行动的整体特征联系在一起，并因此和生物进化的一般框架相关联。我们可以把从最基本的行动系统类型开始发展起来的进化，当作一个渐进分化过程来分析，而分化指的就是功能专门化。分化往往可能导致彼此分离的每一种专门功能都具有更强的调适能力，尽管并不必然如此。也就是说，分化是一种“调适升级”（adaptive upgrading）的过程。我们可以从这些角度来分析分化遵循的路线。鉴于社会系统具有控制论的特性，这些分化路线必定是**功能性的**。系统的复杂性是日益增长的，这不仅仅来源于分裂（segmentation），而且涉及某些子系统的专门化发展，它们在作为整体的系统的运作中承担更具专门性的功能，还涉及将各功能分化的子系统相互关联的整合机制。[67]这些子系统包括：模式维持（pattern maintenance）、整合、政制和经济。它们构成了帕森斯分析的基础。

在最简单的社会类型，即原始社会中，四种子系统分化的程度非常低。原始社会的特征是具有一种特定的“构成性符号体系”（constitutive symbolism）的系统，它赋予群体以某种与其他群体不同的确定的文化认同。这种符号体系总是与亲属关系直接关联，比如说，体现在有关创立这一共同体的祖先神祇的神话形式中。神话既将这个群体维系在一起，又提供了一套解释框架，让它用来应对来自自然界的突发事件和各种威胁。原始社会的一个突出特征，就在于生活诸领域全面蕴含了构成性符号体系。它进入了宗教、道德和技术活动的领域，渗透其中，使它们融为一个更具凝聚力的社会统一体。帕森斯（和涂尔干一样）以澳洲
各土著社会为例。这些澳洲土著社会的社会组织几乎完全由亲属关系组 266
成，还包括将它们和各种图腾实践、交换关系以及与环境的相互作用联系在一起的联结方式。若是从经济方面来说，这种联结方式是“最简单

的”，依赖狩猎和采集浆果、根茎以及五花八门的食用昆虫。部落群体的地域分布范围相当广阔。但是，虽然它们的构成性符号体系具备确定的地域指涉，然而在不同的群体之间其实并没有什么明确划分的领土疆界。尽管亲属关系至关重要，但在各种亲属单位之间不存在纵向的分化；社会中也不存在在权力、财富或宗教声望方面具有明显优势的宗族。澳洲各土著社会是依据性别和年龄进行功能分化的，但除此之外，还包含了由亲属纽带联系在一起的各种类似的环节性集团（segmental groupings）。

像澳洲诸土著群体这样的最原始的社会，可以和“较为发达的原始社会”（advanced primitive type）区分开来。这一过渡的标志是各种亲属群体之间不再具有相同的地位。当某个群体成功地掌握了资源，从而得以控制婚姻纽带的形成过程时，就可能发生这种情况；然后，人们就可以利用这些资源来积累物质财富以及其他权力基础。社会纵向分化的趋势取代了那些较为简单的社会中更显平等的特征。经济交换与这一过程紧密相连：定居、农业或畜牧业取代了漂泊不定的狩猎和采集。不过，这时仍然没有出现一个单独分化出来的“经济”，但物质生产率的提高引发了经济压力，导致私有产权的巩固和领土控制的稳定。无论在从相当原始的社会向不那么原始的社会的过渡中是怎样产生了分层，它都是首要的、基本的进化普遍项。往往首先是通过一个家族上升到某种特权等级，才导致分层的出现；通常是这个家族的长者获得了王的名号。较为发达的原始社会要比不那么发达的原始社会更具有异质性，不仅涉及阶级分化，也包括族群、宗教和其他方面的对立。诸如祖鲁（Zulu）这样的非洲王国是这类社会的最佳例证。帕森斯承认，在祖鲁王国和其他一些类似的王国中，军事力量对于形塑和巩固社会秩序具有举足轻重的
267 意义。但他还强调，一种发达的宗教文化的形成，意义也许更为重大，因为它使国王的地位合法化，促进了社会的团结。

不过，较为发达的原始社会依旧属于帕森斯区分的第一个进化阶段。第二个进化阶段是“中间”（intermediate）社会所处的阶段，它包括两种亚型，“古代社会”和“发达中间社会”，它们都和书写的存在有关。帕森斯用“识文断字的手艺”（craft literacy）这一点来概括古代社

会，即书写主要用于行政管理方面的记录，或者用来编纂巫术和宗教的戒律。识字是少数僧侣集团的特权，甚至在占支配地位的阶级的普通教育中，也不包含这部分的内容。古代埃及是古代社会的范例。这类社会具有一种“宇宙论意义上的”宗教秩序，后者在构成性符号体系方面比原始共同体更为普遍化，也更具系统性。它具有政治机构和管理机构，这些机构都在某种程度上摆脱了宗教职责。古代社会的调适性能要比原始社会优越，因为前者的功能责任是集中由政治领域和宗教领域来承担的。发达中间社会包括像罗马和中国这样的“历史帝国”。在这些社会中，上述的那些因素得到了进一步的发展。所有这些社会都和韦伯所分析的“世界宗教”之间存在密切关联。它们的特点是出现了“哲学突破”（philosophic breakthroughs）①，区分了神圣世界和物质世界，不再把国王看作神，从而出现了大规模的文化创新。

伴随着这些历史帝国的出现，专门化的文化合法化作为一种进化普遍项开始获得了确定的形态。文化合法化的焦点在于政治方面，它是巩固政府统治权威的手段。“满足合法化的需要”意味着除了统治者以外，开始出现专门的政治领袖。

> 长期来看，政治领袖要想凌驾于极为广泛的社会力量之上，并且相对来说不受具体文化差异的限制，不仅需要具有充分的权力，而且这些权力还得具有合法性……将不同文化模式的合法化和社会中已经分化形成的各种机构结合起来，这是合法化这个进化普遍项的基本特征。[68]

第二个进化普遍项是科层组织的出现。帕森斯接受了韦伯的观点，承认科层制对于有效地进行大规模的权力动员来说是不可或缺的。帕 268

① 雅斯贝斯（K.Jaspers）较早提出了轴心期（Axial Period）的理论，来解释世界历史的发展进程。他指出，“在公元前500年左右的时期……”存在一个“历史轴心”，中国、印度和西方都产生了不同寻常的精神变化，“这个时代产生了直至今天仍是我们思考范围的基本范畴，创立了人类仍赖以存活的世界宗教的源泉，无论在何种意义上，人类都已迈出了走向普遍性的步伐”。帕森斯所谓“哲学突破”实际上就是受这种思想的影响，认为中国和罗马这些“历史悠久的帝国”在符号性构成体系方面发生了根本的变化，产生了带有普遍性意义的世界宗教，从而引发了大规模的文化创新。参见［德］雅斯贝斯：《历史的起源与目标》，7、9页，北京，华夏出版社，1989。——中译注

森斯指出，在发达的中间社会里，政府、军队以及分化形成的其他制度门类在管理协调活动方面表现出广泛的扩张。这些历史帝国所引入的第三种进化普遍项，是与市场交换有关的货币的使用。根据帕森斯的观点，市场交换是一种权力系统，但它摆脱了政治权力所面对的一些“困境”。政治权力归根结底总是要依靠某个行政管理实体所强加的惩罚性制约措施；货币尽管具有政治权力的一些特征，但却是一种更为一般化的资源，它既可以在“生产者”中流传，也可以在“消费者”中流传。货币这种资源将人们从对特定政治集团的忠诚中解放出来，使人们摆脱了先赋性亲属纽带的限制。但这三种进化普遍项都得以第四种进化普遍项的存在为前提，即“一种高度一般化的普遍主义规范秩序”（a highly generalized universalistic normative order）[69]，这种秩序的范例就是法律体系。不过，这种秩序已经将我们带到了现代性的门槛，因为在一些历史帝国里，虽然已经发展起相当发达的科层组织和市场，但各种形式的一般化法律却没有得到相应的拓展。

现代西方是帕森斯的图式中等级最高的进化形式。而现代西方的发展和两个“温床”社会（“seed-bed” societies）有关。这两个社会分别是希伯来和希腊，它们都具有特别深远的影响。（帕森斯对此的一段评论十分具有代表性：“佛教是目前所提到的文化复合体中最引人注目的现象，并在它最初形成的社会**之外**产生了极为深远的影响。但是，由于佛教并没有导致现代性的出现，并且对于西方社会没有什么根本意义，所以我们不打算详尽讨论。”[70]）那么，这两个社会的某些文化特征又是如何从发源地向世界各地广泛传播的呢？是什么因素使这两个社会有可能产生这样的文化创新呢？对于第二个问题，帕森斯认为，事实上，只有政治上具有相当独立性的小型社会才有可能产生这些文化创新。大帝国横跨广袤的领土，充斥着各种相互竞争的利益，就不可能产生这种文化创新。而第一个问题的解决，恰恰是由于希伯来与希腊这两个社会此后都丧失了独立，使它们的文化创新得以广为传播，被规模更大的社
269 会实体中的重要阶层所采纳。犹太文化和希腊文化大部分是被“文化阶层”（scholar classes）所接受，而不是为占有支配地位的政治集团所采纳；后来，这些文化影响成为西方那些牢固确立的传统的“主要社会支

柱”。现代类型的社会正是从西方这个“独一无二的进化区域”中形成的。[71]

帕森斯断言，与中间社会相比，西方社会的出现代表了调适能力的又一突破。西方的一些特性，如市场的进一步发育，保障大众公民权的法律和民主社团的普遍出现，使得分化有可能达到前所未有的程度。这些因素加在一起，进一步巩固了自身具备明晰边界的社会的“领土一体性”。至于普遍化法律的发展，我们可以一直上溯至大陆罗马法和英国普通法两种法系之间的结合。英国的普通法对于促进契约自由，保护私有财产，都具有极为重要的意义。帕森斯认为，它是“现代社会最重要的独特标志”；英国的法律秩序是“工业革命最初得以发生的根本前提”[72]，也是大众民主发展的条件。反过来，民主又构成了高度分化的社会中有效行使权力的条件。

这些论述听起来像那种使社会学蒙受恶名的东西，至少在世界的其他地区是这样。不过，他在有关进化论的论述中，临结尾时又加上了几句声明，告诫读者不要过于关注他分析的细节，因为真正重要的是“进化普遍项的**观念**，以及使这种观念得以立足的根据，即一般化调适能力的概念”[73]。读者要是以此为基础来作判断，就难免忽视本段开头提到的那种印象。其实我大体上会遵从这一建议，不过，帕森斯对美国的赞赏是和他的进化论思想方式完全吻合的，下面我就来谈谈这一点。

我在上面提到的标志进化论思想的标准，帕森斯的理论每一条都吻合。他明确指出进化不仅仅是“历史”，并且在论述中主张，社会进化和生物进化无论在概念上还是在实质分析上都是彼此关联的。在他的分析中，一再出现我们所熟悉的调适概念。帕森斯具体描述了他最感兴趣的演进（即制度的分化），并且完全以价值和符号的“控制论”影响为 *270*
基础来解释变迁的机制。他的论述还体现了进化论思想的一些衍生的缺陷，分析时不够谨慎，从而未能避免进化论学说经常会陷入的那些严重困境。

帕森斯大力强调社会进化是生物进化的延伸。当然，这种论点肯定在某个角度上是不容辩驳的。身体的物理特征（大脑容量很大，又具有高度发达的神经系统，直立行走，等等）的确可以说是人类社会发展的先决条件。人类社会交往和文化的早期发展大致可以说是一个赖以幸存的特征，使智人能够取得进化成功。然而，如果我们并不认为，只用一套简单的概念来同时说明生物发展和社会发展的做法具有理论上的美感，那么我们根据上面的事实又能得出什么结论呢？答案是：什么结论也得不出。生物进化与遗传变异有关，与后代身上的基因特征有关；生物学家可以用少数相对简单的机制来简明有效地加以说明。社会进化同时涉及两个方面的关系，既包括人类社会和物质环境之间的关系，也包括不同社会之间的关系。对“进化”的各种特征的描述对这些现象并不适用，而且，我们也很难以“进化”的方式来说明具有特定顺序的一系列变迁，除非进化论学者能够证明，在人类社会中存在和生物进化类似的机制。帕森斯的理论是一种典型的进化论论述，它指出在生物进化和人类文化的早期发展之间存在联系，好像凭借这个（不可否认的）事实，就能作出证明。本来需要拿出证据来支撑的论点，反而好像成了一个提供证据的来源。

帕森斯的理论论述和所有进化论文献一样，其中的调适概念都是既含糊不清，又无所不包。不过，他的这个概念并没有因此丧失典型意义。帕森斯明确指出，调适和“幸存”有关，并且和人类社会与物质世界的相互作用有关，但绝不仅限于此。它具有更为宽泛的意义，和化减不确定性（the reduction of uncertainty）有关。帕森斯从系统理论那里借鉴了这个观念，在分析符号和价值的控制论影响时，他也如法炮制。但
271 由于他根本没有界定“不确定性”这个概念，所以“化减不确定性”这个论点过于含糊宽泛，几乎没有什么用处；而如果我们赋予它更多的经验内容，充其量也只是似是而非。我们姑且认为帕森斯脑子里有两种意思：化减自然界中难以预测的现象所带来的不确定性，或者化减未来事件的不确定性。在帕森斯勾画的进化量度上，各种类型的社会的进化在这两个方面似乎都没有取得什么明确的进展，更不用说这两个方面是否提高了这些社会的分化“幸存”能力。至于技术发展，或者对权威性资源的操纵，它们确实都导致了人类社会对物质环境的控制能力的日益增长，但绝不等同于对各种结果的不确定性的化减。例如，一位拥有

更“有效”技术的农夫，面对变幻莫测的天气，相比于一个猎人或者采集者，或许更容易受到它的影响。在我们现在生活的世界里，技术和经济变革的规模更大，也更不稳定，还存在政治上的不确定性以及核武器的存在。有谁能够认定，在这样一个世界中，对未来的不可预见性的化减，就一定要比旧石器时候的人们更有保障？

而且，帕森斯将构成性符号体系产生的控制论性质的控制（cybernetic control）看作进化的主导机制，并将这种机制和进化普遍项的调适能力的增长联系在一起。但这种做法肯定很难令人信服。很明显，帕森斯是有意通过采用这样一种思路，以对抗历史唯物主义及其他一些类似理论，只要这些理论也将技术或者更为一般性的经济组织方式看作影响社会变迁的主导力量。但他的理论并不比他反对的那些理论更有说服力。这里我们再次发现，原本是借助类推方式而建立的主张被偷换成了经验论据。在以机械方式控制的系统中，对较低能量的控制论控制可以支配那些耗费更多能量的运动。帕森斯随后便将这种现象与基因合成蛋白质以及细胞代谢的其他方面进行比照，好像生物学类比多少可以使他有关“构成性符号体系”对社会变迁具有控制性影响的主张更能站得住脚。这种纯属臆想的概念类比同时发挥了两种作用。一方面，帕森斯从这种概念类比推出，各种符号和价值在社会进化中具有控制性的地位，而另一方面，在他的著作中，好像这种比拟也可以通过某种方式来证明上述论点。

我们姑且承认，调适能力的图式再加上构成性符号体系的“控 272
制论”影响，确实能够提供一种说明社会进化的整体框架，大体类似于生物学家用来说明自然进化过程的那种理论框架。那么，在分析人类社会时，对于“幸存”究竟指的是什么这个问题，我们依旧需要比帕森斯给予更多的关注。它在某种程度上总是和“社会”是什么这个问题联系在一起。在生物进化中，幸存和灭绝是截然互斥的情况，究竟是此是彼，取决于形形色色的再生产条件。一个种群如果不能有效地通过竞争获得它所需要的环境输入，就不能使它的基因留传下来，从而就会灭绝。但在社会世界中找不到和这些情况真正类似的现象。如果我们把调适能力定义得过于宽泛，把战争动员的能力都包括在内，那么，社会单位显然经常不能成功地“调适”，因为它们经常被其他社会单位征服或破坏。但一种类型的社会一般很少会因为这个原因而全部灭亡。而且，如果一个群体被其他群体所殖民或者征服，而不是被彻底清除，在一个有所变化的社会环境中，它一般还会在相当程度上继续保持以往的社会组织形式。这些群体是否算是成功地“幸存”下来了，这个问题很大程度上取决于我们认定“社会”究竟意味着什么，或者进化论研究的合适分析单位是什么。在很大程度上，帕森斯将对这个问题的回答放在他对社会的实际分类中，以此来回避这个问题。而“原始社会”也缺乏明确界定的边界，这是进化上处在低等状态的标志之一。[74]不过，我们可以就此提出一种替代性的观点：究竟什么可以算作一个可以和别的社会区分开的“社会”，这个问题阐述起来要比帕森斯所设定的困难得多，至少，在现代民族国家的时代到来之前，情况就是如此。

帕森斯的理论是一个范例，几乎体现了我们在进化论论述中发现的所有典型的有害倾向。它似乎不加掩饰地提出了一种“世界成长故事”，不知不觉地滑向了单线压缩，又几乎是有意地选择了我所谓的规范错觉的立场，并把它看作一种优点。帕森斯对“原始社会”的讨论最能体现他著作中特有的“世界成长故事”。帕森斯很偶然地提到，澳洲土著社会属于“已知最原始的社会”[75]，但却没有作进一步的讨论。他明确指出，自己之所以把这些社会看作进化程度最低的社会类型，主要标志就
273 是因为它们缺乏分化，经济发展水平低，亲属关系占据着显著的地位。但为什么他没有考虑亲属制度的复杂性、澳洲土著在仪式和艺术方面丰富的文化生产呢？帕森斯之所以对此几乎只字不提，是因为他采用了一些典型的进化论做法，抹杀了社会某些方面比如技术的“原始性”和整个社会的“原始性”之间的差别。“文化相对主义者”曾经非常恰当地强调，在不同的时空处境下，各个小型的口传文化之间也会具有巨大的复杂差异。[76]对此帕森斯又会作何解释？如果他只打算提出一种普遍进化观念（这样一来，就我对进化这个概念的理解而言，他就根本算不上一个进化论者），而不考虑这种复杂性，也不考虑这种小型的口传文

化曾经在人类历史的绝大多数时候都占据了支配地位，那么他的观点也许会站得住脚。但他显然对特殊进化也兴致勃勃，力图指明“原始社会”转向“较为发达的原始社会”，并进一步转变为“中间”类型的社会系统这一过程的主要变迁方向。

在帕森斯论述“温床”社会的影响时，单线压缩的做法十分明显。对这个问题的分析标志着他的讨论形式的显著转变。在分析此前那些进化类型时，帕森斯的论述还是具有非常广泛的历史跨度的。但在分析西方的兴起时，他的讨论重点就难免要缩小范围。他认为，西方如果从其他地方借鉴文化，在调适价值上就一定会不如从希伯来和希腊继承的文化遗产，这种解释肯定是很难令人信服的。希伯来和希腊的文化遗产确实体现在欧洲的文化之中，但这丝毫不能证明这些文化遗产的进化价值，而这却是帕森斯在之前详细阐述的。这里，帕森斯将“进化必然性”理解成了“历史必然性”。所谓“进化必然性”，是指“较低级”的社会组织所表现出来的各种特征，一定是在一种“较高级”类型的社会组织形成之前出现的；而所谓“历史必然性”，则是指既然理论所认定的各种因素确实成为欧洲社会的组成部分，那么事情“必定”是按照理论描述的方式发生的。

最后，我们谈一下规范错觉的问题。帕森斯认为，人类五十万年的历史在美利坚合众国的社会政治制度那里达到了顶点。帕森斯的这个观点，如果不是和他的理论中特定的“世界成长故事”几乎一丝不苟地吻合在一起，就会显得十分荒谬。这种观点正是通过与和进化相关的不断增长的调适能力这一主题联系在一起，才最大限度地获得了虚有其表的 274
号召力。虽然帕森斯可能会声明，他的这个解说完全是分析性的，不带任何评价色彩，但事实显然不是这么回事。例如，如果我们以一种特定的方式来给“民主”下定义，将它多少等同于“以美利坚合众国的政治秩序为样板的自由民主制度”，并且把“民主”看作达到最高进化程度的社会所具有的某种进化普遍项，那么，除了帕森斯所得出的结论，还能有什么别的选择呢？可这和进化论往往坚持的大多数主张一样空洞无物。

注 释

［1］有些时候，“决定机制”成为某种客观主义立场的别名，这种立场力图基本从结构性约束的角度来阐明行为。例如，赖特根据一种“与马克思主义学说相吻合的有关结构性因果关系的分化图式”，发现了“一系列独特的决定机制”。他区别了几种不同方式的决定机制，但这里我只想提其中两种，让读者领会他的学说的特点。这两种机制分别是“结构性限制”（structural limitation）和“选择”（selection）。“结构性限制”指社会的各种结构性特征如何设定了界限，以决定在社会中可能出现哪些现象。因此，赖特断言，封建制的“经济结构”限制了在封建制度中出现的国家的形式。尽管在封建制中，具有普遍公民权的代议民主制“在结构上是不可能的”，但除此之外，有多种多样的国家形式可以与封建体制相容。“选择”指的是“在结构限定的可能性范围内，那些具体决定各种结果的社会机制，或者在一些极端情况下（？）决定一些特定结果的社会机制”。赖特将“选择”与“特定历史局势”的决定机制联系在一起。例如，在封建制中，经济和国家的关联方式形塑了具体会出现哪些形式的阶级分化，从而使阶级冲突的形式表现为确定的集团之间的具体斗争。

这里，“决定机制”这个概念阐述得很含糊。当赖特谈到“特定结果”或“历史局势”的决定机制时，他心里考虑的似乎是这个词非常一般性的含义。如果这样理解赖特的观点，它就成了一种彻头彻尾的结构决定论，一种完全以社会原因造成的结果来说明社会行为的“结构社会学”的翻版。但赖特提出的其他论述表明，他并不希望采取这种立场。他的“结构性限制”这个概念表明，社会系统的结构性特征只是设定了一些界限，在这些界限的范围内产生一系列不确定的结果。这里的“决定”意味着“约束”。我已经指出，“约束”包含几种不同的含义，而赖特没有区别到底“决定”指的是哪个意思。重申一遍，“结构”不能等同于“约束”，而结构性特征的约束性方面也不能被看作“结构性因果关系”的类属形式。既然我在上文已经讨论过这些问题，这里就没有必要再多费笔墨。参见 Erik Olin Wright，*Class*，*Crisis*，*and the State*（London：New Left Books，1978），15~18 页。

［2］参见 *Central Problems in Social Theory*，230~233 页。

［3］参见 *New Rules of Sociological Method*，第二章。

［4］不过，尼斯比特已经指出，社会进化论和生物进化论是各自独立发展形成的，而且“许多社会思想史方面的著作都存在一个非常严重的错误观念，认为 19 世纪的社会进化论仅仅是稍微改动生物进化论的观念，主要是查尔斯·达尔文的那些观念，然后就用它们来研究社会制度”。详见 Robert A.Nisbet，*Social Change and History*（London：Oxford，1969），第五章。

［5］参见 Talcott Parsons，“Evolutionary universals in society”，收入 A.R.Desai编的 *Essays on Modernisation of Underdeveloped Societies*（Bombay：Thacker，1971）；

同一作者的 *Societies，Evolutionary and Comparative Perspectives*（Englewood Cliffs：Prentice-Hall，1966）。

［6］参见“Durkheim's political sociology”，收入 *Studies in Social and Political Theory*。

［7］参见 Karl Marx，“Preface” to *A Contribution to the Critique of Political Economy*，收入 Karl Marx 和 Friedrich Engels，*Selected Writings*（London：Lawrence and Wishart，1968）。

［8］Auguste Comte，*Physique sociale*（Paris：Hermann，1975），16 页。

［9］Parsons，*Societies*，*Evolutionary*，*and Comparative Perspectives*，2 页。

［10］Julian H.Steward，*Theory of Culture Change*（Urbana：University of Illinois Press，1955），248 页。

［11］Julian Huxley，“Evolution，cultural and biological”，收入 William C.Thomas编的 *Current Anthropology*（Chicago：University of Chicago Press，1956），3页。

［12］Leslie A.White，*The Evolution of Culture*（New York：McGraw-Hill，1959），29~30 页。

［13］Marshall D.Sahlins 和 Elman R.Service，*Evolution and Culture*（Ann Arbor：University of Michigan Press，1960），12~13 页。其他学者的定义中特别重要的，参见如下的文献：V.Gordon Childe，*The Progress of Archaeology*（London：Watts，1944）；Theodosius Dobzhansky，*Mankind Evolving*（New Haven：Yale University Press，1962）；Sol Tax，*The Evolution of Man*（Chicago：University of Chicago Press，1960）；Robert A.Manners，*Process and Pattern in Culture*（Chicago：Aldine，1964）；Betty J.Meggers，*Evolution and* Anthropology：*a Centennial Appraisal*（Washington：Anthropological Society，1959）；L.Stebbins，*The Basis of Progressive Evolution*（Chapel Hill：University of North Carolina Press，1969）；Leslie A.White，“Diffusion vs.evolution：an anti-evolutionist fallacy”，*American Anthropologist*，　第 44 卷，1945；Alexander Alland，*Evolution and Human Behaviour*（Garden City：Natural History Press，1967）；Eliot D.Chapple，*Culture and Biological Man*（New York：Holt，Rinehart & Winston，1970）；George W.Stocking，Race，*Culture and Evolution*（New York：Free Press，1968）。

［14］参见 Leslie A.White，“Evolutionary stages，progress，and the evaluation of cultures”，*Southwestern Journal of Anthropology*，卷 3，1947；同一作者，*The Evolution of Culture*，第二章。

［15］相关的讨论，可以参见 John W.Bennett，*The Ecological Transition*（New York：Pergamon Press，1976）；Alexander Alland，*Adaptation in Cultural Evolution*（New York：Columbia University Press，1970）；M.H.Appley，

Adaptation-Level Theory：*A Symposium*【原文此处“：”系衍文。——中译注】（New York：Academic Press，1971）；J.Cohen，*Man in Adaptation*（Chicago：Aldine，1968）；Arthur S.Boughey，*Man and the Environment*（New York：Macmillan，1971）；René Dubos，*Man Adapting*（New Haven：Yale University Press，1965）；Ronald Munson，*Man and Nature*（New York：Felta，1971）；George A.Theodorson，*Studies in Human Ecology*（New York：Row，Peterson，1961）；Andrew P.Vayda，*Environment and Cultural Behavior*（New York：Natural History Press，1969）；Niles Eldredge 和 Ian Tattersall，*The Myths of Human Evolution*（New York：Columbia University Press，1981）。

［16］不过，有许多生物学家会对此持有不同看法，比如埃尔里希等人的看法就是：“由于在生物学的文献中调适的概念使用得过于宽泛，所以，明智的做法就是彻底放弃这个概念。”Paul R.Ehrlich 等人，*The Process of Evolution*（New York：McGraw-Hill，1974），337 页。

［17］Roy A.Rappaport，“Ritual，sanctity and cybernetics”，*American Anthropologist*，卷 73，1971，60页。针对这一定义的批评，参见 Anne Whyte，“Systems as perceived”，收入 J.Friedman和 M.J.Rowlands合编的 *The Evolution of Social Systems*（Pittsburgh：University of Pittsburgh Press，1978）。

［18］Thomas G.Harding，“Adaptation and stability”，收入 Sahlins和 Service 合编的 *Evolution and Culture*，45、48页。

［19］参见 Niklas Luhmann，“Funktion und Kausalität”，收入 *Soziologische Aufklärung*，Köln-Opladen，1970，第 1 卷。

［20］V.Gordon Childe，“Prehistory and Marxism”，*Antiquity*，卷 53，1979，93~94页（此文最初撰写于 1940年代，但在柴尔德生前并没有发表）。

［21］参见 *A Contemporary Critique of Historical Materialism*，第三章。我看不出伦斯基下面这种说法何以能够站得住脚：“人类社会就像一个物种，作为一个‘孤立’种群，其成员分享了一个共同的信息库，并因此注定遵循一条共同的进化路径。”Gerhard Lenski，*Human Societies*（New York：McGraw-Hill，1970），60 页。对伦斯基这一说法的批评，参见 Pamela J.Utz，“Evolutionism revisited”，*Comparative Studies in Society and History*，卷 15，1973。

［22］Herbert Spencer，*The Principles of Sociology*（New York：Appleton，1899），第 2 卷，110 页。

［23］参见 Colin Renfrew，“Space，time and Polity”，收入 Friedman和 Rowlands合编的 *The Evolution of Social Systems*。

［24］Ernest Gellner，*Thought and Change*（London：Weidenfeld & Nicolson，1964），12~13 页。

［25］参见 V.S.Naipaul，*India，a Wounded Civilization*（Harmondsworth：Penguin，1976）。

［26］参见 Sahlins，“Evolution：specific and general”，收入 Sahlins 和 Service 合编的 *Evolution and Culture*，30~31 页。

［27］Freud，*Civilisation and its Discontents*（London：Hogarth，1969），26 页。

［28］Herbert Marcuse，*Eros and Civilization*（New York：Vintage，1955），12 页。

［29］Norbert Elias，*The Civilising Process*，第 1 卷，*The History of Manners*（Oxford：Blackwell，1978）；第 2 卷，232~233 页。

［30］我将在 *A Contemporary Critique of Historical Materialism* 的第二卷 *Between Capitalism and Socialism* 中，探讨这里面所涉及的一些问题。

［31］卡尔丁纳在他的著作中讨论了这方面的一些例子，参见 A.Kardiner，*The Individual and His Society*（New York：Columbia University Press，1939）。

［32］也许有必要再次强调，这是进化论的一个危险，但并不是它逻辑上的必然结果。哈贝马斯也曾经讨论过这一问题，以及其他许多有关进化论的问题。他谈的方式富于启发，并且一如既往入木三分。参见 Jürgen Habermas，*Communication and the Evolution of Society*（Boston：Beacon，1979），特别是第 3 章和第 4章；以及“Geschichte und Evolution”，收入他的文集 *Zur Rekonstruktion des Historischen Materalismus*（Frankfurt：Suhrkamp，1976）。

［33］科恩近来用哲学上颇为复杂的形式对历史唯物主义所作的解释也同样如此，参见 G.A.*Cohen*，*Karl Marx's Theory of History*，*a Defence*（Oxford：Clarendon Press，1978）。

［34］我从艾博华那里借用了其中第二个概念。参见 Wolfram Eberhard，*Conquerors and Rulers*（Leiden：Brill，1965）。

［35］参见 *A Contemporary Critique of Historical Materialism*，第十章。

［36］参见 *The Class Structure of the Advanced Societies*；*Central Problems in Social Theory*，228 页以下。

［37］参见 S.F.Nadel，*A Black Byzantium*（London：Oxford University Press，1942）。

［38］参见 M.Fortes和 E.E.Evans-Pritchard，*African Political Systems*（London：Oxford University Press，1940）。

［39］参见 Douglas L.Oliver，*Ancient Tahitian Society*（Honolulu：University of Hawaii Press，1974）。

［40］参见 Henri J.M.Claessen，“The early state in Tahiti”，收入 Henri J.M.Claessen和 Peter Skalnik合编的 *The Early State*（The Hague：Mouton，1978）。

［41］参见 Oliver，*Ancient Tahitian Society*。

［42］参见 Henri J.M.Claessen，“The early state：a structural approach”，收入 Classen 和 Skalnik 合编的 *The Early State*。

［43］参见 Ronald Cohen，“State origins：a reappraisal”，收入 Claessen 和 Skalnik合编的 *The Early State*；Robert L.Carneiro，“A theory of the origin of the state”，*Science*，第 169期，1970；Morton H.Fried，*The Evolution of Political Society*(New York：Random House，1967)；W.Koppers，“L'origine de l'état”，*6th International Congress of Anthropological and Ethnological Sciences*，Paris，1963，卷 2；Lawrence Krader，*Formation of the State*(Englewood Cliffs：Prentice-Hall，1968)；G.Lenski，*Power and Privilege*(New York：McGraw-Hill，1966)；Robert Lowie，*The Origin of the State*(New York：Harcourt，Brace，1927)；Elman R.Service，*Origins of the State and Civilization*(New York：Norton，1975)。

［44］参见 Service，*Origins of the State and Civilization*。

［45］参见 Carneiro，“A theory of the origin of the state”。

［46］参见 Louis Dumont，“Population growth and cultural change”，*Southwestern Journal of Anthropology*，卷 21，1965；Service，*Origins of the State and Civilization*。

［47］参见 Henry T.Wright 和 Gregory Johnson 合撰，“Population，exchange and early state formation in southwestern Iran”，*American Anthropologist*，卷 77，1975。

［48］参见 Karl Polanyi，*Trade and Markets in Early Empires*（Glencoe：Free Press，1957)。

［49］参见 Eberhard，*Conquerors and Rulers*，9 页以下。

［50］Eberhard，*Conquerors and Rulers*，10 页。

［51］Henri J.M.Claessen和 Peter Skalnik合撰，“Limits，beginning and end of the early state”，收入 Claessen和 Skalnik合编的 *The Early State*，625页。

［52］参见 Fried，*The Evolution of Political Society*。

［53］试比较威尔逊和凯利的不同判断：John A.Wilson，*The Culture of Ancient Egypt*（Chicago：University of Chicago Press，1951)；Allyn L.Kelley，“The evidence for Mesopotamian influence in pre-dynastic Egypt”，*Newsletter of the Society for the Study of Egyptian Antiquities*，卷 4，第 3 期，1974。

［54］参见 Carneiro，“A theory of the origin of the state”。

［55］参见 Emile Durkheim，*Socialism*(New York：Collier-Macmillan，1962)。

［56］参见 Bertrand Badie 和 Pierre Birnbaum 合著的 *Sociologie de l'état*（Paris：Grasset，1979)，189 页以下。

［57］其中也包括我自己对帕森斯著述中“权力”概念的评论，收入 *Studies in Social and Political Theory*。

［58］也参见 Niklas Luhmann，*Trust and Power*（Chichester：Wiley，1979)，

127 页的论述。卢曼断言，“有权力与有威胁之间的紧密联系，实际上只适用于古代社会和陈旧的思维方式……”这种说法在核时代看起来过分乐观了。

［59］参见 Boris Frankel，*Beyond the State*（London：Macmillan，1983）。这本书和其他几本著作都强调指出，大规模的食品生产和贮存对于资本主义的发展来说具有重要的意义。

［60］参见 Marshall McLuhan，*The Gutenberg Galaxy*（London：Routledge，1962）。

［61］参见 *A Contemporary Critique of Historical Materialism*，96 页。

［62］Lewis Mumford，“University city”，收入 Carl H.Kraeling和 Robert M.Adams合编的 *City Invisible*（Chicago：University of Chicago Press，1960），7 页。

［63］参见 Talcott Parsons，“Evolutionary universals in society”，*American Sociological Review*，卷 29，1964，339页。

［64］同上书，340 页。

［65］参见 T.Parsons，*Societies*，*Evolutionary and Comparative Perspectives*（Englewood Cliffs：Prentice-Hall，1966），9~10 页。

［66］T.Parsons，“Evolutionary universals in society”，342 页。

［67］参见 T.Parsons，*Societies*，*Evolutionary and Comparative Perspectives*，24页。也参见“The problem of structural change”，收入 Victor Lidz和 Parsons合编的 *Readings on Premodern Societies*（Englewood Cliffs：Prentice-Hall，1972），52 页以下。

［68］“Evolutionary universals in society”，346 页。

［69］同上书，351 页。

［70］*Societies*，*Evolutionary and Comparative Perspectives*，95 页。

［71］参见 Talcott Parsons，*The System of Modern Societies*（Englewood Cliffs：Prentice-Hall，1971），1 页。

［72］“Evolutionary universals in society”，353 页。

［73］同上书，357 页。

［74］这种观点的空洞在下面的这段引文中体现得特别明显：“……显然，如果没有发展形成相对清晰的边界，就没有一个社会能够达到我们所谓的‘较为发达的原始’社会这样一个进化水平。因此，缺乏边界性看来是我们之所以认为一个社会具有原始性的重要标志之一”。*Societies*，*Evolutionary and Comparative Perspectives*，37~38 页。

［75］同上书，36 页。

［76］这里我并没有暗示，在社会理论的规范内涵方面，要么选择文化相对主义，要么就是遵循进化论。

第六章 结构化理论、经验研究和社会批判

1. 重申基本概念

281 在本章的开头，扼要概述一下前面各章出现的一些基本概念，对读者也许会有一些帮助。我将这些概念总结成几个要点，合而观之，就体现出在结构化理论里面最普遍地牵涉到社会科学中许多经验研究问题的那些方面。

(1) 所有的人都是具有认知能力的行动者。也就是说，所有的社会行动者对他们在日常生活中的所作所为的条件和后果都拥有大量的知识。就其性质而言，这种知识并不完全是陈述主张，但对于社会行动者的活动来说也并非无可无不可。行动者的认知能力嵌入实践意识，面貌极为复杂。正统的社会学视角，特别是那些和客体主义相联系的思路，往往完全忽视了这种复杂性。在日常情况中，行动者也能够在话语层面上描述他们的行为及其理由，不过这些能力通常是适应日常行为流的特点。只有当个体被他人问及他们为什么会如此行事时，行为的理性化才会促使行动者在话语层面上给出理由。当然，一般来说，只有当有关行动在某些方面使人困惑时，才会有人提出这样的问题。比如行为看起来冒犯了习俗，或者偏离了某个特定的人所习惯的行为方式。

（2）人类行动者的认知能力总是受到限制，这种限制一方面来自无意识，另一方面来自行动中未被行动者认识到的条件和行动的意外后果。社会科学最重要的任务就包括探索这些限制的边界，意外后果对于系统再生产的重要意义，以及这些边界所具有的意识形态意涵。 282

（3）在分析制度化实践的再生产过程时，对日常生活的研究是不可或缺的组成部分。日常生活和可逆时间的重复性紧密相连，这种重复性就体现在跨越时空的路径上，并因此与身体的约束性特征和促动性特征相关。不过，我们也不应该只是将日常生活视为构筑社会生活中更为复杂多样的关联的"基础"。相反，我们应该透过解释社会整合和系统整合，来理解那些范围广泛的关联。

（4）例行常规在心理上和最大程度抑制焦虑的无意识来源有关，并在日常社会活动中占有支配地位。绝大多数日常实践并不是直接由动机激发的。例行化的实践是结构二重性在社会生活连续性方面的主要表现。通过实施各种例行常规，行动者维持了一种本体性安全感。

（5）对情境或者说互动的情境性的研究，是分析社会再生产的内在组成部分。"情境"包含以下因素：（a）围绕互动片断形成的时空边界（一般具有符号标志或物理标志）；（b）行动者的共同在场，这使得各式各样的面部表情、身体姿势、语言和其他沟通媒介对互动各方都是可见的；（c）觉察到上述这些现象，并能够反思性地利用这些现象来影响或者控制互动流。

（6）社会身份以及与此相联系的定位—实践关系构成了结构的虚拟时空的"标志"。它们与各种规范性的权利、义务和制约联系在一起，后者在特定的集合体中形成了角色。运用各种标准化的标志，特别是涉及年龄和性别的身体属性的标志，是所有社会生活中都不可或缺的。不过，值得注意的是，这方面在不同的文化中存在广泛 283
的差异。

（7）社会分析中使用的"约束"概念，没法只采用一种统一的意涵。人类社会生活特有的约束类型有好几种，和社会系统的结构性特征相关的约束只是其中的一种而已。

（8）在社会系统的各种结构性特征中，结构性原则尤其重要，因为它们指明了整体的社会类型。结构化理论强调的主要观点中就有这么一条：社会性总体，以及一般而言的社会系统，其封闭程度千差万别。社会性总体具有不同程度的“系统性”，其他包容程度大小不一的社会系统形式也是如此。这里关键是要避免径直预设，可以轻而易举地界定一个“社会”究竟是什么。这种观念是民族国家占支配地位的时代的产物。在这个时代里，民族国家具有清晰的边界，通常与集中化的政府的管理权限非常吻合。当然，即使是在民族国家中，也存在各种跨越社会边界的社会形式。

（9）在社会科学中，不能把对权力的研究当成次要的问题。可以说，我们不能等到社会科学中比较基本的观念都一一阐述清楚之后，再来探讨权力。没有比权力更基本的概念了。不过，这并不是说我们要采取受到尼采影响的那些社会科学流派的观点，设定权力要比其他任何概念都更为基本。权力只是社会科学中几个基本性的概念之一，而所有这些基本概念都是以行动和结构的关系为核心的。权力是使人完成事务的手段，因此直接蕴含在人类行动之中。如果认为权力的本性就是导致分裂，就是一种错误的观念。但是，我们无疑可以准确地将社会生活中一些极为残酷的冲突认定为“权力斗争”，和瓜分资源有关，而资源的瓜分又导致了社会系统中各种控制模态的形成。我用“控制”这个概念来指某些行动者、某些集团或者类型的行动者所具有的影响他人行动之情
284 势的能力。在权力斗争中，控制的辩证关系总是在发挥作用。不过，处于臣属地位的行动者在多大程度上可以利用那些他们能够获得的资源，随着社会情境的不同会存在非常广泛的差异。

（10）任何一种社会组织机制或者社会再生产机制，只要社会研究者发现了，常人行动者就有可能了解它们，并积极主动地将这种知识纳入他们的所作所为。因此，在许多时候，只有对那些处在被研究的行动者的活动情境之外的人来说，社会学家的“发现”才算得上是“发现”。这是因为，行动者为什么那样行事，自然有他的理由。而且，一旦社会学观察者告诉他们，影响他们所作所为的因素在某种程度上是外在于他们的，这些行动者自然可能感到窘迫，无所适从。这样看来，常人对于

这类“发现”会提出各种反对意见，也就是理所当然的反应了。物化并不仅仅是常人思想独有的特征。

上述要点为社会研究的总体取向提供了一些指导方针。

首先，所有社会研究都必然包含文化的、民族志的或者说是“人类学”的面向。这种说法表达了我所谓的双重诠释的取向，我把它看作社会科学的特征。社会学家的研究领域所面对的现象，已经被普通行动者构成为蕴含意义的现象。“进入”这一领域进行研究的条件，就是要知晓行动者在顺利“进行”社会生活中的日常活动时，已经知晓了什么东西，又必须知晓什么东西。[1] 社会学的观察者所发明的概念是一些二级（second-order）概念。也就是说，这些概念预先假定，行动者也具有一定的概念能力来把握社会学家的概念所指的行为。但是，社会科学的性质就是：社会生活本身可以采用这些二级概念，从而使之成为一级概念。那么，双重诠释中的“诠释”指的又是什么呢？这个概念用在这里是很适当的，因为它涉及了双重的转译或者说解释过程。社会学描述的任务之一，就是协调行动者为行为定向的那些意义框架。但是这些社会学描述本身也是解释范畴，也要求学者努力在社会学理论中的不同意义框架之间进行转译。有关社会分析的各种考虑都牵涉到以下方面：

（1）对于社会描述的准确性来说，遣词造句的风格并不是无关紧要的。这一因素的重要程度，取决于一项特定的社会研究在多大程度上是 285
民族志性质的，即撰写这项研究的目的是否打算让人们了解一个他们不熟悉的文化环境。

（2）社会科学家是一位沟通的使者，将与特定的社会生活情境联系在一起的意义框架介绍给生活在其他情境中的人们。因此，社会科学与小说家或者其他一些创作有关社会生活的虚构作品的人在描述时借鉴的是共同的素材（即共同知识）。戈夫曼能够轻而易举地从各种虚构作品中找到例子，和来自社会科学研究的描述交相辉映，因为他往往是要“展示”那些被用来安排实践活动的共同知识有哪些不言自明的形式，而非勾画这些活动的实际分布。

（3）在某些类型的研究中（特别是那些民族志色彩较浓的研究）需

要进行“厚描”（thick description）[①]，但不是所有的研究都需如此。通常来说，如果学者研究的活动具有某些一般化的特征，那些能看到这类“发现”的人对此又十分熟悉，“厚描”就是不必要的。而且，如果研究主要关注的是制度分析，在这些分析中，把行动者当成大规模的集合体来分析，或者把他们看作在出于研究考虑而界定的方面“具有典型性”的人，也不需要“厚描”。

其次，社会研究中有一点很重要，就是要对行动者在协调他们日常行为的情境方面采用的复杂技能保持敏感。在制度分析中，这些技巧可能多少会被置括不论。但是在这么做的时候，学者们需要牢记，这种置括完全只是方法论上的手段。那些认为制度分析构成了社会学全部研究领域的学者，其实就是误把一种方法论程序当成了本体性的实在。社会生活的历程确实像这些学者往往强调的那样，一般来说是可以预见的。然而，就许多方面而言，这种可预见性都是社会行动者“造成的”；如果没有社会行动者在行事时所采用的那些理由，所预见的社会生活就不会发生。即使说，分析行动的意外后果和未被认识的条件构成了社会研究的主要部分，我们仍需强调，始终要把这些后果和条件放在意图行为
286 流中来解释。在分析中，我们还必须考虑社会系统再生产中那些被行动者反思性监控的方面和意外的方面，以及偶然行为的意外后果在某种具有历史意义的场合中导致的“长远”影响。

第三，进行社会分析的学者还必须对社会生活的时空构成保持敏感。一定程度上，这也是号召学科融合的呼吁。一般来说，社会科学家满足于让历史学家成为时间方面的专家，让地理学家成为空间方面的专家，而他们自己也保持了自身明确的学科认同，即使不是只关心结构性约束问题，也是囿于将概念的重点放在“社会”上。而历史学家和地理

① 厚描是著名人类学家吉尔茨从日常语言哲学家赖尔（G.Ryle）那里借鉴的一个概念。吉尔茨认为，“民族志就是厚描”。面对由各种复杂的概念结构“相互叠加、纠缠在一起的”文化，民族志运用“厚描”的方法来解释“民族志的研究对象：各种意义结构构成的分层等级制”。所谓“厚（描）”是与“薄（描）”相对而言的，后者仅仅指对一个行动或动作的“字面描述”，没有触及它作为“文化范畴”所具有的复杂意涵。国内也有些学者将这个词译为“深描”。参见 C.Geertz，*The Interpretation of Cultures*（New York：Basic Books，1973），第一章。——中译注

学家对于这种将社会科学肢解成为各门学科的做法，也是心甘情愿，听之任之。对于那些从事一门学科研究的学者来说，似乎只有能够清楚指出自己学科的关注点和其他学科的关注点之间的概念界限，才会感到心安理得。由此观之，“历史学”就可以被视为研究一系列按照时间顺序发生的事件，甚或被更含混地看作研究“过去”的学科。而地理学的许多代表人物则喜欢声称，自己学科的特征在于研究各种空间形式。但我已经强调，“脱离”时空关系来进行社会分析，就会对整个研究事业带来损失。上述学科分工会严重妨碍我们处理对于整个社会科学来说具有重大意义的社会理论问题。实际上，所谓分析各种社会活动的时空协调机制，就是研究行动者在其日常路径上运动所经历的那些场所的情境特征，研究在时空中延展的那些场所的区域化。我已经反复强调，这种分析是说明时空伸延必不可少的组成部分，从而也是考察较大规模的社会性总体以及跨社会系统整体上具有的异质性和复杂性的必要步骤。

为了进一步阐述上面这些论述在经验研究方面的意涵，我打算分别考虑几例具体的研究。为了保持与我前面援引过的例子的某种连续性，我将采用有关教育以及国家的材料，以此为例来说明我的观点。由于现代国家在所有方面都试图通过影响教育系统的性质来监督制度再生产，这两个研究“领域”事实上是紧密相连的。第一个例子，是对英格兰中 287
部地区一所工人阶级学校中的服从和反抗的著名研究，它所采用的基本上是民族志的方法。第二个研究的方法和最初考察的国家都和第一个研究不同，是采用问卷的方式，研究了意大利的教育流动问题。第三个例子和第四个例子依赖的经验材料，都与现代国家的各种活动及其牵连的各个方面有着直接的关系。其中之一不仅仅是一项特定的研究课题，该作者的著作努力将经验材料和一种说明“资本主义国家”的矛盾性质的理论结合在一起。而另一个例子则是一项专门性的经验研究，研究者试图分析，是哪些因素导致了“伦敦城”和“工业”之间的分离，大约两个多世纪以来，这种分离一直是英国社会的显著特征。

每一例研究都分别说明了某类相对特定的概念问题。我们先来看一份我认为在许多方面都堪称范例的研究报告，我会详细指出它在经验问题方面与结构化理论的主要观点相联系的几处重点。然后，我将集中探讨三个方面的问题：我们如何用经验的方式来分析结构性约束？我们如何用经验材料来丰富结构性矛盾的观念？要想分析制度变迁的长时段，究竟哪一类经验研究最为合适？

在转向本章讨论的主要内容之前，必须先补充两个要点。我在详细指出结构化理论和经验研究之间的某些关联时，并无意于评价不同类型的研究方法或技术的长短优劣。也就是说，我并不想分析民族志的研究方式是否要比使用问卷进行调查更好之类的问题。不过，我会对所谓“定性”研究和“定量”研究的关系略做评论。此外，我还打算把讨论引到通常认为和经验研究问题没有什么紧密关联的方向，看看社会研究是怎样和社会批判联系在一起的。在本章的最后几节里，我尝试表明，结构化理论出于哪些考虑，一定要与把社会科学看作批判性理论的观念联系在一起，否则就不够完整充分。

表面上来看，后面这几个方面似乎是大大偏离了讨论经验研究的层
288 面。但实际上，它们之间的关系是十分密切的。这是因为，要对经验研究问题进行探讨，绝不仅限于考虑如何借助本书前面各章所发展的概念来阐明经验研究。所有经验研究在进行时，都抱有明确或隐含的说明目标，并且无论是对于那些被研究其活动的人，还是对于其他人，都会产生潜在的实践后果。要想阐明这些目标和后果的性质可不容易，这要求我们直面放弃直接诉诸自然科学的逻辑形式而建立的模型会产生的一些问题。在这些探讨中，我将有所节制，尽可能不涉足任何认识论问题。可以说，所有的社会研究都是研究者要将某个社会共同体或社会的成员（在某种意义上）以往不知道的新知识传播给他们。而我的目标，就是分析从这个基本主张出发，可以推出哪些结论。

2. 对策略行为的分析

根据结构化理论的观点，我们在社会学的研究中，可以采取两类方法论置括（methodological bracketing）。在制度分析中，结构性特征被视

为社会系统周而复始再生产出来的特征。在对策略行为进行分析时，关注的焦点则是行动者在构成社会关系时，以哪些方式利用结构性特征。既然这里的差别仅仅是侧重点的不同，也就不存在什么将二者截然分开的明确界限。而且，关键还在于，原则上只有通过聚焦结构二重性，这两种分析方式才能充分完成各自的任务。对策略行为进行分析，意味着要赋予话语意识和实践意识以优先地位，并且注重分析行动者在明确的情境边界内所采取的控制策略。互动场景的制度化特性在方法论上被假定为“给定的”。当然，我们必须对这种做法小心从事，因为将结构性特征视为方法论上的“给定因素”，并不等于说它们不是由人的能动作用生产和再生产出来的，而只是把分析聚焦于一定群体的行动者在特定情境中的活动。我打算指出，对于分析策略行为来说，下面几条原则具 289
有重要的意义：需要避免对行动者的认知能力作空泛的描述；要细致阐述动机；要对控制的辩证关系作出解释（见图 13）。

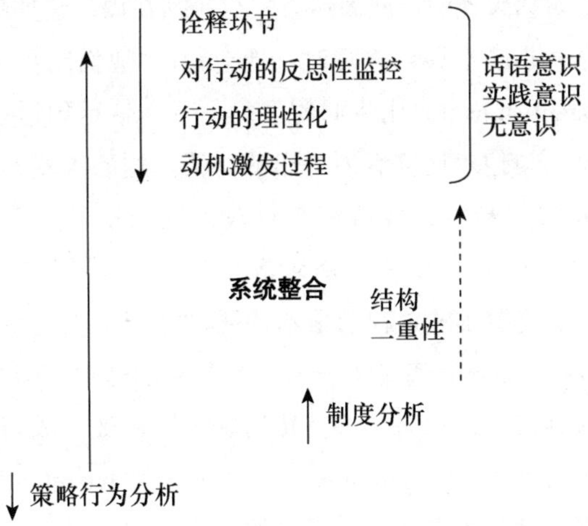

图 13

我们可以看看保罗·威利斯（Paul Willis）在其《学做工》一书中介绍的研究。[2] 威利斯想要分析的是一群工人阶级家庭的孩子，他们就读于设在伯明翰某个贫困地区的一所学校。虽然他研究的群体规模相当小，但研究不仅在细节上令人信服，而且发人深省，意味深长，远超该研究实际开展的范围。我想表明，这项研究非常吻合结构化理论主要的经验意涵。是什么赋予这项研究这些特点的呢？这至少在相当程度上是因为，威利斯将他所研究的孩子看作无论在话语层面上，还是以不言自明的方式，对自己所属的学校环境知之甚多的行动者；而且威利斯还表明，恰恰是孩子们对学校的权威系统所采取的反抗态度，通过某种方式导致了一些影响他们命运的意外后果。离开学校后，这些孩子开始接受无需特殊技能的工作，当然报酬也不多，从而促进了资本主义工业劳动的某些一般性特征的再生产。换句话说，威利斯证明，通过相关的行动者积极主动的参与，约束才会发挥作用。在这个过程中，约束并不是使行动者成为被动接受方的某种外在力量。

290 我们先来看看威利斯研究中揭示的话语意识和实践意识。威利斯揭示道，这帮“小子”（the lads）可以大肆谈论他们对学校里面权威关系的看法，以及他们为什么要这样作出回应。不过，这种话语能力并不仅仅采取命题陈述的形式；我们在解释“话语”这个概念时，应该将社会学研究一般不太感兴趣的一些表达方式也包括在内，诸如幽默、挖苦和反讽。当一个“小子”谈到教师时，他会说，“他们比我们大，他们背后的势力（establishment）比我们的大……”[3] 他这句话表达出的那种命题性的信念，与他对研究者所提出的访谈问题的答复方式是类似的。但威利斯还指出，幽默、戏谑和带有攻击性的挖苦，都是“小子们”交往时惯用话语的基本要素，是这帮“小子”运用各种知识“洞察”（penetration）学校系统的过程的根本特征。“小子们”的这种玩笑文化，既表明他们对教师的权威基础有一种非常复杂的理解，同时通过颠覆通常用来表述这种权威的语言，来直接质疑这种权威。威利斯指出，“戏仿”（pisstakes）、“耍弄”（kiddings）和“找乐”（windups）用磁带录音很难记录下来，尤其难以在研究报告的书面文字中再现。但这些东西，以及其他一些很少能在研究报告中出现的话语形式，在展示如何应付压迫性的社会环境时，也许完全不逊于更加直截了当的评论或者答复。借用作者本人的话：

> 非正式群体用从校方及其规章中赢得的空间，来塑造和发展一些特定的文化技能，而这些技能主要的用处是“搞笑”（having a laff）。“笑”是一种多面向的工具，在反学校文化中具有极为重要

> 的意义……能够制造笑料是决定一个人是否是“小子们”中的一员的关键特征——“我们可以笑话他们，他们可没法笑话我们”。但“搞笑”也被用于其他许多场合：打消乏味和恐惧，克服困难和麻烦，成为几乎所有难题的出路。在许多方面，“笑”是非正式活动特有的工具，正如命令是正式活动的特有工具一样……“搞笑”属于一种无法无天的劫掠行为。“小子们”像一伙非正规的、看不见的占领军，涌向乡下，寻衅滋事，找乐子，搞破坏。[4]

无论是在话语意识的层面，还是在实践意识的层面，那些看起来循 291
规蹈矩的孩子，多少算是接受教师的权威，接受其教育目标，似乎对学校的社会系统拥有最丰富的知识。不过，威利斯以确凿证据告诉我们，在这两个层面上，“小子们”比那些听话的孩子可能知道得更多。由于他们主动对抗学校的权威关系，当老师诉求权威时，他们能够敏锐地发现这种诉求的依据，并能找到这些老师在操纵纪律方面和个性方面最薄弱的环节，和老师作对。作对的表现就是始终不肯老老实实地达到老师的期望和要求，而一般不直接和老师正面对抗。因此，在教室中，学生通常应该安静就座，做自己的功课。但“小子们”总在动，除非老师紧紧盯着其中一个人，他才会暂时安分一会儿；他们在下面嘀嘀咕咕，或者公开地交流他们的看法，几近直接的违抗。当然，一旦受到讯问，他们可以搪塞过去；他们总是在干些别的，而不是完成要求的功课，但如果老师问起，他们又总能编造一些似是而非的理由。他们大概没读过加芬克尔的东西，却已经发明了“信任实验”：“别跟他一伙儿”，“不管他说啥，咱都笑话他”，“我们都装听不懂，问他‘你说的是啥意思呀？’”[5]

我们应该怎样来评价这些“小子”作对活动的动机因素呢？这个问题在某种程度上得依靠威利斯没有直接探讨的材料。但很显然，如果将这帮“小子”看作掌握许多技能和知识的行动者，就意味着对他们的动机要别有一番阐述，不同于“官方”对他们的看法的言下之意。在“官方”看来，他们是些“粗人”（louts），是“搞破坏的”（wreckers），不能理解学校给他们提供的教育机会的重要性。这种看法就是社会学家经常说的“不完善的社会化”的对应物。推动他们的活动的动机，支撑他们为自己所作所为提供的理由的动机，如果都说成是他们不能正确理解学校体制，或者是不能理解学校与作为他们生活背景的社会环境的其他方面之间的关系，是难以令人满意的。相反，正是因为他们对于学校，对于他们所进入的其他一些情境，都知之甚多，他们才会这么做。虽然在威利斯的笔下，这些“小子”显得要比学校其他人可能承认的能说会
292 道得多，但他们所掌握的知识仍然基本体现在他们的实践活动中，即使用话语表达，也是高度情境性的。不过，他们对自己真正生活的环境的了解也是相当有限的。当然，他们也意识到，自己很少有机会得到一份不那么低贱、不那么无聊的工作，而这份觉悟又进一步影响了他们对学校的反抗态度。但是，对于影响他们自身活动情境的广阔社会所涉及的方方面面，他们至多只有一些不太精确的感受。也许，我们可以从中令人信服地推出一种一般性的潜在动机模式，或许在一定程度上是无意识的。他们之所以这样做，就是试图确立某些行为方式，可以在单调乏味的生活前景中添加某种意义或亮色。尽管他们不知道将来具体干什么，但他们清楚地知道生活的前景一定很黯淡。我们要想令人满意地理解“小子们”的动机激发过程，除非是能够看出，他们确实把握了自己在社会中的位置的实质，尽管这种把握是以一种受到情境局限的片面方式实现的。[6]

威利斯入木三分地描述了学校场景中存在的控制的辩证关系。这帮“小子”和他们的老师都是权威的理论和实践方面的专家，但他们对权威的必要性及其正式目标所分别持有的观点可谓水火不容。老师承认，他们需要听话的孩子的支持，以便他们手头掌握的制约手段能持续发挥作用；而如果频繁地使用惩罚性制约手段，就不能有效地行使权力。该校的副校长评论说，一个学校能否平稳运转，主要取决于学校里是否存在某种道德共识，而它是不能以强迫的方式灌输给孩子的。这位副校长的表现就像是一位娴熟的帕森斯式权力理论家。他认为，只有在迫不得已的时候才使用惩罚性制约手段，因为它们与其说是有效控制的基础，不如说是有效控制失灵的标志：“你可不能像现如今的足球裁判似的，动不动就掏牌。我的意思是说，他们这么做是个失败，因为从某个角度上讲，他们这么快就被逼得只剩这最后一招了……先是黄牌，而一旦裁判亮了黄牌，他们要么接着把球员罚出场，要么对他在场上的其他任何

表现都装看不见。”[7] 老师明白这一点，而“小子们”也知道老师明白这一点。因此，“小子们”能够利用这一点。他们通过颠覆教室中的纪律权力机制，确认了自己的行动自主性。而且，他们其实也不是一天到晚、一年四季都待在学校里，这对于他们所开创的“反文化”来说至关重要。因为，正是在学校之外，摆脱了老师们的凝视，他们才能够自由地寻找他们的快乐，而这些活动在学校的场景中总是讨人嫌的。 293

3. 意外后果：反对功能主义

威利斯对学校非正式群体的分析，堪称是一项杰出的民族志研究；不仅如此，它还力图表明，在一个有限的情境中，这帮“小子”的活动是如何参与了更大规模的制度形式的再生产。和其他许多社会研究相比，威利斯的研究颇有些不同寻常，因为他强调，各种“社会力量”是通过行动者的理性发挥作用的；此外，还因为他对社会再生产的考察丝毫没有诉诸任何功能主义的概念。简言之，他是这样解释学校“反文化”与更广泛的制度模式之间的关联的：“小子们”在学校里一味作对的行为方式使他们想离开学校去工作。而工作会使他们实现久已向往的经济独立。除此之外，他们并不指望工作还能带来什么类型的报酬。他们在学校环境里发展形成的攻击性的玩笑文化十分类似车间文化，而他们离开学校后往往会步入这样的工作场所。因此，他们发现自己相对容易适应这种工作，也能够忍受这种令人生厌的工作环境的要求，即干些枯燥单调的劳动。对于自己所能获得的有限生活机会，这些孩子“似懂非懂”（partial penetration），这便产生了具有讽刺性的意外后果。而恰恰是这种后果，积极维持了那些参与限制他们生活机会的条件。没有文凭就离开学校，进入一个低水平的体力劳动的世界，工作毫无职业前途可言，自己内心也毫无兴趣，这些加在一起，将牢牢束缚着他们整个余生的劳动生涯。“当工人阶级的小子发现他以往的信心原来十分虚幻，他可能会感到为时已晚。看上去，文化的典礼正好持续到将他送进工厂

294 封闭的大门。”[8] 或者，在今天更常见的是，使这些年轻人陷入一种长期失业或半就业状态的生活。

其实，所有这些分析本来都可以用一种功能主义方式来叙述，并且用它的术语来“说明”。我们可以说工业资本主义“需要”大量的人，从事报酬绵薄的体力劳动，或者充实失业的产业后备军，从而可以这样“说明”他们的存在：在某种程度上是资本主义对这些需要所作出的反应，也许是某些尚未指明的“社会力量”的结果，而正是这些需求使社会力量发挥了作用。两种不同的论述方式可以对比如下：

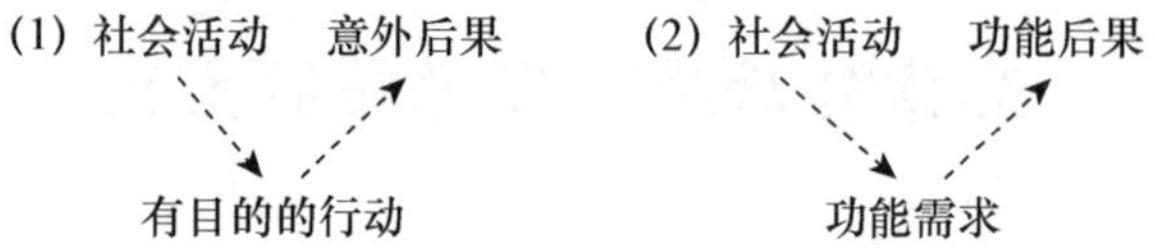

（1）是威利斯所发展的那种观点。在（1）中，一系列给定的社会活动（“小子们”的作对行为）被解释为有目的的行动。换句话说，威利斯指出，这些活动是在有限认知能力的条件下，以有意图的方式，出于某些理由而进行的。分析者可以通过指明那些限制因素，揭示他所考察的活动的意外后果是怎样从行动者有意从事的行为中产生的。要做的解释工作，就是发现所考察的行动者的理性和动机激发过程。行动者对其所作所为是有理由的，而他们的所作所为又产生了某些自己没有意想到的具体后果。（2）没有试图详细讨论行动者行为的意图性。人们也许可以假定，行为是有意图的，用默顿的术语来说，这种行为具有显功能（manifest functions）。但在功能主义的解释中，这方面通常不被视为很有研究意味，因为人们关注的重点在于如何发现一个社会系统的理性，而不是个体的理性。识别这个系统的某项功能需求被设定为具备说明上的价值，也正是它促成了以某种方式满足该需求的后果发挥作用。默顿对霍皮人祈雨仪式的功能解释（参见边码第 12~13 页）与这样的分析图式十分吻合。在默顿那里，霍皮人参与仪式的意图特征只是一笔带过。
295 他认为，祈雨仪式的“目的”就是下雨，实际上达不到这个目的。参与仪式这件事表面上看是一项非理性的活动。不过，我们可以识别出仪式所对应的一项功能需求，产生了一种具有正功能的后果。小型社会需要

一套统一的价值系统来凝聚自身，参与祈雨仪式使共同体能够定期集会，在这些场合，可以公开确认对群体价值的拥护，从而强化了这种价值系统。

我在上文已经指出为什么（2）这种解释达不到说明的目的，而且不管我们要考察的活动是什么，这种说法根本就不是对这一活动的说明。不过，柯亨（Cohen）近来提出了一种巧妙的说法来挽救这种理论[9]，即提出所谓的“后果律”（consequence laws）。解释（2）并不能算是一种说明，因为它没有提出一种机制，将功能需求的定位和假定它们在我们要说明的活动所属的更广泛社会系统中导致的后果联系起来。在确立“后果律”时，我们提出了有效的概括：只要一个给定的社会事项对于另一个社会事项具备功能，就会发现前者的存在。如果我们将一种特定的社会活动归入后果律中，可以看作一种“粗糙的”功能主义说明。但是，“粗糙的”功能主义说明根本就算不上什么说明，而且还有危险的副作用，暗示它们所指的那些社会系统具有较高程度的社会统合，而实际上并非如此。说（2）“粗糙”就是承认忽视了将所考虑的社会事项或社会活动与其功能后果联系起来的因果关联。那么，如果这些因果关联被发现，又究竟会是什么样子？应该正是（1）中给出的那一类：具体指明有意图的行动（或者说是有意图的行动的诸类型）产生了意外的后果（或者后果的诸类型）。换句话说，只有转换成（1）的说法，（2）才能起死回生。但在（1）里面，根本就没有必要使用“功能”这个概念。“功能”概念潜在的意涵是认定社会系统具有某种目的论的特性：功能主义者认为，社会事项或者社会活动之所以存在，是因为它们满足了一定的功能需求。但它们具有功能性的后果这一事实并不能说明它们为什么会存在；相反，只有对有意图的活动及其意外后果的解释才能说明这一问题。如果我们承认这一点的话，那么也许这些社会活动 296
比起“后果律”所设想的更容易和它们的结果分开考虑。由于“小子们”对他们的生活境况“似懂非懂”，因此，对于资本主义雇佣劳动的再生产来说，他们行为的后果具有一定的功能。但威利斯认为，正是这种“似懂非懂”，对于相关个体来说具有一种激进化的潜力，它有可能导致一些破坏，而不是统合更广泛的社会系统。

功能主义学者的工作在社会研究中之所以意义重大，恰恰是因为它促使我们关注到，在行动者有意为之的事情和他们所作所为实际导致的结果之间，的确是存在差异的。然而，我们完全可以在彻底抛弃功能主义术语的同时，更明确地辨识并努力解决相关的问题。使用功能主义的语言的场合一般来说有三种。这三种场合在社会分析中都很重要，但用非功能主义的概念来表述都不困难。

假设我们用一种功能主义的方式来复述威利斯的发现，那就会成这个样子:“在资本主义社会里，教育具有将个人配置到职业分工体系中各个位置上的功能。”首先，如果我们把这一论述理解为一种潜在的反事实条件句，那它也是可以接受的。[10] 许多功能主义的断言或所谓“说明”，都可以这样来理解。但事实上，这些说法只不过是确立了一种尚待说明的关系，而并没有说明这种关系。我们完全可以不使用“功能”这个概念，换一种方式来表述:“要维持职业分工，教育系统不得不确保将个体因人而异地配置到职业位置上。”这里，“不得不”（has to）一词的确切意涵是反事实的，条件性的；如果要使某些结果出现的话，它就要找出一些必须满足的条件。它建立了一个有待研究的课题，应该把它理解为是设问而非作答。如果这样，这种说法就完全是合法的。但是运用“功能”这个术语可能会引起误导，因为这意味着“不得不”是指某种需求，而这个需求正是社会系统的特性，以某种方式产生了一些力量，从而导致某种适当的（功能性的）反应。我们也许会误以为已经解决了一项研究课题，而其实所做的一切不过是确立了一项尚待研究的课题。其次，我们也可以将上面的论述理解为指一种完全依赖
297 意外后果的反馈过程。我已经指出，说“教育……具有配置个体的功能……”是模糊了社会再生产过程中意料之内的方面和出乎意料的方面之间的差别。因此，在这样的论述中，我们就不清楚，所考虑的过程在多大程度上是“因果循环”的结果，又在多大程度上是我前文所称反思性自我调控的结果。只有当处于社会再生产过程某个环节并受这些社会需求影响的人们认为，社会需求确实是社会再生产过程中蕴含的因果因素，它才会作为这样的因果因素而存在。人们在设立那帮“小子”所在的教育系统时，认为它的目的是促进机会平等。而它的实际结果却恰恰

相反，是维持了流动壁垒。但教育部或者国家的其他领导机构并没有计划这么做。如果这些机构真想这样做，由铁腕的决策者深谋远虑地安排教育，以维续阶级体系，那么这一过程会和现状大不相同。当然，这是一个很复杂的问题。所有的现代教育系统都包含了反思性调控的努力，这些努力所导致的后果又会对那些制定教育政策的人施加反作用。但是，如果我们不对这种复杂性进行研究，就不能把握再生产的实际条件。其结果就是某种形式的客体主义，认为无论发生什么，都是社会力量的结果，而且就像自然法则一样不可避免。不过，另外一种做法是有可能接受某种阴谋论，认为无论发生什么，都不过是某些人精心设计的结果。前者是功能主义特有的观点，它的问题是没有充分重视有意图的行动；而后者的局限则来源于未能看到，活动的后果总是不断地脱离最初发起者的控制范围。

4. 结构二重性

我想，从本书前面的讨论中，读者可以清楚地看到，结构二重性是结构化理论的基本概念，它的意涵就体现于行动的“条件”和“后果”这两个术语所具有的错综复杂的含义。在某种程度上，所有的社会互动都是以身体在场的具体情境为场所和渠道的。当我们从对策略行为的分析过渡到对结构二重性的认识时，就不得不“步入”时间和空间的问题。也就是说，我们必须努力去认识，在一定范围情境内所进行的实 298
践，是以何种方式嵌入范围更为广泛的时空之中的。简言之，我们必须尽力发现具体情境中的实践和制度化实践之间的关系。威利斯的著作对我们很有启发，可以形象地看到：那帮“小子”在学校中发展一种作对文化的时候，在多大程度上是利用了范围更为广泛的、而非其行动直接情境的规则和资源？

我们可以在分析上详细指明，从对策略行为的研究到对结构二重性的考察，概念上的过渡都涉及了哪些方面，即如下图（制度分析则可以从另一端开始，沿着上向的箭头进行）：

诸区域之间的相互交织 ⟶ 超出直接互动情境的空间扩展

例行化 ⟶ 超出直接互动情境的时间扩展

时空伸延

各种形式的社会性总体

如果不再分析策略性定位的行动者在具体情境中进行的活动，就意味着需要研究一些新的现象：首先是他们的行动情境的区域化与范围更广泛的各种区域化形式之间的关系；其次，他们的活动在时间中的嵌入性，也就是说，在多大程度上他们再生产出了长期确立的实践或者实践的某些方面；第三，哪些方式的时空伸延，能将我们考虑的各种活动和关系与整个社会的特征或者跨社会系统联系在一起。

威利斯对其中一些现象的讨论尽管用的术语和我的有些差异，但还是颇有见地的。虽说受到了阶级分隔的强烈影响，学校的正式等级制还是理所当然地包含了在社会许多领域普遍存在的行为方式和规范期待。学校作为一个场所，在物理空间上是和工作场所相分离的，在时间方面则和孩子一生中的工作体验相分离。尽管学校和工作场所都具有某些全面性的纪律权力模式，但它们并不只是同一种制度形式的两个侧面。威
299 利斯指出，学校的纪律具有强烈的道德化倾向，这一点是工作场所中的纪律所不具备的。学校纪律体现了一种“抽象的教育范式，它维持并再生产出该范式所促成的东西”[11]。这种权威轴线的道德性，或者说它所强调的规范要求，影响了带有反叛色彩的亚文化的性质。当这帮“小子”对学校例行常规的细枝末节公然展现藐视时，他们不仅是在行为上背离了人们的期待，而且借此表明他们拒绝接受那些道德特权，因为他们认为老师的权威就是以这些特权为后盾的。不过，在这种情况下，学校的教职工在竭力确立他们的权威时，能够利用的资源也不仅仅是声称他们具有合法性。教职工是分配知识的“资源中心”，那些听话的孩子承认这些知识是稀缺的商品，即使那帮“小子”不这么看；而且，这些教职工可以采取更直接的方式，控制各种活动的时间安排和空间安排，正是这些活动构成了教室的组织和整个学校的时间表的组织。当然，在

所有这些过程中，教师都间接地借助了来自校外社会的那些根深蒂固的制度支撑。[12]

至于“小子们”的态度和行为，当然不是他们自己完全凭空创造出来的；他们借助了自己校外生活中的经验积累，同时还借助了整个工人阶级共同体在历史上形成的经验积累。那些偏离了学校环境中的规范和预期行为的孩子，有能力利用这些经验财富，改造其中许多内容，以影响学校环境。在这一过程中，他们参与再生产了那些范围更广泛的情境中的各种特征，但他们是以创新而不是机械的方式来参与的。街坊邻里和闹市通衢为青年文化提供了符号形式，更直接地构成了反学校文化中经常提到的话题的来源。威利斯还提到，成年人讲述的和他们上班生活有关的那些故事具有重要的意义，特别是那些有关他们对待权威的态度的故事。父母参与了向孩子传播工人阶级文化的过程，但他们彼此之间显然在行为方式和具体观点上都不尽相同。而且，在形成他们的看法时，父母和孩子之间具有相当的独立性。有些父母表达出的态度和那帮“小子”相差无几，而有些父母则极不赞同甚至强硬反对这些孩子的行为。还有些父母对学校的各种价值观满腹存疑，甚至充满敌意，但他们 300
的孩子却对学校所期待的行为标准亦步亦趋。换句话说，这帮“小子”的活动和来自更广泛社会中的各种影响之间的相互关系，是所有相关因素共同“作用”的产物。

国家的学校体系作为一种受到反思性监控的社会现象，利用了社会学研究和心理学。二者的影响都渗透到了这所学校的实际组织过程中（不用说，那里的教师现在也熟知了威利斯本人的研究）。在课程体系组织以及课堂教学安排方面，学校已经多少开始贯彻“因材施教”（progressive）的新方针。“小子们”能够直接接触来自校外社会的学术研究的主要场合之一，就是结合就业指导。现在，根据规定，所有学校都必须向孩子们提供就业指导。就业指导主要是受心理学理论和心理测验的影响，在学校内部很受重视。威利斯指出，就业指导虽然笼罩着一层人人平等的光环，但还是强烈地反映了中产阶级的价值观念和志向抱负。就业指导集中在“工作”问题上，传播的观念往往和这帮“小子”从父母和街坊以及同一共同体成员那里听到的有关工作的态度和观念形成鲜明对照，而后者却特别对他们的胃口。他们取笑或者漠视就业讲座所发的那些材料。但这种反应还不仅仅是一种否定的反应。他们认为自己已经洞察了工作的真正特性，而那些听话的孩子还死不认账。不过也许“小子们”真的有这样的洞察力。听话的孩子不得不“费劲地”学习，求得文凭，因为他们不知道投机取巧的窍门。要想在职场上混下去，需要胆量，能够决断，还要善于把握良机。

我们不难看出，正是他们从工人阶级既有的劳动环境中耳濡目染并加工发挥的那些观点发挥了作用，使得这帮“小子”逐渐深陷他们离校后面对的那些环境。在某种程度上，这帮孩子与学校的“官方”规范之间形成的断裂的源泉，却以非官方的形式，在学校和工作情境之间建立了延续性。正是反学校文化为这帮“小子”提供了离校工作所遵循的主要指南。无论是这些孩子，还是他们的父母，都认为学校里的权威关
301 系与工作场所的权威关系之间存在直接的关联，构成了二者之间的认知联系和情感联系，这与学校和工作场所中的“官方”利用制约手段建立的那些联系相去甚远。在这里，我们可以看到，一种时间维度上延续久远、空间维度上分布广泛的经验基础，以各式各样的方式被每一代人重新培养起来，为他们在学校和工作这两个原本相互分离、各不相干的社会世界架通了桥梁。这帮“小子”对于学校的看法引导他们迈向了自己的未来，但是在他们眼中，未来“就那么回事儿”(flat)，反正都差不多，而不是中产阶级特有的那种职业生涯观念，即不断地晋升。因此，“小子们”无所谓具体选择什么工作，逮着一份工作就干，而不是认真仔细地考虑一系列可供选择的机会，然后再从中挑选一个。威利斯清楚地表明，这帮“小子”注定一辈子都得干普通的劳动，尽管他们心中根本就没有这种“普通劳动”的观念。但是，他们想要立即拿到最丰厚的薪水，而且认定工作总归是没啥意思的。他们受到这些欲望和观念的驱使，就一定会有这样的行为。

接下来，我们不妨到更广泛的时空框架里看问题。在这个框架中，存在一种工人阶级文化的再生过程。正是它导致了“小子们”这样的群体的各种情境性活动，而这些活动又影响了上述的过程。威利斯评论道：

> 就以某种方式为社会准备劳动力而言，学校中的各种正式和非正式的过程显然是至关重要的。但除此之外，家庭、亲友、邻里、媒体，以及工人阶级在生产活动之外的整个经验，也同样关系重大，它们都对劳动力的持续再生产以及劳动力日常参与劳动过程发挥了重要的作用。从另一个方面来说，我们还要重视工作场所，无论是其客观方面，还是它产生的作对文化，都以某种特定的方式，对在生产场所之外进行的劳动力再生产过程产生了相当程度的反作用，从而导致一种无法预见也往往意外的意义和导向的循环，就像我们在反学校文化中所看到的那样。这种循环关系发挥着作用，最终保存并维持了一种特定的构型。也许，这又和官方政策的本意有所偏离了。[13]

在这里，提到有关劳动力的问题，就和我在第四章举例讨论的转
变 / 中介关系发生了关联。我不打算重复这个问题，只是想指出，我们 302
如何可以在分析上从反学校文化的情境性活动的角度出发，推出相关的结构性关系来。工业资本主义作为一个全面的社会性总体，它的再生产过程所涉及的结构丛，除了前文所论，还可列举如下[14]：

私有财产：货币：资本：劳动契约：工业权威

私有财产：货币：教育优势：职业位置

第一组结构从左端结构性特征的转变和前文分析的一样。不过，它们是否能够兑换成靠近右端的结构性特征，则取决于劳动契约以何种方式“转化”为工业权威。马克思详尽分析过，资本主义劳动契约的形式与封建秩序下领主和农奴之间存在的效忠纽带相去甚远。资本主义劳动契约是雇佣者和被雇佣者之间的一种经济关系，是两个“形式上自由”的行动者在劳动市场上的相遇。这种新型的劳动契约的一个主要特征，就在于雇佣者雇佣的不是“劳动者”，而是劳动者的劳动力。利用货币这种统一交换媒介，劳动力转变成为一种等价物。工业资本主义作为一类生产体系，它的存在所包含的结构转变过程是不能缺少劳动力这种等价物的。对于雇主来说，抽象劳动可以在量上转化为等价的时间单位，使在不同产业部门劳动的个体所从事的具有质的差异的工作可以被相互

换算。劳动契约通过经济权力转变成为工业权威。一旦绝大多数工人沦为无产者，雇主作为一个阶级就能够对工人行使这种经济权力。

根据马克思的观点，这些关系要能够存在，条件是“货币所有者必须在市场上和自由劳动者相遇，这里所说的自由，具有双重意义：一方面，工人是自由人，能够把自己的劳动力当作自己的商品来支配，另一方面，他没有别的商品可以出卖，没有任何实现自己的劳动力所必需的
303 东西”[15]① 这样一来，我们就可以把这里的“必须”理解为马克思就其分析的现象所作的功能“说明”，至少是暗含了这样一种“说明”，仿佛这一陈述确实说明了这些现象何以发生。在马克思有关资本主义发展的论述中，有一些关键问题的分析确实带有强烈的功能主义色彩。但是，我们姑且承认，完全可以按我提出的办法来解释这里的“必须”，亦即只是设问待答。在回答这一问题时，我们不仅要涉及资本主义的早期起源，而且须联系资本主义作为一个总体的制度秩序的持续再生产，因为没有什么机械力量可以确保再生产过程日复一日、代代相传。

威利斯对这帮“小子”在具体情境中的行动的研究有助于指明，上面所指出的结构性关系是如何在行动中得以维持并再生产。由于“小子们”对社会系统“似懂非懂”，尽管他们对工作性质无所谓，却乐意进入职场，从而使自身构成“抽象劳动力”。他们假设所有工作都一样，从而巩固了劳动力的可交换性的条件，而劳动力的可交换性就以结构方式包含在资本主义的劳动契约中。这似乎令人痛惜，因为如果威利斯所言非虚，那么这帮“小子”的作对文化恰恰有效地使他们在某些方面比起那些听话的孩子来，更加紧密地把自身的活动与他们所反对的那个秩序的各项制度整合在一起。不过，正是在这种关系的复杂性中，我们可以发现重要的是不能仅限于从结构中“解读出”行动，反之亦然；换言之，重要的是要抵制客体主义和主体主义的二元论。这帮“小子”的情境活动，尽管由于混杂了意想之中的后果和意图之外的后果，显得颇为复杂，但相对于整个制度再生产范围广泛的复杂过程来说，还只是微末一角。如果我们考虑第二组结构从靠近右端的那些制度特性，必然会得

① 中译参考了《马克思恩格斯全集》，中文1版，第23卷，192页，北京，人民出版社，1972。略有改动，以和英文引文保持一致。——中译注。

出同样的结论：这些特性使行动者的教育优势可以兑换成分化的职业位置。有一些比较直接的方式，有钱就可以转变为教育优势，而教育优势又可以转换成优势职业位置。因此，私立教育可以用钱来买，而接受私立教育的人比那些受公立教育的人更有可能谋得收入较高的职业。但 304
是，在绝大多数时候，货币、教育优势和职业位置之间的转换，所涉及的再生产循环通路都远为复杂。

确定结构丛是一种非常有用的手段，可以用来对给定的制度秩序的一些主要特征进行概念分析。但是，我在前文业已强调，结构指的是各种关系脱离了时空所构成的虚拟秩序。只有在处于具体情境中的人类主体运用各种知识完成的活动中获得了具体体现，结构才能得以存在。正是通过这些活动，结构被再生产为嵌入时空跨度的社会系统的结构性特征。因此，要考察结构二重性，始终需要探讨我此前所称的结构化的各个维度或者说轴线。

5. 结构性约束问题

现在，让我们来进一步研究有关结构性约束的问题。这里，我想换个例子，不再讨论汉默镇学校（Hammertown school）中的男孩们。不过，读者不要误解我的意思，好像威利斯所进行的这种民族志研究不适于分析这样的问题。相反，威利斯的大多数论述都恰恰可以理解为是对于结构性约束的性质的精妙研究，理论思考细致完善，经验素材丰富翔实。但是我不想让人以为，相对其他类型的社会研究而言，民族志研究是社会学家首选的研究方式；而且，为了进行制度分析，我们所关注的聚合体的规模，往往（尽管不是必须）会大于用民族志的方式可以自如处理的程度。转向新的研究的同时，也不妨让我换个国家来看看。这里，我们的讨论将立足于在意大利西北部的皮埃蒙特（Piemonte）地区对教育机会的研究。[16] 研究报道了一项问卷调查和一项访谈调查的结果，都是在高中生中进行的，总数大约三千人。在这两项调查中，接受较为详细的访谈的那些年轻人都是在访谈前一年的时间内刚刚开始找工作的。

因此，这项研究的主题和威利斯的研究相当类似，尤其是它们都涉及了年轻人对学校和工作的态度。该研究还用各种例子说明了国家对系统再生产所进行的反思性监控的方方面面，这正是当代社会特有的现
305 象。根据意大利议会的一项法案，要求登记造册，为所有离开学校找工作的年轻人提供帮助。所有的被访谈对象都是登记在册的人。这项法案既为那些招募年轻人的雇主提供了便利，又考虑给这些年轻人安排多种形式的就业培训，凡此等等。这项研究计划本身就属于当局试图以反思性的方式来影响社会再生产条件的努力的一部分。研究由地方政府提供资助，原因部分在于政府以往有关离校生的政策导致了意想不到的结果。以前，政府每年向那些没有工作的高中或大专毕业生提供六百个待遇优厚的工作岗位。然而，却有三分之一的人不接受政府给他们提供的工作。制定这一政策的人对这种反应十分困惑，他们显然一直认为，那些没有工作的人，只要有人给他们收入还不错的工作，就会欣然接受。为了搞明白怎么回事，他们资助了这项研究。

研究报告的作者甘贝塔（Gambetta）在对材料进行分析时，始终紧扣着结构性约束的问题。他提出的问题是，个人在对不同的教育机会进行选择时，是受到外力的“推动”（pushed）呢，还是“自己作的判断”（jump）？如果存在外力的话，这些外力在什么意义上类似于“结构社会学家”描述的那些推动个人步入特定的行动进程的力量？甘贝塔首先总结了调查的结果，他的做法和其他各式采用“结构社会学”立场的研究非常类似。例如，用这种方法，可以证明阶级背景影响了教育选择的性质。一个来自“上层阶级”家庭的孩子受高等教育的机会，大概是一个“工人阶级”家庭背景的孩子的四倍。这样的一些差别究竟告诉我们什么？它们并不像表面看起来那样，存在一些机制，导致了调查所发现的这些相关关系；无论这些影响能够发挥多大的作用，它们的效果远不是清楚明确的。因为许多上层阶级的孩子并没有接受高等教育，而相当一部分工人阶级子弟却进入大学深造。不过，这些调查资料确实表明，影响教育选择的因素可不仅仅是包括那些涉及个人的因素，后者可以有效

呈现为各自独立作出的决定的集合。莱博维茨（Leibowitz）曾经综述了大量研究，它们主要在北美地区进行，得出了类似的结论。他证明，如果用社会经济背景来说明接受学校教育的年限，可以“被说明”的方差从10%到47%不等。[17]

这样一种粗糙的相关关系，显然只能模糊地表现这些因素之间的关 306
联。因此，甘贝塔通过统计控制许多可能有影响的因素，更仔细地考察了组间方差的来源。经济差异的指标是每个孩子的家庭收入，“文化资源”则根据父母的教育程度来衡量。控制了这些因素后的结果表明，父亲的职业，这几乎是研究中用来表明阶级背景最常见的一个经验指标，仍然对最终受教育程度发挥着相当大的影响。结果还呈现出产生效应的前后序列。工人阶级子弟比起其他阶级的孩子，更可能在早年就被淘汰，辍学去接受最早获得的就业机会。但在那些继续就读的孩子中，工人阶级的子弟却比阶级地位背景较高的孩子更可能进入大学；换句话说，那些阶级地位背景较高的孩子，一旦已经获得了较高程度的教育，他们就可能中断学业。这便提醒我们，阶级地位较高的家庭也许往往多少会自动地保证他们的孩子受教育的年限超出通常离开学校的年龄。换句话说，工人阶级子弟所受到的影响也有上向的“推”力，而不仅仅是下向的“推”力。工人阶级的父母往往不会坚持让他们的孩子接受长期教育，除非有特别的理由促使他们这么做，比如有个孩子天赋异禀，或者有特别强烈的动机要留在学校里，等等。

那么，工人阶级子弟是被外力推动这么做的呢，还是他们自己的选择？是否因为他们对自己即将面对的生活机会，属于威利斯所说的“似懂非懂”，从而导致了他们的“落伍”？通过对手头材料进行进一步统计分析，甘贝塔成功地证明，工人阶级子弟比起阶级地位较高的孩子，在作出是继续就读还是辍学这一最初决定时，对缺乏学业成功这一点的反应要大得多。这表明，工人阶级家庭和他们的孩子会以一种讲求实际的态度，来理解在学校体制中“坚持下去”会面临的重重困难。为什么相比起其他孩子，那些在学校继续就读的工人阶级子弟更可能坚持读下去？对于这个问题，我们至少可以尝试给出如下解释：对于这些孩子和他们的父母来说，比起阶级地位背景较高的那些孩子，继续就读更多是意味着一种价值认同（认同一些在文化上与工人阶级“相异”的价值）。
307 而且相对而言，继续就读的物质成本也更高，因为对于他们的父母来说，支持一个孩子在学校读书，比起阶级地位较高的家庭，边际成本要更大。一旦他们认同了这种价值，比起阶级地位较高的孩子，他们就会有更高的文化“投资”和物质“投资”需要得到保障。

可以假定，有关劳动市场的知识，以及对工作的一般态度，都会影响这些决定。本例中，甘贝塔讨论了一种有关劳动市场行为的观点——“停放理论”（parking theory）。这种观点在意大利已经引起了相当广泛的关注。根据这种理论，受教育的年限往往与在早年辍学时面临的社会流动机会成负相关。要想避免失业，学生就会在学校里待更长的时间。停放理论暗含的对学生动机的说法是：倘若其他情况相同，优先考虑工作，其次考虑求学。提出这一理论的那些学者[18]，就行动者的动机和理由有所论述，但这些论述大部分既不明确，又很“薄弱”。不过，由于停放理论可能导致一些和直觉相反的结论，所以它颇为耐人寻味。例如，它表明，在某些情况下，受教育年限可能和一个街区或地区的经济发展水平成负相关。因此，巴巴格利（Barbagli）发现，在整个意大利，人均收入和 11 至 15 岁年龄组的入学率呈正相关。相反，过了 15 岁这个年龄，法律就允许辍学，而继续就读的比例和人均收入就呈现出负相关，和其他一些衡量省级经济发展水平的指标也是如此。他从这些材料得出结论：由于更难找到就业机会，较穷省份的那些孩子往往会继续就读。[19]

不过，由于停放理论在动机的解释方面比较“薄弱”，我们没有办法考虑对这些结果提出不同的可能解释。例如，如果在学校待的时间更长不会带来什么可能的经济收益，那么继续就读的模式还会照旧吗？这里，停放理论会得出和那些“人力资本”理论不同的结论，后者是从成本—收益的角度来考虑个人的教育决策的。为了评价这些不同的可能解释，甘贝塔考察了在皮埃蒙特地区个人坚持读到大学的决定和经济差
308 异之间的相关程度。结果显示，继续就读不仅仅像停放理论所认为的那样，是一个否定性的选择；在某种程度上，继续就读是一个肯定性的选择，受到继续教育所提供的机会的“吸引”。但是，正如研究所表明的，

就各种“人力资本”理论本身所包含的有关动机的假设而言，这些理论都过于简单化了。而且，当各种行动者分别考虑完成的行动历程叠加在一起产生了意外后果时，这些理论就都不能把握了。留在学校继续就读，本来是打算将来就业能够尽可能增加自己的收入，但是也许这样的决定却带来有悖于初衷的偏离后果。每个人都是预期将来会找到高收入的工作才会继续就读的。但是，如果太多的人都这么做，预期的收益就会消失殆尽。[20]

个人是受到外力推动的呢，还是自己作出的判断？甘贝塔最初所提出的这个问题，促使他超越了结构社会学通常的界限。他在分析手头的经验材料时，能够从制度视角转向对有目的的行为的研究。他的研究对象不仅仅是“社会学傀儡”（sociological dopes）。不过，在这里，我并不打算直接探讨甘贝塔对调查结果的分析，而是要进一步遵循上一章所发展的思路来考虑他的研究。不妨让我重审一下前面对行动约束的论述。首先，不管什么人，如果不是已经受到某种力量的“吸引”，约束就不会“推动”他去做任何事情。换句话说，即使限制行动历程的那些约束十分严格，我们的说明也应该蕴含对有目的的行为的描述。其次，约束是五花八门的。在目前这项经验研究中，重要的是将由各见差异的制约手段所导致的约束与结构性约束相区分。第三，要研究结构性约束在不同的具体行动情境中的影响，就意味着要详细说明，究竟是哪些方面的因素限制了行动者的认知能力。

我们不妨从后往前探讨这些问题。显然，就第三点而言，甘贝塔的大量论述实际上是和辨识行动者认知能力的界限有关。具体而言，他十分注意揭示父母和孩子对当地劳动市场可能有怎样的了解。这显然是十分重要的。他同样注意分析了行动者在学校环境方面的认知能力。他的研究是一种运用统计手段进行的研究，不可能像威利斯的著作一样提供那么丰富的细节材料。但是，甘贝塔也指出，我们完全可以依据调查材料，推断出父母和孩子对教育的“现金价值”可能拥有什么样的知识。 309

关于第二点，应该指出，有许多种制约手段会影响孩子的位置；这些与结构性约束的来源之间的区别一望可知。法律规定了入学年龄和最低退学年龄。父母和孩子有时无视这种法律义务，特别是在意大利南部地区。但是对于绝大多数人来说，这些法律规定设定了一个框架，甘贝塔所分析的那些类型的决策都是在这个框架内作出的。此外，孩子还面对来自父母和学校其他人物的非正式制约。既然父母必须资助那些留在学校继续就读的子女，他们就握有强硬的经济制约手段，影响他们的孩子是否会进一步接受教育；当然，除了这些，在这一过程中可能还包含其他更微妙的制约机制。像威利斯那样的研究都相当清楚地揭示了在学校环境中也存在形形色色的这类机制。

让我们最后来看看第一个问题。研究者要在一个具体的行动情境或一类行动情境中辨识出结构性约束，就得考虑行动者与动机相关的那些理由，而这些动机正是偏好的来源。当约束严重束缚（可行的）备选方案，以至于行动者只剩下一种或一类选择时，我们就可以假定，行动者除了服从别无办法。这里包含的偏好是否定性的，就是希望避免不服从带来的后果。如果情况是行动者“只能这么做，除此别无他法”（could not have acted otherwise），那是因为在行动者必需的条件既定的情况下，只有一个选择。我一直强调，**千万不能**将这种情况和“除了去做，别无办法”（could not have done otherwise）混淆起来，后者标志着行动的概念边界；而结构社会学家往往混淆的就是这种差别。当只存在一种（可行的）选择时，对这种限制的觉知，再加上需求，就给行动者的行为提供了理由。正是因为约束，行动者所理解的那种约束，构成了行动的理由，结构社会学才容易省略对行动理由的分析。[21] 当然，即使可供选择的范围十分广泛，行动者给行动提供理由的过程也会涉及约束问题。这里，我们又需要小心从事。在任何具体情况中，形式化的偏好模式或
310 决策模式都确实可以提供一种强有力的分析方式，用来解释结构性特征之间的关联，但是它们不能代替借助民族志手段来更为细致地研究行动者给出行动理由的过程。我们可以再考虑一下那帮“小子”的行为。一种“经济”模式无疑可以使我们对他们行动的理由有所了解。他们看到正规教育给他们提供不了什么好的工作前景，实际上就决定一旦有可能，就辍学找工作，以便减少损失。不过，如果只是这样来表述他们的行为，根本就没有传达威利斯的研究所揭示的那些微妙之处或复杂之处。

甘贝塔的研究所关注的问题是：在辍学者所直接面对的行动情境中，结构性约束具有哪些影响。考虑到每一项具体的研究不可避免地有限性，他关注的问题尽管有些狭隘，但无疑是有情可原的。不过，我们显然可以换一种方式，更为深入地分析结构性约束对他所研究的行动历程的影响。通过这种方式，我们可以探讨，行动者的动机和给出理由的过程是如何受到其成长过程和此前经验的影响和塑造，进而，这些因素又是如何受到范围更广泛的社会中的一般制度特征的影响。不过，在原则上，分析这些"社会力量"的方法与甘贝塔研究中采取的方法完全一样。也就是说，结构性约束总是通过行动者的动机和理由发挥作用的，它们（经常以迂回分散的方式）确定了一些条件和后果，从而影响了他人所获得的选择机会，也影响了他们从这些选择机会中想要得到的东西。

6. 矛盾和有关冲突的经验研究

继续探讨将教育和国家联系在一起的话题，就提供了一条实质线索，以进一步考虑与经验研究相关的广泛问题。在前面有一章我曾指出，可以有效地将矛盾概念与结构性特征和结构性约束的概念联系在一起。在那一章里，我的讨论比较简短，而且十分抽象。我只是指出，在社会理论中，我们可以赋予矛盾概念以清楚的意涵，而且有必要将矛盾 311
和冲突区分开来。冲突这个术语，指的是不同行动者或集合体之间某种积极主动的对抗形式。现在我打算基于经验语境捍卫这种主张，不过我只关注前文我说的"结构性矛盾"。近年来，在赋予矛盾概念以确定的经验内容的各种努力中，最为重要也是最具启发的做法是那些受到博弈论影响的学者的著作。这些学者所采取的立场明显和方法论个体主义有联系。[22] 其中的一位作者布东（Boudon）对教育和国家政策进行了大量论述。而另一位持有这一立场的学者，即埃尔斯特（Elster），他的著作是我们刚刚分析的甘贝塔的研究所借鉴的主要思想之一。

布东和埃尔斯特将矛盾和行动的意外后果联系在一起，他们把这种意外后果看作所谓“偏离效应”的一种子类，有可能是多个个体有意图的行为的结果。埃尔斯特将这样理解的矛盾区分为两种类型：一种涉及所谓的“反目的性”（counterfinality），一种涉及“次优性”（suboptimality）。[23] 前者和埃尔斯特所说的“合成谬误”（the fallacy of composition）有关。这种错觉认为，在一些既定的情况中，对于一个人来说是可能的行为结果，对于同处这些情况中的其他任何人来说，必然同时也是可能的。例如，某人将他所有的钱都存到银行里并获得了利息；根据这个事实，我们并不能得出结论，所有人都将钱存到银行里，全都会获得利息。

埃尔斯特论述的关键是，如果我们对许多合成谬误的实例进行重新描述，可以发现这些情况都包含了矛盾的社会关系。当在许多个人的聚合体中，个人的行为方式属于下面这种情况时，就会导致矛盾后果：如果个人孤立地行动，就会产生和意图一致的效果，而如果所有人都这么做，则会产生一种偏离效应。如果演讲厅里的所有观众都踮起脚尖，以便更好地看到演讲者，其结果便是谁也不会达到目的。如果在某个地区，所有的农夫都通过伐树来扩大土地面积，结果就会由于植被破坏导致土壤侵蚀，最终每个农夫的土地都比开始有所减少。不仅没有人有意达到这样的结果，而且这些结果还和处于这一情境中的所有人想要实现的目标恰恰相反；不过，导致这些结果的行为最初意在满足行动者的需求，而且，要不是这种行为变成所有人的普遍行为的话，个人本来是会达到这个目标的。我们不妨看看马克思对资本主义经济体系中利润率下
312 降这一趋势的讨论。[24] 如果经济增长的步伐过快，就会吸纳所有可以雇佣的劳动力资源，一旦雇主发现缺乏合适的劳动力，工资就会提高。为了避免这种情况，雇主会引进那些可以节省劳动成本的技术创新。虽然说，单个工厂主通过引进技术创新可能获得更多的利润，但在整个经济体系中，因为不变资本与可变资本的比率上升了，剩余价值总额以及利润总额就都下降了。一旦某个经济部门的所有工厂主都引进了同样的技术创新，他们的处境就可能比以前更糟。

第二类矛盾关系，所谓次优性，是从博弈论的角度来界定的。这种

情况就是，在一个博弈论情境中，当所有参与者都选择一个最终会达到均衡解的策略，他们同时意识到，其他的人也会像自己一样做，这样所有人都会得到相应的均衡结果。而如果这时他采取另一种策略，他本人就会得到更多。与反目的性的情况不同，在次优性的矛盾关系中，所有人都意识到，如果他们的行为和其他人的行动以不同方式融合在一起发挥作用，会产生怎样的结果。假定农夫们组成一个卡特尔，栽种一种特殊的作物，就能确保较高的利润。如果卡特尔成立了，个别农夫要是能够无视卡特尔的协议，从中渔利，而不为其所限，那他获得的利润就会更高。如果所有农夫都意识到情况可以如此，那就根本成立不了什么卡特尔。[25] 布东曾经用一种与此大体类似的解释，来研究教育和社会流动的问题。在 20 世纪 60 年代，几乎所有的工业化国家的高等教育都大大扩张。随着教育水平的上升，越来越多的人从事了和他们的学历不相称的工作，也就是说，要是以他们所干的工作的正式要求来衡量，他们的学历明显过高了。这样就导致了受挫情绪。部分是对这种情绪所作的反应，许多国家设立了所谓“短平快”（short-cycle）的高等教育，设置了一些短期课程，给学生提供更有弹性的短期选择。不过，很少有人选择这样的课程。为什么会出现这种情况？布东指出，短平快教育的失败可以从与囚犯困境类似的角度来理解。学生们意识到他们接受这种教育可能会面对哪些后果，从而作出了理性的选择，导致了这种次优的结果。研究表明，那些选择短期教育课程的人，确实和那些接受更传统的长期课程的学生一样有机会找到收入优厚的工作。而且大多数学生也了 313
解这一事实。所以，也许有人会出于直觉地假定，会有相当一批学生选择短期课程，制定这些政策的政府就这么想。布东指出，这个假设看似一目了然，其实并不那么正确。学生所作的选择和囚犯困境取决于同样的事实，即每个人在选择时，都知道其他人也在根据同样的可能作出选择。学生实际上是通过选择长期教育，尽可能地扩大自己的机会，即使有些人可以通过选择短期课程以获得更多的好处。[26]

埃尔斯特和布东的阐述之所以很吸引人，不仅是因为他们能够使矛盾概念具有清晰的含义（虽然布东本人并没有使用矛盾这个概念），而且还因为他们表明可以用什么方式赋予矛盾概念以经验内涵。人们有意为之的行为所产生的后果，如果偏离了最初的意图，乃至于追求某个目标的活动恰恰使人们不太可能达到这个目标，那么这些后果就是矛盾性的。不过，这样的矛盾概念所面临的困难也是很明显的，它和这种概念所借助的博弈论模式密切相关。当然，博弈论模式无疑在经验研究中非常有用，无论是提示研究者需要解决什么问题，还是如何对调查结果进行解释，都有很大帮助。布东的教育社会学研究即为一例。但是博弈论在社会科学中却似乎只能应用于有限的范围。如果我们抽象地或是用数学方式来表述博弈论的模型，这些模式会显得优雅精致、令人满意，但它们和实际发生的行为之间的关系却往往很不牢靠。

如果存在下面这些特定情况，那么将博弈论模型应用到经验问题上，就很容易站得住脚：有确定的“决策”需要作出；可以比较容易地指出涉及了哪些可供选择的后果；分别进行这些决策的一群人彼此之间没有直接的沟通。在现代社会中，这样的情况并不难找到，但是也有非
314 常多的社会生活情境不属于这种类型。如果说，和博弈论的联系是限制埃尔斯特等人考虑矛盾概念的思路的一个根源，那么另一个根源就是这种思路和方法论个体主义之间的联系，特别是埃尔斯特所明确采取的那种方法论个体主义的立场。尽管二者之间并不存在逻辑上的必然关联，但是我们也不难看出，为什么二者往往会殊途同归。在埃尔斯特看来，所谓的矛盾，就在于分别进行的个人行为和它们的合成后果之间的脱节。这种看法在很大程度上局限于我所谓的策略行为分析。从这种立场出发，根本不可能理解在系统再生产的结构条件中包含的矛盾。

我提倡的就是后面这种矛盾观念。对于社会理论来说，这种理解要比埃尔斯特和布东所提出的矛盾观念有更广泛的意义，而且在经验研究中使用的范围也更广。我并不想质疑他们的观点的重要性，而是想用这种矛盾观念补充他们的观点。可以认为，他们讨论的那种矛盾后果，经常和我所称的结构性矛盾之间产生系统的关联。我除了要把矛盾概念和方法论个体主义的预设分开，还不想像他们那样抽象地理解矛盾的概念。也就是说，我打算用一种实质性的方式，将矛盾概念和前面我区分的所有类型的社会性总体联系起来。从这种联系的角度来看，在这些社会中，虽然存在许多次生矛盾的例子，但它们都是从赋予社会以结构的

那些支配性矛盾类型那里派生出来的。不过，根据我的定义，原生性结构矛盾和次生性结构矛盾依旧保留了埃尔斯特赋予矛盾概念的意义的核心：系统再生产的条件需要依靠各种结构性特征，而这些结构性特征的运作恰恰是要否定它们赖以奠立的原则。

为了举例说明有关资本主义国家原生矛盾的一些相关思考，我们可以参考奥菲（Claus Offe）有关这一问题的一些论述。[27] 这些论述无论在逻辑上，还是在实质问题的分析上，至少其主要方面都和我在本书中所提出的观点吻合，而且它们已经产生了大量富于启发的经验研究。资本主义国家的制度形式可以用以下特征来描述（当然还有其他一些特征）：

> （1）“禁止政治权力根据自身的政治标准来组织生产过程。”换句话说，那些大型经济组织部门不是由政府协调的，而是由在经济企业的“私人”领域中从事的活动协调的。这些“私人”领域的制度基础，就在于私有财产，在于劳动力的世俗“所有制”。 315
>
> （2）“政治权力通过征税机制和对资本市场的依赖，间接地取决于私人积累的数量。”也就是说，国家的资金是借助税收机制，从国家机构不直接控制的经济发展过程中抽取来的。
>
> （3）“既然国家取决于超出其组织权的积累过程，每一个拥有国家权力的人基本上都乐于促进那些最有利于积累的条件的发展。”[28]

第三点是前面两点的一个重要补充，因为它使这一论述避免了幼稚的功能主义意涵。它表明，国家机构的那些官员也了解前面两点所指出的那些现象，而他们正是依据这些知识行事的。

那么，为什么说，具有这些特征的资本主义国家是一种矛盾的社会形式呢？这是因为，使国家得以存在的那些条件恰恰导致了与国家权力相悖的机制，而这些条件的运作还取决于这些机制。用传统的术语来说，“私人占有”既要求“社会化生产”，同时又否定了后者。奥菲发展了另一种在分析上十分有力的方式来表述这种思想。他指出，国家依靠商品形式，但同时又依靠对商品形式的否定。商品化最直接的表现，就是价值的买卖；当价值不再被视为可以用货币来交换的东西，就丧失了商品化的特征。资本主义国家的矛盾性就体现在它处于商品化、去商品化和再商品化的推拉过程中。提供医疗保障和公共交通就是这方面的例证。设置社会化的医疗服务，就意味着将医疗保障的一些重要方面去商品化，将它们建立在一个新的基础上，而不考虑需要服务的人能否支
316 付服务的价格。不过，那些较为富裕的人，即使能够获得公共医疗服务，也往往会选择私人医疗服务，因此，他们对社会化的医疗服务需求最少，但恰恰是他们通过累进税制为此支付得最多，与他们所受到的服务不成比例。他们也许会因此施加压力，要求将某些公共医疗服务改回商业化运营。公共交通的情况也差不多。那些处于较高的税档的人，为公共交通提供的资金最多，但他们的绝大多数出行都会乘坐私家车。因此，他们很可能反对那种把公共交通当作社区的全民福利的政策，而更支持将公共交通当作可以商业化运营的服务的政策。因为那些低收入群体可能持有与此相反的看法，所以随着代表不同阶级利益的政党相继上台，政府的政策就在对这些服务进行去国有化和再国有化之间反复摇摆。[29]

奥菲的分析敏锐地提出了冲突和矛盾的关系问题。但在直接讨论这个问题之前，我打算先探讨一下次生矛盾的论题。原生矛盾与次生矛盾之间的关联方式多种多样，直接程度大小不等。有些关联方式是相当一般性的，而有些则高度情境化。我们可以看看下面这些例子，它们都是从社会学文献中随意挑选出来的。它们都是产生偏离后果的实例，但我认为也完全可以说它们体现了矛盾。

（1）一项有关老年人的研究分析了向他们提供收入补助的问题。美国政府采用收入补助保险来改善大量低收入老年人的生活水平。但这种做法在提高了这些老年人的收入水平的同时，却使他们的收入将将超出了国家的医疗救助的合格条件。这样一来，医疗机构就拒绝向他们提供医疗服务的福利，导致他们中的许多人的生活比以前更糟。

（2）一项有关警察的研究表明：在纽约市，要减少现有警员中办公人员加班费的开支，就要在街道上多安排一些巡警。但是，警察加班的主要原因是办理逮捕的程序。街道上警察数量的增加导致
317 了逮捕更多的人，结果，人们本来是指望靠新政策来解决问题，可

它的推行反而使情况进一步恶化。

（3）一项研究分析了底特律的城市暴乱。在20世纪60年代后期，政府作了大量努力，以避免在底特律的贫民区再次发生暴乱，政府向内城区的居民提供更高的福利待遇和就业机会。但是，这就吸引了大量穷人从外城区迁入内城区，以把握相关规划所提供的好处。这些外来的人，许多在城里找不到工作，因此进一步扩大了失业队伍。而其他找到工作的人则抢走了本来会落到城里长期失业者头上的工作。因此，人们发现那些被认为会导致爆发暴乱的条件不是减少了，而是增加了。[30]

这些例子都有助于我们更加透彻地理解两种矛盾与社会冲突的发生之间的关联。这两种矛盾分别是结构性矛盾，还有艾尔斯特和布东所使用的那种意义上的矛盾。简言之，我要提出如下主张：如果出现了偏离后果，或者被相关人员认为会出现这种效应，那么矛盾就可能和冲突直接联系在一起。我的意思并不是说矛盾总能产生偏离后果，或者所有的偏离后果都是矛盾性的。但矛盾是一种结构性偏离（structural perversity），可能会不断地引发一些偏离后果，处于具体情境中的行动者的行为就会展露出这一点。偏离后果可能会产生怨恨，而且恰恰由于这些后果所具有的“反弹效应”（rebound effects），它们才会成为动员人们参加斗争的力量，至少是潜在的力量。也就是说，在一些场合中，当相关的所有人或者绝大多数人都期望他们会有更好的处境，那么事情反而会变得不如以前。因此，要考察冲突的起源，先研究矛盾性的偏离后果会很有收获。但是，我们可以看到，如果将矛盾等同于这种特定形式的后果，就过于狭隘了。因为，一方面，结构性矛盾有时根本就不会导致偏离后果，而另一方面，与能够激发冲突的矛盾相关的情形有不少，并非只有偏离后果。

可以说，在结构性矛盾的场合中，偏离后果只是可能产生的偶然性产物。矛盾和集体利益之间的直接联系，体现出激发冲突的更为一般性的条件。资本主义是一个阶级社会，“私人占有”和“社会化生产”之间的矛盾与阶级分隔紧密咬合，而阶级分隔又体现了阶级之间的利益对抗。当然，矛盾和利益之间的具体关联可能各不相同。但我们有理由 318

断定，原生矛盾和次生矛盾越是相互汇合，越是有可能出现各种利益分割之间统御一切的联合，也就越有可能沿循矛盾的“断裂线”发展形成公开的冲突。我们可以认为，考察矛盾与冲突之间的关系，有三种情况特别重要：行动的**不透明性**（opacity），**矛盾的扩散**（dispersal），以及**直接压迫**的普遍存在。[31] 如果用威利斯的术语，所谓行动的“不透明性”，指的是行动者对其所属社会系统的各种矛盾特性的洞察程度。对矛盾的本质有所洞察，会促使人们采取行动，以求解决或者克服这些矛盾。但是，如果只把行动者的这种洞察力和社会变迁联系在一起，这个论述就有些似是而非了。矛盾是一种推动变迁的源泉，但常人行动者一旦了解到这一点，他们就既可能改变这种矛盾处境，也可以尽其所能来使这种事态稳定下来。如果我们考虑马克思假想的从资本主义到社会主义过渡的预言，这一点的确就显得非常重要了。马克思认为，随着工人阶级的成员日益把握了资本主义生产的矛盾性质，他们将动员起来，改变这种状况。马克思似乎没有充分重视，社会中的统治集团对于系统的了解也有可能足够精细，从而在某种程度上使这个系统趋于稳定。我们可以从这些角度出发，来理解为什么国家的作用会日益扩大。国家不仅仅受到原生矛盾的推拉作用；国家机构也可以竭力监控系统再生产的条件，从而尽可能减少冲突，而如果没有国家机构的作用，这些冲突就很可能会爆发。

矛盾融合或分散的程度的差异可能取决于主要两类条件。一类条件涉及所谓“不平等发展”，另一类条件则和区域化有关。我们在这里无须对不平等发展的概念或其经验意涵多加讨论。这个概念通常是和马克思主义思潮联系在一起的，特别是和托洛茨基与列宁的作品联系在一起，但是，阐述并且运用这一概念的学者绝不仅限于马克思主义。不
319 过，和一般人的看法相比，这个概念确实可以在更为广泛的领域中使用。人们通常只有在考虑和大规模的变迁过程的关系时，才会想到这个概念；但它没有理由不能同样用于范围有限的时空情境。这里，有关区域化的论述肯定是不可缺少的。一个特定的区域“跨度”，和不同的变迁程度联系在一起，可能会导致矛盾的积累，而且几乎也会导致偏离后果。列宁认为，20 世纪初俄国所面临的处境正是属于这种情况。不过，

其他形式的区域化也可能导致矛盾趋于分散，或者成为互不相干的片断。如果出现这种情况，冲突就会零星地发生，并交错相关，这样就使某些冲突的结果抵消了另外一些冲突的结果。至于直接压迫，是指通过使用暴力，或者威胁这样做，来阻止激烈斗争的出现。人们通常认为，使用暴力就是表明冲突的发生，但实际上，威胁要使用暴力，或者只是用某种方式策略性地展示暴力，同样足以防止某种异议发展成为公开的斗争形式。任何倾向于认为对暴力手段的控制不能用来减少那种根深蒂固的冲突的人，都应该思考一下像南非这样的例子。[32]①

7. 制度的稳定与变迁

最后，我要再考察一项研究，它和上面所讨论的那些研究都不同。某种程度上可以说，它直接受到了结构化理论的影响。我指的就是英格汉姆（Ingham）最近发表的一部著作。在书中，他对大约两百年以来“伦敦城”在英国所发挥的作用进行了分析。[33]英格汉姆所研究的经验问题是：“伦敦城”作为位于伦敦的金融中心，如何在如此漫长的时间里，相对于英国的工业资本，始终维持着显著优势地位。而他关注的更为一般的问题，则是现代国家的性质。

根据英格汉姆的观点，结合在一起构成伦敦城的那些组织主要从事的活动可以说是“商业性的”。这些活动包括为贸易提供资金，商品和交通的保险业务，外币兑换业务，等等。这些组织不仅与英国和其他国 320
家之间的关系有关，而且和资本主义企业在全球扩张的分支机构有关。在这方面最重要的问题，是伦敦城在对英镑作为“世界货币”——即一种在国际范围内有效的交换手段——进行管理时所发挥的作用。英格汉姆批评了一些认为伦敦城只关注“金融资本”的理论。伦敦城的活动就是围绕着资本的循环流通，就此而言，它当然是金融性的；但伦敦城主要关注的是各种形式的经纪业务，为那些直接从事资本的生产性用途的

① 吉登斯撰写本书时，南非尚未取消种族隔离政策。——中译注

人提供中间人方面的服务，以此获取利润。

英格汉姆指出，要充分地理解自18世纪晚期以来伦敦城地位为何长久不衰，就必须抛弃此前文献中占支配地位的那种内生式理论分析风格，并努力把握伦敦城中最重要的组织如何对各种突发政治事件做出反应。无论是马克思，还是日后的马克思主义者，比如希法亭（Hilferding），都主要是采取内生式的资本主义发展概念来说明伦敦城的作用（或排除相关说明）。马克思承认并论述了伦敦城在19世纪英国经济生活中的独特性质，并从英国经济的某些特征出发，分析了伦敦城的这些独特性质的起源。他认为，在这一时期，英国的经济正从商业资本占支配地位转向工业资本占支配地位。而根据马克思的观点，工业资本主义的进一步发展会很快将商业资本和银行资本从这种中心位置驱逐开。随着工业生产的发展，生产资本无论是在经济上还是在政治上，都将逐渐压倒传统确立的“银行统治”的体制。因此，马克思对这个问题的讨论，可以说根本没有为我们提供什么思路，来分析为什么长期以来伦敦城一直能够维持它的经济权力和政治权力。希法亭的观点尽管是在晚些时候提出的，但却同样存在着缺陷。在他看来，“金融资本”的形成是银行业和大型工业相融合的结果，在英国，相较别处，发展的步伐虽然姗姗来迟，但最终也会像其他社会一样发生同样的融合过程。19世纪英国在制造业方面还是龙头老大，使它在这方面可以暂时落在后面；不过，国际竞争保证英国最终会出现和其他国家一样的模式。[34]

321 然而，这种模式并未出现。原因何在？英格汉姆的观点是，现代英国社会的显著标志，不仅在于它产生了第一个工业经济体系，而且在于它是世界商务交易的中心。英格汉姆指出，必须把伦敦城和民族国家的性质连在一起考虑，才能理解伦敦城最重要的特征。每个国家都有自己的货币，但是国家不能收放自如地控制这种货币在其领土外的流通；而且，不同货币的价值和稳定性也存在广泛的差异。部分由于英国在19世纪的工业优势（但这不是唯一原因），伦敦城很早就开始成为一种被广泛接受的“世界货币”的中心，成为定期的交易结账的国际清算场所。在这方面，伦敦城几乎垄断了某些类型的商务交易。诚然，这种垄断地位，以及采用黄金—英镑的本位制，取决于一系列政治条件。但我们必须把这些政治条件和英国在工业上的领先地位区分开来。伦敦城和英镑的重要性所持续的时间，要比英国作为世界最强大的工业国的时间长得多。到第一次世界大战结束时，美国已经成为世界最强大的经济力量，但是与20世纪二三十年代许多人的预期相反，纽约并没有就此取代伦敦，成为世界主要的结算场所。

根据英格汉姆的论述，我们必须从下面的角度出发，来理解这些现象。在19世纪早期，英国推行了一系列财政改革。改革者的意图主要是解决国家长期积累下来的债务问题，而拿破仑战争更不啻火上浇油。不过，改革的结果却是促进了金融行业脱离工业资本家，汇聚到伦敦城的机构组织中。伦敦城的财富日益增长，使一部分贵族阶层有可能继续维持他们的地位；否则，由于农业经济重要性日益降低，他们已经丧失了原有的权力基础。作为“绅士交易”（gentlemenly exchange）的组成部分，伦敦城的商人和银行家反过来又获得了贵族的外在标志。就此而言，19世纪影响伦敦城发展的那些进程，不仅使一定类型的阶级权力得到了增长，而且还维持并实际上强化了所谓“前工业”的商业资本主 322
义。伦敦城不仅在具体位置上和工业为主的北方分开了——这是区域化的一个引人注目的例子！——而且在经济和政治上，一直和工业资本主义的那些中心有着显著的区分。伦敦城在英格兰银行的控制下是高度集中的。而银行业系统的首要目标，就是要维持英镑这个“有信用的”世界货币形式的稳定角色。[35]这一过程中另一个重要的因素是国家的财政政策，它一直在确保英镑的法律有效性，而仅靠伦敦城纯粹的经济活动是做不到这一点的。

无论如何，就我们这里所关心的问题来看，在英格汉姆对英国经济和政治发展的评价中，更重要的问题不是它的具体论述是否准确可靠，而是它体现出的理论整体立场。通过批评内生模式，英格汉姆的分析避免了许多研究现代社会的理论中根深蒂固的某种发展决定论。我所谓的发展决定论，指的是一种考虑社会变迁问题的思维方式，即认为在一定类型的社会中，只有一种“前进道路”，只要一个具体社会属于这种类型，它终归会在某个时候踏上这条道路。因此，用这种思维方式来看，“工业资本主义”具有某些普适的发展模式，任何一个社会，只要属于

“工业资本主义”，就会重复这些发展模式；如果有些社会没有体现这些模式，那肯定是因为它落伍了；或者说，出于某种原因，这个社会的发展陷于停滞。这种思维方式还总是包含某种功能主义：如果某些发展进程对于一个或一类社会来说是“必不可少的”，那是因为这个社会的制度秩序在功能上需要这些发展进程。这就等于是诉诸某种隐含的功能需求，来“说明”为什么一个社会“必须”遵循某种发展道路。我们有必要再次强调，只有将这里的“必须”放在一种反事实的情况中来理解，才是妥当的。因此，我们可以说，在20世纪初，面对工业资本的“需求”，抛弃伦敦城“过时”的商业角色是英国“必须”或“不得不”发生的历史进程。如果把这一论述看作反事实的，它至少具有潜在的启发性。换句话说，我们可以问这样的问题：伦敦城的权势地位一直维持不变，对于工业资本来说，这一事实的后果是什么？但是，如果我们认为上述那个句子中的“必须”能够说明问题，其实就会造成障碍，使我们
323 不能理解事情的实际发展历程为什么是这样的。英格汉姆的著作清楚明白地证明了这一点。

英格汉姆的研究还成功地避免了和内生模式联系在一起的另一种倾向。这种倾向假定，不论学者研究的是什么社会特征，在这方面最先进的那个社会，出于研究的目的，它就成了一个样板。[36] 因此，在马克思等许多人的心目中，19世纪的英国现身说法，告诉其他社会，它们未来会是什么样子；英国作为工业上最发达的国家，它所预示的发展道路就是其他国家注定要遵循的。但在20世纪的最后几十年，大概没有几个人还会这样来看英国，这完全可以理解……但是，难道这种观点所代表的思维方式，会随着英国经济的黯然失色而销声匿迹吗？根本不会。今天，是美国这个“经济上最发达”的社会，在社会理论和经验研究中充当了类似的角色，即使在大多数学者那里，这种预设并没有像帕森斯持有的那种进化论观点那么露骨。他们出于某种研究目的，参照这样或那样的标准，根据社会在这方面的发展水平，将各个社会分等论序排列。诚然，我并不否认这种做法有时也有一些用处。同样，尝试指出不同社会的制度秩序具有哪些共同点，这既合情合理，也属必不可少。但所谓“比较研究”必须名副其实。也就是说，我们必须承认，只有通

过对不同社会进行直接比较，才能对所谓“典型”的发展进程进行评价，而不能预先就将任何一个社会看作某一内生发展进程的样板。

英格汉姆明确揭示道，伦敦城这种显著地位最初之所以出现，很大程度上是出于其他原因推行的财政措施的一个意外后果。因此，在马克思和其后绝大多数马克思主义者看来，商贸经纪和高利贷只是资本主义早期发展阶段的特有现象，但却成为英国资本主义的持久特征。恰恰是因为伦敦城的支配地位逐渐和它在跨国交易中充当的经纪人角色联系在一起，这个现象在世界其他地方才是不可能重现的。但是，如果说伦敦城在19世纪早期确立的支配地位实际上是一种意外后果，那么它此后采取的各种捍卫并扩大其权力的政策就完全是另一回事了。20世纪初以后，英国经济开始面对来自其他发达工业国和新兴工业国日益激烈的 324
竞争。面临此等情形，伦敦城的经济霸权在国内外都开始受到严重的威胁。正像英格汉姆的分析所揭示的那样，无论是银行业还是财政部，它们内部的集团都积极推行各种政策并获得成功，旨在保护伦敦城各组织的特权地位。

英格汉姆的研究体现了一种对“世界时间”相关问题不同寻常的敏感，十分引人注目。在19世纪早期，伦敦城是在与一定的事件局势的关系中，逐渐形成它的现代形式的。它始终能够维持作为商务活动中心的地位，这既取决于英国作为工业国龙头老大的地位，也取决于英国在世界范围内扩张资本主义关系的进程。在19世纪早期，那些推行财政改革的人相信，英国商人既然已经成功地从荷兰人和法国人手中抢走了昔日的大宗贸易，当然也可以在自由贸易政策与坚持金本位相结合的基础上巩固英国的经济力量。例如，贸易委员会主席赫斯基森（Huskissen）就曾促请人们将英国的地位和前几个世纪威尼斯的地位相比。但是，这种政策影响之所以这样有效，无非是因为存在英格汉姆所描述的特定的阶级联盟。而且他明确指出，伦敦城权力最初得以巩固的条件，截然不同于后来那些维持伦敦城地位的条件。在19世纪，伦敦城在世界经济中所占据的角色有一个直接的经济基础，这就是英国作为工业制造国的成功。而到了20世纪，这一基础不再具备了；英国经济的“工业”和“商贸”部分开始有了各自不同的活动领域。此时，伦敦城已经在国际上确立了世界货币经纪中心的地位，使它能够始终保持它的权力。但是，由于国内国际的各种环境到了这个时候已经发生了变化，伦敦城的繁荣其实可能正是以英国工业的相对衰退为前提的。

英格汉姆的著作证明，影响伦敦城兴起的那些条件，以及后来维持
325 它特权的那些条件，都具有相当程度的政治性。也许我们最好还是不要把伦敦城看作国家的"一部分"，但无论在国内还是国外，它的经济权力都深深地依赖各种政治因素。"银行统治"和政府高层之间存在密切联系，促进了伦敦城在英国经济中的霸权。但是，塑造伦敦城角色的关键，是它在国际经纪业务中的核心地位。显然，那些将国家看作一个统一的整体现象或某种集体行动者的观念，都不能处理英格汉姆分析的这种现象。某些关键的政策因素，例如和20世纪30年代的金本位制相联系的那些政策因素，左右了伦敦城的命运。处于战略位置的不同集团的人，他们之间往往形成各种变幻不定的忠诚关系或者结盟关系。只有从这些关系的角度，我们才能恰当地理解上述的各种政策因素，这些政策所产生的结果往往出乎所有人的意料。

从更为一般的层面上看，和我前面针对那些分析传统国家的研究所指出的一样，从对现代国家的分析中，我们可以汲取类似的教训。我力图证明，如果采用一种类似进化论的方式或是各种内生观念来研究"国家形态"，就有可能产生严重的误解。无论是研究传统国家，还是现代国家，现有文献中占主流地位的那些理论绝大多数都算不上一个恰当的国家"理论"。至少有一点，这些理论所能具有的一般适用性，可能比他们的倡导者所想象的要低得多。当然，像"农业国家"或"资本主义国家"这样的一般性范畴要是存在的话，那肯定这些国家共同具有的一些制度特征也得存在，而且，根据这一点，我们可以推断这些国家也可能具有一些共同的动态趋势。但是，表明这些国家的性质是一回事，说明这些国家的发展或变迁进程就完全是另一回事。某些人或集团，特别是那些有权有势的，可能多少会了解这些动态趋势，而他们的相关知识也会成为这些趋势本身的一部分，并能够以特定方式发挥作用，塑造这些趋势。在一个时间、地点或某个特定的局势中具有决定意义的因素，

换一个场合可能就相对无关紧要，而其中最主要的原因可能就是这些因素曾经在那个场合中造成过影响。最初导致伦敦城支配工业这一现象的条件，与后来使伦敦城得以维持其地位的那些条件，并不是完全相 326
同的。

我们将在下面几个小节中讨论一些针对理论和概括的性质所提出的问题。但在结束这部分讨论之前，最好是先提一个问题，大概我用来说明结构化理论论点的这些经验研究已经在读者的心里引发了这样的问题。英格汉姆的著作也许部分受到了一些结构化理论观点的影响，但是其他几项研究在完成时都没有受到结构化理论的直接影响。如果第一流的社会研究无须借助“结构化”和其他一些概念，一样可以做得很好，那么为什么还要自寻麻烦，采用这些笨拙的概念呢？要回答这个问题，我想有好几点是需要说明的。结构化理论中所包含的观念，可以对我们上面所分析的那些研究工作提出一些非常基本的批评和修正，前面我已经尝试用多种方式表明了这一点。如果对于这些我认为是卓越的研究都如此，那么对于那些水平稍逊一筹的研究，这些批评意见就显得更有说服力了。而且，我们讨论过的所有研究都花费了大量篇幅，对所分析的问题进行了严肃的理论反思。关于威利斯的著作，强调这一点也许尤其重要。人们可能会轻率地把这本书描述为无非是一部富有洞见的民族志研究，尽管算得上颇为出色，但也就不过如此。然而事实上，威利斯的著作还包含了围绕社会再生产问题所进行的重要的理论分析，这一分析无论对他进行的经验研究，还是采纳的解释方式，无疑都是重要的启发。既然威利斯的理论讨论至少在某些方面类似于我所发展的观点，那么他的这项研究工作自然也就提供了一个特别具有启发性的源泉，可以用来考察我的那些观点的潜在意涵。

不过，比起上述两点来说，有一点更为重要。当然，任何在一定的局部场景中从事细致的经验研究的学者，都不必非得在研究中采用一系列抽象观念。本来可以不用这些概念，而是用日常语言简洁地描述社会现象，用了反而会显得臃肿累赘。对于许多经验研究的宗旨来说，应该把结构化理论的概念看作是和任何相与竞争的理论视角一样，都只是激

发感受的手段[①]，而不应有其他奢望。也就是说，这些概念可以用来考
327 虑研究中的问题，对研究结果进行解释。但在这个问题上，存在两种同样错误的观念：一种认为，具备理论思维——其实任何从事社会科学的学者都应该具备一定程度的理论思维——就意味着要在研究中始终抱着一大堆抽象概念不放；另一种则认为，如果完全没有这些理论概念，我们一样可以干得非常好。

8. 融会贯通：结构化理论与各种研究形式

在前面各节中，我已经讨论了多种形式的社会研究，但不可能将这些研究归入一个名目下面。也就是说，进行一项研究工作可以尝试澄清许多不同的问题，就看研究者打算阐明的问题是什么样的性质。当然，我是指出了结构化理论对于经验研究所具有的一些意涵，但并不想让读者认为，只存在一种研究程式，所有学者从今往后都应该采取这种方式。究竟采用什么方法，这个问题是研究中的关键问题之一，在考虑这些问题时，一般不受我所详尽阐述的概念的直接影响。我在前面已经说过，我并不打算分析结构化理论对于评判一些特定类型的研究方法来说是否关系重大，无论这些方法是参与观察，问卷调查，还是其他什么方法。不过，以更为一般的方式来看看结构化理论所引导的社会研究的任务是什么，同时，看看我们前面对研究工作的讨论会如何影响社会研究中"定性"方法和"定量"方法之间的传统争论，既是有可能的，也是有必要的。

不论研究对象是什么性质的材料，研究者都可以在上述四个层次
328 中选择任意一种，对该材料进行方法论上的"插入"。所有的社会研究

① 吉登斯这里所谓的"激发感受的手段"(sensitizing devices)，借鉴了美国社会学家布鲁默（H.Blumer）的说法。布鲁默认为，要把握社会现象，必须使用各种激发感受的概念（sensitizing concepts），这些概念尽管没有明确的定义，但却可以向研究者提供理解现象的线索和启示。——中译注

用解释学的方式来阐明意义框架（1）

研究实践意识（或无意识）的情境和形式（2）

识别认知能力的诸般局限（3）

具体说明各项制度秩序（4）

都以一种解释学环节为前提，但如果由于研究者和研究都处于一个共同的文化处境中，所以研究中利用的共享知识无须阐明，那么上述的前提就可能保持隐而不彰。那些极力提倡定量研究的学者以两种方式贬低了（1）的根本意义。他们要么把（1）视为纯属描述性的，没有任何说明力；要么就根本看不到，他们在阐述自己的研究工作时已经融入了这种方式。然而，关注（1）的经验研究也可以既具有说明力，又具有概括力。这种研究的主要任务，是要答复由于彼此歧异的意义框架之间相互不可理解而造成的各种有关“为什么”的问题。自然，这些问题既可能出现在不同社会之间，也可能出现在一个社会的不同情境之间。经验研究即使主要是要解决这些解释学问题，也可能会具有可一般化的意义，因为这种研究有助于澄清在形形色色的行动情境中行动者所具有的认知能力的性质，并因此帮助我们理解行动者的行动理由。像威利斯所作的那种民族志的研究，或者像传统上研究小规模共同体的田野人类学，就其本身而言，它们的研究结果并不具有可一般化的意义。但是，只要这些研究积累到一定的数量，可以保证它们具有充分的典型性，那么它们就很容易具备这样的意义。

社会研究中的那些解释学面向对于这项研究的对象来说并不一定很有启发，因为它们的主要结果就是去阐明那些被研究者视为“陌生环境”（alien milieux）的行动场景。而如果是考察实践意识，情况就不同了。研究实践意识实际上是在考察行动者已经知晓的东西，但是根据我们对实践意识的定义，如果我们用社会科学的元语言（metalanguage），在话语层面明确表述实践意识，那么对行动者通常也会有所启发。只有常人方法学把分析实践意识看作一个界限分明的研究“领域”。对于其他所有类型的经验研究来说，对实践意识进行解释是探讨社会行为各方面特征的一个必不可少的要素，无论这种解释是无须明言的理解，还是直截了当的论述。

我一贯强调，弄清楚在不断变化的时空情境中，行动者认知能力的局限是什么，对于社会科学至关重要。不过，要进行（3）的考察，前提是对（1）、（2）和（4）各层面都有相当程度的了解，否则我们就倒
329 退到一种幼稚的结构社会学中了。正像我在讨论威利斯的研究时所强调的，在对行动的意外后果和未被认识的条件进行研究时，我们完全能够而且应该抛弃功能主义的术语。在任何一个或者一组行动情境中，究竟什么算是“意外”或者“未被认识”，通常都绝对不是一件容易发现的事情。如果我们不考虑相关行动者的认知能力，那就肯定不能成功地完成对社会系统的结构性特征的研究，哪怕许多结构社会学的倡导者认为，正是这样的舍前取后界定了“社会学方法”的专属范围。

第（4）层研究具体说明了制度秩序。这部分研究通过辨识社会系统的主要制度构件，对社会整合和系统整合的诸项条件进行分析。如果研究者已经确定了一个社会的结构性原则，就可以明确地指出，究竟是哪些制度形式最为重要，可以被界定为整体性的“社会”。而且，这里我要再次努力强调，只有认识到存在许多例外情况，我们才可以说，社会科学的主要分析单位是一个“社会”。之所以这么说，是因为不管我们拿什么作为各整体社会之间的划分界限，制度秩序总是会频频跨越它们的。

“定性”方法和“定量”方法之间的划分，通常就是（1）、（2）和（3）、（4）的关系。当然，长期以来，那些喜欢客体主义和结构社会学的人的标志之一就是偏爱定量方法。根据这种立场，社会科学的首要目标就是分析那些大大超出任何直接互动情境的社会生活的诸项条件，而我们只有通过分类、测量和统计的方法，才能最好地把握社会生活的制度构件所具有的那些“根深蒂固的”性质。另有一种观念和这种倾向显然是紧密相连的，它认为，社会科学关注的首要问题，就是去揭示有关社会行为的类似法则的普遍概括。这在很大程度上呼应了“宏观/微观”的对立，而且有许多学者是有意将二者联系在一起。在那些赞同定量方法的学者眼里，这种方法是使社会科学成为“科学”的主要基础。

他们往往强调所谓宏观社会学分析的首要地位。而那些倡导定性方法的学者则与此相反，将这种方法视为社会科学中经验研究的基础。他们强 330 调，要想突出社会互动必不可少的情境性特征和意义特征，就必须采用（1）和（2）的研究方式。这些学者往往对在社会科学中使用定量方法抱有明确的敌意态度，理由是量化和使用统计方法会强加给社会生活一种它实际上并不具备的固定性。透过这些立场彼此之间的冲突，我们不难看到结构和行动的二元对立的方法论残余。而如果我们指出了这种二元论其实虚有其表，就可以进一步挖掘结构二重性对于经验研究的一些意涵。

要弄明白结构二重性的概念如何摆脱了结构二元论的问题，不妨让我们再次考察这个概念。不过这次我们要把它放在一个和以往讨论不同的经验情景中。以下是一段法庭互动的录音记录。其中包括一位法官、一名公设辩护人（以下简称辩方）和一位地方检察官（以下简称控方）。他们之间的交谈主要针对一名嫌犯。面对二级盗窃的指控，该犯已经表示服罪。他们讨论的问题是应该如何给被告量刑。

辩方：法官大人，我方请求当庭判决，放弃保释。

法官：他有什么犯罪记录？

辩方：他曾经有一次酗酒，一次盗窃机动车的大盗窃罪。没有什么严重的罪行。这次只不过是商店扒窃。他进 K-Mart 连锁超市时确实有偷窃意图，但实际上我们发现的只是一次轻微盗窃罪。

法官：他拿了什么东西？

控方：什么也没拿。

法官：对当庭宣判有什么反对意见吗？

控方：没有。

法官：他已经关押多少天了。

辩方：83 天。

法官：根据刑法第 17 款，这是一项轻微犯罪，判决入狱 90 天，在县监狱服刑，但要扣除已经羁押的天数。[37]

这样一段发生在具体情境中的互动，和其他类似的互动一样，都不难用来表明，看似琐屑的一段交流，是如何与社会制度的再生产之间有着深层的关联。在交替进行的谈话中，只有当谈话各方（和读者）都默契地求助于刑事司法体制的制度特征，他们才能够把每一个谈话轮次都看作蕴含意义的。每一个说话的人都会利用这些特征，他还（正确地）
331 假定，这些特征是其他谈话者也拥有的共同知识。我们要注意的是，这种共同知识的内容具有非常广泛的前提，而不仅限于对上述那种例子中遵循“恰当程序”的各种手法要有所认识，尽管也确实包含这个方面。谈话的每个参与者都拥有大量的知识，他们了解一种“法律体制”的性质是什么，法律的规范程序有哪些，嫌犯、辩护人和法官都在做什么，等等。人们都对他们所在的制度秩序有一定的了解。要“成功地完成”互动，参与者就要利用这些知识，从而使这些交流成为“有意义的”。不过，这些人以这种方式诉诸制度秩序，也就此参与了制度秩序的再生产。但这些置身互动中的人又**除此别无他法**，能彼此让对方理解自己的所作所为是有意义的，有条理的。而且，关键是要看到，在再生产制度秩序的过程中，这些人也再生产了制度秩序的“真实性”（facticity），这种“真实性”正是这一制度秩序（对他们本人和其他人）所构成的结构性约束的一个来源。这些人将司法体制看作各种关系组成的“真实”秩序，而他们自身的互动就处在这个“真实”秩序中，并表现了这种秩序。而它之所以是一种“真实的”（这里就意味着结构上稳定的）关系秩序，恰恰是因为他们，以及在相互关联的类似场合中其他像他们一样的人，把这种制度秩序作为“真实的”秩序接受下来。这种接受态度不一定体现在他们的话语意识中，但却体现在他们的所作所为所包含的实践意识之中。

我们必须注意，重要的是不要将这一论述和托马斯（W.I.Thomas）的名言混为一谈，后者说如果行动者“将情境定义为真实，结果它们就会是真实的”。托马斯的命题是要告诉我们，存在一些实际上不“真实”（即虚构或想象的）的情形，但由于人们相信这些情形的真实性，它们就产生了实实在在的结果。默顿把这个命题当作他阐述自证预言（self-fulfilling prophecy）的出发点。所谓自证预言，就是一种事态之所以存在，恰恰是由宣布它存在的这一事实造成的。这里，我当然不怀疑自证预言和许多与之相联系的现象都很重要。但包含在结构二重性中的各种结构性特征的所谓“真实性”，其原型并非自证预言。这里的问题要更加细致微妙，更加深刻复杂，它将在具体情境中发生的互动的条理性，以及参加这些互动的人之间的那种相互可理解性，与具有广泛基础的制度层面上的“真实性”相关联。

这里，我们也要注意，制度秩序的“真实性”是怎样与权力发生了密切而根本的联系。权力既体现在互动的细枝末节中，又正是在这些地方得到了发展成长。这是因为，所谓“当作真实的来接受”（acceptance-as-real），这已经成为互动在相互可以理解的前提下得以连续进行的有机组成部分。而法律体制作为表现支配方式的一种形式，恰 332
恰是以这种态度为基础的。在各种具体的程序中，明显包含了这种“当作真实的来接受”的态度，但这并不等于说，这一态度是在用话语的方式赋予法律体制以合法性，虽然它显然也没有否认法律体制的合法性。“当作真实的来接受”是一种权力关系系统，相比于那些参与互动的行动者带入互动中，以使其具体观点被人重视的大小不一的实际权力，具有更为深广的意涵。不过，值得注意的是，正式谈话的次序并不遵循伙伴们在日常交谈时所展示的那种比较“民主”的规则，而是直接反映了参与各方大小不等的权力。因此，法官有权打断别人的话题，来提出一些特定类型的问题，并控制谈话的次序，而他人则无权这样做，至少不能像他那么自由。实际上，这种谈话并没有采取一般常用的那种轮次交替的形式。只要我们考虑到，参与谈话的各方都承认，法官具有一种制度化的社会身份，这种身份赋予他以确定的特权和制约手段，那么这个事实就容易理解了。

让我们在更为一般的层面上来阐述这一点，以点明其意涵。所有社会互动都是在共同在场的时空边界内的具体情境中发生的（不论它们是否还通过书信、电话或其他媒介手段加以延伸）。正像我在第一章和第二章中详细讨论的那样，社会互动的这种情境性特征，是与“成功完成”一次各方都可理解的沟通所具有的索引性直接相关的。然而，对于跨越时空的制度秩序所展现的那种制度“固定性”来说，互动的情境性并不是它的障碍，而恰恰是它的条件；同时，这些制度秩序的存在也构成了那些转瞬即逝的日常社会接触或交谈的条件。社会行为的反思性监控是社会系统的各种结构性特征所展示的“真实性”的内在组成部分，而不是和后者没多大关系的边缘问题或附加问题。威尔逊（Wilson）用下面的方式表达了这种观点。这段论述阐述了结构二重性观念的重要性，我也不可能比他说得更好：

> 社会世界是由在特定的具体情境中产生的情境性行动构成的。
> 333 参与互动的人自己都可以识别这些行动，描述它们，并将它们作为正当的根据来使用，成为在这些场合以及此后的其他场合中进一步推理和行动的基础。情境性的行动是通过各种社会互动机制产生的，这些机制既超越了具体情境，又对每个具体情境反应很敏感。而社会成员就是利用社会结构来使他们在特定情境中进行的行动为人理解，显得有条有理。在这一过程中，社会结构既是情境性互动的根本源泉，也是后者的产物；社会结构也被作为一种客观实在被再生产出来，并在一定程度上约束着行动。正是通过社会结构和情境性行动之间的这种反思性关系，并利用了意义对情境的依赖，才能实现展示的透明性（即行为的相互可理解性）。[38]

一旦我们充分理解了这一点，定性方法和定量方法之间泾渭分明的划分或者不可避免的对立就会烟消云散。如果一种现象的一些确定特征变化有限，而我们又希望考察这种现象的大量“个例”在这些特征方面的情况，通常就可能需要采用定量技术。但无论是收集还是解释定量材料，它们所采用的程序，在方法论上都和收集那种更为深入的“定性”材料时基本一样。正是因为这一点，甘贝塔的问卷调查研究可以和威利斯的民族志研究一起用来探讨同样一些问题。甘贝塔的材料涉及了大量的个体，而威利斯的只包括了一小群人。甘贝塔的著作运用了大量复杂的调查方法，而威利斯的研究则完全是由民族志报告组成的。但甘贝塔的调查和威利斯的一样，都假定要理解情境性行动和意义，否则，调查者所采用的理论元语言中的各种形式范畴就既显得毫无意义，又没法应用到具体的现象上。如果我们细加详察，就会发现，所有所谓的“定量”数据都是由“定性”材料构成的，即都和具体情境联系在一起，具有索引性，都是处在一定情境中的研究者、编码员、政府官员和其他人所进行的解释的产物。定量研究中也存在民族志研究所面对的解释学问题，虽然说一旦开始对相关的数据“进行处理”，这些解释学问题中的相当一部分可能就会“被掩盖”。调整比例进行测量，消除选择偏差，保证前后使用的各种抽样技术之间没有冲突，等等，这些努力都是在上述解释学问题的范围内进行的。在逻辑上，这些问题并没有影响定量方 334
法的运用。不过，它们确实使我们对定量数据的性质有了新的估价，这和结构社会学的某些倡导者的观点大相径庭。

因此，（1）和（2）对于理解（3）和（4）至关重要，反之亦然；所以，我们应该把定性方法和定量方法看作是社会研究两个相互补充而不是彼此对抗的侧面。我们说，在范围更广泛的社会系统中，种种互动情境是借助于诸多形式的制度关联而相互协调的。如果从这种制度关联的角度来“勾画”结构二重性的实质，那么定性方法和定量方法相对于彼此就都是不可或缺的。需要特别强调的一点是，社会研究者应该注意定量数据的产生方式。这是因为，与温度计中水银柱的涨落不同，有关社会现象的数据从来就不仅仅是一个可以孤立确定的现象的“指标”，而总是同时典型地体现了打算用它来“反映”的东西，也就是社会生活的诸般过程。

9. 共同知识与常识

不言而喻，如果经验研究不多少告诉我们一些以前不知道的新知识，它就没有存在的理由了。既然所有的社会行动者都是在一些具体的情境中活动的，而这些具体的情境又都是时空跨度更大的世界的一部分，那么，这些行动者中有些人看来是新颖的东西，对于别人就未必如此。这里的情况同样也适用于社会科学家。当然，正是在出现了这些“信息鸿沟”（information gaps）的场合，民族志的研究方法才显得特别重要。如果我们从广义的角度来理解民族志，这种研究就可以说是说明性的。这是因为，当彼此的文化背景存在某些重要差异的人们相遇时，会出现一些令人困惑的问题，而民族志研究有助于澄清这些困惑。“为什么他们会这么做（想）？”这样的疑问就是邀请人们进入并领会文化上异己的陌生环境。正如温奇（Winch）和其他许多学者所指出的，对于那些已经生活在这等环境中的人来说，这种研究本身也许不会启迪心智。不过，许多社会研究，无论是它们所产生的经验材料，还是可能与它们相联系的理论解释，都对行动者本人持有的信念有所批判。要考察这些研究的批判性意涵究竟是什么，我们就必须考虑以下两个问题，即
335 社会科学究竟在何种意义上揭示了新的知识，以及这种知识可以怎样和对虚假信念的批判联系在一起。这些问题都比较复杂，我在这里并不打算面面俱到。

社会科学的批判努力和自然科学的情况一样，与研究所提供的观察及与之相关的理论的逻辑适当性和经验适当性密切相连。舒茨和其他许多学者都正确地强调，在这方面，社会科学的批判性特征一般与日常社会生活的行为中所包含的各种信念和实用理论相去甚远。可以说，所有的社会行动者都是社会理论家，他们可以根据自身的经历改变自己的理论，而且在这么做时，都很乐于接受可能获得的各种新信息。社会理论并非学术思想家独占的自成一体的领域。不过，话说回来，常人行动者一般首先关注自己在日常活动中所采用的“知识”的实践效用；而且，社会的制度组织存在一些基本的特征（包括意识形态，当然不仅限于此），它们限制或者歪曲了行动者对知识的认识。

很显然，自然科学里的“揭示模式”（revelatory model）不能直接转用到社会科学上面。对自然世界的常识信念是可以借助自然科学的成果加以矫正的。理解这种情形下发生的过程，并没有什么逻辑上的困难，虽然可能会存在一些社会性障碍，影响了人们对科学观念的接受。[39] 也就是说，面对新的科学理论和观察结果，常人信念会在必要的情况下接受它们，并参照它们矫正自己的错误。在原则上，自然科学能够证明社会的普通成员对客观世界的一些看法是错误的，其他一些看法则是正确的。而在社会科学中，不管怎样，情况反正要复杂一些。我已经强调，社会科学的所谓“发现”，对于所涉及的那些人来说，不一定是什么新鲜事。

由于社会科学的客体主义和解释取向的阐述在这个问题上争执不

体，这里所涉及的问题实际上已经极为含糊不清。客体主义往往将揭示模式十分随意地用到社会科学中。也就是说，它们认为，通过社会科学 336
所带来的启蒙，社会生活中包含的那些常识信念肯定是可以被矫正的。不过，那些受解释学和日常语言哲学影响的学者，已经针对这种幼稚的立场，提出了强有力的反对意见。我们在描述社会生活时，对于日常语言使用和行动中包含的各种常识信念，不能仅仅看作妨碍我们得出有效观点或者定论的障碍。这是因为，如果不了解组成社会的那些行动者默契于心或者在话语层面明确表述的认识，就根本不可能描述社会活动。经验主义和客体主义只不过是借助社会学观察者和社会的常人成员的共同知识，压制了有关如何产生社会描述的一整套问题。[40] 麻烦在于，那些倡导解释形式的社会科学的学者，一旦得出了这样的结论，就发现自己难以甚或不可能维持批判的锋芒；而其对立类型的传统即客体主义倒是很好地坚持了将社会科学和常识并置。如此一来，社会科学的任务似乎就仅限于民族志，也就是只能进行“视界融合”的解释学研究。[41] 这种批判意志的萎缩和幼稚地使用揭示模式一样，在逻辑上都是不能令人满意的。

摆脱这种死胡同的方法之一，就是区分共同知识和“常识”。[42] 前者指的是，社会分析者必须尊重信念的本真性，尊重用解释学的方式进入到对社会生活的描述。这里所说的“必须”自有其逻辑力量。如果我们谈论行动者在社会生活的情境中如何找到行事的办法，探讨“知识”一般比探讨“信念”更具启发意义，原因在于，一旦描述这一过程，就要悬搁怀疑态度。[43] 当观察者在方法论层面上概括行动的特征，行动者所持有的信念，无论是默契于心的，还是在话语层面上明言的，都应该看作“知识”。共同知识则被看作进入社会科学“研究主题”必不可少的方式，不能基于社会科学的发现来矫正；相反，恰恰是这些知识构成了研究者能够得出“发现”的前提条件。

共同知识在很大程度上是默契于心的，主要是在实践意识的层面上进行的。正是因为这一点，社会科学中所有民族志研究的一个重要组成
部分，即对信念的本真性的尊重才不会显而易见。受现象学和常人方法 337
学影响的那些学者，对更为正统的社会科学观念提出了许多批评。对于

阐明共同知识的性质来说，这些批评无疑是相当重要的。但是，他们以一种含混的方式谈论“常识”或类似的术语，这样就没有在分析上将方法论问题和批判问题区分开来。我区分了共同知识和常识，并打算保留后一个概念，来专指日常活动的行为中所包含的各种命题性信念。这一区分很大程度上是分析性的；也就是说，常识不被当成知识，而是作为可能出错的信念的共同知识。不过，并不是所有的共同知识都可以用命题性信念的方式来表达的。也就是说，它们不一定是关于某种事态属于什么情况的信念。而且，那些持有信念的人并没有能力通过话语的方式，将所有这些信念都表述出来。

区分共同知识和常识，并不意味着在实际的社会研究中，这两者总是可以轻易分开的研究阶段。至少有一点，社会学观察者所使用的描述语言与常人行动者使用的语言总是多少有些不同。引入社会科学的术语可能（尽管并不一定）会就行动者对他们所持信念的话语表述（或者整体关联的“实用理论”）提出质疑。当学者所研究的行动者采用了有争议的描述，那么观察者进行的任何描述，即使是使用了行动者本人的范畴，也对原本可能采用的其他可行术语构成了直接的批评。一个组织，从某种视角来看是“解放运动”，换个角度看就成了“恐怖组织”。当然，之所以选择这个而不是那个术语，意味着观察者采取了特定的立场。而如果学者选择了比较“中立性”的概念，这一点似乎就不那么明显了，但情况实际上是一样的；不过，使用“中立性”的概念，也表明观察者要和他们研究直接涉及的行动者所采用的概念保持一种批判的距离。

在任何一个研究情境中，都有可能存在某些信念，和观察者所持信念格格不入，却被参与者所接受，这就使观察者的笔下表现出和这种信念的批判距离。即使在其他方面都很纯粹的民族志描述性研究中，也可能出现这种情况。一个人类学家在断言“甲文化每年秋天都可以收获他
338 们播种后的收成”时，也许不会感到有什么疑虑，因为他和甲文化的成员共同把这一说法视为知识，都承认如果每年适时播种，终会有所收获。但同一位人类学家可能会说“甲文化相信他们的仪式舞蹈会带来降雨”，这句话表明他和甲文化中的那些成员对于降雨条件的看法存在着

相当大的分歧。[44]

上一段所提到的例子表明，尽管纯粹民族志方法的社会研究所要实现的目标一般很有限，只是提供描述性的报告，但这种研究往往也会包含批判的环节。虽然这么说并不会影响共同知识和常识之间的逻辑区别，但它确实更为直接地指出了在那个批判环节中包含了什么内容，而在其他一些类型的研究中，这种批判环节往往会更明显地得到进一步发展。

下面的讨论中有些简略论及的方面，我在此必须强调一下。在逻辑上分析积累共同知识包含哪些过程，批判常识信念又涉及哪些方面，这些都会引出许多认识论问题，我们在这里不可能详尽讨论。我在下面只想扼要地提出一些想法，以一定的认识论观念为前提，但在这里我不打算详细论证。我想要主张，对于批判那些被视为常识的常人信念（这里面就包括对意识形态的批判，不过这种批判并没有任何特别的优先地位），社会科学的重要性在于两层意义。社会科学家从事的批判活动就是他们工作的核心，而一旦这些活动证明行动者所持的信念是无效的，或者没有充分的根据，就会对这些信念产生直接的影响。如果所探究的信念构成了行动者做事的理由，那么这种影响就显得尤其重要。行动者所持有或承认的信念中，只有一些成为他们做事理由的组成部分。当这些信念受到社会科学的主张或发现所导致的批判，这时的社会观察者实际上是在试图证明，常人就其行为所提出的理由并不恰当。

辨识行动者的理由一般与积累共同知识所引出的解释学问题密切相关。如果承认这一点，我们就应该区分我所称的“可信性标准” 339
（credibility criteria）和“有效性标准”（validity criteria），这对于社会科学批判理由是否恰当具有重要意义。可信性标准具有解释学的性质，用以表明对行动者理由的把握是如何阐明了在这种理由的影响下他们的所作所为。而有效性标准关注的则是，在评价哪些理由是恰当的理由时，社会科学中所使用的事实证据和理论理解的标准。我们不妨来看看人类学文献中广为讨论的著名的“红鹦鹉”的例子。巴西中部的博罗罗人（the Bororo）称“我们是红鹦鹉”。冯·登·施泰嫩（Von den Steinen）、涂尔干和莫斯（Mauss）等人就此展开了广泛的争论。对于许多人来说，这种说法要么是毫无意义的，要么就玄秘难解。不过，近来有位人类学家有机会到博罗罗部落，实地对这个问题重新进行了一番研究。[45]他发现，只有男人才这么说；而博罗罗女人往往把红鹦鹉作为宠物来喂养；博罗罗社会中的男人在许多方面都特别依靠女人；而男人和红鹦鹉之间这种与精灵的接触是在女人不在场的情况下进行的。有鉴于此，我们似乎有理由推论："我们是红鹦鹉"这种说法，既用反讽的形式评论了他们受惠于女人的地方，也同时断定了他们自身在精神上要比女人具有更高的地位。研究为什么会产生这样的说法，有助于我们理解这种说法的实质。要对各种以话语方式阐述的信念进行可信性标准研究，一般来说总是取决于研究者能否搞清楚下面一些问题：谁表述了这些信念，是在什么环境中，采用了哪一种话语风格（是平实的字面描述，还是比喻或讽刺等等），以及表述的动机是什么。

对有效性标准的评价，完全是由社会科学所产生的"内部批判"和"外向批判"的关联决定的。也就是说，有效性标准即内部批判的标准，而我认为，正是这种批判构成了社会科学的实质内容。社会科学在批判常识方面的主要作用，就是评价其理由是否恰当，而这种批判主要是从知识的角度入手的，对此常人行动者要么缺乏相应的知识，要么他们解读这些知识的方式和社会理论元语言中的阐述方式不同。我认为，我们没有理由怀疑，社会科学的内部批判的标准可以直接扩展到这方面的外向批判而发挥作用。这是一种强硬的主张。而且，正是在这个关节点
340 上，我所主张的社会科学预设了一种特殊的认识论立场。它假设，我也同意这样的假设，即有可能证明，某些信念主张是错误的，而另一些则是正确的，虽说我们要像考察信念主张的"正""误"一样，来考察这里所说的"证明"究竟是什么意思。它还假设，并且我同样赞成这样的假设，即社会科学作为一项集体从事的事业，内部批判是构成它的实质的固有部分，即社会科学家将自己的观点和所声称的发现付诸批判检验。我不打算在哲学方面将问题搞得很复杂，而是直截了当地断定，这些认识论假设都是有道理的。不过，在别的场合，我们显然还是很有必要多费些笔墨，来捍卫这样的论点。

如果证明一种社会信念是错误的，几乎肯定会导致相应的实践意

涵，即转变与这种信念相联系的行动。这一点我想是可以证明的。[46]对一种信念进行批判，（在逻辑上）就意味着批判了借由这种信念完成的活动或实践；而且（从动机的层面上来看）由于这种信念是行动的理由，所以对这种信念的批判会产生不可忽视的力量。如果遭质疑的信念揭示了行为与自然世界的关系的某个环节或维度，那么，（在其他情况不变的条件下）证明这种信念是错误的，就会导致行动者改变行为的相应方面。而如果这种改变没有发生，我们可以推测是因为其他方面的考虑在行动者的心目中占据了更重要的地位，或者行动者没有理解信念的错误意味着什么，又或者行动者实际上并不认为，有充分的理由证明他们所持的信念是错误的。而社会信念又不像有关自然的那些信念，因为它们正是自己的谈论对象的组成部分。由此可见，（在其他情况不变的条件下）对错误信念的批判，就意味着对于社会的**实践介入**，意味着广义上的政治现象。

一切具有资格能力的行动者不仅都（以某种方式的描述）知晓他们的所作所为，而且明白要想让社会生活具备现在所有的特征，他们就必须这样行事。这样的主张，与上面对信念的讨论又是怎样联系在一起的呢？我们最好是参考一个具体例子来回答这个问题。来看看“一人一票制”下的选举。这种做法显然需要每个潜在的投票人都知道他那一“票”意味着什么，知道他只能投一次票，只能以自己的名义投票，等等。只有当参与者知道这些方面，并且恰如其分地行事，我们才能说存在所谓的“一人一票制”。只有当相当一部分人对投票这一相应的概念 341
有充分的认识，这种现象才存在。上面这种说法在多大程度上是有效的，这是一个解释学问题。说投票体制要存在，行动者“必须”对他们的行为有所了解，这实际上是在指明什么才算是对行动的有效描述。不过，这里面肯定**有些人**不太了解投票这件事，或者不太了解整个投票程序，他们的行动会影响投票的结果。概言之，对于任何一种社会习俗的任何一个方面，任何人都有可能会犯错误。但是，没有人会在绝大多数时候都不能正确地理解他的所作所为，否则他就会被其他行动者视为不具备资格能力；同样，也没有一样习俗的哪个方面会在绝大多数情况下被绝大多数行动者所误解。当然，我们必须承认，还存在其他的可能性。位于社会某些部分的行动者，可能会对社会其他部分所发生的事情知之甚少；行动者也可能会坚信他们的活动会导致某些结果，而实际上并非如此；而且，采用社会科学的概念对一个行动情境进行重新描述，这样呈现出的事态可能和行动者熟悉的情况颇有差异。

重申一遍，我们可以假定，社会科学中发展形成的新知识，一般来说会直接改变现存的社会世界。然而，当我们说“其他情况不变”的时候，我们指的是哪些情况不变呢？而这些好像不变的情况，在什么条件下也会发生变化呢？

（1）最明显的情况是，当所描述或分析的情况涉及过去的事件，与已经不再发挥作用的社会状况相关联。如果有人认为，这就意味着又要在历史学和社会科学之间建立明确的分界，那就有必要指出，即使是对那些已经不复存在的文化进行纯粹的民族志研究，也完全可以与当前的情况形成对照，有助于理解后者。原则上，我们肯定不能说，如果情境不复存在，那么有关它的知识对其他情境也就无关紧要了。在这些情境中，这样的知识同样可能起到转变作用。马克思所嘲讽的“恺撒主义”对 19 世纪法国政治的影响，就是一个很好的例子。

（2）另一种情况是，新近获得的信息并没有改变被研究的这些行为
342 所依赖的动机和理由。这里所涉及的关系比初看上去的要复杂得多。看上去是两组独立的现象（例如，表达一个概括的陈述和这个概括所指涉的活动），实际上却可能存在密切的联系。也许有人认为，对于人们更熟悉的新古典经济学“法则”或概括中的绝大多数陈述来说，即使知晓，也不会改变和这些陈述相关的情形。也就是说，不管这些概括多么广为人知，其所依赖的常人行动者的动机激发模式和推理模式也不太可能发生变化。但实际上，在创造所讨论的这些概括得以成立的那些条件的过程中，经济学的发展本身就发挥了重要的作用，它促进人们以一种计算态度来调用资本，并促成了其他一些经济活动。下面我还要进一步讨论这种现象。

（3）还有一种情况是，新的知识或信息被用来维持现状。当然，即使人们通过某些方式，利用这样的理论或发现，改变了它们所描述的现象，它们仍可能有助于维持现状。例如，有权有势的人可以有选择地把

持社会科学的材料，这样就可以将材料为己所用，而如果这些材料被更广泛地传播，它们原本可能会服务于完全不同的目的。

（4）还有一种情况是，那些致力于利用新知识的人，没有处在合适的情境中，所以不能有效地达到他的目的。显然，这里所涉及的问题往往是这些人是否有渠道接触到各种所需资源，从而改变一系列现状。但是也有必要指出，用话语方式表达自己的旨趣，这种可能性在一个社会中往往是分配不均衡的。那些生活在社会较低阶层的人们，可能会受到各种限制，不能用话语方式表述自己的旨趣，特别是他们的较为长远的旨趣。比起那些掌权者，他们更难以超越自身活动的情境性特征，无论是在时间上，还是在空间上。而之所以这样，是有许多原因的，包括教育机会的缺乏或低劣，行动的典型环境更受局限（用古尔德纳的概念来说，他们更可能成为“地方性的”[local]，而不是普世性的[cosmopolitans]），而那些掌权者光是所掌握的可用信息就比他们广泛得多。处于较低阶层的人也不太可能掌握逻辑连贯统一、概念成熟复杂 343
的话语，从而也不可能利用这种话语，将他们的旨趣和实现旨趣的各项条件联系在一起。

（5）还有一种情况是，那些据称是知识的结果却有一定程度的错误。很显然，社会科学所产生的那些观念或观察发现的有效性，和它们是否能为常人行动者所采用，二者之间并没有必然的联系。这可能会导致各式各样的可能性，包括那些原来是错误的观念，由于众口相传，会成为正确的（所谓自证预言）。也就是说，接受的发现即使是无效的，绝不等于说对它们旨在描述的行为就没有影响。

（6）还有一种情况是，对于知识所涉及的行动者来说，新的知识琐碎细小，或者索然寡味。这种情况要比表面看上去重要得多，因为常人行动者和社会观察者的关注可能存在差异。即如舒茨所言，社会科学家认为重要的东西，不一定和他们力求阐明其行为的行动者的想法一样。

（7）还有一种情况是，社会科学产生的知识或信息的**形式**，妨碍了它的实现，或者掩盖了可能实现它的某些方式。这方面最重要的例子就是物化的问题。但是这个问题所引发的可能意涵同样也是十分复杂的。如果常人行动者的话语也物化了，那么，社会科学中所产生的已经物化的话语可能会造成不同的效果。

10. 社会科学中的概括

尽管日常行为事实上总是以有目的的形式周而复始地进行着，但在许多方面，社会生活并不是组成社会的行动者的意图的产物。正像我所不断强调的那样，社会科学的一些最独特的任务，就体现在对行动的意外后果的研究中。这个问题也是比较倾向于客体主义和结构社会学的社
344 会科学家关心的首要问题。有些学者指出，社会科学的说明性目标注定是发现法则。但如果社会行为的结果多多少少完全是合乎意图的，那他们就不会再这样想了。因此，举例来说，绿灯行，红灯停，开汽车的都会这样做。但没有人会认为遵照交通信号灯决定开停是人类社会行为的一条法则。这里涉及的是某种司法性的法则。驾车者知道红灯象征着什么，知道按照交通行为的规章，他们对此应该作何反应；当他们红灯停、绿灯行的时候，他们知道自己在做些什么，而且是有意这么做的。这样的例子并不被看作法则，即使其中所涉及的行为是十分有规律的。这一事实表明，社会科学的法则问题密切维系着意外后果，行动者未能认识的条件和约束。

结构社会学家一般用“法则”一词来指他们认为在自然科学中存在的那种法则。至于在自然科学中是否的确存在这样的法则，即使有，其逻辑地位如何，这些问题目前尚有许多争议。我们姑且假设，自然科学中确实存在这样的法则，并同意这些法则的逻辑地位合乎标准的解释。普遍法则表述的是这样的情况：如果在某个地方，第一组条件在因果关系上导致了第二组条件，只要出现以一定方式确定的第一组条件，那么我们在此也会发现第二组条件。当然，并非所有的因果陈述都是法则，也不是所有的因果关系都可以归入（已知）法则之下。而且，也不是所有的对普遍事物的陈述都构成了法则。亨普尔（Hempel）举了一个例子，“所有由纯金构成的实体的质量都不超过一百吨”。就已知情况而

言，这个论述没有反例，但除非我们能够找到某种因果机制，来说明情况为什么应该是这样，否则就不可能把它看作例示了一种法则。[47] 社会科学中存在普遍法则吗？如果没有的话，为什么还会有那么多站在结构社会学阵营中的学者，喜欢将他们的所有发现都归入这个说明性的名头之下呢？对第一个问题，我们可以直截了当地作出否定的回答。在自然科学中，或至少在自然科学的某些主要领域中，似乎有许多法则属于普遍法则的实例。而在社会科学中，我们就找不到一个合适的例子，可以无可非议地看作这种法则在人类社会行为领域中的具体体现。这里的判断既适用于社会学，也包括经济学。正如我在别的文章中详细 345 论述的[48]，社会科学与自然科学相比，出现的时间并不晚。有人认为，随着社会科学研究的推进，最终会揭示出这样的法则，这种看法就算往好里说，也明显缺乏说服力。

如果社会科学中从未存在过普遍法则，也永远不会存在，那么为什么还有这么多学者认定社会科学应该去追求这样的虚幻之物呢？无疑，这里面有相当一部分原因在于，自然科学中占统治地位的经验主义哲学同样也占领了社会科学的阵地。但这肯定不能完全说明问题。这里面还包括如下假定，即社会科学在探讨社会行动者或社会制度的问题时，应该注意获取那些行动者本人所没有的知识，只有这种知识才是值得探求的。伴随这种观念，社会科学家往往会尽可能低估行动者本人所具有的知识，从而扩大了因果机制的作用范围，后者所产生的效果完全与个体就其所作所为提供的理由无关。不过，如果依据我在本书中详细阐述的理据，认为这种观点不能成立，则我们有必要重新审视社会科学中的法则的性质。社会科学中没有已知的普遍法则，这并不是一个偶然现象。如果像我所主张的那样，社会科学概括中的因果机制确实是要依靠行动者本人的理由，那么，当行动的意想后果和意外后果"掺杂"在一起的时候，我们就比较容易看出，为什么这种概括并不具备普遍形式。这是因为，行动者的认知能力究竟包含哪些部分，这种认知能力又是以何种方式"定位在情境中"，以及那种知识的命题内容的有效性，所有这些问题都会影响社会科学中的概括在怎样的情形下适用。

这里，我想再次提出一个观点，但不打算详加论证，尽管这也许会使一些喜欢哲学思辨的读者不太满意。我的主张是理由即原因，赞同这一主张无疑采纳了一种非休谟式的因果关系观念。如果用我前面引入的术语来更适当地表述，就是说日常行动的连续过程在因果关联方面始终与行动的理性化密切相连。[49] 换句话说，行动的理性化属于一个作为能动者的个人展现的因果力量范围内的主要因素。之所以这样，是因为出于某些理由做某件事，意味着行动者了解在一系列既定的环境中“需要做些什么”，他们的这些理解影响和塑造了在这些环境中进行的活动。
346 做一件事是有理由的，并不等于出于某些理由做某件事，而且，正是二者之间的差异向我们揭示了行动理性化的因果影响。理由作为个体“发动”的活动的原因，正是他成其为行动者的内在固有特征。但正如我所不断强调的，既然对行动的反思性监控是有限的，就会有那么一些影响行动的因果因素不是通过行动的理性化来发挥作用的。这些因果因素一般指我们前面提到的两类情况：无意识的影响，以及那些改变了个人进行活动的行动环境的影响。

就社会分析的宗旨而言，上述第二种情况远为重要，但既然“行动环境”是一个非常宽泛的术语，我们多少需要详细讨论一下。所有的行动都是在情境中进行的，对于任何一位给定的行动者来说，这些情境中都有许多要素既非行动者本人促成，也非其所能充分控制。行动情境的这些促动性和约束性特征都既包括物质现象，也包括社会现象。就社会现象而言，我们有必要强调，对于某个人来说，社会环境的某个方面是可以控制的，但换了别人，这个方面可能就只是这么“发生的”，而不是他“促成的”。社会分析中许多十分精妙、发人深省的地方，概源于此。

既然如此，我们便可以接受说：社会科学中所有的抽象概括都明确或含蓄地属于因果陈述。但是，我在本书中始终强调，关键的问题在于这里涉及的是哪一种因果关系。也就是说，相关的行动者“促成”一种规律化的结果，或者结果的“发生”并不出于任何一位参与者的意图，这两种情境存在实质性的差异。既然从因果关系上来看，行动者有关那些决定概括是否成立的条件的知识对于概括本身是至关重要的，那么就可以通过改变这种知识，来变革这些条件。自证预言就是一个实例，当然，同样的例子还有许多。

在此有必要多提醒几句。在自然科学中，法则要发挥作用，总是存在边界条件的。但这些条件不会影响恒定的因果关系，而后者才是谈到法则所针对的说明任务的核心。而社会科学中的概括就不同了。因果机 347
制本身就是不稳定的，至于有多么不稳定，就要看概括所指涉的那些人在多大程度上可能会表现出标准的推理模式，从而产生出标准的意外后果。我们可以看一下甘贝塔的研究所提出的那种概括：“与来自其他阶层背景的子弟相比，工人阶级出身的孩子在教育体制中达到的层次越高，他们中途辍学的可能性就越小。”这里涉及的意外后果构成了一种统计模式，是在时间和空间维度上都分别活动的个体的决策聚合所造成的结果。我想没有人会认为这表现了一项普遍法则，但它确实是一项颇具启发性的概括。甘贝塔的概括所假设的因果关系依赖于他指明的那种决策过程。但是，正如甘贝塔本人所指出的，如果父母或孩子（无论其阶级出身是什么）了解了这一概括，他们在评价概括所描述的情境时，可能就会融入这一概括，其实会削弱这一概括的说服力。

我们可以像许多学者已经指出的那样主张，社会科学中的概括就其性质而言，是“历史的”；只不过我们要记住，“历史”这个词可以有许多种含义。不过在这里，它的特殊含义不过是指概括得以成立的环境在时间和空间方面都是有一定范围的，实际上取决于行动的意想后果和意外后果的特定融合。假定情况确实如此，是否有必要称社会科学中的概括为“法则”呢？这完全取决于我们打算在多么严格的程度上解释“法则”这个词。在我看来，既然自然科学中的“法则”往往与一些恒定关系的运作相维系，即使那些形式上不具有普遍性的法则也是这样，那么最好不要在社会科学中使用“法则”这个词。无论如何，重要的是我们要避免结构社会学的倡导者的隐含观念，好像针对一系列给定的现象而言，只有明显涉及意外后果，我们才能发现所谓的“法则”。换句话说，针对人类社会行为所进行的概括，可能会直接体现行动的基本准则。行动者是在知晓的情况下应用这些准则的。我在本章中强调指出，至于在一些特定情况中，上述论断是否属实，这正是社会研究所要考察的一项主要任务。

11. 社会科学的实践意涵

348 社会科学和自然科学不同，不可避免地要牵扯到“主体之间的关系”（subject-subject relation），而这种关系恰恰是其研究主题。自然科学的理论和发现与其所关注的客体和事件所构成的世界之间是相互分离的。这一点保证了科学知识和客体世界之间的关系始终是一种“技术”关系。在这种“技术”关系中，科学家把他们所积累的知识“应用”到一系列独立构成的现象上去。但在社会科学中，情况就不同了。诚如查尔斯·泰勒（Charles Taylor）所言：“自然科学理论也改变实践的面目，但在它的影响下发生变化的实践并非它的研究对象……我们把这看作理论的‘应用’。”在社会科学中，“实践本身就是理论研究的对象，在这个研究领域中，理论改变了它自身的对象。”[50] 这段话具有非常重要的意涵，直接关系到我们应当如何评价社会科学的成就，以及它们对于社会世界的实际影响。

有些学者认为，社会科学应该模仿自然科学。如果我们接受他们的观点，那么社会科学无疑只能算是一种失败的模仿。社会科学没有得出自然科学里面一些比较精致成熟的领域中所确立的那些精确法则，而实际上，出于我已经提及的那些原因，社会科学将来也不可能得出这样的法则。从表面上看，创造一种“研究社会的自然科学”的热切希望的破产，似乎标志着我们不可能再相信社会科学可以像自然科学影响“它们的世界”即自然界一样，影响“它们的世界”，即社会世界。一代代提倡自然主义社会学的学者之所以不懈努力，依据的观念就是社会科学在思想上和实践上都需要“赶上”自然科学。换句话说，他们认为自然科学在思想成就上，从而也在实践成果方面，显然都要胜过社会科学。社会科学的问题，就是要恢复它们业已丧失的基础，从而能够用类似自然科学的方式应用它们的成果，来控制社会世界中的事件。孔德的设想就
349 是以这种立场为基础的，而自孔德之后，又有许多学者以各种面目乔装打扮，一再重申这一立场。

下面这段话就是这种立场的典型表述，引自一位在其他方面都远远称不上是孔德追随者的学者：

作为社会科学家，我们和这个世界上所有受过良好教育的人士一样，都满怀不安地看到，在我们的研究领域中，进步要比自然科学缓慢得多。正是自然科学的发现和发明，推动着社会发生天翻地覆的变化，而我们的社会科学，迄今为止产生的影响要逊色得多。越来越多的人日益担忧在这种对照中存在一种危险的脱节。人控制自然的能力突飞猛进，而且实际上是加速度增长，与此同时，人控制社会的能力，首先是控制他自身的态度和社会制度的能力，却严重滞后。究其原因，至少是部分在于，我们关于人及其社会的知识进展过于缓慢，而且这些知识也未能及时转化为社会变革的行动。[51]

乍看上去，就改变作用的大小而言，社会科学的影响似乎没法和自然科学的影响相提并论，这一点似乎再明显不过了。自然科学具有自身的范式和得到人们一致认同的发现，并能运用精确的数学手段，来表述具有高度一般性的知识。在自然科学中，“奠基人”往往已经为人所遗忘，或者被视为只具有古董价值的观念的开创者。科学和技术的融合已经产生了极为深远的各种物质变革。与此相对，社会科学则似乎总是纷争不断，无法忘却其“奠基人”，这些人的作品往往被奉为重要性经久不灭的经典。今天，政府在决策时也许偶尔会咨询一下社会科学；但比起自然科学所带来的全面影响，社会科学所发挥的作用就显得无足轻重。比起社会科学，自然科学享有更高的社会威望，这似乎完全符合二者不同的成就以及物质影响。

然而，这种把社会科学看作自然科学的穷亲戚的观点，真的是正确无误的吗？我们至少可以说，如果考虑了双重诠释的重要意义，这种说法要想站得住脚，至少会难得多。重申一遍，社会科学不像自然科学那 350
样，和“它们的世界”是绝缘的。某些把自然科学看作样板的学者，追求一种自成一体的知识体系，但上面这一点肯定会使社会科学很难完成此项任务。不过，这一点同时也意味着，社会科学能够参与“它们的世界”的构成过程本身，这可是自然科学无法实现的。

我们可以看看下面这段话：

谁若因人民的拥戴而当上君主，一定要努力维持和人民的良好关系，这对于他来说，是件轻而易举的事情，因为人民所要求

> 的只是不受压迫而已。但谁若借助贵族的支持，逆人民的意志成为君主，那么即位后最要紧的，就是要想方设法把人民争取到自己这边；要做到这一点也不难，只要他把人民置于他的保护之下就行了。因为人民原本以为这个人会作恶，结果却从他手中得到了好处，这样人民会以更大的感激之情来报答这个施恩者。如果君主能这样做的话，人民将会立即友善地对待他，较之他借助他们的支持赢得王位更甚。[52] ①

马基雅弗利的理论并不仅仅是对政治活动中的权力和民众支持现象的观察思考。他最初之所以提出这一论断，是打算促进现实的政府治理机制的发展，而人们也确实是这样看待这一论断的。可以毫不夸张地说，自从马基雅弗利的著作广为人知以后，政府治理的实践就再也不是从前的样子了。追溯这些著作的影响绝不是一件轻松的事。“马基雅弗利式的”已经成为一个贬义词，但是之所以会这样，似乎与他的著作的实际内容并无多大干系。比如有一个原因就是，某些享有威望的统治者对马基雅弗利的说法作出了自己的解释。君主可以应用的原则，臣民一样可以用，甚至那些与他作对的人也可以用。像马基雅弗利的《君主论》这样的小册子，在实践当中产生的后果可能曲折多变，枝蔓横生。有人认为，我们可以在一个领域中检验和评价社会科学的各种发现（即所谓职业专家的“内部批判”），然后径直“应用”到另一个领域（即实践行动的世界），但实际情况远非如此。社会科学知识更典型的命运与这种图景大相径庭。

当然，称马基雅弗利是一个“社会科学家”是否有根据，这个问题
351 尚待讨论，因为在他写作的时代，人们还没有对社会制度的性质进行系统化的反思。不过，假设我们往后看到18世纪末、19时期初，也许可以说，正是在这一时期，人们开始对社会议题进行详细的经验研究。有些学者认为，这个时期是社会科学开始拥有与自然科学类似的经验证据基础的最初阶段。不过，引人注目的现象倒是社会科学家所发展的各种

① 这段译文综合参考了慧泉和潘汉典的中文译本：《君王论》，慧泉译，42页，长沙，湖南人民出版社，1987；《君主论》，潘汉典译，47页，北京，商务印书馆，1985。译文有改动。——中译注

研究技术，提供的“数据材料”，立即成为社会的重要组成部分，而这些东西恰恰是用来研究这个社会的。官方统计的飞速发展既是这一过程的症候表现，也是它的物质结果。正是通过使用系统的社会调查方法，人们才有可能收集这种统计材料。这些社会调查方法的发展与新的管理控制形式密不可分，只有借助官方统计的材料收集活动，新型的管理控制才有可能顺利推行。而官方统计一旦确立，又可以为新的社会分析方式提供条件，例如，从此可以对人口模式、犯罪、离婚、自杀等问题进行经验研究。话说回来，有关这些问题的研究文献又会再次影响那些进行相关统计的人的实践。例如，许多验尸官、法庭官员和其他人，包括那些筹划乃至实施自杀的人，都会阅读有关自杀的文献。[53]

当然，要对社会生活特定领域进行深入研究，需要发展理论的元语言，并进行专业分工，这些都保证了社会科学不至于完全和它们的“研究对象”融为一体。但是，一旦我们认识到“职业”社会分析者和常人社会分析家之间存在复杂多样、持续不断的密切关联，我们就容易理解，人们为什么会忽视社会科学对现代社会的构成所造成的深远影响。社会科学的“发现”，即使是极具启发性的，也难以始终保持新颖；实际上，这些“发现”越是具有启发性，就越可能融入人们的行动，从而成为人们习以为常的社会生活准则。

自然科学的理论和发现与它们的“研究对象”处于一种“技术性”关系。也就是说，自然科学所产生的信息具有实践意义，它作为一种“手段”，可以用来改变由各种物体和事件组成的世界，这个世界是独立给定、自动运行的。但是，社会科学和它们的“研究对象”之间就没有 352
这种“技术性”关系，社会科学的发现对于常人行动的影响，只在微不足道的意义上讲才是“技术性”的。知识与权力之间的许多可能的置换关系都来源于此。要证明情况确实如此，我们也许需要回到上面的例子，再来看看马基雅弗利对政治活动性质的论述。下面列举了马基雅弗利作品可能涉及的方方面面：

（1）马基雅弗利在相当程度上可能只是用一种特殊的方式表述了许多统治者——无疑还有其他人——早已知道的东西。这些人甚至可能已经在话语层面上知晓了这些问题，虽然他们不太可能将这些问题像马基雅弗利那样简洁有力地表达出来。

（2）一旦人人都可以看到马基雅弗利撰写的著作，著书这件事就确实将新的因素引入了社会世界。因为也许人们以往已经知道了这些东西，但却没有这样的著作。

（3）“马基雅弗利式的”这个词被某些人滥用了，他们听说过马基雅弗利提出的那些观点，但却不一定亲自读过这些著述。在英国，《君主论》的第一个英译本于1640年问世，而在此之前，就有许多人认为马基雅弗利是一个散布邪恶的人。

（4）马基雅弗利在著述中利用的那种话语，体现了现代国家的法律秩序和宪政秩序根本变革的一个部分或一个方面。以某种特殊的、相当新颖的方式来考虑“政治”，这本身就是“政治”形成过程的关键环节。[54]

（5）如果一个统治者被认为是马基雅弗利的追随者，还试图根据马基雅弗利的告诫来进行治理，他会发现要比没人知道马基雅弗利的论述时更难运用这些原则。例如，统治者的臣民们一旦知道马基雅弗利曾说过，民众对于那些他们本来以为会压迫自己的君主的善意举动，尤其会感激涕零，他们就会怀疑统治者的那些善意举动。

（6）马基雅弗利对于上述各点中的绝大多数都相当清楚，而且在《君主论》中明确提醒读者注意其中一些方面所带来的后果。因此，这
353 几个方面也就变得更加复杂，因为对它们本身的认识已经成为政治活动
的一部分。

但是，如果马基雅弗利的论述已经以形形色色的方式融入了现有社会，那么为什么这些论述直到今天仍然具有重要意义呢？为什么人们依旧认真讨论他的学说，认为它们和现有社会关系重大？为什么那些从事社会科学研究的学者不能像自然科学家一样，忘记自己学科的“奠基人”？要想回答这个问题，我们就必须考虑到，一位像马基雅弗利这样的思想家，他所阐述和代表的那些观念具有怎样的根本特征。马基雅弗利给我们提供了一些手段，使我们可以深入反思某些关键的概念与实践，它们都已经融入了现代社会中主权、政治权力等现象的本质。通过研究马基雅弗利的著述，我们可以对现代国家的独特性有所认识，因为

他是在现代国家发展过程的较早阶段写下其作品的。马基雅弗利的著作无疑揭示了某些政府治理原则，或者说是赋予了这些原则以一种特定的话语形式，而这些原则可以普遍应用于各种国家。不过，他的著作之所以没有“过时”，主要原因还是在于，这些著作（以不同凡响的风格）对自身参与构成的现象进行了一系列反思。这些著作所阐述的思维方式和行为方式，不仅和现代社会的起源有密切关联，而且与现代社会中那些更为持久的组织形式也有着重要关系。在自然科学领域，一旦产生了一批更好的理论，古旧的理论也就没有什么特别的价值了。而既然理论本身已经融入了它们的“研究对象”（尽管也许在其他一些方面，这样的融入会遇上一些阻力），就必然保持了一种古旧的自然科学理论所不具备的相关性。

要推进社会科学的批判性，社会科学家在观念上就必须更加充分地认识到社会科学话语自身具有的实践内涵。事实上，社会科学本身就深刻地包含在它们的研究对象之中，这就意味着观念史的角色事关根本。比如说，斯金纳（Skinner）研究了那些论述中世纪以后的国家的现代话语形式是怎样出现的。他的研究表明，这些话语形式本身就成为构成这些国家性质的重要因素。[55] 斯金纳证明，现代国家的性质假定它的公民要了解现代国家究竟是一种什么样的国家，它又是怎样运作的。通过这样的分析，斯金纳使我们认识到现代国家具有多么具体而独特的形式，它又是如何与各种话语变迁交织在一起，而这些话语变迁都已经融 354
入了常人的社会实践。

社会科学不能提供那种“引而不发”的（重要）知识，时刻准备着，一旦需要就可以激发出适当的社会干预。在自然科学中，在不同的理论和假设中作出取舍所依据的证据标准，掌握在自然科学专业工作者手中（原则上应当这样，实践当中也通常如此，偶尔也有李森科主义［Lysenkoism］① 之类的例外）。这些专业工作者在筛选证据、构建理论

① 李森科（1898—1976），苏联生物学家，在担任农科院院长期间，利用政治力量强行推行自己的学说，压制孟德尔的学说，曾在相当长的一段时间内（20 世纪 30 年代至 60 年代）控制了苏联生物学界，影响甚至波及其他社会主义国家。后来李森科主义就用来泛指借助学术外的政治力量干预学术事务。——中译注

的时候，不会受到这些证据和理论所指涉的那个世界的干扰。但在社会科学中，情况就不一样了。或者更准确地说，当社会科学的理论和发现带给人们的启示最大时，与自然科学中的情况差别也最大。在很大程度上，正是因为这个原因，相较于自然科学，社会科学为决策者提供的有价值的信息似乎要少得多。社会科学必然要借助大量它们所研究的社会中的成员已经熟知的东西，而它们所提出的那些理论、概念和发现，又会返回作用于它们所描述的世界。专家的概念工具以及社会科学的发现，与社会生活中包含的各种运用知识完成的实践活动，这两方面的“鸿沟”虽然也存在，但却远没有自然科学中那样泾渭分明。从“技术性”的角度来看，社会科学的实践影响似乎有限，而且确实也受到了各种限制。不过，要从对所分析的世界的渗透来讲，社会科学的实践后果其实非常深远，过去如此，现在也同样如此。

附论：社会科学、历史学和地理学

355 我已经说过，我们既不能把历史学家当成只处理时间维度问题的专家，也不能把地理学家看作只考虑空间维度问题的专家；许多人都已经认识到，这种学科分工是社会科学中抑制时间和空间维度考虑的具体体现。还有一种观念与此相对应，认为社会科学关心的就是如何阐述具有普遍性，或至少是高度一般性的法则。这里，我们面对的就是社会科学和历史学之间传统形成的壁垒森严的界限：人们认定，社会科学关注的就是无论何时何地都普遍有效的概括，而历史学分析的则是位于具体时空情境中的事件的逐步展开。鉴于我在本书中力图发展的主要观点，我认为，没什么必要再费尽口舌，说明为什么这种传统观念实际上毫无价值。

如果历史学家不是处理时间维度的专家，那么我们能否说他们是研究过去的专家呢？这种观念也许不仅乍看上去很有吸引力，而且确实有许多出类拔萃的哲学家和历史学家支持这种观点。奥克肖特（Oakeshott）是这样阐述“历史过去”这个概念的[56]：个体感知的世界“无可置疑地属于当下”。我站在马路牙子上，观察周围发生的事情。当我站在那儿的时候，时间流逝而去，但我关注的是一个“连续不断的当下”，在这个当下，“时间流逝的特征就是没有发生任何显著的变化，甚至没有让我感到有运动”[57]。在我眼前，一个装着假腿的人一瘸一拐地走过。他就是“连续不断的当下”的一部分，除非在我看来，他不是一个现在装着假腿的人，而是一个已经失去了腿的人。奥克肖特主张，这种对过去的意识并不是通过忽略当下产生的，而是通过一种特定的解释当下的方式产生的，这种解释方式关注的就是“失去”这个词所引发的事情。历史理解中的当下包含了各种被视为是残存物或遗迹的东西，它 356
们构成了所谓的“保存下来的过去”：

> 一名历史学家只有借助这些残存物才能进入过去。而历史研究关注的首要问题，就是搜集那些散见于当下的残存物，复原那些人们推测已经湮没的东西，要在这种混乱上强加某种秩序，修复这些残存物遭到的破坏，将残缺不全的部分拼凑起来，识别其中的关系，辨认残存物的由来，从而确定它的真正性质，是出自往昔的一项实践、哲学还是艺术等方面的成就。[58]

历史学家就是借助那些残存下来的过去的断片，努力复原没有保留下来的那些历史面貌。

我们可以从两种略微不同的角度出发，来理解这种对历史性质的解释。一方面，我们可以认为，历史学主要关注的是如何复原一个失去的过去；另一方面，我们也可以把历史看作在某种程度上为历史学家所特有的一种文本诠释技术。根据第一种解释，历史学就具有自身特定的“研究对象”；而根据第二种解释，历史学的独特性就主要是方法论上的。但如果我们稍微仔细地考察一下这两种说法，就会发现它们都没有多少道理。基于奥克肖特举的那个站在街角的人的例子，我们可以清楚地看出，奥克肖特用“当下”这个词来指的现象，近似于我所称的“在场”。但是，对在场的限制既体现在时间维度，也体现在空间维度。运用解释方式恢复一个失去的过去，是很难和另一个方面的工作分开的，实际上也不应该分开。后面这项工作就是同样要运用解释方式来阐明“水平方向”地散布在全球表面的各种文化差异。因为所有这样的分析都需要通过复杂微妙的方式，将时间因素和空间因素协调在一起。如果哪位读者不承认这一点，他也不大会赞同我在前文中发展的结构化理论。而另一方面，如果我们把奥克肖特的观点看作一种方法论主张，它等于说历史学的独特性就体现在历史学家的技艺方面；在这方面，历史学家成为知道如何解释那些过去时代幸存下来的文本或遗迹的专家。这种观点在历史学家中间肯定很有市场，而且并不是没有缘由的，因为显然专家对文本或物质遗迹的细读和阐释是历史研究所关注的基本问题。
357 可能有许多社会科学家也认为，在历史学和社会科学之间的分工就是围绕着这些界限区分开来的：社会科学感兴趣的那些行动者是活生生的，社会科学家可以直接与其沟通；而历史学家研究的行动者则已经死去，历史学家无法和他们交流。这显然是一项重要的差别，这不仅是因为生者可以回答问题，而死者却不能，而且还因为生者还可以作出回应。也就是说，任何有关这些人的所谓“发现”一旦在他们中间散布开，他们就可能会主动地提出问题，或者改变自己的活动。不过，我们并不能根据这个事实得出结论，认为在历史学和社会科学之间可以根据这些界限作出有价值的分工。因为绝大多数的社会科学研究和历史学一样，也都是针对文本和其他“二手”资料，或以其为手段而完成的。对社会科学家而言，相较于必须花在文献材料上的工夫，在直接与其研究对象即行动者的沟通方面耗费的精力可能要有限得多。而且，要领会文本的意涵，也就是用这些文本来描述并例示一定的活动情境，究竟需要解决多少解释性的问题，不仅取决于时间上的“距离”，而且取决于要利用多么有限的材料得出多么重大广泛的结论，以及在解释过程中涉及的文化差异的程度。

因此，如果说确实存在两门学科，它们之间的交错地带关系到在场的界限问题，那么这两个学科肯定就是考古学和诠释学：之所以是考古学，因为它的研究对象显然是各种在现代社会中属于过时的遗迹、遗存或古董，创造它们的社会潮流已经一去不返，它们就遗留在那里；另一门之所以是诠释学，因为必须要对一个“保留下来的过去”中的各种残存物进行解释，不论残存物是瓶瓶罐罐，还是纸卷书简，而且还因为恢复过去的任务无论在概念上，还是在方法论上，都势必牵扯到另一任务：协调在许多共存的文化中出现的各种意义框架。

如果说，社会科学并非研究当下的历史学，也不可能成为这样一门学科；同样，社会科学并非仅仅关注，也不可能仅仅关注那些超越具体时空的普遍概括，那么，我们又如何将社会科学和历史学区分开来呢？我认为，我们必须像涂尔干（尽管涂尔干是依据另一种思路得出这个结论的）一样回答说：根本就没有什么区别。这种看法在概念的逻辑上是一致的，从思想的角度来看，也是站得住脚的。即使说在社会科学和 358
历史学之间存在分工，那也只是实质研究上的分工，根本不存在逻辑或方法论上的分野。历史学家专门研究特定种类的文本材料、语言或“时期”，但从事这些研究也不能脱离社会理论中各种概念和固有的两难困境来进行。不过无独有偶，即便是那些关注如何用最抽象一般的理论来探讨社会生活问题的社会科学家，也同样不可能摆脱解释文本和其他一些文化对象的诠释学要求。历史学研究就是社会研究，反之亦然。

现在提出这种观点，已经不再像以往一样是异端邪说。我们不妨先来看看历史学领域发生的变化。艾布拉姆斯（Abrams）在讨论历史学家的研究时，概括得非常精彩：

> 在过去二十年里真正具有重要意义的进展，是出版了相当一批在理论上具有自觉意识的历史研究作品。在这些作品的影响下，以往那些认为历史学原则上不介入社会科学理论世界的观念逐渐成了无稽之谈。社会变迁是由那些意图进取的人创造的。尽管职业历史学家中仍有一些残余分子坚持认为，理论不属于他们的行当，但随着历史学这门学科中公认的代表作品的理论意识日益明晰，而且随着历史学和社会学之间的理论方法日益稳定地明确彼此的融合，这种看法越来越不得人心，不再是构成历史学“制度准则”（institution）坚不可破的有效基础，而是愈益明显地成为一种徒劳的怀旧慨叹。[59]

这里的关键说法是“理论方法的融合”。不论在其他方面社会科学的各个学科之间可能存在怎样的分工，它们都分享着社会理论的有关问题，有关行动、结构和各种形式的说明的问题。

斯通（Stone）富有见地地探讨了艾布拉姆斯提到的过去二十年里社会科学对历史学的影响。[60] 斯通区分了社会科学对“新史学”产生影响的几种方式。他同意艾布拉姆斯的观点，也认为历史学家越来越意识到他们和社会理论之间存在不可逃避的联系。也就是说，历史学家逐
359 渐认识到，他们不能完全掩盖那些引导他们研究的理论预设；通过明确地讨论这些理论预设，他们将以往不愿明言的东西坦然讲出。其他一些来自社会科学的影响则更多是方法论方面的。量化方法已经用于研究多种领域的历史问题，并且取得了一定的成功。即使单就使用了量化方法而论，这一现象也不容小觑，在历史学中也标志着一个崭新的开端。

不过，面对这些影响，已经产生了反向压力，主要是来自那些提出所谓“叙事史学”（narrative history）的主张的学者。恰如其分地说，从某些主要的方面来看，我们可以将在“新史学”倡导者和“叙事史学”拥护者之间发生的争论，视为行动 / 结构的二元论在历史学家那里不折不扣的翻版，这种二元论已经严重困扰了整个社会科学的发展。那些推崇叙事史学的学者反对“新史学”的论述方式，因为在“新史学”经常提出的人类行为的论述中，往往认为人类行为是那些超出相关行动者影响范围的社会原因造成的结果。他们的这种反对自然有自己的道理。因为，历史学引进的那些理论阐述方式，在社会科学中就有缺陷，在历史学中更可能面临严重的局限。但是，如果我们就此提出“叙事史学”作为“分析史学”的替代选择，好像我们必须以一方的完全牺牲来换取另一方，这肯定是一种错误的看法。

人们认为，叙事史学就是讲故事，在这些人的心目中，“历史（学）”（history）和“故事”（story）有着共同的渊源，而且，事实上“histoire”这个词就兼含“历史”和“故事”两种意思。讲述的故事必须符合事实证据的要求，但是，将故事的各个部分贯穿起来，并使读者心仪的，则是看情节是否连贯，看用什么方式传达故事中描绘的那些人的活动的目的，用什么方式描绘活动的场景。因此，埃尔顿（Elton）在描述何谓叙事史学时谈道：“要使读者理解行动，就得清楚地交代行动的场景、情势和起因。”[61] 这种说法当然是无可辩驳的。埃尔顿和其他一些学者所讨论的叙事和我前面提到的民族志大致差不多。但是，我们并不能就此认为，使用民族志的研究技术就势必与主体主义联系在一起，同样，我们也不能就此认为，叙事史学一定和一种拒弃结构概念的

理论立场之间有什么逻辑关联。叙事史学的倡导者反对不分青红皂白地 360
将结构社会学的观念引入历史学家的研究，这当然是很有道理的。但他们认定可以全盘忽略这些观念，可就错了。使一个叙事成为有说服力的“故事”的，并不仅仅是情节的连贯，而是如埃尔顿所言，还包括对于行动的“场景、情势和起因”的理解。不过，行动赖以发生的场景和情势并不是凭空产生的；在说明它们的时候所运用的逻辑框架，与描述和“理解”行动时不得不使用的说明框架是一样的。我想结构化理论关注的正是这个现象。

让我们从社会科学晚近的发展这个方面，来简要地考虑一下这个问题，我们的讨论将集中在社会学方面。人们也许会说，社会学的起源和现代历史有关，因为人们一般认为，社会学最早就是要分析西方社会工业资本主义的起源和影响。但是，当第二次世界大战之后的一代社会学家着手研究这些问题，经常受制于一些我前面已经批评过的进化论思想。我们应该清楚地认识到，和表面看上去相反，进化论很容易成为历史学的敌人而非盟友。这是因为，进化论助长了学者专横地将历史细节问题放在一边，把人类历史硬塞入预先定制好的图式中。

而在进化论没有取得多少进展的地方，也存在非常强烈的趋势，基于曾被我斥为空洞无物的一些术语，将“社会学”辨识为一门独立的学科，与“历史学”相分离。李普塞特（Lipset）对这种观点的描述就很典型：

> 社会学家的任务就是提出一般假设，希望有朝一日将这些假设置入一套更庞大的理论框架，并加以检验……历史学关注的则肯定是分析一系列特定的事件或过程。社会学家寻找概念，以便归纳各式各样的特定描述范畴；而历史学家则必然会专注于实际发生的事情，避免作出不恰当的陈述，这些陈述通过将此时此地的行为联系到彼时彼地，会导致历史学家在描述他们所分析的这些情势中发生的事情时有所歪曲。[62]

然而，李普塞特在此所描述的，不过是对一般化概括的关注和对更 361
具体问题的关注之间的区别，而非社会学和历史学之间的分野。[63]

“社会学”这个词是由孔德发明的，而且，直到十分晚近的时候，还在很大程度上和以孔德为突出代表的那种思维方式紧密地联系在一起。许多学者虽然反对进化论和功能主义，但却仍然将社会学和客体主义的一些主要观点联系起来。他们一般是用我在前面讨论过的那种方式，来理解李普塞特所说的“一般假设”，把它们看作表述因果关系的法则，不论怎样，这些和行动者行为有关的因果关系的运作是独立于行动者的意愿的。这里所涉及的对立，并不是社会学家往往铭记的“普遍法则的”和“个别表意的”之间的对立。如果像结构社会学那样，认为社会学的独特性就在于主要关注结构性约束的问题，言外之意就是历史学家的研究更贴近有目的的行动者在具体情境中进行的活动。如果用这种方式来理解那些引入历史学的“社会学”概念，我们就不难看出，为什么叙事史学的拥护者会对此疑窦丛生，以及他们是如何捍卫自己所进行的研究：因为他们把这些研究看作“历史学”，和所谓的“社会学”形成对照。这样，争辩的双方都在支持一种既无逻辑意义、又没有方法论根据的学科二分。

无疑，在很大程度上，社会学已经发生和正在发生的变化，就是客体主义和功能主义一度享有的霸权地位的衰落。社会学家确实曾经错误地压制了时间维度在社会理论中的重要作用，这肯定也是对历史问题的压制。在功能主义那里，时间、历史和社会变迁全被混为一谈。[64] 在社会学中，直到大约二十年前，还有两种传统支配了对发达工业社会的分析，一种是“工业社会理论”，另一种是马克思主义。[65] 但近来，学者逐渐对这两种传统都不再抱有幻想。第二次世界大战以后的一段时期里，这两种传统往往都带有强烈的进化论色彩，而且还体现了我在前面指出的和进化论联系在一起的几点次要特征。特别是它们往往都带有浓厚的欧洲中心论的色彩。“依附”理论和“世界体系”理论对这些发展图式提出了挑战，而这些挑战在很大程度上就是攻击这些理论
362 中的欧洲中心论假设。但我们也可以清楚地看到“新史学”的影响。“新史学”表明，社会学家针对前资本主义的欧洲提出的许多推测也许都有些根本性的误导。[66]

不过，社会学家从历史学家的著作中学到了大量的东西，比起现在绝大多数学者所承认的要多得多。布罗代尔（Braudel）的著作可谓范

例，这些作品尽管在“新史学家”中赢得了广泛的赞誉，但在自认为是在“社会学”领域从事研究的人里面却仍是知者寥寥。布罗代尔的著作体现了社会学，特别是由《社会学年鉴》(*Année Sociologique*) 群体所传播的社会学，对法国历史学的发展所产生的早期影响。① 无疑，它也在一些方面体现了该群体社会学观点的不足之处。但在另外一些方面，它也大大克服了这些观点的局限，从而不仅以其内容扎实，而且以其理论成熟，始终给社会学以巨大的启发。布罗代尔想要把握的“结构与局势之间的对话”(dialogue between structure and conjuncture) [67]，与我在结构化理论中用更为详尽的方式努力表现的内容十分相似。布罗代尔是研究长时段的历史学家，但他显然也关注如何将偶然的、短期的因素和历时久远的制度联系在一起。

初看上去，大概没有人会比布罗代尔与戈夫曼的差距更大了。人们也许会认为，这两位学者是完全不相干的，甚至同时提到这两个人都似乎有点可笑。布罗代尔研究的是跨越几个世纪的历史，而戈夫曼绝对回避对社会活动赖以发生的制度背景的发展进行任何分析。但这两位学者的研究都始终立足于日常生活中的事件。将两个人联系在一起的，是对时间维度的特殊关注，他们都不把时间仅仅看作一段有先后次序的时期，而是社会再生产复杂机制中不可缺少的一环。我在前面已经努力指出，要探讨那些最为根深蒂固的制度是如何再生产出来的，戈夫曼会对我们大有启发；因此，我们不能简单地把戈夫曼看作分析那些细枝末节

① 《社会学年鉴》是1896年由涂尔干与西米昂（Simiand）、莫斯等人一同创立的社会学杂志，对法国社会学（以及此后的结构主义人类学与新史学）的发展产生了深远的影响。在《社会学年鉴》上发表文章的学者，绝大部分是涂尔干的学生和追随者，一度被称为“涂尔干学派”或“年鉴学派”（与后来的“新史学”的“年鉴学派”不同）。而西米昂本人就与贝尔（H.Berr）等人一起被视为1929年的《经济社会史年鉴》创刊前“新史学”的先驱人物。不过，所谓《社会学年鉴》群体对“新史学”的影响十分复杂，既有直接的学术交流产生的影响，也有思想资源的间接利用。前者尤其体现在哈布瓦赫（M.Halbwachs）在斯特拉斯堡大学和历史学“年鉴学派”的奠基人费弗尔和布洛赫的学术往来，而后者则突出体现在“新史学”援引涂尔干学派的理论来反对“事件史”等方面。分别参见科塞（L.Coser）为哈布瓦赫的 *Collective Memory*（Chicago：Chicago University Press，1992）一书所写的序言，以及布罗代尔的名文《长时段：历史与社会科学》，收入《资本主义论丛》173~204页，北京，中央编译出版社，1997。——中译注

或转瞬即逝的现象的理论家。反之，也不应当将布罗代尔视为提倡“决定论的、宿命论的历史学”的学者[68]，仿佛在他研究的广阔历史进程中，个体行动者就像不可抗拒的社会潮流的玩物。历史是事件通过行动
363 和结构之间连续不断的相互作用，在时间和空间中实现的结构化，是日常生活的世俗性与跨越广袤时空的制度形式之间的相互关联。

我固然是指出，当前历史学家和社会学家的著述之间存在重要的融汇现象，但并不打算只是提倡历史学应当变得更富社会学色彩，而社会学也应当更有历史味些。有一点比这个问题更加关键。恢复社会理论对于时间和空间的关注，意味着在对这两个问题进行经验研究时，应该将行动、结构和情境性作为理论构建的焦点。

情境性既涉及时间，也涉及空间，因此这里我们可以转而探讨地理学和社会学之间的关系。长期以来，在知识界中，地理学一直不如历史学时兴，而且讨论地理学和社会学之间关系的文献也要比讨论历史学和社会学之间关系的少得多。许多社会学家一直关心“社会学”事实上——或是应该——在多大程度上是“历史的”。当然，对此有许多种理解方式，就看怎么理解“社会学”和“历史的”这些术语了。但据我所知，很少有学者以同样的兴趣关心社会学与地理学的相应关系。这可能不仅因为历史学和地理学具有不同的知识声誉，而且还因为比起时间概念来，空间概念似乎更显而易见一些。空间中的距离明显更容易把握，也便于用概念来处理；而时间中的距离则并非如此。基于这些思维方式，空间似乎就只需留给地理学家来处理；而且，研究空间形式也比较无趣。但是这个结论实际上很肤浅。尽管话说起来有些别扭，但人类确实是既“创造他们自己的历史”，也“创造他们自己的地理”。也就是说，社会生活的空间构型对于社会理论来说，和时间性的维度一样至关重要。而且，正如我所一再强调的，出于许多原因，从时空的角度来分析问题，要比分别考虑时间和空间更为合适。

19 世纪晚期的人文地理学，在很大程度上和社会学有着共同的渊源；与历史学的情况一样，人文地理学也受到涂尔干及《社会学年鉴》的同仁们的强烈影响。在地理学的早期形成过程中，两位也许是最有影响的人物，拉策尔（Ratzel）和维达尔（Vidal de la Blache），都曾受过

他们的影响。拉策尔有一句名言，“人就是一块土地”[69]，但他同时也强调，社会组织是独立发展形成的现象，具有重要的意义。涂尔干在 364 拉策尔的著作中，敏锐地捕捉到他想要发展的社会学观念的“潜在盟友”[70]。而维达尔的“生活方式”（genre de vie）概念，则直接体现了涂尔干的影响；维达尔的观点为卢西安·费弗尔（Lucien Febvre）所继承，从而影响了一批法国历史学家的研究，其中就有布罗代尔。[71] 布罗代尔将地中海地区看作一个整体来考虑，而不是遵循民族国家或以政治方式界定的“欧洲”所划定的边界，这种做法强烈地体现了维达尔的侧重点。不过，此后拉策尔和维达尔在社会学中的影响就不大了。在第二次世界大战之后的数十年间，社会学和地理学在很大程度上属于各行其是。

然而，自那以后，情况已经有所改变。尽管在研究中，地理学和社会学的融合还没有历史学和社会学之间的融汇那么广泛，但人文地理学显然在很大程度上已经恢复了以往几代学者一贯和社会学保持的密切联系。[72] 20 世纪 60 年代的“新地理学”和“新史学”一样，受到从社会科学其他学科中引入的量化方法的强烈影响。传统的观念认为，地理学基本上就是研究区域化问题。现在，这种观念逐渐为以更抽象的方式强调空间形式的新观念所代替。由于“新地理学”积极响应在社会科学其他学科中出现的思潮，实际上它已经遭到了在现代社会政治思想中有强大影响的经验主义的批评。但不管怎么说，今天，地理学家的著作对社会学的贡献，已经可以和社会学家对地理学的回报相提并论了。这是因为，人文地理学包含了许多和社会学一样的概念，同时也陷入了类似的方法论争论。

在前面的章节中，我已经努力阐明，在我看来，地理学概念可以在哪些主要方面融入结构化理论。当然，我并不想让读者认为，赫格斯特兰德及其追随者的著述能够完全代表地理学向社会学提供的全部贡献。只是对于结构化理论来说，它特别重要，个中原因我已经尽力指明。对时间地理学进行适当的批判性考察，可以从中汲取许多具有理论深度的洞见；而且时间地理学还提供了许多可以直接应用到经验研究中的研究技术。尽管我们随时可以将时间地理学和既有社会研究技术联系在一起 365 使用，但比起后者，时间地理学还是有三个方面略胜一筹。首先，它促使经验研究者更加留心互动的各种情境性因素，特别是在将这些因素和行动者活动经过的环境的物理特征联系在一起时，就更是如此。社会学家所进行的社会研究，大多数不怎么愿意考察环境的物理特征和社会特征之间的关联。这方面值得赞赏的例外，是芝加哥学派和所谓“生态视角”的理论家们。[73] 其次，正是时间地理学促使我们关注处于社会制度核心的日常活动例行化的重要性。第三，时间地理学发展了日常生活是一系列相互交织的时空路径的观念，同时提供了一种标示并分析社会再生产模式的方式。[74]

有些学者用一些更抽象的空间形式模型来取代地理学中的区域化观念，但在我看来，这种尝试基本上属于误入歧途。我并不认为，非要把区域化的相关分析搞成使地理学成其为地理学的独特关注，会有多大裨益。相反，我努力强调，应该将区域化看作在社会理论中占据重要地位的观念。我们最好不要将区域化完全理解为是一个空间概念，它同时表述了各种情境在时空中的聚集。对于社会学来说，这样理解的区域化，无论在理论层面还是在经验层面都是至关重要的现象。再没有什么概念能比它更有助于我们校正“微观社会学”和“宏观社会学”研究之间的划分所带来的误导；也没有其他任何概念更有利于我们反击那种认为“社会”就是一个具有明确划分的边界、轮廓鲜明的整体的假设。社会学在考虑区域化的观念时有三个问题：其一是主要把它放在城市社会学中分析；其二是主要联系邻里街区的问题来使用这个观念；其三，传统上总是将城市社会学看作社会学诸多“分支领域”中的一个。

上述的这三种做法都应当有所质疑。我已经努力阐述，区域化当然不等于“区域科学”，而是具有非常广泛的用途。“城市社会学”是地理学家和社会学家共同关注的主要问题之一，而且在这个方面，两个学科的相互交流极为丰富多彩。维达尔的研究主要以农村环境为基础，而芝加哥学派的研究主要立足于城市环境，在这两种研究之间，有着颇具启
366 发的共通之处。帕克了解法国人文地理学方面的著述，不过，他似乎是独立形成自己的主要观点的。令人遗憾的是，帕克的影响在城市生态学领域是最强的，而后者的特点就是采取一种形式主义的空间观念，并偏重客观主义的立场。帕克在其后期作品中坚持认为，如果我们能够“将

所有的社会关系都简化为空间关系”，就可以设想“有可能采用物理科学的基本逻辑来研究人的关系”[75]。但在早期著作中，他更强调应该将邻里街区看作一种情境化的现象，是由作为生活方式的独特的社会特征安排的，并体现了这些特征。我们需要保留的正是这种强调，并应该把它看作和普遍的区域化联系在一起的，而不是仅仅限于城市的街区。

我们首先必须强调一点：城市社会学并不是社会学的区区分支之一，并且，我们还要认识到，近来城市理论所取得的发展，已经帮助我们进一步摧毁了地理学和社会学之间一些无谓的区分。我在前面已经指出，考察城市的性质，对于分析许多通常被认为纯属逻辑性的问题来说是至关重要的，尤其是有关微/宏观的问题。在这里，“城市”这个词有些误导。如果说，在大规模社会的组织形式中，城市几乎无时无地不扮演着关键的角色，我们也应该注意到，阶级分化社会中的城市与现代城市并不是一回事。如果说，现代城市生活方式体现了一种新型的时空组织，那么它就和传统的城市之间没有直接的联系，而是和那些资本主义工业类型的社会一同起源的。我们没有必要完全赞同卡斯特（Castells）著述的全部论题，但可以承认，他的重要之处在于将城市理论的重点从“城市社会学”转向新的方面，强调城市生活方式对于社会理论具有普遍的意义。[76]要想借助结构化理论，对当今工业化社会进行经验研究，研究方案中一个不可或缺的部分，就是分析作为“人造环境”基础的城市生活方式。

从地理学家的著作中，社会学家能学到些什么呢？我想，能学的不仅是区域化的重要性和研究区域化的技术，而且包括地理学家传统上所 367
谓“位置”（不过我比较愿意使用“场所”这个词）在社会实践的再生产中的重要意义。普雷德（Pred）的作品颇具启发，可以为例。它实际上是将对城市生活方式的经验研究与受到时间地理学和结构化理论影响的视角结合起来。[77]普雷德十分正确地指出，要想从经验的角度出发，充分地把握社会互动的“情境性”方面的丰富特征，就要了解“特定的文化、经济和政治制度”是怎样“在时间和空间中连续不断地与位于特定时空的行动、知识积累和具体个人的生平发生关系的”[78]。在一些特定场所中，诸个体的日常路径取得相互协调，再加上一些研究者所称的“位置感”（sense of place），都是结构二重性的某些特征的具体体现。“日常路径”和“生平路径”之间的辩证关系，既体现了个体生平的连续性，也体现了制度再生产的连续性，而这两种连续性也反过来体现了这种辩证关系。在维持本体性安全的过程中，某种位置感似乎非常重要，这正是因为它搭建了一种心理纽带，一边是个体的生平，另一边则是某些场所，它们构成了个体经过的时空路径中的场景。对区域、国族等更大规模的场所的认同感，似乎与局部化的日常生活情境所孕育和强化的认同感颇为不同。对于大范围的制度连续性的再生产来说，后者可能比前者要重要得多。[79] 普雷德提出，在研究中应该探讨“taking place”这种说法所包含的双重含义。① 社会活动固然是占据了一定场所的位置而发生的，但我们不能将此理解为这种活动是在特定情境中被动地局部化的。人的活动是通过占有和改造自然，从而“占据一定位置/发生的”。在现代城市生活方式的人造环境中，这一点体现得最为明显。

那么，反过来，地理学家又可以从社会学家这里学到什么东西呢？也许实际上微不足道，因为在过去数年间，地理学家已经对社会学中盛行的争论和问题了如指掌。不过，社会学可能作出的一项贡献，是帮助地理学打破一个假定，即会有一门独特的“空间科学”（science of space）。在人文地理学中，空间形式总是社会形式。某种地理学文献中典型的断言是，地理学关注的是“通过发现空间法则”来确定“各组事
368 实之间的空间关联”，并“通过研究空间问题的模式或系统，构建空间理论”，阐明“不同法则本身的关联”[80]。当然，我在前面已经驳斥了这样的说法所表现的法则观；而且这些说法还代表一些学者的努力，他们打算发展一门“空间情境中的社会物理学”[81]。不过更重要的是，这些学者假定空间具有自身的内在性质。这种主张在逻辑上颇可质疑，而在经验上则属徒劳无益。我们不能将空间看作塑造社会集团的结构的空洞维度，而是必须将它和互动系统的构成联系在一起考虑。有关历史学的论述，同样也适用于（人文）地理学：在人文地理学和社会学之间，不存在任何逻辑上或方法论上的差异！

① 它既指“发生”，又指“占据位置”。——中译注

注 释

［1］参见 *New Rules of Sociological Method*，第三章。

［2］Paul Willis，*Learning to Labour*（Farnborough：Saxon House，1977）。

［3］同上书，11 页。

［4］同上书，29~30 页。

［5］同上书，33 页。

［6］特别参见上书，第五章。

［7］转引自上书，64 页。

［8］同上书，107 页。

［9］G.A.Cohen，*Karl Marx's Theory of History，a Defence*（Oxford：Clarendon Press，1978）。

［10］这里我借助了我在“Commentary on the debate”中的讨论。这是一次有关功能主义的讨论，收入 *Theory and Society*，卷 11，1982。

［11］Willis，*Learning to Labour*，66 页。

［12］参见上书，68 页以下。

［13］同上书，107 页。

［14］参见 *Central Problems in Social Theory*，104~106 页。

［15］Karl Marx，*Capital*，第一卷（London：Lawrence and Wishart，1970），169 页。

［16］Diego Gambetta 在他的博士论文中报告了这一研究，“Were They Pushed of did They Jump?”，Cambridge University，1982。

［17］参见 A.Leibowitz，“Family Background and economic success：a review of the evidence”，收入 P.Taubman 编的 *Kinometrics：Determinants of Socioeconomic Success Between and Within Families*（Amsterdam：North Holland，1977）。

［18］参见 M.Barbagli，*Disoccupazione intellettuale e sisterna scolastico in Italia*（Bologna：Il Mulino，1974）。

［19］参见上书，转引自 Gambetta，“Were They Pushed or did They Jump?”，225~226 页。

［20］参见上书，243~244 页。

［21］参见 *New Rules of Sociological Method*，第三章。

［22］参见 Jon Elster，*Logic and Society，Contradictions and Possible Worlds*（Chichester：Wiley，1978）；同作者的 *Ulysses and the Sirens*（Cambridge University Press，1979）；R.Boudon，*The Unintended Consequences of Social Action*（London：Macmillan，1982）。

［23］参见 Elster，*Logic and Society*，第五章。

［24］参见上书，113~118 页。

［25］奥尔森的著作使这个现象广为人知；参见 Mancur Olson，*The Logic of*

Collective Action（Cambridge，Mass.：Harvard University Press，1963）。

［26］参见 Boudon，*The Unintended Consequences of Social Action*，第四章；埃尔斯特在 *Logic and Society* 的 126~127 页对此进行了批评。

［27］特别参见 Claus Offe 与 Volkert Ronge，“Theses on the theory of the state”，*New German Critique*，第 6 卷，1975；这篇文章现已成为该领域的经典。

［28］同上书，250 页。

［29］奥菲本人的研究关注的主要是教育和劳力市场。他指出，人们认为需要提高劳动力被售卖的可能性，这种需求强烈地影响了教育和培训的政策。他将“自由放任”政策和“福利国家的保护”政策与“行政管理的再商品化”（administrative re-commodification）相关政策放在一起进行对比；参见 Claus Offe，*Strukturprobleme des kapitalstischen Staates*（Frankfurt：Suhrkamp，1972）；同作者，*Berufsbildungsre form*（Frankfurt：Suhrkamp，1975）。

［30］上述三项研究都来自 Sam D.Sieber，*Fatal Remedies*（New York：Plenum Press，1981），60~61 页、67~68 页、85 页。

［31］参见 *Central Problems in Social Theory*，144 页。

［32］斯考克波尔就这样认为；参见 Theda Skocpol，*States and Social Revolutions*（Cambridge：Cambridge University Press，1979）。

［33］参见 G.K.Ingham，*Capitalism Divided? The City and Industry in Britain*（London：Macmillan，1984）。

［34］参见 Rudolf Hilferding，*Finance Capital*（London：Routledge，1981）。

［35］参见 Ingham，*Capitalism Divided*。

［36］我在好几个地方都批评了这种倾向；参见 *Capitalism and Modern Social Theory*（Cambridge：Cambridge University Press，1971），第 15 章；*The Class Structure of the Advanced Societies*，导论；*Central Problems in Social Theory*，第六章。

［37］这个例子来自 Thomas P.Wilson。他对这个问题的讨论使我受惠良多。参见“Qualitative ‘versus’ quantitative methods in social research”，Department of Sociology，University of California at Santa Barbara，1983（油印本）。以德文发表在 *Kölner Zeitschrift für Soziologie und Sozialpsychologie*，卷 34；亦参 Douglas W.Maynard 和 Thomas P.Wilson 合撰的“On the reification of social structure”，收入 Scott G.McNall 和 Gary N.Howe 合编的 *Current Perspectives on Social Theory*，卷 1（Greenwich，Conn.：JAI Press，1980）。

［38］Wilson，“Qualitative ‘versus’ quantitative methods in social research”，20 页。

［39］参见 *Central Problems in Social Theory*，248~253 页。

［40］参见 Peter Winch，*The Idea of a Social Science*（London：Routledge，1963）。

［41］参见 Hans-Georg Gadamar，*Truth and Method*（London：Sheed & Ward，1975）。

［42］参见 *Central Problems in Social Theory*，250~253 页。

［43］参见 *New Rules of Sociological Method*，150~153 页。

［44］参见上书。

［45］参见 J.C.Crocker，“My brother the parrot”，收入 J.D.Sapis 和 J.C.Crocker 合编的 *The Social Use of Metaphor*（Philadelphia：University of Pennsylvania Press，1977）；Dan Sperber 也在他的文章中讨论了这个问题，参见其“Apparently irrational beliefs”，收入 Martin Hollis 和 Steven Lukes 合编的 *Rationality and Relativism*（Oxford：Blackwell，1982）。

［46］参见 Roy Bhaskar，*The Possibility of Naturalism*（Brighton：Harvester，1979），第 80 页以下。

［47］参见 Carl G.Hempel，*Philosophy of Natural Science*（Englewood Cliffs：Prentice-Hall，1966），55 页。

［48］参见“Classical social theory and the origins of modern sociology”，收入 *Profiles and Critiques in Social Theory*（London：Macmillan/Berkeley：University of California Press，1982）。

［49］参见 *New Rules of Sociological Method*，第一章和全书各处。

［50］Charles Taylor，“Political theory and practice”，收入 Christopher Lloyd 编的 *Social Theory and Political Practice*（Oxford：Clarendon Press，1983），74 页。亦参 Alasdair MacIntyre，“The indispensability of political theory”，收入 David Miller 和 Larry Siedentop 编的 *The Nature of Political Theory*（Oxford：Claredon Press，1983）。

［51］Gunnar Myrdal，“The social sciences and their impact on society”，收入 Teodor Shanin 编的 *The Rules of the Game*（London：Tavistock，1972），348 页。

［52］Niccolò Machiavelli，*The Prince*（Harmondersworth：Penguin，1961），61 页。

［53］参见 J.Maxwell Atkinson，*Discovering Suicide*（London：Macmillan，1978）。

［54］参见 Quentin Skinner，*The Foundations of Modern Political Thought*，共两卷（Cambridge：Cambridge University Press，1978）；同作者，*Machiavelli*（Oxford：Oxford University Press，1981）。

［55］参见 Skinner，*The Foundations of Modern Political Thought*。

［56］参见 Michael Oakeshott，*On History*（Oxford：Basil Blackwell，1983）。

［57］同上书，7 页。

［58］同上书，32 页。

［59］参见 Philip Abrams，*Historical Sociology*（London：Open Books，1982），

300页。

［60］参见Lawrence Stone，*The Past and the Present*（London：Routledge，1981），16页以后，以及全书各处。

［61］G.R.Elton，*The Practice of History*（London：Fontana，1967），173页。

［62］S.M.Lipset，“History and Sociology：some methodological considerations”，收入S.M.Lipset和Richard Hofstadter合编的*Sociology and History*（New York：Basic Books，1968），22~23页。

［63］参见Arthur Stinchcombe，*Theoretical Methods in Social History*（New York：Academic Press，1978）。

［64］参见“Functionalism：après la lute”，收入*Studies in Social and Political Thought*。

［65］参见“Classical social theory and the origins of modern sociology”，收入*Profiles and Critiques in Social Theory*。

［66］参见Charles Tilly，*As Sociology Meets History*（New York：Academic Press，1981），37页以下。

［67］F.Braudel，*The Mediterranean and the Mediterranean World in the Age of Philip* II（London：Fontana，1973），卷2，757页。

［68］Stone，*The Past and the Present*，19页。

［69］Friedrich Ratzel，*Anthropogeographie*（Stuttgart，1899），第一卷，23页。

［70］Emile Durkheim，对*Anthropogéographie*第一卷【即上书的法译本。——中译注】的书评，*L'Année Sociologique*，卷3，1898—1899，551页。不过，在这篇评论及其他一些评论中，涂尔干也对拉策尔提出了大量批评意见。

［71］参见Lucien Febvre，*A Geographical Introduction to History*（London：Routledge，1950）。

［72］特别参见Derek Gregory，*Ideology*，*Science and Human Geography*（London：Hutchinson，1978）。

［73］参见Amos H.Hawley，*Human Ecology*（New York：Ronald Press，1950）。

［74］这方面的一些重要应用，可以参见T.Carlstein，*Time*，*Resources*，*Society and Ecology*（Lund：Department of Geogrphy，1982）。

［75］R.Park，“Human ecology”，*American Sociological Review*，卷1，1936，2页。但帕克的这种立场有时确实有所缓和。

［76］参见Manuel Castells，“Is there an urban sociology?”，收入C.G.Pickvance编的*Urban Sociology*：*Critical Essays*（London：Tavistock，1976），以及其他一些著述。也可参见Henri Lefebvre的丰富著述。

［77］尤其可以参见Allan Pred，“Power，everyday practice and the discipline of human geography"，收入 *Space and Time in Geography*（Lund：Gleerup，1981）；Nigel Thrift 与 Allan Pred 合撰的"Time-geography：a new beginning"，*Progress in Human Geography*，卷 5，1981；以及 Allan Pred，"Structuration and place：on the becoming of sense of place and structure of feeling"，*Journal for the Theory of Social Behaviour*，卷 13，1983。

[78] Pred，"Structuration and place"，46 页。

[79] 参见 Anne Buttimer 与 David Seaman，*The Human Experience of Space and Place*（New York：St.Martin's Press，1988）；Yi-Fu Tuan，"Rootedness versus sense of place"，*Landscape*，卷 24，1980。

[80] D.Amedeo 与 R.G.Colledge，*An Introduction to Scientific Reasoning in Geography*（New York：Wiley，1975），35 页。

[81] Derek Gregory，*Ideology*，*Science and Human Geography*（London：Hutchinson，1978），73 页。

结构化理论术语表

373 本表辑录新词或与既定用法不同的术语，仅为书中相关论述的简括而非进一步阐明。

Allocative resources **配置性资源**

权力生成过程中所需要的物质资源，包括自然环境与人工物质产品，来源于人对自然的支配。

Analysis of strategic conduct **策略行为分析**

一种社会分析形式，它暂时悬置对在社会层面上不断再生产出来的制度的分析，集中考察行动者如何反思性地监控自身的行为，如何利用规则与资源以构成互动。

Authoritative resources **权威性资源**

权力生成过程中所涉及的非物质资源，来源于驾驭人的活动的能力，是某些行动者相对于其他行动者的支配地位的结果。

Class-divided society **阶级分化社会**

指存在可以辨识的阶级划分的农业国家，但在这些国家里，这种阶级划分尚未成为社会的组织原则的主要基础。

Contextuality **情境性**

互动定位在具体时空中的情境特征，包括互动的场景，共同在场的行动者，以及他们彼此之间的沟通。

Contradiction 矛盾

结构性原则之间的对立关系，即彼此相互依赖但同时互为否定，在这种情况下一般会产生偏离效应。 374

Credibility criteria 可信性标准

行动者为自己之所作所为提供理由时所运用的标准，以特定方式把握，从而有助于令人信服地描述自己所做的事情。

Dialectic of control 控制的辩证关系

（作为控制的）权力的双向分布性，体现出在既有权力关系中，权力弱势方如何可以借助某种操纵资源的方式，对权力强势方实施控制。

Discursive consciousness 话语意识

行动者关于社会条件，尤其是自身行动的社会条件，所能说出或给出言语表述的东西，即具有话语形式的意识。

Double hermeneutic 双重诠释

作为社会科学逻辑上必然的组成部分的两套意义框架的相互交织：一是由常人行动者构成的蕴含意义的社会世界，一是由社会科学家创造出来的元语言；在社会科学的实践过程中，这两套意义框架之间始终存在"互渗"。

Duality of structure 结构二重性

结构同时作为自身循环反复地组织起来的行为的中介与结果；社会系统的结构性特征并不外在于行动，而是反复不断地卷入行动的生产与再生产。

Episodic Characterization 情节（片断）特征描述；片断特征化

出于比较的目的标识出各种形式的制度变迁；情节片断是具有可指明的开端、事件趋势与后果的变迁序列，可以在一定程度上剥离确定情境，加以抽象的比较。

External critique 外向批判

根据社会科学的理论与发现，针对常人的信念与实践所作出的批判。

Historicity 历史意识

将历史辨识为不断进步的变迁，并在认知上利用这种辨识进一步促

进变迁；历史意识包含一种关于何谓“历史”的特定观点，意味着运用
375 关于历史的知识去改变历史自身。

Homeostatic loops **自均衡循环**

系统再生产中具有反馈效应的因果因素，其中的反馈在很大程度上源于意外后果的作用。

Institutional analysis **制度分析**

一种社会分析形式，暂时悬置行动者的技能与意识，集中考察作为反复不断地再生产出来的规则与资源的制度。

Intersocietal systems **跨社会系统**

跨越多个社会之间或多个社会性总体之间既有分界线的社会系统，包括多个社会的聚合。

Internal critique **内部批判**

社会科学的批判机制，各种理论与发现通过这种机制，依据逻辑论证和经验验证接受评估。

Knowledgeability **认知能力**

行动者凭借自身及他人行动的生产与再生产，对这些行动所处情势知晓（相信）的那些东西，除了可以用话语形式表述的知识，还包括默会的知识。

Locale **场所**

作为互动场景组成部分的物理区域，具有明确的边界，有助于通过某种方式汇聚互动。

Mutual knowledge **共同知识**

常人行动者与社会学观察者共享的有关在各种生活形式中“如何顺利进行”的知识；获取对社会活动的有效描述的必要前提。

Ontological security **本体性安全**

对自然界与社会世界的表面反映了它们的内在性质这一点的信心或信任，包括自我认同与社会认同的存在性基本特征。

Practical consciousness **实践意识**

行动者关于社会条件，尤其是自身行动的社会条件，所知晓（相信）但无法以话语形式表述的那些东西；不过对于它来说并不存在卫护

无意识的那种压抑障碍。 *376*

Rationalization of action **行动的理性化**

具有资格能力的行动者在行事时“维持通晓”行为根据的能力，即当被他人问及时，能够提供自身活动的理由。

Reflexive Monitoring of action **行动的反思性监控**

在行动者活动流中体现出来的人的行为的目的性或意图性；行动并非由一串包含着一堆意图而各自分离的行为所组成，而是一个持续不断的过程。

Reflexive Self-regulation **反思性自我调控**

对系统再生产产生反馈效应的因果循环；行动者对系统再生产机制具备一定的知识，并运用这些知识来控制上述反馈，这就对后者产生实质性影响。

Regionalization **区域化**

场所之内或场所之间各区域在时间、空间或时空上的分化；可以用这个重要观念来避免径直预设社会始终是内在均衡同质的统一总体。

Reproduction circuit **再生产循环**

受自均衡因果循环或反思性自我调控支配的一系列制度化再生产关系。

Routinization **例行化**

纷繁复杂的整个日常社会生活活动的习惯性、不言而喻性；盛行的各种熟视无睹的行为风格与形式，它们既有助于增强本体性安全，又为后者所巩固。

Social integration **社会整合**

行动者在共同在场情况下所进行的实践活动的交互性，可以理解为日常接触的各种连续与断裂。

Stratification model **分层模式**

对人类行动者的一种解释，强调认知与动机激发的三个“层面”：话语意识、实践意识与无意识。

Structuration **结构化**

社会关系凭借结构二重性，跨越时空而不断形成结构的过程。

Structural principles **结构性原则**

377 社会性总体的组织过程原则；一个或一类社会的总体制度安排所牵涉的诸项因素。

Structural properties **结构性特征**

社会系统中跨越时空延展开来的形成结构了的特征，尤其是制度化特征。

Structure **结构**

循环反复地卷入社会系统再生产的各种规则与资源；只作为记忆痕迹、作为人类认知能力的生物基础而存在，具体体现在行动之中。

Structures **结构丛**

卷入社会系统制度关联的规则－资源系列；考察包括结构性原则在内的结构丛，即考察影响社会整合与系统整合的各种转换与中介关系的主要特性。

System **系统**

社会关系跨越时空的模式化，可将其理解为被再生产出的实践活动；应该认识到，社会系统展现出的“系统性”程度差异甚大，极少具备物质系统与生物系统中可能找到的那种内在统一性。

System integration **系统整合**

跨越广袤时空、外在于共同在场条件的诸多行动者或诸多集合体之间的交互性。

Time-space distanciation **时空伸延**

社会系统基于社会整合与系统整合等机制而在时空向度上的逐渐延展。

Time-space edges **时空边缘**

不同结构类型的社会之间的冲突性或共生性关联。

Validity criteria **有效性标准**

社会科学家在证明自己理论和发现的正当性、并对他人理论和发现的正当性作出评估时所诉诸的标准。

World time **世界时间**

影响情节片断性质的历史局势；关于历史先例的理解对情节特征描述所产生的效应。

参考文献

Abrams，Philip，*Historical Sociology*（London：Open Books，1982） 379

Alland，Alexander，*Evolution and Human Behaviour*（Garden City：Natural History Press，1967）

Alland，Alexander，*Adaptation in Cultural Evolution*（New York：Columbia University Press，1970）

Amedeo，D.，and R.G.Golledge，*An Introduction to Scientific Reasoning in Geography*（New York：Wiley，1975）

Anderson，Perry，*Arguments Within English Marxism*（London：Verso，1980）

Anscombe，G.E.M.，"The first person" //Samuel Guttenplan，*Mind and Language*（Oxford：Blackwell，1972）

Appley，M.H.，*Adaptation-Level Theory*：*A Symposium*（New York：Academic Press，1971）

Archer，Margaret S.，"Morphogenesis versus structuration：on combining structure and action"，*British Journal of Sociology*，vol.33，1982

Ariès，P.，*Centuries of Childhood*（Hannondsworth：Penguin，1973）

Ariaud，Antonin，*Le théâtre et la science*（Paris：Seuil，1947）

Atkinson，Maxwell J.，*Discovering Suicide*（London：Macmillan，1978）

Bachrach，Peter，and Morton S.Baratz，“The two faces of power”，*American Political Science Review*，vol.56，1962

Bachrach，Peter，and Morton S.Baratz，*Power and Poverty*（New York：Oxford University Press，1970）

Badie，Bertrand，and Pierre Birnbaum，*Sociologie de l'état*（Paris：Grasset，1979）

Banks，J.A.，*The Sociology of Social Movements*（London：Macmillan，1972）

Barbagli，M.，*Disoccupazione intellelluale e sisterna scolastico in Italia*（Bologna：Il Mulino，1974）

Becker，Ernest，*The Birth and Death of Meaning*（New York：Free Press，1962）

Bennett，John W.，*The Ecological Transition*（New York：Pergamon Press，1976）

380 Benyon，Huw，*Working for Ford*（London：Allen Lane，1973）

Bergström，Lars，*The Alternatives and Consequences of Actions*（Stockholm：Almqvist，1966）

Bettelheim，Bruno，*The Informed Heart*（Glencoe：Free Press，1960）

Bhaskar，Roy，*The Possibility of Naturalism*（Brighton：Harvester，1979）

Biddle，Bruce J.，*Role Theory*（New York：Academic Press，1979）

Blacking，John，*The Anthropology of the Body*（London：Academic Press，1977）

Blau，Peter M.，“Structural effects”，*American Sociological Review*，vol.25，1960

Blau，Peter M.，“A formal theory of differentiation m organizations”，*American Sociology Review*，vol.35，1970

Blau，Peter M.，*Approaches to the Study of Social Structure*（London：Collier-Macmillan，1975）

Blau，Peter M.，“A macrosociological theory of social structure”，*American Journal of Sociology*，vol.83，1977

Blau，Peter M.，*Inequality and Heterogeneity*（New York：Free Press，1977）

Blau，Peter M.，“Comments on the prospects for a nomothetic theory of social structure”，*Journal for the Theory of Social Structure*，vol.13，1983

Blumer，Herbert，“Collective behaviour” //Alfred M.Lee，*Principles of Sociology*（New York：Barnes & Noble，1951）

Boomer，Donald S.，and D.M.Laver，“Slips of the tongue”，*British Journal of Disorders of Communication*，vol.3，1968

Boudon，Raymond，*The Uses of Structuralism*（London：Heinemann，1971）

Boudont，Raymond，*The Unintended Consequences of Social Action*（London：Macmillan，1982）

Boughey，Arthur S.，*Man and the Environment*（New York：Macmillan，1971）

Bourdieu，Pierre，*Outline of a Theory of Practice*（Cambridge：Cambridge University Press，1977）

Braudel，F.，*The Mediterranean and the Mediterranean World in the Age of Philip* Ⅱ，2 vols.，（London：Fontana，1973）

Brazelton，T.B.，et al. “The origins of reciprocity” // M.Lewis and L.Rosenblum，*The Infant's Effects on the Caregiver*（New York：Wiley，1974）

Brown，Penelope，and Stephen Levinson，“Universals in language use：politeness phenomena” //Esther N.Goody，*Questions and Politeness*（Cambridge：Cambridge University Press，J978）

Bruner，J.S.，*Beyond the Information Given*（New York：Norton，1973）

Buttimer，Anne and David Seamon，*The Human Experience of Space and Place*（New York：St Martin's Press，1980）

381 Caillois，Roger，*Man，Play and Games*（London：Thames & Hudson，1962）

Carlstein，T.，et al.，*Timing Space and Spacing Time*，vol.I of *Making Sense of Time*（London：Arnold，1978）

Carlstein，T.，*Time，Resources，Society and Ecology*（Lund：Department of Geography，1980）

Carlstein，T.，"The sociology of structuration in time and space：a time-geographic assessment of Giddeas's theory"，*Swedish Geographical Yearbook*（Lund：Lund University Press，1981）

Carneiro，Robert L.，"A theory of the origin of the state"，*Science*，no.169，1970

Castells，Manuel，"Is there an urban sociology?" // C.G.Pickvance，*Urban Sociology*：*Critical Essays*（London：Tavistock，1976）

Chappie，Eliot D.，*Culture and Biological Man*（New York：Holt，Rinehart & Winston，1970）

Cherry，E.C.，"Some experiments on the recognition of speech with one and two ears"，*Journal of the Acoustical Society of America*，vol.25，1953

Childe，V.Gordon，*The Progress of Archaeology*（London：Watts，1944）

Childe，V.Gordon，"Prehistory and Marxism"，*Antiquity*，vol.53，1979

Claessen，Henri J.M.，and Peter Skalnik，*The Early State*（The Hague：Moutou，1978）

Clark，P.A.，"A review of the theories of time and structure for organisational sociology"，*University of Aston Management Centre Working Papers*，no.248，1982

Cohen，J.，*Man in Adaptation*（Chicago：Aidine，1968）

Cohen，G.A.，*Karl Marx's Theory of History*：*A Defence*（Oxford：Clarendon Press，1978）

Cohen，Ronald，“State origins：a reappraisal” // Claessen and Skalnik，*The Early State*

Cohn，Norman，“Mediaeval millenarianism：its bearing upon the comparative study of millenarian movements” // Silvia L.Trapp，*Millenial Dreams in Action*（The Hague：Mouton，1962）

Collins，Randall，“Micro-translation as a theory-buildmg strategy” // K.Knorr-Cetina and A.V.Cicourel，*Advances in Social Theory and Methodology*（London：Routledge，1981）

Collins，Randall，“On the micro-foundations of macro-sociology”，*American Journal of Sociology*，vol.86，1981

Colson，F.H.，*The Week*（Cambridge：Cambridge University Press，1926）

Comte，Auguste. *Physique Sociale*（Paris：Herman，1975）

Crocker，J.C.，“My brother the parrot” // J.D.Sapis and J.C.Crocker，*The Social Use of Metaphor*（Philadelphia：University of Pennsylvania Press，1977）

Davidson，Donald，“Agency” // *Essays on Actions and Events* *382*
（Oxford：Clarendon Press，1980）

De Sola Pool，Ithiel，*The Social Impact of the Telephone*（Cambridge，Mass.：MIT Press，1981）

Deutsch，J.A.，and D.Deutsch，“Attention：some theoretical considerations”，*Psychological Review*，vol.70，1963

Ditton，Jason，*The View from Goffman*（London：Macmillan，1980）

Dobzhansky，*Theodosius*，*Mankind Evolving*（New Haven：Yale University Press，1962）

Dubos，René，*Man Adapting*（New Haven：Yale University Press，1965）

Dumont，Louis，“Population growth and cultural change”，

Southwestern Journal of Anthropology，vol.21，1965

Durkheim，Emile，review of *Anthropo-Geographie*，vol.1，*L'Année Sociologique* vol.3，1898—1899

Durkheim，Emile，*Socialism*（New York：Collier-Macmillan，1962）

Durkheim，Emile，*The Rules of Sociological Method*（London：Macmillan，1982）

Eberhard，Wolfram，*Conquerors and Rulers*（Leiden：Brill，1965）

Ehrlich，Paul R.，et al.，*The Process of Evolution*（New York：McGraw-Hill，1974）

Eldredge，Niles，and Ian Tuttersall，*The Myths of Human Evolution*（New York：Columbia University Press，1981）

Elias，Norbet，*The Civilising Process*（Oxford：Blackwell，1978）

Elias，N.，and J.Scotson，*The Established and the Outsiders*（Leicester：University of Leicester Press，1965）

Elster，Jon，*Logic and Society*，*Contradictions and Possible Worlds*（Chichester：Wiley，1978）

Elster，Jon，*Ulysses and the Sirens*（Cambridge: Cambridge University Press，1982）

Elton，G.R.，*The Practice of History*（London：Fontana，1967）

Ericksen，Gordon E.，*The Territorial Experience*（Austin：University of Texas Press，1980）

Erikson，Erik H.，*Childhood and Society*（New York：Norton，1963）

Erikson，Erik H.，*Identity and the Life Cycle*（New York：International Universities Press，1967）

Erikson，Erik H.，*Identiiy*，*Youth and Crisis*（London：Faber & Faber，1968）

Febvre，Lucien，*A Geographical Introduction to History*（London：Routledge，1950）

Feinberg，Joel，“Action and responsibility” // Max Black，*Philosophy in America*（Cornell University Press，1965）

Feld，Maury D.，*The Structure of Violence*（Beverly Hills：Sage，1977）

Forer，P.，in Carlstein et al.，*Timing Space and Spacing Time*

Fortes，M.，and E.E.Evans-Pritchard，*African Political Systems*（London：Oxford University Press，1940）

Foucault，Michel，*Folie et déraison*（Paris：Plon，1961） 383

Foucault，Michel et al.，*Moi*，*Pierre Rivière...*（Paris：Plon，1973）

Foucault，Michel，*Discipline and Punish*（Harmondsworth：Penguin，1979）

Frankel，Boris，*Beyond the State*（London：Macmillan，1983）

Freud，Sigmund，“The Psychical mechanism of forgetfulness”（1980）

Freud，Sigmund，*An Outline of Psychoanalysis*（London：Hogarth，1969）

Freud，Sigmund，*Civilisation and its Discontents*（London：Hogarth，1969）

Freud，Sigmund，*Introductory Lectures on Psychoanalysis*（Harmondsworth：Penguin，1974）

Freud，Sigmund，*The Psychopathology of Everyday Life*（Harmondsworth：Penguin，1975）

Fried，Morton H.，*The Evolution of Political Society*（New York：Random House，1967）

Friedman，Andrew L.，*Industry and Labour*（London：Macmillan，1977）

Fromkin，Victoria A.，“The non-anomalous nature of anomalous utterances”，*Language*，vol.47，1971

Gadamer，Hans-Georg，*Truth and Method*（London：Sheed & Ward，1975）

Gailey，H.A.，*A History of Africa，1800 to the Present*，2 vols.（New York：Houghton-Mifflm，1970—1972）

Gambetta，Diego，“Were they pushed or did they jump?”，Ph.D.，University of Cambridge，1982

Garfinkel，Harold，“A conception of，and experiments with，‘trust’ as a condition of stable concerted actions” // O.J.Harvey，*Motivation and Social Interaction*（New York：Ronald Press，1963）

Gellner，Ernest，*Thought and Change*（London：Weidenfeld & Nicolson，1964）

Gibson，J.S.，*The Ecological Approach to Visual Perception*（Boston：Houghton-Mifflin，1979）

Giddens，A.，*Capitalism and Modern Social Theory*（Cambridge：Cambridge University Press，1971）

Giddens，A.，*New Rules of Sociological Method*（London：Hutchinson/New York：Basic Books，1976）

Giddens，A.，*Studies in Social and Political Theory*（London：Hutchinson/New York：Basic Books.1977）

Giddens，A.，*Central Problems in Social Theory*（London：Macmillan/Berkeley：University of California Press，1979）

Giddens，A.，*The Class Structure of the Advanced Societies*，rev.edn（London：Hutchinson/New York：Harper & Row，1981）

Giddens，A.，*A Contemporary Critique of Historical Materialism*，vol.1（London：Macmillan/Berkeley：University of Califonia Press，1981）

Giddens，A.，*Profiles and Critiques in Social Theory*（London：Macmillan/Berkeley：University of California Press，1982）

384 Ginzburg，Carlo，*The Cheese and the Worms*（London：Routledge，1980）

Goffman，Erving，*Asylums*（Harmondsworth：Penguin，1961）

Goffman，Erving，*Behaviour in Public Places*（New York：Free

Press，1963）

Goffman，Erving，*Interaction Ritual*（London：Allen Lane，1972）

Goffman，Erving，*Frame Analysis*（New York：Harper，1974）

Goffman，Erving，*Forms of Talk*（Oxford：Blackwell，1981）

Goffman，Erving，*The Presentation of Self in Everyday Life*（New York：Doubleday，1959）

Gorz，André，*Farewell to the Working Class*（London：Pluto，1982）

Gouldner，Alvin W.，*The Coming Crisis of Western Sociology*（London：Heinemann，1971）

Gregory，Derek，"Solid geometry：notes on the recovery of spatial structure" // Carlstein et al.，*Timing Space and Spacing Time*

Gregory，Derek，*Ideology，Science and Human Geography*（London：Hutchinson，1978）

Gregory，Derek，*Regional Transformation and Industrial Revolution*（London：Macmillan，1982）

Grousset，René，*The Empire of the Steppes*（New Brunswick：Rutgers University Press，1970）

Habermas，Jürgen，*Zur Logik der Sozialwissenschaften*（Tübingen：Siebeck & Mohr，1967）

Habermas，Jürgen，"On systematically distorted communicarion"，*Inquiry*，vol.13，1970

Habermas，Jürgen，*Communication and the Evolution of Society*（Boston：Beacon，1979）

Habermas，Jürgen，*Theorie des kommunikativen Handelns*，2 vols.（Frankfurt：Suhrkamp，1981）

Hägerstrand，T.，"What about people in regional science?"，*Papers of the Regional Science Association*，vol.24，1970

Hägerstrand，T.，"Space，time and human conditions" // A.Karlqvist，*Dynamic Allocation of Urban Space*（Farnborough：Saxon House，1975）

Hägerstrand, T., *Innovation as a Spatial Process* (Chicago: University of Chicago Press, 1976)

Hägerstrand, T., "Survival and arena: on the life-history of individuals in relation to their geographical environment" // Cartstein et al., *Human Geography and Time Geography*, vol.2 of *Making Sense of TimeHall*, Edward T., *The Silent Language* (New York: Doubleday, 1959)

Hall, Edward T., *The Hidden Dimension* (London: Bodley Head, 1966)

Harding, Thomas G., "Adaptation and stability" // Sahlins and Service, *Evolution and Culture*

385 Harré, R., and P.F.Secord, *The Explanation of Social Behaviour* (Oxford: Blackwell, 1972)

Hawley, Amos H., *Human Ecology* (New York: Ronald Press, 1950)

Hayek, F.A., *Individualism and Economic Order* (Chicago: University of Chicago Press, 1949)

Hempel, Carl G., *Philosophy of Natural Science* (Englewood Cliffs: Prentice-Hall, 1966)

Hilferding, Rudolf, *Finance Capital* (London: Routledge, 1981)

Hodgson, Marshall G.S., "The interrelations of societies in history", *Comparative Studies in Society and History*, vol.5, 1962—1963

Huizinga, Jan, *Homo Ludens* (London: Routledge, 1952)

Huxley, Julian, "Evolution, cultural and biological" // William C.Thomas, *Current Anthropology* (Chicago: University of Chicago Press, 1956)

Ingham, G.K., *Capitalism Divided? The City and Industry in Britain* (London: Macmillan, 1984)

Janelle, D.G., "Spatial reorganisation: a model and concept", *Annals of the Association of American Geographers*, vol.58, 1969

Kardiner，A.，*The Individual and His Society*（New York：Columbia University Press，1939）

Kautsky，John H.，*The Politics of Aristocratic Empires*（Chapel Hill：University of North Carolina Press，1982）

Kelley，Allyn L.，"The evidence for Mesopotamian influence in pre dynastic Egypt"，*Newsletter of the Society for the Study of Egyptian Antiquities*，vol.4，no.3，1974

Koppers，W.，"L'Origine de l'état"，*6th International Congress of Anthropological and Ethnological Studies*，Paris，1963，vol.2

Krader，Lawrence，*Formation of the State*（Englewood Cliffs：Prentice-Hall，1968）

Labov，William，"Rules for ritual insults" // David Sudnow，*Studies in Social Interaction*（New York：Free Press，1972）

Laing，R.D.，*Self and Others*（Harmondsworth：Penguin，1971）

Layder，Derek，*Structure*，*Interaction and Social Theory*（London：Routledge，1981）

Leibowitz，A.，"Family background and economic success：a review of ihe evidence" // P.Taubman，Kinometrics：*Determinants of Socio economic Success Between and Within Families*（Amsterdam：North Holland，1977）

Lenski，G.，*Power and Privilege*（New York：McGraw-Hill，1966）

Lenski，G.，*Human Societies*（New York：McGraw-Hill，1970）

Lévi-Strauss，Claude，*Totemism*（London：Merlin，1964）

Lévi-Strauss，Claude，*The Savage Mind*（London：Weidenfeld & Nicolson，1966）

Lévi-Strauss，Claude，*Structural Anthropology*（London：Allen 386
Lane，1968）

Lipset，S.M. "History and sociology：some methodological considerations" // S.M.Lipset and Richard Hofstadter，*Sociology and History*（New York：Basic Books，1968）

Lockwood，David，“Social integration and system integration” // George Z.Zollschan and W.Hirsch，*Exploration in Social Change*，London：Routledge，1964）

Lowie，Robert，*The Origin of the State*（New York：Harcourt，Brace，1927）

Luhmann，Niklas，“Funktion und Kausalität” // *Soziologische Aufklärung*（Köln—Opladen，1970）

Luhmann，Niklas，*Trust and Power*（Chichester：Wiley，1979）

Lukes，Steven，*Power*：*A Radical View*（London：Macmillan，1974）

Lukes，Steven，“Methodological individualism reconsidered” // *Essays in Social Theory*（London：Macmillan，1977）

Machiavelli，Niccolò，*The Prince*（Harmondsworth：Penguin，1961）

MacIntyre，Aiasdair，“The indispensability of political theory” // David Miller and Larry Siedentop，*The Nature of Political Theory*（Oxford：Clarendon Press，1983）

MacIntyre，Alasdair，*After Virtue*（London：Duckworth，1981）

Mackie，J.L.，“The transcendal. T.” // Zak Van Straaten，*Philosophical Subjects*（Oxford：Clarendon Press，1980）

McLuhan，Marshall，*The Gutenburg Galaxy*（London：Routledge，1962）

Manners，Robert A.，*Process and Pattern in Culture*（Chicago：Aldine，1964）

Marcuse，Herbert，*Eros and Civilization*（New York：Vintage，1955）

Marsh，Peter，et al.，*The Rules of Disorder*（London：Routledge，1978）

Marx，Karl，“Preface” to *A Contribution to the Critique of Political Economy* // Karl Marx and Friedrich Engels，*Selected Writings*（London：

Lawrence & Wishart，1968）

Marx，Karl，*Capital*（London：Lawrence & Wishart，1970）

Marx，Karl，*Grundrisse*（Harmondsworth：Penguin，1976）

Mayhew，Bruce H.“Structuralism versus individualism”，Parts 1 and 2，*Social Forces*.Vol.59，1980

Mayhew，Bruce H.，“Causality，historical particularism and other errors in sociological discourse”，*Journal for the Theory of Social Behaviour*，vol.13，1983

Maynard，Douglas W.，and Wilson，Thomas P.，“On the reification of social structure”// Scott G.McNall and Gary N.Howe，*Current Perspectives in Social Theory*（Greenwich，Conn.：JAI Press，1980），vol.1

Meggers，Betty J.，*Evolution and Anthopology*：*A Centennial Appraisal*（Washington：Anthropological Society，1959）

Melbin，M.，“The colonisation of time”// Carlstein *et al.*，*Timing Space and Spacing Time* 387

Merleau-Ponty，M.，*Phenomenology of Perception*（London：Routledge，1974）

Meringer，R.，and C.Mayer，*Versprechen und Verlesen*（Vienna，1895）

Merton，R.K.，“The unanticipated consequences of purposive social action”，*American Sociological Review*，vol.1，1936

Merton，R.K.，“Manifest and latent functions”// *Social Theory and Social Structure*（Glencoe：Free Press，1963）

Mommsen，Wolfgang，“Max Weber's political sociology and his philosophy of world history”，*International Social Science Journal*，vol.17，1965

Mumford，Lewis，“University city”// Carl H.Kraeling and Robert M.Adams，*City Invisible*（Chicago：University of Chicago Press，1960）

Munson，Ronald，*Man and Nature*（New York：Felta，1971）

Myrdal，Gunnar，“The social sciences and their impact on society” // Teodor Shanin，*The Rules of the Game*（London：Tavistock，1972）

Nadel，S.F.，*A Black Byzantium*（London：Oxford University Press，1942）

Naipaul，V.S.，*India：A Wounded Civilisation*（Harmondsworth：Penguin，1976）

Neisser，Ulric，*Cognition and Reality*（San Francisco：Freeman，1976）

Neisser，Ulric，*Memory Observed*（Francisco：Freeman，1982）

Nisbet，Robert A.，*Social Change and History*（London：Oxford Universiry Press，1969）

Oakeshott，M.，*On History*（Oxford：Blackwell，1983）

Offe，Claus，*Strukturprobleme des kapitalistischen Staates*（Frankfurt：Suhrkamp，1975）

Offe，Claus，*Berufsbildungsreform*（Frankfurt：Suhrkamp，1975）

Offe，Claus，and Ronge Volker，“Theses on the theory of the state”，*New German Critique*，vol.6，1975

Oliver，Douglas L.，*Ancient Tahitian Society*（Honolulu：University of Hawaii Press，1974）

Olson，Mancur，*The Logic of Collective Action*（Cambridge，Mass.：Harvard University Press，1965）

Palm R.and A.Pred，“The status of American women：a time-geographic view” // D.A.Lanegran and R.Palm，*An Invitation to Geography*（New York：McGraw-Hill，1978）

Park，R.，“Human ecology”，*American Sociological Review*，vol.42，1936

Parkes，Don，and Nigel Thrift，*Times，Spaces and Places*（Chichester：Wiley，1980）

Parsons，Talcott，“Evolutionary universals in society”，*American Sociological Review*，vol.29，1964

Parsons, Talcott, *Societies: Evolutionary and Camparative Perspectives* (Englewood Cliffs: Prentice-Hall, 1966)

Parsons, Talcott, "Evolutionary universals in society", *American* 388
Sociological Review, vol.29, 1964

Parsons, Talcott, *The System of Modern Societies* (Englewood Cliffs: Prentice-Hall, 1971)

Piers, G., and Singer, M.B., *Shame and Guilt* (Springfield: Addison, 1963)

Pitkin, Hanna F., *Wittgenstein and Justice* (Berkeley: University of California Press, 1972)

Pocock, J.C.A., "The origins of the study of the past", *Comparative Studies in Society and History*, vol.4, 1961—1962

Polanyi, Karl, et al., *Trade and Market in the Early Empires* (New York: Free Press, 1957)

Pollard, Andrew, "Teacher interests and changing situations of survival threat in primary school classrooms" // Peter Woods, *Teacher Strategies* (London: Croom Helm, 1980)

Pred, Alan, "The choreography of existence: comments on Hägerstrand's time-geography", *Economic Geography*, vol.53, 1977

Pred, Alan, "The impact of technological and institutional innovations of life content: some time-geographic observations", *Geographical Analysis*, vol.10, 1978

Pred, Alan, "Power, everyday practice and discipline of human geography" // *Space and Time in Geography* (Lund: Gleerup, 1981)

Pred, Alan, "Structuration and place: on the becoming of sense of place and structure of feeling", *Journal for the Theory of Social Behaviour*, vol.13, 1983

Psathas, George, K., *Everyday Language: Studies in Ethnomethodology* (New York: Irvington, 1979)

Rappaport, Roy A., "Ritual, sanctity and cybernetics", *American*

Anthropologist，vol.73，1971

Ratzel，Friedrich，*Anthropo-Geographie*，2 vols.，（Stuttgart，1899—1991）

Renfrew，Colin，“Space，time and polity” // J.Friedman and M.J.Rowlands，*The Evolution of Social Systems*（London：Duckworth.1977）

Ricoeur，Paul，“Existence and hermeneutics” // *The Conflict of Interpretations*（Evanston：Northwestern University Press，1974）

Rose，Gillian，*The Melancholy Science*（London：Macmillan，1978）

Rykwert，Joseph，*The Idea of a Town*（London：Faber & Faber，1976）

Sacks，Harvey，and Emmanuel A.Schegloff，“A simplest systematics for the organisation of turn-talking in conversation”，*Language*，vol.50，1974

Sahlins，Marshall and Elman R.Service，*Evolution and Culture*（Ann Arbor：University of Michigan Press，1960）

Sargant，William，*Battle for the Mind*（London：Pan，1959）

389 Sartre，Jean-Paul，*Critique of Dialectical Reason*（London：New Left Books，1976）

Schafer，Kenmit，*Prize Bloopers*（Greenwich，Conn.：Fawcett，1965）

Schelling，Thomas，“Dynamic models of segregation”，*Journal of Mathematical Sociology*，vol.4，1971

Schelling，Thomas，“On the ecology of micromotives”，*Public Interest*，vol.25，1971

Schintlholzer，Birgit，*Die Auflosung des Geschichtbegriffs in Strukturalismus*，doctoral dissertation，Hamburg，1973

Searle，John R.，*Speech Acts*（Cambridge：Cambridge University Press，1969）

Service，Elman R.，*Origins of the State and Civilization*（New York：

Norton，1975）

Shils，Edward，*Tradition*（London：Faber & Faber，1981）

Shotter，John，"'Duality of structure' and 'intentionality' in an ecological psychology"，*Journal for the Theory of Social Behaviour*，vol.13，1983

Skinner，Quentin，*The Foundations of Modern Political Thought*，2 vols.（Cambridge：Cambridge University Press，1978）

Skinner，Quentin，*Machiavelli*（Oxford：Oxford University Press，1981）

Skocpol，Theda，*States and Social Revolutions*（Cambridge：Cambridge University Press，1979）

Sieber，Sam D.，*Fatal Remedies*（New York：Plenum Press，1981）

Spencer，Herbert，*The Principles of Sociology*（New York：Appleton，1899）

Spengler，Oswald，*The Decline of the West*（London：Allen & Unwin，1961）

Sperber，Dan，"Apparently irrational beliefs" // Martin Hollis and Steven Lukes，*Rationality and Relativism*（Oxford：Blackwell，1982）

Stebbins，L.，*The Basis of Progressive Evolution*（Chapel Hill：University of North Carolina Press，1969）

Steward，Julian H.，*Theory of Culture Change*（Urbana：University of Illinois Press，1955）

Stinchcombe，Arthur，*Theoretical Methods in Social History*（New York：Academic Press，1978）

Stocking，George W.，*Race，Culture and Evolution*（New York：Free Press，1968）

Stone，Lawrence，*The Past and the Present*（London：Routledge，1981）

Strawson，P.F.，*The Bounds of Sense*（London：Methuen，1966）

Sullivan，Harry Stack，*The Interpersonal Theory of Psychiatry*

(London: Tavistock, 1955)

Tax, Sol, *The Evolution of Man* (Chicago: University of Chicago Press, 1960)

Taylor, Charles, "Political theory and practice" // Christopher Lloyd, *Social Theory and Political Practice* (Oxford: Clarendon Press, 1983)

390 Tenbrük, F., "Zur deutschen Rezeption der Rollenalyse", *Kölner Zeitschrift for Soziologie*, vol.3, 1962

Thaiberg, Irving, "Freud's anatomies of self" // Richard Wollheim, *Freud, A Collection of Critical Essays* (New York: Doubleday, 1974); revised in Richard Wollheim and James Hopkins, *Philosophical Essays on Freud* (Cambridge: Cambridge University Press, 1982)

Theodorson, George A., *Studies in Human Ecology* (New York: Row, Peterson, 1981)

Thompson, E.P., *The Making of the English Working Class* (Harmondsworth: Penguin, 1968)

Thompson, E.P., *The Poverty of Theory* (London: Merlin, 1978)

Thompson, J.B., *Critical Hermeneutics* (Cambridge: Cambridge Universiry Press, 1981)

Thrift, Nigel, "On the determination of social action in space and time", *Society and Space*, vol.1, 1982

Thrift, Nigel, "Flies and germs: a geography of knowledge" // Derek Gregory and John Urry, *Social Relations and Spatial Structures* (London: Macmillan, 1984)

Thrift, Nigel, and Allan Pred, "Time-geography: a new beginning", *Progress in Human Geography*, vol.5, 1981

Tilly, Charles, *As Sociology Meets History* (New York: Academic Press, 1981)

Toulmin, Stephen, "The genealogy consciousness" // Paul F.Secord, *Explaining Human Behaviour* (Beverly Hills: Sage, 1982)

Touraine, Alain, *The Self Production of Society* (Chicago:

University of Chicago Press，1977）

Treisman，A.M.，“Strategies and models of selective attention”，*Psychological Review*，vol.76，1969

Turner，Stephen P.，“Blau's theory of differentiation：is it explanatory?”，*Sociological Quarterly*，vol.18，1977

Tuan，Yi-Fu，“Rootedness versus sense of place”，*Landscape*，vol.24，1980

Utz，Pamela J.，“Evolutionism revisited”，*Comparative Studies in Society and History*，vol.15，1973

van Doorn，Jacques，*The Soldier and Social Change*（Beverly Hills：Sage，1975）

Vayda，Andrew P.，*Environment and Cultural Behaviour*（New York：Natural History Press，1969）

Vico，G.，*The New Science*（Ithaca：Cornell University Press，1968）

Vygotsky，L.S.，*Mind in Society*（Cambridge，Mass.：Harvard University Press，1978）

Waley，Arthur，*Three Ways of Thought in Ancient China*（London：Allen & Unwin，1939）

Wallace，Walter L，“Structure and action in the theories of Coleman and Parsons” // Blau，*Approaches to the Study of Social Structure*

Wallerstein，Immanuel，*The Modern World-System*（New York：Academic Press，1974） 391

Watkins，J.W.N.，“Historical explanation in the social sciences” // P.Gardiner，*Theories of History*（Glencoe：Free Press，1959）

Weber，Max，*Economy and Society*，2 vols.（Berkeley：University of California Press，1978）

Weber，Max，*The Methodology of the Social Sciences*（Glencoe：Free Press，1949）

Wertheimer，M.，“Psychomotor coordination of auditory and visual space at birth", *Science*, vol.134, 1962

White, Leslie A., "Diffusion vs evolution: an anti-evolutionist fallacy", *American Anthropologist*, vol.44, 1945

White, Leslie A., "Evolutionary stages, progress, and the evaluation of cultures", *Southwestern Journal of Anthropology*, vol.3, 1947

White, Leslie A., *The Evolution of Culture* (New York: McGraw-Hill, 1959)

Whyte, Anne, "Systems as perceived" // J.Friedman and M, J, Rowlands, *The Evolution of Social Systems* (Pittsburgh: University of Pittsburgh Press, 1978)

Wieder, Lawrence D., "Telling the code" // Roy Turner, *Ethnomethodology* (Harmondsworth: Penguin, 1974)

Willis, Paul, *Learning to Labour* (Farnborough: Saxon House, 1977)

Wilson, John A., *The Culture of Ancient Egypt* (Chicago: University of Chicago Press, 1951)

Wiison, Thomas P., "Qualitative 'versus' quantitative methods in social research", Department of Sociology, University of California at Santa Barbara, 1983 (mimeo); published in German in the *Kälner Zeitschrift fur Soziologie und Sozialpsychologie*, vol.34, 1982

Winch, Peter, *The Idea of a Social Science* (London: Routledge, 1963)

Wittgenstein, Ludwig, *Philosophical Investigations* (Oxford: Blackwell, 1972)

Wolf, Dennie, "Understanding others: a longitudinal case study of the concept of independent agency" // George E, Forman, *Action and Thought* (New York: Academic Press, 1982)

Wright, Erik Olin, *Class, Crisis and the State* (London: New Left Books.1978)

Wright, Henry T., and Gregory Johnson, "Population, exchange and early state formation in southwestern Iran", *American Anthropologist*, vol.77，1975

Zerubavel，Evitar，*Patterns of Time in Hospital Life*（Chicago：University of Chicago Press，1979）

Zeruhavel，Evitar，*Hidden Rhythms*（Chicago：University of Chicago Press，1981）

Ziff，Paul，*Semantic Analysis*（Ithaca：Cornell University Press，1960）

索　引

【译者说明：本索引系根据原书第 392 页至 402 页的索引编译，人名索引与主题索引混编，并调整为以汉语拼音排序。所有页码均系本书边码。】

A

B

D

G

H

J

K

L

M

P

Q

R

S

T

W

X

Y

Z

初版译后记

我们首先来交代一下有关译名的一些问题。

吉登斯在构建结构化理论的过程中，利用了大量全新的概念。这些概念有些借自其他学科，例如从结构主义语言学中借用的“组合关系”和“聚合关系”，从时间地理学中借用的“时空交汇”等；还有一些属于自创，如结构性特征、情节片断等。这些概念大多难以翻译成我们习见的那种简单双音节形式的传统社会学概念（如结构或整合）。所以，除了在文中注出概念原文之外，我们有必要在此简要说明一下一些比较复杂的概念的译法。

（1）意外后果的译法：

Unintended consequences（或 outcomes）是结构化理论的一个关键概念，吉登斯力求通过这个概念，避免社会理论经常陷入的功能主义陷阱。最贴切的译法应为“意图之外的后果”，即这些后果并非行动者所意想的，和行动者的意图（intention）是相悖的。尤其值得注意的是，这种后果和预期并没有直接的关系。也就是说，从逻辑的角度来看，存在一些与行动者意图相悖的后果，但行动者却可能预料到了。同样探讨这个问题的布东（R.Boudon）常举的“挤兑”一例，就比较接近这种情况。每一个试图从银行取出存款的行动者，都恰恰是因为潜在地预期了银行的危机，才会采取挤兑的行动，但他们这种行动的后果却与其意图完全相悖，挤兑使个人的目标最终失败。吉登斯本人也明确提出应将二者区分开来，同时指出，默顿的潜功能理论的问题之一，就在于没有认识到这其中的细微差异。然而，对于一个吉登斯常用的概念来说，“意图之外的后果”作为译名未免累赘，为使行文简明，我们选用了一种有些不太精确的译法，即“意外后果”。之所以说有些不太精确，是因为在中文里，“意外”的“意”兼有“意料”和“意图”两种含义，所以容易引起误解，希望读者能注意到这一点。但我们认为，若是同时兼顾简明与贴切的话，这个译法是目前最不糟的选择，所可能引起的误解也是最少的。

（2）actor 和 agent：

这是当代社会理论的两个常见概念，它们之间多少是有些差异的。前者有解释社会学的背景，但在一些学者看来，也因此带上了一些“主体论”的色彩（例如布迪厄）；而后者往往有批判理论的背景，并与“agency”（能动作用）有直接的联系，从而在作为个体的行动发出者和潜在的社会关系之间建立了某种关联，近十几年来似乎使用得日渐频繁。因此，准确的译法是将前者译为行动者，将后者译为能动者。但在许多学者那里，比如像吉登斯以及布迪厄，实际上经常混用二者。因此，这两个词与陈康先生讨论“energeia”和“entelecheia”的情况一样，属于异源同义。所以在作者本人无意做严格区分的情况下，我们将二者通译为汉语学界较为熟悉的“行动者”（而且，中文里的“行动者”似乎并没有“actor”所带有的主体论意涵），但须重视其中的“能动”意涵。

（3）structure（s）：

吉登斯在本书中对以往有关结构的论述的一项重要修正，就是指出结构存在单数（structure）和复数（structures）的差别。（两者具体定义详见术语表。）但由于复数的结构在英文中频繁出现，易于表达，而中文不可能如此，所以我们只是在吉登斯特别强调这种区别的地方，将前者译为“结构”，后者译为“结构丛”，而在吉登斯没有做出明确区分的地方，则一般译为“结构”。事实上，这两个概念都远没有吉登斯的“结构性特征”使用得广泛。

（4）结构性特征：

我们将“structural properties”译为“结构性特征”，而不是更加简明的“结构特性”，旨在使读者注意吉登斯使用的是“非实体”的形容词，而不是“实体概念”。事实上，吉登斯书中有许多概念都带有这种特点，但出于尊重中文习惯的考虑，我们在翻译时没有都这样处理，例如“societal totalities”，译作“社会总体”，而非“社会性总体”。【新版已改译作“社会性总体”。——中译校订补注】值得强调的是，吉登斯一般使用的都不是纯粹的“实体概念”，不过，这也并不等于说吉登斯的立场和概念用法与“建构论”（constructionism）完全吻合。一般认为，他的立场接近所谓的英国“新社会实在论”（new social realism），关于这方面的论述，可参考 Roy Bhaskar 的著作。希望我们的译法有助于读者理解吉登斯这方面的立场。

（5）结构化：

这是吉登斯的核心观念。他的论述中有两个词与此有关：“structuration”和“structuring”。前者是吉登斯的概念（但并非他首创，比如古尔维奇［Gurvitch］就使用过），而后者仅仅是一种用法。准确的译法是将后者译为“结构（化）形成的过程”，但在具体行文中经常难以做到这一点，因此，我们有时将后者也译为“结构化”或“结构化过程”。需要指明的一点是，“structuration”正是体现在“structuring”上面。

（6）制约与约束：

“constraint”是涂尔干引入社会学的一个经典概念，但国内学界始终没有达成一致的译法。以往经常把它译作“强制”（《社会学方法的准则》就采用这种译法）或“约束”。但前者的汉语含义明显过窄，因为“constraint”并不仅限于暴力手段，而且实际上主要依靠的是非暴力的影响或诱导手段，因此，译成“强制”似乎不妥；而“约束”的译法则比较理想，但和“sanction”一词又难以区分开。故此我们决定将“constraint”译作“制约”，将“sanction”译作“约束”。比较而言，前者自涂尔干以来，一直具有结构性的色彩，而后者和法律方面的“制裁手段”或行政管理方面的“奖惩手段”有直接的关联，当代理论中仍保留了这两个词在这一方面的含义差别。【新版将“constraint”改译作“约束”，“sanction”改译作“制约”。——中译校订补注】

（7）情境方面的概念：

在吉登斯的著作中，有关行动或互动发生的“场合”方面的用语至少不下十个：context，situation，occasion，circumstances，milieu，setting，locale，place，site，point，contextuality，location，station等。其中有些用法只是日常用法上的细微差别，不具有理论上的实质意义。但另一些则不同。总的来说，可以把这些概念概括为以下几组意义：

1）“context”和“situation”都用来表示“情境”的含义，但前者是来自文本分析的传统，原意为“上下文”。港台有时译为“脉络”，也把握了这个词的一些重要意涵。后者则是社会学中“情境定义”传统的经典概念。如果仔细体会两个词在含义上的差别，则后者更具有场面性，更具体，前者则更强调和行动有直接关系的方面，稍微抽象一些。所以，吉登斯才会分别将两个词延伸为“contextuality”（情境性）和“situated interaction”（发生在具体情境中的互动，或情境定位的互动），这实际上是利用了两个词含义的微妙差别。但在具体使用中，这两个词同样属于“异源同义”的情况，所以我们一般通译为“情境”，而没有将二者区分为“情境”和“情景”，因为这样的区别在中文里面是比较勉强的，也是比较令人望而生畏的。

2）“occasion”是戈夫曼和常人方法学家常用的概念。这个词的含义主要指行动发生时周围的具体情况，非常接近中文的“场合”一词。在戈夫曼的“social occasion”中，它有人们在某个环境中相聚，并发生关系的意涵，所以我们译为“社会场合”。

3）“circumstances”和“milieu”则主要是指行动发生的一般环境，既包括社会意义上的环境，也包括那些一般被视为自然意义上的环境（当然，这种区分本身就是社会性的），所以我们一般将它们译为“环境”，这两个词基本没有什么直接的理论意涵。【新版中“circumstances”在有些地方译成了“情势”。——中译校订补注】

4）“setting”是一个来自常人方法学的重要概念。它在常人方法学那里，不仅仅是指一般的“情境”，而且包含了社会成员的“组织”过程，即将那些相关因素作为“情境”构建起来。因此，它带有“情境框架”的意涵，出于简明和尊重这个词的词源的考虑，我们将它译为

“场景”。

5）“locale”和“place”本来都是表示位置的简单概念。但吉登斯对二者进行了区别，他认为locale带有更强的社会意涵。所以我们将前者译为“场所”，而将后者译为“位置”或“地方”。顺便说一下，“position”也译为“定位”或“位置”，但它一般指的是社会位置，和社会分层有密切关系，不过这种差别往往可以通过上下文看出来。

此外，在吉登斯借用时间地理学进行的分析中，特别是对时空路径的讨论中，还使用point，station，location等来表示行动者在时空路径中活动的相对位置。

（8）episode：

这是吉登斯创造的一个概念，十分难译。它指的是具有一段比较完整的情节的社会行动片断。但如果译成“情节片断”就比较累赘，特别是吉登斯还使用了“episode characterization”这个概念，如果将后者译成“情节片断特征描述”，就不堪卒读了。所以，我们一般将“episode”简明地译作“片断”，但希望读者注意这不是一个武断构成的片断，而是一个可以在时空方面划出界线的片断。而将后者译为“片断特征化”。【新版中“episode”还是基本都译作了“情节片断”，以平衡日常接触与结构性。——中译校订补注】

（9）competence：

这是语用学中的一项常用概念，指行动者作为一名合格的语言使用者所具备的能力，吉登斯将这个概念进一步推广到整个社会行动领域，其意义已经和常人方法学所谓“成员资格”（membership）很接近了，因此我们认为，如果将其译为“能力”，会丧失过多的意义，所以译作“资格能力”，这里所谓的“资格”，是指具备了一个普通的社会成员的“资格”。

（10）吉登斯在戈夫曼和日常语言哲学等的影响下，使用了一些小词作为概念和理论惯用语。这些词翻译成为汉语后，往往很难和全书的理论基调相协调，所以我们根据情况做了一些必要处理。有的保留了原词的形象性，如时空关系的“束集”（binding）；有的则做了一些调整，如strip则很少译为一“条”行动，而是译为一“段”行动。

当然，其他需要讨论的概念译法还有许多，这里所提出来的只是其中最具全局性的一些。读者在书中还会发现数十条局部性的中译注（其中包括有关译名、学术典故源流及一些必不可少的背景知识的介绍），我们希望以此抛砖引玉，共同探求较为精当的译法。由于吉登斯的社会理论涉及几乎所有重要的当代社会理论，所以在此讨论的意义也许不仅限于吉登斯本人。我们不揣冒昧，旨在通过整个学术界的努力，逐渐形成比较完善统一的当代社会理论译名体系，这本身就是建立汉语社会理论世界的一项基础工作。

此书阐发的概念、思想以及涉及的其他学派、人物极为繁多，书后虽附有术语表，但仍显枝节众多，不易轻易把握。有鉴于此，作者也尽量以平实的风格论述，并多加总结。作为学术翻译，我们的宗旨是尽可能保持概念的原貌，不为了过于追求中文语言的流畅而牺牲对理论观念的忠实表达。当然，如果本书行文给读者留下过多的阅读障碍，或显得过于枯燥乃至冗赘，我们也无意于将以上说明作为自我原谅的理由。

本书从最初的联系版权到最后的打印定稿，整个翻译过程始终凝聚了王铭铭先生的心血，尤其是他逐段对照原文校正了译稿，其平等相待的态度更是给我们留下了深刻的印象。谨此深致谢忱。

李康

1997 年 7 月　于北大燕园

新版译后记

此次校订，耗时费力，远超预期。最初乐观接活，心想终于有机会修订原书出版后译者阅读成品时发现的36处错误（绝大多数是外文尤其非英文的排印错误，少量格式错误，个别专名译误），结果远不止此。所幸下了决心根据英文重新逐句校译，发现大量值得校正的细节疏失、校勘错漏和术语微调，特别是五十多处因关键词语看花、长句分析失手、义理诠释修正而产生的结构性译误。忘不了在暑热烦躁中赫然发现原中文本92~93页莫名其妙地有六处译误，先后三次把社会整合和系统整合活生生弄成社会再生产和系统再生产，冷汗淋漓，实在愧对这些年来的众多读者。也正是在那一刻，顿觉所有的工作都不是低效重复，都是值得的。

旧版译者说明其实是两位译者合写的，尤其术语说明和学理性译注主要出自李猛老师之手。今次原样照刊，仅删掉一两个因十几年引进和讨论、如今确属多余的译注（比如福柯的“discipline”），并以校订补注形式作了数处说明。希望能保留当时译名定夺和分辨源流的思虑疏密和学力深浅。

新版中译修正了一些枝节性的表述，并对某些术语的译法作了调整，这些修改责任均由本人承担。旧版中译有两个贯穿全书的译名，即“意外后果”和“反思性”，这些年来学界多存争议，同行讨论颇可借鉴。但两位译者一致同意保留原译，一则觉得原词语义丰富，不同语境所指有异，中文并无绝对准确的单一词汇可以涵盖，二来也是“不悔少作”，留个痕迹。

英文原版注解在各章之后分别编号，各章附论注解又分别编号，旧版中译循此格式，翻检不便，再加上译注，颇显杂乱。新版中译全部改为章末注，并统一编号，中译单独说明。

新版添加了全书的英文边码，恢复了原中译删略的专名索引，并将外中索引自行改编为中外索引。由于年代“久远”，原出版社未提供电子版，扫描版转换质量极差，虽经勉力核校，参考文献和索引恐怕仍有不少细节错失。另外在核校过程中也发现，原书 1984 年初版至今，在大西洋两岸不同出版社多次重印，最新纸质本悄悄改正了网上流传初版电子版的至少十多处错误（但这并非我们最初翻译错误的原因），也请直接阅读英文电子版的读者留一份心。

初版时写下译者说明的两位还刚刚硕士毕业。那些 1996 年初译时来到世界的孩子，忽忽也是可以进入这个园子的年龄了。这园子一直在教着爱她的人如何永远年轻，教着人如何去寻找和享受真正的乐趣。

谨以今夜平凡琐细的收尾工作，向孙仲旭老师致敬。再次引用那句日日得见的话：“凡人多舛误，唯神能见宥。”

李康

2014 年 8 月 29 日

于北大燕园

图书在版编目（CIP）数据

社会的构成：结构化理论纲要 /（英）吉登斯著；李康，李猛译．—北京：中国人民大学出版社，2016.5

（当代世界学术名著・政治学系列）

ISBN 978-7-300-22750-4

Ⅰ．①社… Ⅱ．①吉…②李… ③李… Ⅲ．①社会结构 - 研究 Ⅳ．① C912

中国版本图书馆 CIP 数据核字 (2016) 第 073054 号

社会的构成

——结构化理论纲要

［英］安东尼・吉登斯（Anthony Giddens） 著

李康　李猛　译

Shehui de Goucheng

出版发行	中国人民大学出版社			
社　　址	北京中关村大街 31 号	**邮政编码**		100080
电　　话	010-62511242（总编室）			010-62511770（质管部）
	010-82501766（邮购部）			010-62514148（门市部）
	010-62515195（发行公司）			010-62515275（盗版举报）
网　　址	http://www.crup.com.cn			
经　　销	新华书店			
印　　刷	北京宏伟双华印刷有限公司			
规　　格	155 mm×235 mm　16 开本	**版**	**次**	2016 年 5 月第 1 版
印　　张	28.5	**印**	**次**	2023 年 3 月第 4 次印刷
字　　数	419 000	**定**	**价**	98.00 元